U0613856

中華古籍保護計劃

ZHONG HUA GU JI BAO HU JI HUA CHENG GUO

·成果·

# 寧夏回族自治區二十家收藏單位古籍普查登記目録

全國古籍普查登記目録

國家圖書館出版社
National Library of China Publishing House

圖書在版編目(CIP)數據

寧夏回族自治區二十家收藏單位古籍普查登記目録/《寧夏回族自治區二十家收藏單位古籍普查登記目録》編委會編. —北京:國家圖書館出版社,2020.6
(全國古籍普查登記目録)
ISBN 978-7-5013-6877-8

Ⅰ.①寧… Ⅱ.①寧… Ⅲ.①古籍—圖書目録—彙編—寧夏 Ⅳ.①Z838

中國版本圖書館 CIP 數據核字(2019)第 258927 號

書　　名　寧夏回族自治區二十家收藏單位古籍普查登記目録
著　　者　《寧夏回族自治區二十家收藏單位古籍普查登記目録》編委會　編
責任編輯　張珂卿　王　雷

出版發行　國家圖書館出版社(北京市西城區文津街 7 號　100034)
(原書目文獻出版社 北京圖書館出版社)
010-66114536　63802249　nlcpress@nlc.cn(郵購)
網　　址　http://www.nlcpress.com
排　　版　京荷(北京)科技有限公司
印　　裝　河北三河弘翰印務有限公司
版次印次　2020 年 6 月第 1 版　2020 年 6 月第 1 次印刷

開　　本　787×1092(毫米)　1/16
印　　張　28.5
字　　數　585 千字
書　　號　ISBN 978-7-5013-6877-8
定　　價　290.00 圓

# 《全國古籍普查登記目録》

## 工作委員會

**主　任：**周和平

**副主任：**張永新　詹福瑞　劉小琴　李致忠　張志清

**委　員**（按姓氏筆畫排序）：

于立仁　王水喬　王　沛　王紅蕾　王筱雯

方自今　尹壽松　包菊香　任　競　全　勤

李西寧　李　彤　李忠昊　李春來　李　培

李曉秋　吴建中　宋志英　努　木　林世田

易向軍　周建文　洪　琰　倪曉建　徐欣禄

徐　蜀　高文華　郭向東　陳荔京　陳紅彦

張　勇　湯旭岩　楊　揚　賈貴榮　趙　嫄

鄭智明　劉洪輝　歷　力　鮑盛華　韓　彬

魏存慶　鍾海珍　謝冬榮　謝　林　應長興

# 《全國古籍普查登記目録》

## 序　言

全國古籍普查登記工作是“中華古籍保護計劃”的首要任務，是全面開展古籍搶救、保護和利用工作的基礎，也是有史以來第一次由政府組織、參加收藏單位最多的全國性古籍普查登記工作。

2007年國務院辦公廳發布《關於進一步加强古籍保護工作的意見》（國辦發［2007］6號），明確了古籍保護工作的首要任務是對全國公共圖書館、博物館和教育、宗教、民族、文物等系統的古籍收藏和保護狀況進行全面普查，建立中華古籍聯合目録和古籍數字資源庫。2011年12月，文化部下發《文化部辦公廳關於加快推進全國古籍普查登記工作的通知》（文辦發［2011］518號），進一步落實了全國古籍普查登記工作。根據文化部2011年518號文件精神，國家古籍保護中心擬訂了《全國古籍普查登記工作方案》，進一步規範了古籍普查登記工作的範圍、内容、原則、步驟、辦法、成果和經費。目前進行的全國古籍普查登記工作的中心任務是通過每部古籍的身份證——“古籍普查登記編號”和相關信息，建立古籍總臺賬，全面瞭解全國古籍存藏情况，開展全國古籍保護的基礎性工作，加强各級政府對古籍的管理、保護和利用。

《全國古籍普查登記工作方案》規定了全國古籍普查登記工作的三個主要步驟：一、開展古籍普查登記工作；二、在古籍普查登記基礎上，編纂出版館藏古籍普查登記目録，形成《全國古籍普查登記目録》；三、在古籍普查登記工作基本完成的前提下，由省級古籍保護中心負責編纂出版本省古籍分類聯合目録《中華古籍總目》分省卷，由國家古籍保護中心負責編纂出版《中華古籍總目》統編卷。

在黨和政府領導下，在各地區、各有關部門和全社會共同努力下，古籍普查登記工作得以扎實推進。古籍普查已在除臺、港、澳之外的全國各省級行政區域開展，普查内容除漢文古籍外，還包括各少數民族文字古籍，特别是於2010年分别啓動了新疆古籍保護和西藏古籍保護專項，因地制宜，開展古籍普查登記工作；國家古籍保護中心研製的“全國古籍普查登記平臺”已覆蓋到全國各省級古籍保護中心，并進一步研發了“中華古籍索引庫”，爲及時展現古籍普查成果提供有力支持；截至目前，已有11375部古籍進入《國家珍貴古籍名録》，浙江、江蘇、山東、河北等省公布了省級《珍貴古籍名録》,古籍分級保護機制初步形成。

《全國古籍普查登記目録》是古籍普查工作的階段性成果,旨在摸清家底,揭示館藏,反映古籍的基本信息。原則上每申報單位獨立成册,館藏量少不能獨立成册者,則在本省範圍内幾個館目合并成册。無論獨立成册還是合并成册,均編製獨立的書名筆畫索引附於書後。著録的必填基本項目有:古籍普查登記編號、索書號、題名卷數、著者(含著作方式)、版本、册數及存缺卷數。其他擴展項目有:分類、批校題跋、版式、裝幀形式、叢書子目、書影、破損狀況等。有條件的收藏單位多著録的一些擴展項目,也反映在《全國古籍普查登記目録》上。目録編排按古籍普查登記編號排序,内在順序給予各古籍收藏單位較大自由度,可按分類排列古籍普查登記編號,也可按排架號、按同書名等排列古籍普查登記編號,以反映各館特色。

此次全國古籍普查登記工作,克服了古籍數量多、普查人員少、普查難度大等各種困難,也得到了全國古籍保護工作者的極大支持。在古籍普查登記過程中,國家古籍保護中心、各省古籍保護中心爲此舉辦了多期古籍普查、古籍鑒定、古籍普查目録審校等培訓班,全國共1600餘家單位參加了培訓,爲古籍普查登記工作培養了大量人才。同時在古籍普查登記工作中,也鍛煉了普查員的實踐能力,爲將來古籍保護事業發展奠定了良好的基礎。

《全國古籍普查登記目録》的出版,將摸清我國古籍家底,爲古籍保護和利用工作提供依據,也將是古籍保護長期工作的一個里程碑。

國家古籍保護中心
2013年10月

# 《全國古籍普查登記目録》

## 編纂凡例

一、收録範圍爲我國境内各收藏機構或個人所藏，産生於1912年以前，具有文物價值、學術價值和藝術價值的文獻典籍，包括漢文古籍和少數民族文字古籍以及甲骨、簡帛、敦煌遺書、碑帖拓本、古地圖等文獻。其中，部分文獻的收録年限適當延伸。

二、以各收藏機構爲分册依據，篇幅較小者，適當合并出版。

三、一部古籍一條款目，複本亦單獨著録。

四、著録基本要求爲客觀登記、規範描述。

五、著録款目包括古籍普查登記編號、索書號、題名卷數、著者、版本、册數、存缺卷等。古籍普查登記編號的組成方式是：省級行政區劃代碼—單位代碼—古籍普查登記順序號。

六、以古籍普查登記編號順序排序。

#《寧夏回族自治區古籍普查登記目録》

## 工作委員會

**主　任：**韓　彬　魏　瑾

**副主任：**吕　毅　車　進

**委　員**（按姓氏筆畫排序）：

王效軍　王惠芳　王學平　田金霖　李奇志
李進增　李習文　宋明軒　宋振興　金周宏
周雪景　周鴻娟　冒志文　郭麗娟　陳永耘
陶愛蘭　張紅英　强朝輝　劉世友　擺小龍
蘇　芳　顧永存

# 《寧夏回族自治區二十家收藏單位古籍普查登記目録》

## 編委會

**主　編**：尹光華

**副主編**（按姓氏筆畫排序）：

王鈞梅　李海燕

**編　委**（按姓氏筆畫排序）：

丁寧寧　于　希　同養鵬　肖　婷　吴　玢

宋玉軍　馬　苗　馬明林　徐遠超　張　麗

張玉梅　喬國平　齊曉升　劉志軍

# 《寧夏回族自治區二十家收藏單位古籍普查登記目録》

## 前　言

2018 年,《寧夏回族自治區圖書館古籍普查登記目録》作爲寧夏回族自治區成立60 周年和寧夏回族自治區圖書館成立 60 周年雙慶的獻禮之作,已由國家圖書館出版社正式出版。《寧夏回族自治區二十家收藏單位古籍普查登記目録》作爲其姊妹篇,即將與之合爲“雙璧”,完整呈現寧夏回族自治區古籍普查登記成果。

寧夏回族自治區地處我國西北邊陲,由於交通及自然環境等因素的影響,政治、經濟、文化狀况都較我國中東部及沿海地區落後。受歷史上行政管轄區域劃分的更迭交替和地域面積狹小等客觀條件的制約,寧夏本地文獻典籍存藏量較少。儘管如此,中華人民共和國成立以來,部分公共圖書館、大學圖書館、科研院所等機構通過購買、受贈、考古發掘等方式入藏了一定數量的古籍,爲我區積纍了寶貴的文化財富。

在 20 家古籍收藏單位中,寧夏回族自治區吴忠市圖書館 10 部 96 册、寧夏回族自治區固原市原州區圖書館 245 部 2510 册、寧夏回族自治區銀川市圖書館 7 部 78 册、寧夏回族自治區石嘴山市平羅縣圖書館 15 部 125 册、寧夏回族自治區中衛市中寧縣圖書館 2 部 28 册、寧夏回族自治區固原市西吉縣圖書館 5 部 20 册、寧夏回族自治區石嘴山市圖書館 24 部 1146 册、寧夏大學圖書館 2831 部 37597 册、寧夏師範學院圖書館 6 部 37 册、寧夏醫科大學圖書館 146 部 1252 册、寧夏民族職業技術學院 12 部 197 册、中國共産黨寧夏回族自治區委員會黨校圖書館 19 部 222 册、寧夏社會科學院 194 部 4486 册、寧夏回族自治區文物考古研究所 15 部 9 册 178 葉 1 軸、寧夏回族自治區博物館 208 部 3388 册、寧夏回族自治區石嘴山市平羅縣文物管理所 2 部 7 册、寧夏回族自治區吴忠市同心縣文物管理所 12 部 14 册、寧夏回族自治區固原市西吉錢幣博物館 10 部 53 册、寧夏回族自治區固原市隆德縣文物管理所 3 種 8 册、寧夏回族自治區固原博物館 60 部 722 册,共計 3826 種 51995 册 178 葉 1 軸。

寧夏回族自治區古籍收藏總體特徵如下:一是部類齊全,經、史、子、集、叢各部皆有所涉。二是版本年代偏近,善本較少,以普通古籍居多,間有少量善本。其中,寧夏大學圖書館藏清劉寶楠録清道光稿本《漢石例》、寧夏回族自治區文物考古研究所藏西夏時期木活字印本《吉祥遍至口和本續》及卷軸裝西夏文寫本《佛經長卷》等 9 部善本先後入選《國家珍貴古籍名録》。另有一些精刻精印的明清内府本、套印本、名家舊藏本等。三是西夏文獻、少數民族文獻、舊方志、家譜等特色文獻占有一定比例,展現了寧夏回族自治區獨特的歷史、民族、地理、文化魅力。

寧夏回族自治區作爲西北邊遠省區，古籍存藏數量相對較少，但全區古籍工作者“傳承前人的智慧、賡續文化的薪火”的責任與擔當没有絲毫減弱。在古籍普查實踐中，每一位工作者都充分認識到古籍普查的重要性，内心對古籍形成敬畏之情，對古聖先賢滋生了慕追之意，對文化的賡續與傳承也多了一份熱愛與責任，最終匯集成我們在普查工作中不畏艱辛、兢兢業業、不懈努力的動力源泉。

今天，在20家古籍存藏單位及全體同仁的共同努力下，《寧夏回族自治區二十家收藏單位古籍普查登記目録》即將面世，同時也標志着寧夏回族自治區古籍普查登記工作已基本完成。2020年，我們將以“創造性轉化、創新性發展”爲重要原則和發展方向，“以古人之規矩，開自己之生面”。在國家古籍保護中心統籌安排下，再接再勵，將寧夏回族自治區古籍保護事業不斷推向新的高度！

最後，《寧夏回族自治區二十家收藏單位古籍普查登記目録》能够順利出版，得益於國家古籍保護中心和國家圖書館出版社的大力支持與密切協作。在此，一并表示衷心的感謝并致以崇高敬意！

《寧夏回族自治區二十家收藏單位古籍普查登記目録》編委會

2019年12月

# 目　　録

# 寧夏回族自治區吴忠市圖書館古籍普查登記目録

全國古籍普查登記目録

國家圖書館出版社
National Library of China Publishing House

640000－1202－0000001　史部/編年

**御批歷代通鑑輯覽一百二十卷**　(清)傅恒等編纂　清光緒三十年(1904)上海圖書集成局鉛印本　十四行四十二字小字雙行同白口四周單邊　四十冊　缺二卷(六十三至六十四)

640000－1202－0000002　類叢/類書

**增補事類統編三十五卷**　(清)黄葆真輯　清光緒十四年(1888)上海點石齋石印本　十五行四十二字小字雙行同白口四周雙邊　十二冊

640000－1202－0000003　子部/藝術

**名賢手札八卷**　(清)郭慶藩輯　清光緒十一年(1885)上海點石齋石印本　行數不等字數不等小字雙行不等白口四周單邊　四冊

640000－1202－0000004　集部/總集

**文選六十卷**　(南朝梁)蕭統撰　(唐)李善注　**考異十卷**　(清)胡克家撰　清石印本　二十行四十二字小字雙行同白口四周雙邊　九冊　缺六卷(文選一至六)

640000－1202－0000005　子部/小説家

**詳注聊齋志異圖詠十六卷**　(清)蒲松齡撰　(清)呂湛恩注　清石印本　十四行三十六字小字雙行同白口四周雙邊　七冊　存十四卷(三至十六)

640000－1202－0000006　經部/小學類

**康熙字典十二集三十六卷**　(清)張玉書等纂　(清)奕繪等重修　清刻本　八行十二字小字雙行二十四字白口四周雙邊　八冊　存六卷(申上中下、酉上中下)

640000－1202－0000007　集部/小説

**四大奇書第一種十九卷一百二十回**　(明)羅本撰　(清)金聖歎書　(清)毛宗崗評　清刻本　十二行二十八字小字雙行同白口四周單邊　五冊　存五卷(一、三至四、七、九)

640000－1202－0000008　集部/總集

**八銘塾鈔初集五卷二集五卷**　(清)吳懋政編次　清道光二十年(1840)令德堂刻本　九行二十五字白口四周單邊　九冊

640000－1202－0000009　史部/史抄

**綱鑑擇語十卷**　(清)司徒修撰　清石印本　九行二十二字白口左右雙邊　一冊　存四卷(七至十)

640000－1202－0000010　集部/别集

**唐文粹詩選六卷唐賢三昧集三卷**　(清)王士禛撰　清刻本　十行十九字上下黑口左右雙邊　一冊　存六卷(唐文粹詩選一至三、唐賢三昧集三卷)

# 寧夏回族自治區固原市原州區圖書館古籍普查登記目録

全國古籍普查登記目録

國家圖書館出版社
National Library of China Publishing House

640000－1203－0000001　經易
**周易四卷圖說一卷**　(宋)朱熹本義　清同治十年(1871)刻本　九行十七字小字雙行同白口四周雙邊　二冊

640000－1203－0000002　經易
**伊川易傳四卷**　(宋)程頤撰　清刻本　十二行二十二字小字雙行同上下黑口左右雙邊　四冊

640000－1203－0000003　經易
**周易函書約存十八卷首三卷約註十八卷別集十六卷**　(清)胡煦撰　清乾隆胡氏葆璞堂刻本　十行二十四字白口四周雙邊　二十六冊　缺三卷(約存十六至十八)

640000－1203－0000004　經易
**周易四卷**　(宋)朱熹本義　清同治十年(1871)刻本　九行十七字小字雙行同白口四周雙邊　二冊

640000－1203－0000005　經易
**新刻來瞿唐先生易註十五卷首一卷末一卷圖像一卷**　(明)來知德撰　(清)高奣映校　清同治刻本　九行二十二字小字雙行同白口四周單邊　十一冊

640000－1203－0000006　經書
**書經體註大全合參六卷**　(清)范翔鑑定　(清)張聖度訂　(清)錢希祥參　清文誠堂刻本　上欄二十行二十七字下欄九行十七字白口四周單邊　二冊

640000－1203－0000007　經易
**新刻來瞿唐先生易註十五卷圖像一卷**　(明)來知德撰　(清)高奣映校　清同治十年(1871)刻本　九行二十二字小字雙行同白口四周單邊　七冊

640000－1203－0000008　經總
**十三經注疏附校勘記十三種一百五十四卷**　(清)阮元撰　**十三經注疏校勘記識語四卷**　(清)汪文臺撰　清光緒十三年(1887)石印本　二十行四十六字小字雙行同白口四周雙邊　三十冊

640000－1203－0000009　經書
**欽定書經傳說彙纂二十一卷首二卷書序一卷**　(清)王頊齡等撰　清同治七年(1868)刻本　十一行二十四字小字雙行同白口左右雙邊　十二冊

640000－1203－0000010　史目録
**積古齋鐘鼎彝器款識十卷**　(清)阮元編　清嘉慶九年(1804)刻本　十行二十四字白口四周單邊　二冊　存五卷(一至二、五至七)

640000－1203－0000011　經書
**書經六卷**　(宋)蔡沈集傳　清同治十年(1871)刻本　九行十七字小字雙行同白口四周雙邊　四冊

640000－1203－0000012　經禮
**文廟通考六卷首一卷**　(清)牛樹梅撰　清光緒十四年(1888)岐山學署刻本　九行二十二字小字雙行同下黑口四周雙邊　四冊

640000－1203－0000013　經禮
**禮記十卷**　(元)陳澔集說　清同治十年(1871)刻本　九行十七字小字雙行同白口四周雙邊　十五冊

640000－1203－0000014　經詩
**詩經八卷**　(宋)朱熹集傳　清同治十年(1871)刻本　九行十七字小字雙行同白口四周雙邊　四冊

640000－1203－0000015　經春秋
**春秋指掌三十卷前二卷附錄二卷**　(清)儲欣　(清)蔣景祁撰　清康熙二十七年(1688)天藜閣刻本　二十行二十二字上下黑口左右雙邊　八冊

640000－1203－0000016　經禮
**吾學錄初編二卷**　(清)吳榮光述　(清)黃本驥編　清光緒六年(1880)酒泉營次刻本　九行二十一字小字雙行同白口四周雙邊　二冊

640000－1203－0000017　經春秋
**左傳易讀六卷**　(清)司徒修輯注　清刻本　上欄十八行十三字下欄十三行二十一字小字雙行四十二字白口四周雙邊　五冊　存五卷

（二至六）

640000－1203－0000018　經春秋
**春秋十六卷**　（清）□□輯　**陸氏三傳釋文音義一卷**　（唐）陸德明撰　清刻本　九行十七字白口四周雙邊　十冊　缺二卷（春秋三至四）

640000－1203－0000019　經春秋
**欽定春秋傳說彙纂三十八卷首二卷**　（清）王掞等纂　清光緒十四年（1888）江南書局刻本　十一行二十四字小字雙行同白口四周單邊　二十冊

640000－1203－0000020　經春秋
**春秋三傳十六卷首一卷**　（春秋）左丘明等撰　（晉）杜預等注　**陸氏三傳釋文音義十六卷**　（唐）陸德明撰　清同治十年（1871）刻本　九行十七字小字雙行同白口四周雙邊　十四冊

640000－1203－0000021　經春秋
**春秋經傳集解三十卷首一卷**　（晉）杜預集解　（唐）陸德明音釋　（宋）林堯叟附註　（清）馮李驊增訂　**左繡三十卷**　（清）馮李驊　（清）陸浩評輯　清康熙華川書屋刻本　上欄四行小字雙行十五字下欄八行二十字小字雙行同白口左右雙邊　十四冊

640000－1203－0000022　經四書
**四書十九卷**　（宋）朱熹撰　清同治十年（1871）刻本　九行十七字小字雙行同白口四周雙邊　十二冊

640000－1203－0000023　經禮
**吳柳堂先生誄文不分卷**　（清）傅巖霖輯　清光緒七年（1881）刻本　七行十七字白口四周雙邊　一冊

640000－1203－0000024　經禮
**讀禮通考一百二十卷**　（清）徐乾學撰　清康熙三十五年（1696）刻本　十三行二十一字小字雙行三十一字白口左右雙邊　二冊　存八卷（一至三、三十八至四十二）

640000－1203－0000025　經詩
**詩經體註大全合參八卷**　（清）高朝瓔撰　清刻本　八行十七字小字雙行不等白口四周雙邊　一冊　存二卷（一至二）

640000－1203－0000026　經禮
**五禮通考二百六十二卷**　（清）秦蕙田撰　（清）方觀承訂　清刻本　十三行二十一字小字雙行三十一字白口左右雙邊　二冊　存五卷（二十七至二十九、一百四十九至一百五十）

640000－1203－0000027　經四書
**四書約旨十九卷孟子考略一卷**　（清）任啟運撰　清刻本　十行二十四字小字雙行同白口四周雙邊　八冊

640000－1203－0000028　經禮
**周禮政要四卷**　（清）孫詒讓著　清光緒三十年（1904）上海書局石印本　十五行三十六字白口四周雙邊　二冊

640000－1203－0000029　經春秋
**御纂春秋直解十二卷**　（清）傅恒等撰　清乾隆刻本　八行二十字白口四周雙邊　八冊

640000－1203－0000030　經小學
**詩韻合璧五卷**　（清）湯文潞編　**虛字韻藪一卷**　（清）潘維城撰　清繡谷裕蔭山房刻本　行數不等字數不等小字雙行不等白口四周雙邊　五冊

640000－1203－0000031　經小學
**廣雅疏證十卷**　（清）王念孫撰　**博雅音十卷**　（隋）曹憲撰　清嘉慶元年（1796）刻本　十行二十一字小字雙行同白口左右雙邊　八冊

640000－1203－0000032　經小學
**說文通訓定聲十八卷分部柬韻一卷說雅一卷古今韻準一卷**　（清）朱駿聲撰　（清）朱鏡蓉參訂　清同治九年（1870）刻本　十行十五字小字雙行三十字白口四周雙邊　十八冊　缺六卷（說文通訓定聲一至六）

640000－1203－0000033　經四書
**四書朱子大全經傳蘊萃四十卷**　（清）朱良玉纂　清乾隆十四年（1749）三多齋刻本　上欄

十行十二字小字雙行同下欄十行二十四字小字雙行同白口左右雙邊　二十六册　存三十三卷(大學一,論語二、四至二十,孟子十四卷)

640000－1203－0000034　經四書
**四書味根錄三十七卷首一卷**　(清)金澂撰　清光緒二十年(1894)刻本　九行三十六字小字雙行同白口左右雙邊　八册　缺十卷(論語一至十)

640000－1203－0000035　經春秋
**陸氏三傳釋文音義十六卷**　(唐)陸德明撰　清刻本　九行十七字小字雙行同白口四周雙邊　二册

640000－1203－0000036　經春秋
**陸氏三傳釋文音義十六卷**　(唐)陸德明撰　清刻本　九行十七字小字雙行同白口四周雙邊　二册

640000－1203－0000037　經春秋
**陸氏三傳釋文音義十六卷**　(唐)陸德明撰　清刻本　九行十七字小字雙行同白口四周雙邊　一册　存六卷(十一至十六)

640000－1203－0000038　史紀傳
**宋史四百九十六卷**　(元)脱脱等修　明刻明清遞修本　十行二十字白口四周雙邊　三十册　存一百五十九卷(一至一百五十九)

640000－1203－0000039　經小學
**詩韻全璧五卷**　(清)湯文潞編　(清)暢懷書屋主人增輯　**初學檢韻袖珍一卷**　(清)姚文登輯　**虚字韻藪一卷**　(清)潘維城輯　清光緒十九年(1893)四明暢懷書屋石印本　行數不等字數不等小字雙行不等白口四周雙邊　五册

640000－1203－0000040　經四書
**四書大全六種三十八卷**　(清)汪份輯　清康熙遄喜齋刻本　白口左右雙邊　二十四册

640000－1203－0000041　經四書
**四書味根錄三十七卷首一卷**　(清)金澂撰　清光緒二十五年(1899)慎記書莊石印本　二十行二十三字小字雙行四十四字白口四周單邊　五册　缺十四卷(論語十四至二十、孟子八至十四)

640000－1203－0000042　經小學
**會海字彙十二集十二卷首一卷**　(明)梅膺祚音釋　清刻本　九行字數不等小字雙行二十四字白口四周單邊　十四册

640000－1203－0000043　經小學
**爾雅三卷**　(晉)郭璞注　清光緒二十四年(1898)上海古香閣石印本　十二行三十一字小字雙行同上下黑口四周雙邊　一册　缺一卷(下)

640000－1203－0000044　經小學
**殷商貞卜文字考一卷**　羅振玉撰　清宣統二年(1910)玉簡齋石印本　十三行二十三字上下黑口四周單邊　一册

640000－1203－0000045　經春秋
**啜經日記一卷**　劉爾炘撰　清光緒三十四年(1908)甘肅高等學堂刻本　十行二十四字白口四周雙邊　一册

640000－1203－0000046　經四書
**四書古註群義彙解九種九十六卷**　(清)□□輯　清光緒十九年(1893)上海同文書局石印本　十六行字數不等小字雙行四十四字白口四周單邊　八册

640000－1203－0000047　史紀傳
**梁書五十六卷**　(唐)姚思廉撰　明刻明清遞修本　十行二十一字白口四周雙邊　八册

640000－1203－0000048　史紀傳
**前漢書一百二十卷**　(漢)班固撰　(唐)顔師古注　明崇禎十五年(1642)琴川毛氏汲古閣刻本　十二行二十五字小字雙行三十七字白口左右雙邊　八册　存二十五卷(一至二十五)

640000－1203－0000049　史紀傳
**前漢書一百卷**　(漢)班固撰　(唐)顔師古注　清金陵書局刻本　十二行二十五字小字雙行三十七字白口左右雙邊　八册　存四十一

卷(八至二十、七十三至一百)

640000－1203－0000050　史紀傳
**魏書一百十四卷**　(北齊)魏收撰　明刻明清遞修本　十行二十一字白口左右雙邊　二十冊　存八十二卷(一至十二、十九至二十九、四十六至五十七、六十八至一百十四)

640000－1203－0000051　史紀傳
**宋書一百卷**　(南朝梁)沈約撰　明刻明清遞修本　九行十八字白口四周雙邊　十二冊　存四十卷(一至四十)

640000－1203－0000052　史紀傳
**晉書一百三十卷**　(唐)房玄齡等撰　明刻明清遞修本　十行二十字白口左右雙邊　二十三冊　存七十五卷(一至三十、四十二至四十九、六十至六十三、六十八至一百)

640000－1203－0000053　史紀傳
**隋書八十五卷**　(唐)魏徵等撰　明萬曆刻本　十二行二十五字白口左右雙邊　二冊　存十六卷(三十九至四十七、五十八至六十四)

640000－1203－0000054　史紀傳
**後漢書一百二十卷**　(南朝宋)范曄撰　(唐)李賢注　清金陵書局刻本　十二行二十五字小字雙行三十七字白口左右雙邊　十一冊　缺三十一卷(一至十、十八至二十五、六十八至八十)

640000－1203－0000055　史紀傳
**舊五代史一百五十卷目錄二卷**　(宋)薛居正等撰　清同治十一年(1872)湖北崇文書局刻本　十二行二十五字小字雙行三十七字白口四周雙邊　十六冊

640000－1203－0000056　史紀傳
**三國志六十五卷**　(晉)陳壽撰　(南朝宋)裴松之注　清光緒十三年(1887)江南書局刻本　十二行二十五字小字雙行三十七字白口左右雙邊　七冊

640000－1203－0000057　史紀傳
**前漢書一百二十卷**　(漢)班固撰　(唐)顏師古注　清光緒鉛印本　十三行四十字白口四周單邊　九冊　存二十六卷(十五至四十)

640000－1203－0000058　史地理
**新疆國界圖志八卷**　王樹枏撰　清宣統元年(1909)新疆官書局鉛印本　十一行二十六字小字雙行三十九字白口四周雙邊　四冊　存四卷(一至四)

640000－1203－0000059　史紀傳
**金史一百三十五卷目錄二卷**　(元)脫脫等修　明刻明清遞修本　十行二十二字小字雙行同白口左右雙邊　十六冊

640000－1203－0000060　史紀傳
**元史二百十卷目錄二卷**　(明)宋濂等修　(明)佚名　(明)謝德溥補刊　明刻明清遞修本　十行二十字白口四周雙邊　四十八冊　缺十一卷(一百一至一百十一)

640000－1203－0000061　史紀傳
**唐書二百二十五卷**　(宋)歐陽修　(宋)宋祁撰　**釋音二十五卷**　(宋)董衝撰　明刻明清遞修本　十行二十二字小字雙行同白口四周雙邊　二十冊　存一百三十八卷(唐書一至六十、一百二至一百五十四,釋音二十五卷)

640000－1203－0000062　史紀傳
**史記一百三十卷**　(漢)司馬遷撰　(南朝宋)裴駰注　清光緒四年(1878)金陵書局刻本　十二行二十五字小字雙行三十七字白口左右雙邊　十四冊

640000－1203－0000063　史紀傳
**明史三百三十二卷目錄四卷**　(清)張廷玉等修　清乾隆刻本　十行二十一字小字雙行同白口左右雙邊　八十八冊　存二百四十六卷(一至二十四、二十八至三十二、三十五至四十九、八十九至九十九、一百四至一百二十一、一百二十六至一百三十八、一百四十五至三百,目錄四卷)

640000－1203－0000064　史紀傳
**遼史一百十六卷**　(元)脫脫等修　清光緒三十三年(1907)上海華商集成圖書公司鉛印本　十三行四十字白口四周單邊　八冊

640000－1203－0000065　史紀傳

**史記菁華録六卷**　（清）姚祖恩撰　清光緒九年（1883）廣州翰墨園朱墨套印本　九行二十字小字雙行同上下黑口左右雙邊　五冊　存五卷（一至五）

640000－1203－0000066　史紀傳

**五代史記七十四卷**　（宋）歐陽修撰　明刻明清遞修本　十行二十一字小字雙行同白口四周雙邊　一冊　存六卷（六十至六十五）

640000－1203－0000067　史紀傳

**金史一百三十五卷**　（元）脱脱等修　清光緒三十三年（1907）上海華商集成圖書公司鉛印本　十三行四十字白口四周單邊　十六冊

640000－1203－0000068　史紀傳

**三國志六十五卷**　（晉）陳壽撰　（南朝宋）裴松之注　清光緒三十三年（1907）上海華商集成圖書公司鉛印本　十三行四十字小字雙行同白口四周單邊　八冊

640000－1203－0000069　經易

**伊川經説八卷**　（宋）程頤撰　清刻本　十二行二十二字小字雙行同上下黑口左右雙邊　三冊

640000－1203－0000070　史紀傳

**宋史四百九十六卷目録三卷**　（元）脱脱等修　清光緒三十三年（1907）上海華商集成圖書公司鉛印本　十三行四十字白口四周單邊　六十冊

640000－1203－0000071　史編年

**御撰資治通鑑綱目三編二十卷**　（清）張廷玉等編　清乾隆十一年（1746）刻本　十一行二十二字白口四周單邊　四冊

640000－1203－0000072　子農家

**農學一卷**　（清）編譯處編纂　（清）直隸學校司鑑定　清宣統天津官報局石印本　九行二十五字下黑口四周雙邊　一冊

640000－1203－0000073　集别集

**震川先生集三十卷**　（明）歸有光撰　清光緒元年（1875）常熟歸氏刻本　十行二十字白口左右雙邊　六冊　存二十六卷（一至十、十五至三十）

640000－1203－0000074　史紀傳

**舊唐書二百卷**　（五代）劉昫等撰　清光緒三十三年（1907）上海華商集成圖書公司鉛印本　十三行四十字白口四周單邊　六冊　存二十四卷（二十九至五十二）

640000－1203－0000075　史紀傳

**元史二百十卷目録二卷**　（明）宋濂等修　清光緒三十三年（1907）上海華商集成圖書公司鉛印本　十三行四十字白口四周單邊　二十四冊

640000－1203－0000076　史編年

**資治通鑑綱目前編二十五卷**　（明）陳仁錫評　**資治通鑑綱目五十九卷**　（宋）朱熹撰　（明）陳仁錫評　**續資治通鑑綱目二十七卷**　（明）商輅等撰　清康熙四十年（1701）王公行刻本　七行十八字小字雙行同白口四周單邊　一百九冊　缺七卷（資治通鑑綱目前編二十四至二十五、資治通鑑綱目一至五）

640000－1203－0000077　史編年

**雍正朝東華録三十二卷**　（清）蔣良騏撰　清刻本　八行二十八字白口左右雙邊　一冊　存一卷（一）

640000－1203－0000078　史編年

**御批歷代通鑑輯覽一百二十卷**　（清）傅恒等編纂　清光緒三十二年（1906）上海商務印書局鉛印本　十五行二十八字小字雙行四十二字白口四周單邊　十七冊　存五十六卷（一至十八、二十二至二十四、三十至三十二、三十六至四十七、五十一至六十二、八十五至八十七、一百十六至一百二十）

640000－1203－0000079　史紀傳

**明史三百三十二卷目録四卷**　（清）張廷玉等修　清光緒三十三年（1907）上海華商集成圖書公司鉛印本　十三行四十字白口四周單邊　三十冊

640000－1203－0000080　史編年

**御批歷代通鑑輯覽一百二十卷**　(清)傅恒等編纂　清石印本　二十四行四十九字小字雙行同白口四周雙邊　十册　存五十五卷(十五至二十一、五十三至一百)

640000－1203－0000081　史編年
**鼎鍥趙田了凡袁先生編纂古本歷史大方綱鑑補三十九卷首一卷**　(明)袁黄編　清刻本　十二行二十八字白口四周單邊　十册　缺十三卷(二十二至三十四)

640000－1203－0000082　史雜史
**彼得興俄記一卷**　王樹枏撰　清光緒二十二年(1896)新城王氏刻本　十行二十二字上下黑口四周單邊　一册

640000－1203－0000083　史編年
**重訂王鳳洲先生綱鑑會纂四十六卷**　(明)王世貞纂　清刻本　十行二十字小字雙行同白口四周單邊　十八册　存三十二卷(一至四、七至八、十三至十九、二十一至二十五、二十八、三十四至四十六)

640000－1203－0000084　史地理
**地球三字經四卷**　(清)王學曾輯　(清)華晉衡校勘　清光緒三十年(1904)刻本　九行十九字小字雙行同白口四周雙邊　二册

640000－1203－0000085　史編年
**御批歷代通鑑輯覽一百二十卷**　(清)傅恒等編纂　清光緒二十年(1894)湖南澹雅書局刻本　十一行二十二字小字雙行同白口四周單邊　一百十五册

640000－1203－0000086　史編年
**歷代帝王年表三卷**　(清)齊召南編　清埽葉山房刻本　八行二十四字小字雙行三十三字上下黑口左右雙邊　一册　存一卷(二)

640000－1203－0000087　史編年
**春秋大旨提綱表四卷**　劉爾炘撰　清光緒三十四年(1908)甘肅高等學堂刻本　行數不等字數不等小字雙行不等白口左右雙邊　二册

640000－1203－0000088　史紀事本末
**通鑑紀事本末二百三十九卷**　(宋)袁樞撰　(明)張溥論正　清同治十二年(1873)江西書局刻本　十行二十字下黑口左右雙邊　八十册

640000－1203－0000089　史紀事本末
**繹史一百六十卷世系圖一卷**　(清)馬驌撰　清刻本　十一行二十一字小字雙行三十六字白口左右雙邊　三册　存三卷(繹史四十四、九十五,世系圖一卷)

640000－1203－0000090　史紀事本末
**左傳紀事本末五十三卷**　(清)高士奇撰　清同治十二年(1873)江西書局刻本　十行二十字上下黑口四周單邊　十二册

640000－1203－0000091　史紀事本末
**明史紀事本末八十卷**　(清)谷應泰編輯　清同治十三年(1874)江西書局刻本　十行二十字下黑口左右雙邊　二十册

640000－1203－0000092　史雜史
**穆天子傳注疏六卷首一卷末一卷**　(晉)郭璞注　(清)檀萃疏　清刻本　九行二十字小字雙行同白口四周雙邊　四册

640000－1203－0000093　史紀事本末
**西夏紀事本末三十六卷首二卷**　(清)張鑑著　清光緒二十一年(1895)上海積山書局石印本　十八行三十六字白口四周單邊　二册

640000－1203－0000094　史紀事本末
**元史紀事本末二十七卷**　(明)陳邦瞻編輯　(明)張溥論正　清光緒二十五年(1899)上海積山書局石印本　十八行三十六字白口四周單邊　二册

640000－1203－0000095　史紀事本末
**金史紀事本末五十二卷首一卷**　(清)李有棠編纂　清光緒上海積山書局石印本　十七行三十七字小字雙行同白口四周單邊　四册

640000－1203－0000096　史紀事本末
**通鑑紀事本末二百三十九卷**　(宋)袁樞撰　(明)張溥論正　清光緒二十一年(1895)上海積山書局石印本　十八行三十六字白口四周單邊　九册　存七十六卷(一百五十五至一

百六十六、一百七十六至二百三十九)

640000－1203－0000097　史紀事本末
**明史紀事本末八十卷**　(清)谷應泰編輯　清光緒二十一年(1895)上海積山書局石印本　十八行三十六字白口四周單邊　八冊

640000－1203－0000098　史紀事本末
**宋史紀事本末一百九卷**　(明)馮琦編　(明)陳邦瞻增訂　(明)張溥論正　清光緒二十一年(1895)上海積山書局石印本　十八行三十六字白口四周單邊　八冊

640000－1203－0000099　史紀事本末
**萬國史記二十卷首一卷**　(日本)岡本監輔著　清光緒二十四年(1898)上海書局石印本　十三行三十二字白口四周雙邊　八冊

640000－1203－0000100　史紀事本末
**湘軍志十六卷**　王闓運撰　清光緒十二年(1886)成都墨香書屋刻本　十行二十一字白口四周雙邊　四冊

640000－1203－0000101　史紀事本末
**遼史紀事本末四十卷首一卷**　(清)李有棠撰　清光緒二十五年(1899)慎記書莊石印本　十七行三十七字小字雙行同白口四周單邊　二冊

640000－1203－0000102　史紀事本末
**三藩紀事本末二十二卷**　(清)楊陸榮編　(清)朱記榮校定　清光緒二十一年(1895)上海積山書局石印本　十八行三十六字白口四周單邊　一冊

640000－1203－0000103　史紀事本末
**清史攬要六卷**　(日本)增田貢著　清光緒二十七年(1901)杭州白話報館石印本　十行二十字白口四周單邊　六冊

640000－1203－0000104　史紀事本末
**萬國史記二十卷**　(日本)岡本監輔撰　清光緒二十七年(1901)上海兩宜齋石印本　十八行四十字白口四周雙邊　六冊

640000－1203－0000105　史詔令奏議
**歷代名臣奏議三百五十卷**　(明)楊士奇等輯　(明)張溥刪正　清刻本　九行十八字白口左右雙邊　五冊　存十五卷(二十三至二十四、五十五、一百至一百三、一百三十一至一百三十六、二百七十九至二百八十)

640000－1203－0000106　史詔令奏議
**平番奏議四卷**　(清)那彥成撰　清刻本　十行二十二字白口四周雙邊　一冊　存一卷(一)

640000－1203－0000107　史傳記
**列女傳八卷**　(漢)劉向撰　(清)梁端校注　清光緒元年(1875)刻本　十一行十九字小字雙行不等白口左右雙邊　三冊　存六卷(三至八)

640000－1203－0000108　史傳記
**史外八卷**　(清)汪有典著　清同治四年(1865)刻本　九行二十四字白口左右雙邊　一冊　存一卷(一)

640000－1203－0000109　史傳記
**貳臣傳十二卷逆臣傳四卷**　(清)國史館纂修　清道光都城琉璃廠半松居士刻本　九行二十三字小字雙行同白口左右雙邊　八冊

640000－1203－0000110　史傳記
**嶺學祠諸先生事蹟學術考一卷**　(清)祁永膺輯　清光緒三十二年(1906)刻本　十行二十三字小字雙行同下黑口四周雙邊　一冊

640000－1203－0000111　史地理
**李氏五種合刊二十八卷**　(清)李兆洛撰　(清)六承如等編　清光緒十八年(1892)金陵書局刻本　八行二十二字小字雙行同白口四周單邊　十六冊

640000－1203－0000112　史地理
**皇朝一統輿地全圖不分卷**　(清)欸乃軒主人輯　清光緒二十年(1894)石印本　行數不等字數不等白口四周雙邊　一冊

640000－1203－0000113　史地理
**大清一統志五百卷**　(清)和珅等纂修　清光緒二十八年(1902)上海寶善齋石印本　二十

行四十二字小字雙行同白口左右雙邊　六十冊

640000－1203－0000114　史地理

**河海崑崙錄六卷**　（清）裴景福著　清宣統元年（1909）官書局鉛印本　十一行二十六字白口四周雙邊　一冊　存一卷（一）

640000－1203－0000115　史地理

**新疆山脈圖志六卷**　王樹枏撰　清宣統元年（1909）新疆官書局鉛印本　十行二十六字小字雙行三十九字白口四周雙邊　八冊　存四卷（一、四至六）

640000－1203－0000116　史史抄

**東萊先生西漢詳節三十卷**　（宋）呂祖謙輯　清石印本　十八行四十字白口四周雙邊　一冊　存九卷（二十二至三十）

640000－1203－0000117　史傳記

**中興名臣事略八卷**　朱孔彰撰　清光緒二十九年（1903）上海務本山房印書局石印本　二十五行四十六字白口四周雙邊　一冊　存二卷（七至八）

640000－1203－0000118　史地理

**［乾隆］靜寧州志八卷**　（清）王烜纂修　清刻本　九行二十一字小字雙行同白口四周雙邊　一冊　存二卷（四至五）

640000－1203－0000119　史政書

**欽定康濟錄四卷**　（清）陸曾禹撰　（清）倪國璉釐正　清刻本　九行二十二字白口四周單邊　一冊　存一卷（一）

640000－1203－0000120　史地理

**重脩固原城碑記不分卷**　（清）那彥成撰并書　（清）仇文發刻　清嘉慶十七年（1812）富平仇文發刻石拓本　三行五字　一冊

640000－1203－0000121　史地理

**［乾隆］成縣新志四卷**　（清）黃泳等纂修　清刻本　九行二十二字白口四周雙邊　一冊　存一卷（一）

640000－1203－0000122　史地理

**大清中外壹統輿圖中一卷南十卷北二十卷**　（清）胡林翼等撰　（清）鄒世詒等編繪　清光緒石印本　白口四周雙邊　五冊　缺十五卷（南六至十、北十一至二十）

640000－1203－0000123　史紀傳

**明史三百三十二卷**　（清）張廷玉等修　清刻本　十行二十一字小字雙行同白口四周單邊　三冊　存九卷（一百八十四至一百九十二）

640000－1203－0000124　史地理

**［道光］敦煌縣志七卷首一卷**　（清）蘇履吉等纂修　清道光十一年（1831）敦煌縣署刻本　九行二十字白口四周雙邊　四冊

640000－1203－0000125　史地理

**歷代輿地沿革險要圖不分卷**　楊守敬　饒敦秩撰　清光緒五年（1879）東湖饒氏朱墨套印本　行數不等字數不等白口四周單邊　一冊

640000－1203－0000126　史地理

**崆峒山志二卷**　（清）張伯魁纂修　清同治十一年（1872）刻本　八行二十字小字雙行同白口四周雙邊　二冊

640000－1203－0000127　史地理

**華獄圖經二卷**　（清）蔣湘南撰　清刻本　九行二十二字白口四周雙邊　二冊

640000－1203－0000128　史地理

**［正德］武功縣志三卷首一卷**　（明）康海撰　（清）孫景烈評註　清乾隆二十六年（1761）刻本　十二行二十五字小字雙行同白口四周雙邊　二冊

640000－1203－0000129　史地理

**天下郡國利病書一百二十卷**　（清）顧炎武輯　清光緒五年（1879）蜀南桐華書屋薛氏家塾刻本　十行二十一字小字雙行同白口左右雙邊　七十冊

640000－1203－0000130　史地理

**新疆禮俗志一卷**　王樹枏撰　清宣統新疆官書局鉛印本　十一行二十六字小字雙行四十字白口四周雙邊　一冊

640000－1203－0000131　史地理
**新疆物候志一卷**　王樹枏撰　清宣統新疆官書局鉛印本　十一行二十六字白口四周雙邊　一册

640000－1203－0000132　史地理
**［宣統］新修固原直隸州志十一卷**　（清）王學伊修　（清）錫麒纂　清宣統元年（1909）官報書局鉛印本　十行二十四字小字雙行同白口四周雙邊　七册　存六卷（一至四、六、十二）

640000－1203－0000133　史地理
**［宣統］新修固原直隸州志十一卷**　（清）王學伊修　（清）錫麒纂　清宣統元年（1909）官報書局鉛印本　十行二十四字小字雙行同白口四周雙邊　十一册　存十卷（一至六、八、十至十二）

640000－1203－0000134　史地理
**［宣統］新修固原直隸州志十一卷**　（清）王學伊修　（清）錫麒纂　清宣統元年（1909）官報書局鉛印本　十行二十四字小字雙行同白口四周雙邊　十二册

640000－1203－0000135　史政書
**文獻通考紀要四卷**　（清）尹會一撰　清光緒二十八年（1902）石印本　十一行二十二字小字雙行同白口四周雙邊　一册　存一卷（一）

640000－1203－0000136　史政書
**奏定推廣農林簡明章程一卷**　（清）農工商部撰　清宣統元年（1909）北京農工商部鉛印本　九行二十四字白口四周雙邊　一册

640000－1203－0000137　經禮
**禮記十卷**　（元）陳澔集說　清同治十年（1871）刻本　九行十七字小字雙行同白口四周雙邊　五册　存五卷（一、五、八至十）

640000－1203－0000138　史政書
**文獻通考三百四十八卷**　（元）馬端臨著　清刻本　十行二十字小字雙行同白口四周單邊　三十六册　存一百十七卷（十六至十八、七十八至一百七、一百六十三至二百三十五、二百六十七至二百七十二、二百七十九至二百八十三）

640000－1203－0000139　史政書
**欽定續文獻通考二百五十卷**　（清）嵇璜等撰　清光緒十三年（1887）浙江書局刻本　九行二十一字小字雙行同白口左右雙邊　一百二十册

640000－1203－0000140　史目録
**欽定四庫全書總目二百卷首一卷總目一卷**　（清）紀昀等編　清刻本　九行二十一字小字雙行同白口左右雙邊　一百十二册

640000－1203－0000141　史目録
**欽定四庫全書簡明目錄二十卷首一卷**　（清）紀昀等編　清刻本　九行二十一字白口左右雙邊　二十册

640000－1203－0000142　史目録
**金石索十二卷首一卷**　（清）馮雲鵬　（清）馮雲鵷輯　清光緒十九年（1893）上海積山書局石印本　行數不等字數不等白口四周單邊　十七册　缺一卷（金石索二）

640000－1203－0000143　史目録
**積古齋鐘鼎彝器款識十卷**　（清）阮元編　清嘉慶九年（1804）刻本　十二行二十四字白口四周單邊　四册

640000－1203－0000144　史目録
**古鑑閣藏周石鼓文集聯拓本不分卷**　秦文錦編　清光緒二十九年（1903）拓本　六行字數不等白口　一册

640000－1203－0000145　史史評
**歷代史論十二卷元史論一卷**　（明）張溥撰　**明史論四卷**　（清）谷應泰撰　清刻本　十一行二十一字小字雙行不等白口四周單邊　二册　缺八卷（歷代史論一至四、九至十二）

640000－1203－0000146　子儒家
**張子全書十五卷**　（宋）張載撰　清同治九年（1870）鳳翔郡祠刻本　十行二十四字白口四周雙邊　一册　存二卷（一至二）

640000－1203－0000147　子儒家

**從政遺規摘鈔二卷**　(清)陳宏謀編　清乾隆七年(1742)漢讀樓刻本　十七行三十八字小字雙行同白口四周雙邊　一册

640000－1203－0000148　子儒家
**防心集五卷**　(清)陳育仁輯　清咸豐五年(1855)刻本　九行二十四字白口四周雙邊　二册　存二卷(四至五)

640000－1203－0000149　子儒家
**大學衍義輯要六卷**　(宋)真德秀撰　(清)陳宏謀纂輯　清同治十年(1871)刻本　十行二十一字小字雙行同白口四周雙邊　六册

640000－1203－0000150　子儒家
**小學集註六卷**　(宋)朱熹撰　(明)陳選集註　清刻本　九行十七字小字雙行同上下黑口四周單邊　二册　存四卷(三至六)

640000－1203－0000151　子儒家
**大學衍義補輯要十二卷首一卷**　(明)邱濬撰　(清)陳宏謀纂輯　清同治十年(1871)刻本　十行二十一字小字雙行同白口四周雙邊　十八册

640000－1203－0000152　子儒家
**近思錄十四卷**　(宋)朱熹撰　(清)江永集注　(清)王鼎校刊　清抄本　九行十七字小字雙行同白口四周單邊　一册　存一卷(二)

640000－1203－0000153　子儒家
**儒門法語一卷**　(清)彭定求編　(清)湯金釗輯　(清)章鶴年校刊　清光緒十八年(1892)甘肅中和堂刻本　十行十九字小字雙行同白口四周雙邊　一册

640000－1203－0000154　子儒家
**鹽鐵論十二卷**　(漢)桓寬撰　清刻本　九行二十字小字雙行同白口四周單邊雙邊兼有　三册

640000－1203－0000155　子儒家
**輶軒語書目答問不分卷**　(清)張之洞著　清光緒六年(1880)文琳堂刻本　十行二十三字小字雙行二十四字白口四周雙邊　一册

640000－1203－0000156　子儒家
**荀子二十卷**　(唐)楊倞注　清光緒二年(1876)浙江書局刻本　九行二十一字小字雙行同白口左右雙邊　一册　存三卷(一至三)

640000－1203－0000157　子儒家
**三元秘授六集**　(明)張溥著　清道光十九年(1839)三色套印本　八行二十二字小字雙行同白口四周單邊　一册　存一集(一)

640000－1203－0000158　子儒家
**讀書鏡八卷**　(明)陳繼儒著　清光緒四年(1878)味經書院刻本　九行十八字白口四周雙邊　一册　存五卷(一至五)

640000－1203－0000159　子儒家
**御纂朱子全書六十六卷**　(宋)朱熹撰　(清)李光地等編　清刻本　九行二十字小字雙行同上下黑口四周單邊　二十四册　存三十四卷(十七至三十二、四十至五十七)

640000－1203－0000160　子道家
**悟道錄二卷**　(清)劉一明著　(清)張志遠(清)夏復恒刊　清嘉慶二十一年(1816)湖南常德府護國庵刻本　八行二十字白口四周雙邊　一册　存一卷(一)

640000－1203－0000161　集總集
**皇朝經世文編一百二十卷姓名總目三卷**　(清)賀長齡輯　清光緒十二年(1886)思補樓石印本　十一行二十四字白口四周雙邊　六十册

640000－1203－0000162　集别集
**左文襄公全集八種一百二十三卷首一卷**　(清)左宗棠撰　清光緒刻本　十行二十五字上下黑口左右雙邊　四十七册　缺六十九卷(奏稿一至六、十三至二十一、二十七至三十四、三十七至四十九、五十六至六十一,文集一至三,批札一至三、七,書牘二至十七、二十四至二十六,駱文忠公奏稿十)

640000－1203－0000163　子道家
**指南針十二卷**　(清)劉一明注　清嘉慶二十四年(1819)湖南常德府護國庵刻本　九行二

十二字白口四周雙邊　一册　存三卷(一至三)

640000－1203－0000164　子道家

**參同契經文直指三卷**　(漢)魏伯陽著　(清)劉一明解　清嘉慶二十五年(1820)湖南常德府護國菴刻本　九行二十二字白口左右雙邊　一册

640000－1203－0000165　子道家

**太上道德真經集註五卷末一卷**　(宋)彭耜纂　清光緒三年(1877)刻本　十一行二十四字小字雙行同白口四周單邊　六册

640000－1203－0000166　子兵家

**新疆兵事志二卷**　王樹枏撰　清新疆官書局鉛印本　十一行二十六字小字雙行四十字白口四周雙邊　二册

640000－1203－0000167　子道家

**孔易闡真二卷**　(清)劉一明撰　清刻本　九行二十二字白口左右雙邊　一册

640000－1203－0000168　子道家

**周易闡真四卷首一卷**　(清)劉一明撰　清嘉慶二十四年(1819)湖南常德府護國庵刻本　九行二十二字白口左右雙邊　五册

640000－1203－0000169　子兵家

**養兵秘訣前編一卷**　(日本)倉辻明俊著　清光緒二十八年(1902)東京泰東同文局鉛印本　十二行三十一字小字雙行不等白口四周雙邊　一册

640000－1203－0000170　子兵家

**諸葛武侯心書一卷白猿經風雨占圖說一卷**　(三國蜀)諸葛亮撰　(清)林松唐編　清光緒二十年(1894)漢皋鉛印本　十三行三十字白口四周單邊　一册

640000－1203－0000171　子兵家

**紀效新書十八卷**　(明)戚繼光撰　清刻本　九行二十一字上下黑口左右雙邊　三册　存十二卷(二至九、十三至十六)

640000－1203－0000172　子兵家

**洴澼百金方十四卷**　(清)袁宮桂編　(清)玉巵居士重訂　清咸豐五年(1855)刻本　九行二十四字白口四周單邊　十册

640000－1203－0000173　子兵家

**武闈孫子集註詳解三卷附馬步騎射圖**　(清)艾欽注　(清)許鏘考訂　清乾隆元年(1736)刻本　九行二十二字小字雙行同白口左右雙邊　一册　存一卷(一)

640000－1203－0000174　子兵家

**火龍經全集五種十卷**　(三國蜀)諸葛亮編輯　(明)劉基　(明)焦玉校　清咸豐五年(1855)南陽石室刻本　七行十六字下黑口四周雙邊　四册

640000－1203－0000175　子兵家

**九邊圖論一卷**　(明)許論著　**海防圖論一卷**　(明)胡宗憲撰　清刻本　十一行二十三字上黑口左右雙邊　一册

640000－1203－0000176　子醫家

**圖注八十一難經辨真四卷**　(戰國)秦越人著　(明)張世賢注　**圖注脈訣辨真四卷脈訣考證一卷**　(晉)王叔和撰　(明)張世賢注　清光緒三十二年(1906)上海福記書局石印本　十五行三十八字小字雙行同白口四周雙邊　五册

640000－1203－0000177　子醫家

**珍珠囊指掌補遺藥性賦四卷**　(金)李杲編輯　**雷公炮製藥性解六卷**　(明)李中梓編　清光緒三十一年(1905)福記書局石印本　十八行四十五字白口四周雙邊　二册

640000－1203－0000178　子醫家

**醫書滙參輯成二十四卷**　(清)蔡宗玉輯　清道光十九年(1839)崇讓堂刻本　九行二十七字小字雙行同白口左右雙邊　十二册

640000－1203－0000179　子藝術

**辛丑銷夏記五卷**　(清)吳榮光撰　清光緒三十一年(1905)長沙葉氏郎園刻本　九行二十一字小字雙行同下黑口左右雙邊　五册

640000－1203－0000180　子藝術

**桃花泉弈譜二卷**　(清)范世勳撰　清進道堂刻本　行數不等字數不等小字雙行不等白口四周單邊雙邊兼有　一冊

640000－1203－0000181　子天文算法
**測地膚言不分卷**　陶保廉撰　清光緒三十年(1904)甘肅高等學堂刻本　九行二十三字白口四周雙邊　一冊

640000－1203－0000182　子譜録
**黌宫禮樂圖譜二卷**　(清)錢崑秀編　清道光二十三年(1843)刻本　九行二十字小字雙行同白口四周雙邊　一冊　存一卷(一)

640000－1203－0000183　子術數
**陽宅覺元氏新書二卷**　(清)元祝垚著　(清)張蔭堂注　清光緒二十二年(1896)刻本　九行二十二字白口四周雙邊　二冊

640000－1203－0000184　子術數
**六壬粹言六卷圖説一卷**　(清)劉赤江著　清咸豐十年(1860)品蓮堂刻本　九行二十一字白口四周單邊　六冊

640000－1203－0000185　子術數
**地學綱目八卷**　(清)羅金鑑纂輯　(清)羅世瑤　(清)魏孺耆校　清道光十九年(1839)湖南新化廣勤堂刻本　九行二十字白口左右雙邊　八冊

640000－1203－0000186　子術數
**周易説卦傳輯註一卷**　(清)李兆元輯　清道光二十九年(1849)刻本　九行二十二字小字雙行同白口左右雙邊　一冊

640000－1203－0000187　子術數
**地理知本金鎖秘二卷**　(清)鄧恭撰　清夢覺草堂刻本　十行二十二字白口四周單邊　四冊

640000－1203－0000188　子術數
**卜法詳考四卷**　(清)胡煦輯　清雍正光山胡氏葆璞堂刻本　十行二十四字小字雙行同白口四周雙邊　四冊

640000－1203－0000189　子雜家
**格致書院課藝不分卷**　(清)王韜輯　清光緒二十四年(1898)上海圖書集成印書局石印本　十四行四十二字白口四周單邊　十三冊

640000－1203－0000190　子雜家
**續心影集四卷**　(清)李士麟編　清光緒二年(1876)蘭州郡署刻本　九行二十字小字雙行同白口四周雙邊　一冊　存一卷(一)

640000－1203－0000191　子雜家
**淮南子二十一卷**　(漢)劉安撰　(漢)高誘注　清刻本　十一行二十一字小字雙行同上下黑口四周單邊　八冊

640000－1203－0000192　子雜家
**日涉編十二卷**　(明)陳堦輯　(明)白輝補輯　清乾隆三十四年(1769)清畏堂刻本　九行十九字小字雙行同白口四周單邊　一冊　存一卷(一)

640000－1203－0000193　子雜家
**池北偶談二十六卷**　(清)王士禛撰　清刻本　十一行二十三字小字雙行同上下黑口左右雙邊　五冊　存十五卷(四至十八)

640000－1203－0000194　子雜家
**十科策略箋釋十卷**　(明)劉文安著　(清)劉作樑注　(清)劉廷琨重訂　**呆齋公[劉定之]年譜一卷**　(清)劉作樑編　清乾隆二十一年(1756)刻本　十行二十字小字雙行同白口四周單邊　二冊

640000－1203－0000195　子雜家
**歐陽氏遺書不分卷**　(清)歐陽直撰　清光緒二十六年(1900)刻本　八行十八字小字雙行同白口四周雙邊　一冊

640000－1203－0000196　子雜家
**札迻十二卷**　(清)孫詒讓撰　清光緒二十一年(1895)刻本　十二行二十三字小字雙行同上下黑口左右雙邊　三冊　存九卷(一至三、七至十二)

640000－1203－0000197　子雜家
**西學啓蒙十六種**　(英國)赫德輯　(英國)艾約瑟譯　清光緒二十四年(1898)上海圖書集

成印書局石印本　十四行四十字白口四周單邊　十三冊　缺三種（富國養民冊、身理啟蒙、天文啟蒙）

640000－1203－0000198　子雜家

**格致鏡原一百卷**　（清）陳元龍撰　清刻本　十一行二十一字上下黑口左右雙邊　二冊　存七卷（一至四、八十至八十二）

640000－1203－0000199　子類書

**子史精華一百六十卷**　（清）張廷玉等編　清刻本　白口四周雙邊　五冊　存十六卷（一百八至一百十、一百十七至一百二十二、一百二十六至一百二十八、一百三十三至一百三十六）

640000－1203－0000200　子類書

**新增説文韻府群玉二十卷**　（元）陰時夫輯（元）陰中夫註　（明）王元貞校正　清康熙五十五年（1716）文盛堂、天德堂刻本　十一行二十二字小字雙行同白口左右雙邊　二冊　存二卷（一、十一）

640000－1203－0000201　子雜家

**博異記一卷**　（唐）谷神子撰　清刻本　十行二十字白口四周單邊　一冊

640000－1203－0000202　子雜家

**白虎通德論二卷**　（漢）班固纂　（清）汪士漢校刊　清刻本　十行二十字白口四周單邊　一冊　存一卷（二）

640000－1203－0000203　子類書

**增訂二三場群書備考四卷**　（明）袁黄著（明）袁儼註　（明）沈昌世增　（明）徐行敏訂　明崇禎十五年（1642）致和堂刻本　九行二十一字小字雙行同白口四周單邊　四冊

640000－1203－0000204　子宗教

**元始無量度人上品妙經六十一卷**　（清）彭定求輯　（清）閻永和增　清光緒刻本　十行二十四字白口左右雙邊　五冊　存二十四卷（一至二十四）

640000－1203－0000205　子宗教

**觀禮堂三教真傳六十章**　（清）觀禮堂編　清宣統三年（1911）聚文堂刻本　八行二十字白口四周雙邊　六冊　存二十章（孔教一至二十）

640000－1203－0000206　子小説家

**劍俠傳四卷**　（唐）段成式撰　（清）汪士漢校　**楚史檮杌一卷**　（□）□□撰　（清）汪士漢校　清康熙七年（1668）刻本　十行二十字白口四周單邊　一冊

640000－1203－0000207　子小説家

**酉陽雜俎二十卷續集十卷**　（唐）段成式撰（明）毛晉訂　清刻本　九行十九字小字雙行同白口左右雙邊　一冊

640000－1203－0000208　子小説家

**山海經十八卷**　（晉）郭璞傳　（明）吳中珩校　清刻本　十行二十字小字雙行同白口四周單邊　一冊　存四卷（一至四）

640000－1203－0000209　子小説家

**山海經廣注十八卷雜述一卷**　（晉）郭璞撰（清）吳任臣注　清乾隆五十一年（1786）江蘇金閶書業堂刻本　九行二十二字小字雙行同白口左右雙邊　五冊

640000－1203－0000210　子小説家

**紅樓夢一百二十回**　（清）曹雪芹　（清）高鶚著　清刻本　十一行二十七字小字雙行同白口四周單邊　十九冊　存九十三回（二十六至五十三、五十六至一百二十）

640000－1203－0000211　子釋家

**慈悲金剛寶懺一折**　（□）□□撰　清光緒元年（1875）刻本　四行十五字　一冊

640000－1203－0000212　集别集

**梅村集四十卷目錄二卷**　（清）吳偉業撰　清刻本　九行十九字白口左右雙邊　一冊　存二卷（二十一至二十二）

640000－1203－0000213　集别集

**蘭雲軒大題文稿三卷補遺一卷**　（清）彭元海著　清咸豐六年（1856）敦本堂刻本　九行二十五字白口四周單邊　一冊　存一卷（一）

640000－1203－0000214　集别集
**寒支初集十卷二集六卷首一卷**　(清)李世熊著　清道光八年(1828)刻本　九行二十字白口四周雙邊　十一册　存十一卷(初集十卷、二集一)

640000－1203－0000215　集别集
**閲微草堂筆記擇要二卷**　(清)紀昀撰　(清)籜園居士選訂　清光緒十五年(1889)刻本　十二行三十一字白口四周雙邊　一册

640000－1203－0000216　集别集
**晦庵先生朱文公文集一百卷續集十一卷别集十卷**　(宋)朱熹撰　清同治十二年(1873)刻本　十二行二十二字白口左右雙邊　五十册　存九十六卷(文集一至四十七、五十至五十四、六十三至六十九、七十六至九十七,續集三至十一,别集一至六)

640000－1203－0000217　集别集
**楊忠愍公集四卷**　(明)楊繼盛撰　清光緒九年(1883)甘肅藩署刻本　十行二十字下黑口左右雙邊　一册　存一卷(一)

640000－1203－0000218　集别集
**蜀輶日記四卷**　(清)陶澍撰　清光緒七年(1881)江州官舍刻本　九行二十一字小字雙行同上下黑口左右雙邊　二册

640000－1203－0000219　集别集
**曾文正公文集四卷**　(清)曾國藩撰　清同治十三年(1874)傳忠書局刻本　十行二十四字上下黑口左右雙邊　四册

640000－1203－0000220　集别集
**馮少墟集二十二卷首一卷續集五卷**　(明)馮從吾著　清刻本　九行十八字白口四周單邊　十七册

640000－1203－0000221　集别集
**病榻夢痕錄二卷夢痕錄餘一卷**　(清)汪輝祖口授　(清)汪繼培　(清)汪繼壕記錄　清刻本　十行二十一字小字雙行同白口左右雙邊　一册　存一卷(錄餘一卷)

640000－1203－0000222　集别集
**墨齋存稿六卷**　(清)祁永膺撰　清光緒三十二年(1906)隴西刻本　十行二十三字小字雙行同上下黑口四周雙邊　一册　存三卷(一至三)

640000－1203－0000223　集别集
**勉勉鉏室類稿五卷**　(清)祁永膺撰　清光緒三十一年(1905)隴西刻本　十行二十三字小字雙行同下黑口左右雙邊　二册

640000－1203－0000224　集别集
**陶廬文集二卷**　王樹枏撰　清光緒二十八年(1902)刻本　十行二十字小字雙行同上下黑口左右雙邊　一册

640000－1203－0000225　集别集
**御製詩二集九十卷目錄十卷**　(清)高宗弘曆撰　(清)蔣溥等編　清乾隆刻本　九行十七字白口四周雙邊　五册　存十二卷(御製詩二集三十一至三十三、四十五至四十七、七十三至七十四、八十六至八十八,目錄二)

640000－1203－0000226　集别集
**皋蘭課業經訓約編不分卷**　(清)盛元珍撰　清刻本　十行二十五字白口四周雙邊　一册

640000－1203－0000227　集總集
**七十家賦鈔六卷**　(清)張惠言輯　清刻本　十三行二十二字小字雙行同上下黑口左右雙邊　二册　存四卷(二至三、五至六)

640000－1203－0000228　集總集
**經史百家簡編二卷**　(清)曾國藩纂　清同治十三年(1874)傳忠書局刻本　十行二十四字下黑口左右雙邊　二册

640000－1203－0000229　集總集
**憑山閣增定留青全集二十四卷**　(清)陳枚輯　(清)李汾參訂　清武林陳簡侯刻本　九行二十字白口四周單邊　二册　存二卷(一、十七)

640000－1203－0000230　集總集
**續古文辭類纂三十四卷**　王先謙纂　清光緒三十三年(1907)上海商務印書館鉛印本　十六行三十三字白口四周雙邊　一册　存七卷

（一至七）

640000－1203－0000231　集總集

**皇朝經世文續編一百二十卷**　（清）葛士濬輯　清光緒十四年（1888）石印本　二十二行四十八字小字雙行同白口四周雙邊　八册　存九十五卷（二十六至一百二十）

640000－1203－0000232　集總集

**古詩源十四卷**　（清）沈德潛選　清刻本　十行十九字小字雙行二十九字上下黑口左右雙邊　一册　存四卷（四至七）

640000－1203－0000233　集總集

**四六叢話三十三卷選詩叢話一卷**　（清）孫梅輯　清光緒七年（1881）吳下刻本　十行二十一字小字雙行同上下黑口左右雙邊　十二册

640000－1203－0000234　集詞曲

**佩文詩韻釋要五卷**　（清）周兆基撰　（清）吳寶恕手錄　**辯正一卷**　（清）陳倬撰　清光緒三年（1877）粵東吳寶恕粵東使署刻本　八行字數不等小字雙行不等白口四周單邊　一册

640000－1203－0000235　集詞曲

**詞律二十卷**　（清）萬樹撰　清保滋堂刻本　七行二十一字小字雙行同白口左右雙邊　六册　存十卷（一至十）

640000－1203－0000236　史紀事本末

**元史紀事本末二十七卷**　（明）陳邦瞻編輯　（明）張溥論正　清同治十三年（1874）江西書局刻本　十行二十字下黑口左右雙邊　四册

640000－1203－0000237　史紀事本末

**宋史紀事本末一百九卷**　（明）馮琦編　（明）陳邦瞻增訂　（明）張溥論正　清同治十三年（1874）江西書局刻本　十行二十字下黑口左右雙邊　二十册

640000－1203－0000238　史編年

**增補綱鑑輯要四十卷首一卷**　（明）袁黄編纂　**御纂資治通鑑綱目三編二十卷**　（清）張廷玉等編　清光緒二十四年（1898）益元書局刻本　十一行二十八字小字雙行同白口四周單邊　二十九册　缺一卷（增補綱鑑輯要二十二）

640000－1203－0000239　經易

**周易四卷**　（宋）朱熹本義　清刻本　九行十七字小字雙行同白口四周單邊　四册

640000－1203－0000240　子儒家

**内則衍義十六卷**　（清）世祖福臨撰　清刻本　九行十七字白口四周單邊　六册　存十二卷（一至二、七至十六）

640000－1203－0000241　史紀傳

**北史一百卷**　（唐）李延壽撰　明刻明清遞修本　九行十八字白口四周雙邊　二十册　存六十六卷（一至三十一、六十六至一百）

640000－1203－0000242　史紀傳

**北齊書五十卷**　（唐）李百藥撰　明刻明清遞修本　九行十八字白口四周雙邊　八册

640000－1203－0000243　史雜史

**國語二十一卷**　（春秋）左丘明撰　（三國吳）韋昭注　清同治八年（1869）湖北崇文書局刻本　十一行二十字小字雙行不等白口左右雙邊　一册　存三卷（一至三）

640000－1203－0000244　史紀傳

**陳書三十六卷**　（唐）姚思廉撰　明刻明清遞修本　九行十八字白口四周雙邊　四册

640000－1203－0000245　史紀傳

**後漢書一百二十卷**　（南朝宋）范曄撰　（唐）李賢注　明崇禎十六年（1643）琴川毛氏汲古閣刻本　十二行二十五字小字雙行三十七字白口左右雙邊　二十四册

# 寧夏回族自治區銀川市圖書館古籍普查登記目録

全國古籍普查登記目録

國家圖書館出版社
National Library of China Publishing House

640000－1204－0000001　R254/20
**鍼灸大成十卷**　（明）楊繼洲撰　（清）章廷珪重修　清善成堂刻本　十行二十二字小字雙行同白口四周單邊　十册

640000－1204－0000002　K225.4/3
**春秋三傳十六卷首一卷**　（春秋）左丘明等撰　（晉）杜預等注　清同治十年（1871）刻本　九行十七字小字雙行同白口四周雙邊　十二册

640000－1204－0000003　K225.4/4
**陸氏三傳釋文音義十六卷**　（唐）陸德明撰　清同治十年（1871）刻本　九行十七字小字雙行同白口四周雙邊　一册　存六卷（十一至十六）

640000－1204－0000004　J292.2/29
**釋字百韻不分卷**　（清）陳勱著　清光緒十六年（1890）刻本　六行字數不等小字雙行不等白口四周雙邊　一册

640000－1204－0000005　K225.4/4
**陸氏三傳釋文音義十六卷**　（唐）陸德明撰　清刻本　九行十七字小字雙行同白口四周雙邊　一册　存六卷（十一至十六）

640000－1204－0000006　B222.1.3
**四書正蒙十九卷**　（宋）朱熹集注　清道光五年（1825）樹德堂刻本　九行十七字小字雙行同白口四周單邊　六册

640000－1204－0000007　Z224/3
**潛確居類書一百二十卷**　（明）陳仁錫輯　明崇禎刻本　十行二十字小字雙行同白口四周單邊　四十七册　缺二十三卷（十九至三十八、七十九至八十一）

# 寧夏回族自治區石嘴山市平羅縣圖書館古籍普查登記目録

全國古籍普查登記目録

國家圖書館出版社
National Library of China Publishing House

640000－1205－0000001　經四書
**新訂四書補註附考備旨十卷**　(明)鄧林撰　(清)鄧煜編次　清興盛堂刻本　十一行三十三字小字雙行同白口左右雙邊　九册

640000－1205－0000002　史史評
**新輯分類史論大成十九卷首一卷**　(清)行素生編　清光緒二十八年(1902)上海醉六堂石印本　十七行四十字上下黑口四周單邊　十九册　缺一卷(十二)

640000－1205－0000003　經四書
**新訂四書補註備旨十卷**　(明)鄧林著　(清)鄧煜編次　清刻本　十一行三十二字小字雙行同白口四周單邊　二册　存二卷(孟子二至三)

640000－1205－0000004　子醫家
**御纂醫宗金鑑九十卷首一卷**　(清)吳謙等纂　清刻本　十一行二十五字白口上下雙邊　十八册　存四十七卷(一至八、十至十六、十九至二十、二十三至二十四、四十四至七十一)

640000－1205－0000005　經書
**禹貢今註一卷**　(清)閻寶森撰　清宣統三年(1911)京師琉璃廠宣元閣鉛印本　十行二十六字白口四周雙邊　一册

640000－1205－0000006　集别集
**守約堂詩草四卷**　(清)魏瑾著　清道光二十三年(1843)守約堂刻本　八行二十二字白口四周雙邊　三册

640000－1205－0000007　史紀傳
**後漢書一百二十卷**　(南朝宋)范曄撰　(唐)李賢注　清光緒十四年(1888)上海圖書集成局鉛印本　十三行四十字小字雙行同白口四周單邊　十六册

640000－1205－0000008　經詩
**詩經喈鳳詳解八卷詩經繹傳八卷圖一卷**　(清)陳抒孝纂録　(清)汪基增訂　清經元堂刻本　九行二十五字小字雙行同白口四周單邊　七册

640000－1205－0000009　史政書
**左文襄公書牘二十六卷**　(清)左宗棠撰　清刻本　十行二十五字小字雙行同上下黑口左右雙邊　十四册　存十四卷(十一、十三至十四、十六至二十六)

640000－1205－0000010　經小學
**康熙字典十二集三十六卷總目一卷檢字一卷辨似一卷**　(清)張玉書等纂　清刻本　八行十二字小字雙行二十四字白口四周雙邊　十二册　存十四卷(子中下、丑上中下、午中下、未上中下、申上,總目一卷,檢字一卷,辨似一卷)

640000－1205－0000011　史傳記
**左文襄公[宗棠]年譜十卷**　(清)羅正鈞撰　清刻本　十行二十五字小字雙行同上下黑口左右雙邊　四册　存四卷(六至九)

640000－1205－0000012　史詔令奏議
**左文襄公奏稿六十四卷**　(清)左宗棠撰　清刻本　十行二十五字小字雙行同上下黑口左右雙邊　十六册　存十六卷(二十九、三十一至三十三、三十五至三十六、四十三至五十二)

640000－1205－0000013　子醫家
**嵩厓尊生書十五卷**　(清)景日昣撰　清刻本　十行二十四字白口左右雙邊　一册　存二卷(六至七)

640000－1205－0000014　集總集
**歷科狀元策不分卷**　(清)洪鈞等撰　**歷科殿試策不分卷**　(□)□□撰　清朱墨套印本　六行二十四字白口四周雙邊　二册

640000－1205－0000015　集總集
**槐軒解湯海若先生纂輯名家詩二卷**　(清)夏世欽訂　清刻本　八行十五字小字雙行同白口四周雙邊　一册　存一卷(二)

# 寧夏回族自治區中衛市中寧縣圖書館古籍普查登記目録

全國古籍普查登記目録

國家圖書館出版社
National Library of China Publishing House

640000－1208－0000001　經春秋穀梁傳

**監本附音春秋穀梁註疏四卷附校勘記四卷**

(晉)范寧集解　(唐)陸德明音義　(唐)楊士勳疏　清光緒三十年(1904)上海點石齋石印本　二十行四十六字白口四周雙邊　二册

640000－1208－0000002　經小學

**康熙字典十二集三十六卷總目一卷補遺一卷**

(清)張玉書等纂　清道光七年(1827)刻本　八行十二字小字雙行二十四字白口四周單邊　二十六册　缺十二卷(丑上、寅中、辰中下、巳上中下、未中、申上、酉中、戌上、亥上)

# 寧夏回族自治區固原市西吉縣圖書館古籍普查登記目録

全國古籍普查登記目録

國家圖書館出版社
National Library of China Publishing House

640000－1209－0000001　集別集

**飲冰室壬寅文集十八卷**　梁啟超撰　清光緒日本東京新智學社石印本　十七行三十六字白口四周雙邊　五冊　存十卷(一至十)

640000－1209－0000002　集別集

**昌黎先生集四十卷遺文一卷**　(唐)韓愈撰　**韓集點勘四卷**　(清)陳景雲撰　清宣統二年(1910)埽葉山房石印本　十四行三十四字小字雙行同白口四周雙邊　五冊　存十九卷(昌黎先生集一、五至七、十五至十九、二十五至二十九,遺文一卷,韓集點勘四卷)

640000－1209－0000003　史傳記

**多忠勇公勤勞錄四卷**　(清)雷正綰纂輯　(清)夏允升参校　清光緒元年(1875)固原提署刻本　八行二十二字白口四周雙邊　四冊

640000－1209－0000004　經四書

**新訂四書補註備旨十卷**　(明)鄧林著　(清)鄧煜編次　清文林堂刻本　十一行三十二字小字雙行同白口四周單邊　四冊　存六卷(上孟一至二、下孟三至四、下論三至四)

640000－1209－0000005　史傳記

**歷代名臣言行錄二十四卷**　(清)朱桓編輯　(清)潘永季校定　(清)許時庚重校　清光緒二十四年(1898)聚興書局石印本　二十行四十五字白口四周雙邊　二冊　存七卷(一至三、八至十一)

# 寧夏回族自治區石嘴山市圖書館古籍普查登記目録

全國古籍普查登記目録

國家圖書館出版社
National Library of China Publishing House

640000－1211－0000001　K24

**二十四史三千七十卷**　清光緒上海同文書局石印本(後漢書目錄葉一至三十二爲後補配)　十行二十一字小字雙行同白口左右雙邊　六百二十八册　缺一百九十八卷(後漢書七十二至一百二十,晉書音義一至三,南史四至六、十一至十八、四十三至四十七,宋史二百三十六至二百六十、二百九十二至二百九十六、三百九至三百十二、四百九十一至四百九十六,金史一至三,明史十六至九十七、一百四十五至一百四十九)

640000－1211－0000002　K204/13

**荆駝逸史二十九種五十八卷附平臺紀略一種一卷**　(清)陳湖逸士輯　清宣統三年(1911)中國圖書館石印本　十六行三十四字白口四周單邊　十三册

640000－1211－0000003　B226/46

**韓非子二十卷**　(戰國)韓非撰　清光緒元年(1875)湖北崇文書局刻本　十二行二十四字小字雙行同上下黑口四周雙邊　三册　缺五卷(一至五)

640000－1211－0000004　Z3/14

**康熙字典十二集三十六卷凡例一卷總目一卷檢字一卷辨似一卷等韻一卷補遺一卷備考一卷**　(清)張玉書等纂　清光緒湖北崇文書局刻本　八行十二字小字雙行二十四字白口四周雙邊　四十册

640000－1211－0000005　B222.2/135

**子書百家九十五種四百九十四卷**　(清)崇文書局輯　清光緒元年(1875)湖北崇文書局刻本　十二行二十四字小字雙行同上下黑口四周雙邊　一百三册

640000－1211－0000006　B222/116

**日知録集釋三十二卷刊誤二卷續刊誤二卷**　(清)顧炎武撰　(清)黄汝成集釋　清刻本　十一行二十二字小字雙行同上下黑口四周雙邊　十四册　缺三卷(一、二十七至二十八)

640000－1211－0000007　B222.1/138

**四書讀本十九卷**　(宋)朱熹撰　清道光四年(1824)勉行堂劉氏山陰廣舍刻本　九行十六字小字雙行同白口左右雙邊　三册

640000－1211－0000008　K221.14/201

**白虎通疏證十二卷**　(清)陳立撰　清光緒元年(1875)淮南書局刻本　十二行二十四字小字雙行同白口左右雙邊　四册

640000－1211－0000009　B234/31

**春秋繁露十七卷附録一卷**　(漢)董仲舒撰　(明)孫鑛評　明天啟五年(1625)西湖沈氏花齋刻本　九行二十字白口四周單邊　三册

640000－1211－0000010　I222/59

**重刊宋本十三經註疏附校勘記六種二百五十五卷**　(清)阮元撰　(清)盧宣旬摘録　清道光六年(1826)刻本　十行十八字小字雙行二十四字上下黑口左右雙邊　七十六册　缺一百卷(儀禮註疏二十六至五十、校勘記二十六至五十,附釋音禮記註疏三十九至六十三、校勘記三十九至六十三)

640000－1211－0000011　K225.04/258

**春秋繁露十七卷附録一卷**　(漢)董仲舒撰　清光緒八年(1882)淮南書局刻本　十行二十字小字雙行同白口左右雙邊　二册

640000－1211－0000012　K204.3/80

**資治通鑑二百九十四卷釋文辨誤十二卷**　(元)司馬光撰　(元)胡三省音註　清刻本　十行二十字小字雙行同上下黑口四周雙邊　一百二册　缺三卷(資治通鑑一至三)

640000－1211－0000013　K892/1

**禮記註疏六十三卷**　(漢)鄭玄注　(唐)孔穎達疏　明汲古閣刻本　九行二十一字小字雙行同白口左右雙邊　十六册　缺十七卷(一至十七)

640000－1211－0000014　Z1/5

**御纂五經九十三卷**　(清)□□撰　清刻本　八行十七字小字雙行同白口四周雙邊　三十二册

640000－1211－0000015　I222/58

**毛詩註疏二十卷**　(漢)毛亨傳　(漢)鄭玄箋

（唐）孔穎達疏　明汲古閣刻本　九行二十一字小字雙行同白口左右雙邊　十八冊

640000－1211－0000016　K225/82
**春秋左傳註疏六十卷**　（晉）杜預註　（唐）孔穎達疏　（唐）陸德明音義　明汲古閣刻本　九行二十一字小字雙行同白口左右雙邊　八冊　存二十三卷（一至二十三）

640000－1211－0000017　K221/81
**尚書註疏二十卷**　（漢）孔安國傳　（唐）孔穎達疏　（唐）陸德明音義　明汲古閣刻本　九行二十一字小字雙行同白口左右雙邊　六冊

640000－1211－0000018　B221/117
**周易註疏九卷**　（三國魏）王弼注　（唐）孔穎達疏　明汲古閣刻本　九行二十一字小字雙行同白口左右雙邊　四冊

640000－1211－0000019　K224.06/212
**周禮註疏四十二卷**　（漢）鄭玄注　（唐）賈公彦疏　明汲古閣刻本　九行二十一字小字雙行同白口左右雙邊　八冊　存二十四卷（一至二十四）

640000－1211－0000020　B222/29
**四書集註闡微直解二十七卷**　（明）張居正著　（明）顧宗孟閱　清光緒八旗經正書院兩節本　九行十九字小字雙行同白口四周單邊　十二冊

640000－1211－0000021　K204.3/211
**重訂王鳳洲先生綱鑑會纂四十六卷續纂二十三卷**　（明）王世貞纂　清光緒二十五年（1899）上海翠文齋石印本　二十四行五十二字小字雙行同白口四周單邊　九冊　缺七卷（重訂王鳳洲先生綱鑑會纂八至十四）

640000－1211－0000022　G613/3:1－4
**新增幼學故事瓊林四卷**　（清）程允升撰　（清）鄒聖脈增補　（清）石韞玉重校　清石印本　十四行字數不等小字雙行不等白口四周雙邊　一冊

640000－1211－0000023　B223/39
**道德真經註四卷**　（元）吳澄述　清光緒元年（1875）湖北崇文書局刻本　十二行二十四字小字雙行同上下黑口四周雙邊　一冊

640000－1211－0000024　Z3/14
**康熙字典十二集三十六卷凡例一卷總目一卷檢字一卷辨似一卷等韻一卷補遺一卷備考一卷**　（清）張玉書等纂　清康熙五十五年（1716）刻本　八行十二字小字雙行二十四字白口四周雙邊　四十冊

# 寧夏大學圖書館古籍普查登記目録

全國古籍普查登記目録

國家圖書館出版社
National Library of China Publishing House

640000－1241－0000001　18/06
**十三經集字摹本不分卷**　(清)彭玉雯纂　(清)萬青銓校正　清道光二十九年(1849)刻本　行數不等字數不等上下黑口四周雙邊　十冊

640000－1241－0000002　193/08
**字類標韻六卷**　(清)華綱輯　(清)王庭楨重訂　清光緒八年(1882)刻本　九行十五字小字雙行三十字白口四周雙邊　二冊

640000－1241－0000003　182/002－3
**說文解字十五卷**　(漢)許慎撰　(宋)徐鉉校定　清光緒十一年(1885)上海同文書局石印本　十四行二十七字小字雙行同白口四周雙邊　二冊

640000－1241－0000004　13/03
**詩經八卷圖一卷**　(宋)朱熹集傳　清宣統三年(1911)上海章福記石印本　十一行二十四字小字雙行三十六字白口四周雙邊　四冊

640000－1241－0000005　18/04
**十三經集字一卷**　(清)李鴻藻輯　清光緒二十年(1894)文興堂刻本　十行十四字白口左右雙邊　一冊

640000－1241－0000006　12－1/003
**狀元尚書六卷**　(宋)蔡沈集傳　清光緒十六年(1890)吳氏瀚清閣刻本　九行十七字小字雙行同白口左右雙邊　四冊

640000－1241－0000007　151/001
**太史張天如詳節春秋綱目左傳句解六卷**　(清)韓菼重訂　清善成堂刻本　十一行二十四字小字雙行同白口四周雙邊　六冊

640000－1241－0000008　191/001
**爾雅註疏十一卷**　(晉)郭璞註　(宋)邢昺疏　清光緒八年(1882)崇德書院刻本　九行二十一字小字雙行同白口左右雙邊　六冊

640000－1241－0000009　42/391－5
**左傳紀事本末五十三卷**　(清)高士奇撰　(清)閔萃祥點校　清光緒十四年(1888)上海書業公所鉛印本　十五行四十字白口四周雙邊　五冊

640000－1241－0000010　013/258
**癸巳存稿十五卷**　(清)俞正燮撰　清光緒十年(1884)刻本　十二行二十四字白口四周雙邊　八冊

640000－1241－0000011　192/20
**切音捷訣一卷幼學切音便讀一卷**　(清)酈珩輯　清光緒六年(1880)諸暨摭古堂刻本　十行十九字小字雙行不等白口四周雙邊　一冊

640000－1241－0000012　171/02
**論語十卷**　(宋)朱熹集注　清朱墨套印本　九行十七字小字雙行同白口左右雙邊　二冊

640000－1241－0000013　171－1/001
**論語注疏二十卷**　(三國魏)何晏集解　(唐)陸德明音義　(宋)邢昺疏　清同治十年(1871)刻本　十行二十一字小字雙行同白口左右雙邊　三冊

640000－1241－0000014　45/510
**蜚雲閣淩氏叢書三種十四卷**　(清)淩曙著　清嘉慶至道光江都淩氏蜚雲閣刻本　十一行二十二字白口左右雙邊　三冊

640000－1241－0000015　18/05
**典故烈女傳四卷**　(漢)劉向撰　清嘉慶刻本　九行十七字小字雙行同白口左右雙邊　二冊

640000－1241－0000016　193/06
**大宋重修廣韻五卷**　(宋)陳彭年重修　**釋名八卷**　(漢)劉熙撰　**廣雅十卷**　(三國魏)張揖撰　(隋)曹憲音解　清石印本　十七行三十八字小字雙行同白口左右雙邊　一冊

640000－1241－0000017　192/001
**養蒙針度五卷首一卷**　(清)潘子聲撰　清光緒八年(1882)善成堂刻本　九行十二字小字雙行二十四字白口左右雙邊　二冊

640000－1241－0000018　289/043－2
**大清法規大全十二部一百五十二卷首七卷**　(清)北京政學社編　清宣統北京政學社石印

本　二十行二十字白口四周雙邊　二十一册　缺二卷（法律部一至二）

640000－1241－0000019　15/04
**春秋經傳集解三十卷**　（晉）杜預集解　清刻本　八行十七字小字雙行同白口四周雙邊　九册　存十六卷（一至二、十七至三十）

640000－1241－0000020　191/06
**爾雅義疏二十卷**　（清）郝懿行學　清光緒十四年（1888）湖北官書處刻本　九行二十一字小字雙行同上下黑口左右雙邊　八册

640000－1241－0000021　192/23
**寄傲山房塾課新增幼學故事瓊林四卷首一卷**　（清）程允升撰　（清）鄒聖脈增補　清光緒善成堂刻本　十行二十六字小字雙行同白口四周單邊　三册　缺一卷（新增幼學故事瓊林四）

640000－1241－0000022　192/24
**三字經訓詁不分卷**　（宋）王伯厚纂　（清）王相注　（清）徐士業校刊　清刻本　八行字數不等小字雙行十七字白口左右雙邊　一册

640000－1241－0000023　17/09
**四書味根錄三十七卷首二卷**　（清）金澂撰　清光緒十二年（1886）上海同文書局石印本　二十行三十三字小字雙行不等白口四周單邊　四册

640000－1241－0000024　142/001
**儀禮十七卷儀校一卷儀校續一卷**　（漢）鄭玄注　（清）黄丕烈校錄續校　清同治九年（1870）湖北崇文書局刻本　十四行二十四字小字雙行不等白口左右雙邊　二册

640000－1241－0000025　17/001
**監本四書章句十九卷**　（宋）朱熹撰　清光緒十五年（1889）京都善成東記刻本　九行十七字小字雙行同白口左右雙邊　六册

640000－1241－0000026　192/18
**增廣字學舉隅四卷**　（清）龍啟瑞撰　（清）鐵珊輯　清同治十三年（1874）蘭州郡署刻本　行數不等字數不等白口四周雙邊　四册

640000－1241－0000027　13/001
**新增詩經補註備旨精萃八卷首一卷**　（清）鄒聖脈輯　清光緒十四年（1888）京都老二酉堂刻本　行數不等字數不等小字雙行不等白口四周單邊雙邊兼有　八册

640000－1241－0000028　13/008
**字彙十二卷首一卷**　（明）梅膺祚音釋　（清）劉永懋重訂　清乾隆四十年（1775）文盛堂刻本　八行字數不等小字雙行不等白口四周單邊　十三册

640000－1241－0000029　17/07
**四書集註十九卷**　（宋）朱熹集註　清臨桂毓蘭書屋刻本　八行十七字小字雙行同白口左右雙邊　六册

640000－1241－0000030　17/002
**新訂四書補註備旨十卷**　（明）鄧林著　（清）鄧煜編次　清同治十三年（1874）會元樓刻本　十一行三十二字小字雙行同白口四周單邊　八册

640000－1241－0000031　17/08
**四書集註十九卷**　（宋）朱熹集註　清廣州廣雅書局刻本　九行十七字小字雙行同上下黑口左右雙邊　五册　缺二卷（大學一卷、中庸一卷）

640000－1241－0000032　17/002－2
**新訂四書補註備旨十卷**　（明）鄧林著　（清）鄧煜編次　清刻本　十一行三十二字小字雙行同白口四周單邊　六册

640000－1241－0000033　143/001
**禮記二十卷**　（宋）鄭玄注　**釋文一卷**　（唐）陸德明撰　**撫本禮記鄭注考異二卷**　（清）張敦仁撰　清刻本　十行十六字小字雙行二十四字白口四周雙邊　八册

640000－1241－0000034　12/04
**禹貢錐指二十卷略例一卷圖一卷**　（清）胡渭撰　清咸豐十年（1860）刻本　十一行二十四字小字雙行同白口左右雙邊　十册

640000－1241－0000035　193/04

**剔弊廣增分韻五方元音三卷首一卷** （清）樊騰鳳著 （清）趙培梓新編 清上海會文堂石印本 行數不等字數不等小字雙行不等白口四周雙邊 四册

640000－1241－0000036 17/006
**目耕齋全集三種三卷** （清）沈叔眉編 清光緒十八年(1892)善成堂刻本 九行二十二字白口左右雙邊 六册

640000－1241－0000037 17/003－2
**欽定隆萬四書文不分卷** （清）方苞等編 清刻本 九行二十五字白口左右雙邊 十二册

640000－1241－0000038 17/003
**欽定化治四書文不分卷** （清）方苞等編 清刻本 九行二十五字白口左右雙邊 十二册

640000－1241－0000039 17/005
**奎壁四書十九卷** （宋）朱熹集注 清光緒善成堂刻本 九行十七字小字雙行同白口左右雙邊 六册

640000－1241－0000040 12/001
**書經六卷** （宋）蔡沈集傳 清光緒十三年(1887)京都聚珍堂書坊刻本 九行十七字小字雙行同白口四周單邊 四册

640000－1241－0000041 34/455－4
**則古昔齋算學十三種二十四卷** （清）李善蘭撰 清光緒二十二年(1896)上海積山書局石印本 十八行三十八字白口四周雙邊 二册 存十三卷(一至十三)

640000－1241－0000042 151/003－3
**春秋經傳集解三十卷** （晉）杜預集解 （唐）陸德明音義 **春秋年表一卷** （宋）岳珂刊補 **春秋名號歸一圖二卷** （五代）馮繼先撰 清刻本 八行十七字小字雙行同白口四周雙邊 九册 缺十六卷(春秋經傳集解一至二、十七至三十)

640000－1241－0000043 32/155
**重訂批點綱目左傳詳節句解三十五卷首一卷** （宋）朱申注釋 （明）孫鑛批點 （明）稼史堂重訂 清道光元年(1821)刻本 十一行二十一字小字雙行同白口四周單邊 八册

640000－1241－0000044 06/1－4
**附釋音禮記注疏十二卷校勘記十二卷** （唐）孔穎達撰 （唐）陸德明釋文 清光緒十三年(1887)點石齋石印本 二十行四十六字小字雙行同白口四周雙邊 四册

640000－1241－0000045 182/003－12
**康熙字典十二集三十六卷備考一卷補遺一卷** （清）張玉書等纂 清道光七年(1827)刻本 八行十二字小字雙行二十四字白口四周雙邊 八册 存八卷(戌上中下、亥上中下,備考一卷,補遺一卷)

640000－1241－0000046 18/002
**皇清經解一百九十卷首一卷末一卷** （清）阮元輯 （清）嚴傑重輯 清光緒十一年(1885)上海點石齋石印本 三十三行字數不等小字雙行不等白口四周單邊 二十四册

640000－1241－0000047 182/017－2
**説文解字三十二卷** （漢）許慎撰 （清）段玉裁注 清同治十一年(1872)湖北崇文書局刻本 九行二十二字小字雙行同白口四周雙邊 十八册

640000－1241－0000048 193/05
**音韻闡微十八卷** （清）李光地等修 清光緒七年(1881)淮南書局刻本 八行十二字小字雙行二十四字白口四周雙邊 五册

640000－1241－0000049 21/112
**東萊先生左氏博議二十五卷** （宋）呂祖謙撰 清道光十八年(1838)錢塘瞿氏清吟閣刻本 十行二十二字上下黑口四周單邊 六册

640000－1241－0000050 18/1－10
**春秋四傳詁經十五卷首一卷** （清）萬斛泉撰 清光緒三十四年(1908)刻本 十行二十二字小字雙行同白口左右雙邊 十四册

640000－1241－0000051 27/134
**春秋左傳音訓不分卷** （清）楊國楨撰 清刻本 九行二十四字小字雙行同白口四周單邊 八册

640000－1241－0000052　07/1－4
**詩經八卷**　(宋)朱熹集傳　清光緒六年(1880)京都聚珍堂刻本　九行十七字小字雙行同白口四周單邊　四冊

640000－1241－0000053　13/04
**詩經八卷**　(宋)朱熹集傳　清光緒三十一年(1905)上海埽葉山房鉛印本　九行二十一字小字雙行二十五字白口四周雙邊　四冊

640000－1241－0000054　940/41
**歐羅巴通史四卷**　(日本)箕作元八　(日本)峰岸米造纂　(清)徐有成等譯　清光緒二十六年(1900)上海東亞譯書會鉛印本　十行二十五字小字雙行同白口四周雙邊　四冊

640000－1241－0000055　192/14
**重校蒙學堂字課圖說四卷檢字一卷類字一卷**　(清)劉樹屏編　清石印本　行數不等字數不等小字雙行不等下黑口四周單邊　八冊

640000－1241－0000056　16/001
**文昌帝君孝經四卷孝譜類編二十卷孝譜類編補五卷**　(清)王德瑛撰　清道光元年(1821)河南田文莘齋刻本　九行二十四字小字雙行同白口四周雙邊　四冊

640000－1241－0000057　192/28
**經韻集字析解二卷補遺一卷韻字一卷拾遺補注一卷**　(清)彭良敞集注　清刻本　八行十六字小字雙行三十二字白口四周雙邊　二冊

640000－1241－0000058　191/04
**爾雅三卷**　(晉)郭璞注　(唐)陸德明音釋　清光緒十二年(1886)湖北官書處刻本　九行十七字小字雙行同白口四周雙邊　三冊

640000－1241－0000059　192/19
**說文辨疑一卷**　(清)顧廣圻撰　清光緒三年(1877)湖北崇文書局刻本　九行二十一字白口四周雙邊　一冊

640000－1241－0000060　143/002
**禮記二十卷**　(漢)鄭玄注　清光緒十七年(1891)味經書院刻本　九行十七字小字雙行同白口四周雙邊　十冊

640000－1241－0000061　30/147
**禮記二十卷**　(漢)鄭玄注　清刻本　九行十七字小字雙行同白口左右雙邊　一冊　存一卷(三)

640000－1241－0000062　213.42/002
**舊唐書二百卷**　(五代)劉昫等撰　(清)岑建功校　清道光二十三年(1843)懼盈齋刻本　十二行二十五字白口左右雙邊　四十八冊

640000－1241－0000063　213.39/009＝2
**周書五十卷**　(唐)令狐德棻等撰　清乾隆四年(1739)武英殿刻本　十行二十一字白口左右雙邊　八冊

640000－1241－0000064　54/580
**國語二十一卷**　(春秋)左丘明撰　(三國吳)韋昭注　**札記一卷**　(清)黄丕烈撰　清光緒二十七年(1901)上海鴻寶齋石印本　十四行字數不等小字雙行不等白口四周雙邊　三冊

640000－1241－0000065　213.34/001
**前漢書一百卷**　(漢)班固撰　(唐)顔師古注　清光緒十三年(1887)金陵書局刻本　十二行二十五字小字雙行三十七字白口左右雙邊　十六冊

640000－1241－0000066　213.48/001
**明史三百三十二卷目錄四卷**　(清)張廷玉等修　清光緒三年(1877)湖北崇文書局刻本　十二行二十五字白口四周雙邊　八十冊

640000－1241－0000067　10/197
**日本國志四十卷首一卷**　(清)黄遵憲編纂　清光緒二十四年(1898)滙文書局刻本　十二行二十四字小字雙行同上下黑口四周雙邊　十六冊

640000－1241－0000068　213.39/05＝2
**宋書一百卷**　(南朝梁)沈約撰　清同治十一年(1872)金陵書局刻本　十二行二十五字白口左右雙邊　十二冊

640000－1241－0000069　25/05
**歷代帝王年表三卷**　(清)齊召南編　清光緒十二年(1886)蘇州埽葉山房刻本　八行二十

四字小字雙行三十三字上下黑口左右雙邊　二册

640000－1241－0000070　14/85
**剔弊廣增分韻五方元音二卷首一卷**　(清)樊騰鳳著　(清)趙培梓新編　清刻本　十行二十五字小字雙行同白口四周單邊　一册

640000－1241－0000071　23/119
**穀梁春秋經傳古義疏十一卷**　廖平學　清光緒二十六年(1900)日新書局刻本　十行二十一字小字雙行同上下黑口四周雙邊　六册　存八卷(一至八)

640000－1241－0000072　42/396
**通鑑紀事本末二百三十九卷**　(宋)袁樞撰　(明)張溥論正　清光緒十四年(1888)上海書業公所崇德堂鉛印本　十五行四十字白口四周雙邊　二十四册

640000－1241－0000073　42/411
**宋史紀事本末一百九卷**　(明)馮琦編　(明)陳邦瞻增訂　(明)張溥論正　清光緒十四年(1888)上海書業公所崇德堂鉛印本　十五行四十字白口四周雙邊　八册

640000－1241－0000074　42/433
**明史紀事本末八十卷**　(清)谷應泰編輯　清光緒十四年(1888)上海書業公所崇德堂鉛印本　十五行四十字白口四周雙邊　八册

640000－1241－0000075　42/431
**元史紀事本末二十七卷**　(明)陳邦瞻編輯　(明)張溥論正　清光緒十四年(1888)上海書業公所崇德堂鉛印本　十五行四十字白口四周雙邊　二册

640000－1241－0000076　213.37/001
**晉書一百三十卷**　(唐)房玄齡等撰　**晉書音義三卷**　(唐)何超撰　清同治十年(1871)金陵書局刻本　十二行二十五字小字雙行不等白口左右雙邊　二十册

640000－1241－0000077　213.47/02
**元史二百十卷目錄二卷**　(明)宋濂等修　清同治十三年(1874)江蘇書局刻本　十二行二十五字小字雙行同白口左右雙邊　四十册

640000－1241－0000078　213.46/02
**金史一百三十五卷附考證**　(元)脱脱等修　清同治十三年(1874)江蘇書局刻本　十二行二十五字小字雙行同白口左右雙邊　二十册

640000－1241－0000079　213.44/001
**宋史四百九十六卷目錄三卷**　(元)脱脱等修　清光緒元年(1875)浙江書局刻本　十二行二十五字小字雙行不等白口左右雙邊　一百册

640000－1241－0000080　213.39/001
**北史一百卷**　(唐)李延壽撰　清同治十一年(1872)金陵書局刻本　十二行二十五字小字雙行不等白口左右雙邊　二十册

640000－1241－0000081　213.43/001＝2
**舊五代史一百五十卷目錄二卷附考證**　(宋)薛居正等撰　清同治十一年(1872)湖北崇文書局刻本　十二行二十五字小字雙行三十七字白口四周雙邊　十六册

640000－1241－0000082　26－1/003
**王船山經史論八種七十三卷**　(清)王夫之撰　清光緒二十五年(1899)慎記書莊石印本　十七行三十八字白口四周雙邊　十六册

640000－1241－0000083　213.46/01－2
**遼史一百十五卷**　(元)脱脱等修　清同治十二年(1873)江蘇書局刻本　十二行二十五字小字雙行同白口左右雙邊　十六册

640000－1241－0000084　211.4/001
**山海經箋疏十八卷圖讚一卷訂譌一卷**　(晉)郭璞傳　(清)郝懿行箋疏　清光緒七年(1881)刻本　十行二十四字小字雙行同白口左右雙邊　四册

640000－1241－0000085　213.43/04
**五代史七十四卷**　(宋)歐陽修撰　(宋)徐無黨注　清同治十一年(1872)湖北崇文書局刻本　十二行二十五字小字雙行三十七字白口四周雙邊　八册

640000－1241－0000086　383/020 部三

**文史通義八卷校讎通義三卷**　(清)章學誠撰　清光緒二十四年(1898)長沙經文書局刻本　十行二十一字上下黑口左右雙邊　八冊

640000－1241－0000087　46/541

**史記一百三十卷**　(漢)司馬遷撰　(明)歸有光評點　**方望溪平點史記四卷**　(清)方苞撰　清光緒二年(1876)刻本　十一行二十字小字雙行同上下黑口四周雙邊　二十冊

640000－1241－0000088　24/07

**明季南略十八卷北略二十四卷**　(清)計六奇編　清光緒十三年(1887)上海圖書集成印書局鉛印本　十三行四十字白口四周單邊　十冊

640000－1241－0000089　383/020 部六

**文史通義八卷補編一卷校讎通義三卷**　(清)章學誠撰　清光緒二十三年(1897)刻本　十二行二十二字小字雙行同上下黑口左右雙邊　六冊

640000－1241－0000090　07/190

**歷代畫史彙傳七十二卷首一卷引證書目一卷總目三卷附錄二卷**　(清)彭蘊璨編　清光緒八年(1882)埽葉山房刻本　八行二十字小字雙行同上下黑口四周雙邊　七冊　缺五十七卷(十六至七十二)

640000－1241－0000091　212.1/001

**路史前紀九卷後紀十三卷餘論十卷發揮六卷國姓衍慶紀原一卷國名紀七卷**　(宋)羅泌撰　(宋)羅苹註　(明)喬可傳校　清同治四年(1865)刻本　十行二十字小字雙行同白口四周單邊　十四冊

640000－1241－0000092　212/03

**廿一史約編八卷首一卷**　(清)鄭元慶述　清刻本　九行二十一字小字雙行同白口四周單邊　八冊

640000－1241－0000093　213.42/001

**唐書二百二十五卷**　(宋)歐陽修　(宋)宋祁撰　清刻本　十二行二十五字白口左右雙邊　三十二冊

640000－1241－0000094　213.39/003

**南齊書五十九卷**　(南朝梁)蕭子顯撰　清同治十三年(1874)金陵書局刻本　十二行二十五字小字雙行同白口左右雙邊　四冊

640000－1241－0000095　287/001

**註陸宣公奏議十五卷首一卷制誥十卷**　(唐)陸贄撰　清光緒十二年(1886)淮南書局刻本　十行二十字小字雙行同上下黑口四周雙邊　四冊

640000－1241－0000096　28/001

**淵鑑類函四百五十卷目錄四卷**　(清)張英等撰　清光緒九年(1883)上海點石齋石印本　三十行六十三字小字雙行同白口四周單邊　五十七冊　缺二十一卷(二百六十至二百六十六、三百十二至三百二十五)

640000－1241－0000097　271.2/002

**國朝先正事略六十卷**　(清)李元度纂　清光緒十三年(1887)上海點石齋石印本　二十行四十字白口四周雙邊　八冊

640000－1241－0000098　04/155

**史通削繁四卷**　(唐)劉知幾撰　(清)紀昀削繁　(清)浦起龍注　清道光十三年(1833)兩廣節署朱墨套印本　十行二十一字小字雙行同白口左右雙邊　四冊

640000－1241－0000099　24/06

**支那通史七卷**　(日本)那珂通世編　清光緒二十五年(1899)上海東文學社石印本　十三行二十五字小字雙行不等白口左右雙邊　四冊　存三卷(一至三)

640000－1241－0000100　271.1/02

**歷代名臣言行錄二十四卷**　(清)朱桓編　(清)潘永季校定　(清)許時庚重校　清光緒十六年(1890)廣百宋齋石印本　十五行四十四字白口四周雙邊　十二冊

640000－1241－0000101　288/001

**樊山公牘四卷**　樊增祥撰　清宣統三年(1911)廣益書局石印本　十四行三十一字上

下黑口四周雙邊　四冊

640000－1241－0000102　42/440
**三藩紀事本末二十二卷**　(清)楊陸榮編　(清)朱記榮校定　清光緒十四年(1888)上海書業公所崇德堂鉛印本　十五行四十字白口四周雙邊　一冊

640000－1241－0000103　211.3/02
**宸垣識略十六卷**　(清)吳長元輯　清同治二年(1863)愛蓮堂刻本　九行二十一字白口左右雙邊　四冊

640000－1241－0000104　25/03
**紀元編三卷末一卷**　(清)李兆洛編　清光緒十四年(1888)上海蜚英館石印本　十行二十四字小字雙行同白口左右雙邊　一冊

640000－1241－0000105　214.2/002
**書目答問不分卷**　(清)張之洞撰　清宣統元年(1909)上海埽葉山房石印本　十四行二十八字小字雙行不等白口四周雙邊　二冊

640000－1241－0000106　214.2/002－2
**書目答問不分卷**　(清)張之洞撰　清光緒元年(1875)刻本　十行二十一字小字雙行三十一字白口四周雙邊　二冊

640000－1241－0000107　221/006 部三
**資治通鑑外紀十卷**　(宋)劉恕撰　(清)胡克家注補　清光緒十六年(1890)上海積山書局石印本　二十行四十四字小字雙行同白口四周雙邊　一冊

640000－1241－0000108　275/04
**新纂氏族箋釋八卷**　(清)熊峻運撰　清文光堂刻本　十行二十七字小字雙行同白口四周單邊　四冊

640000－1241－0000109　212/03－2
**廿一史約編八卷首一卷**　(清)鄭元慶述　清康熙三十五年(1696)魚計亭刻本　九行二十一字小字雙行同白口四周單邊　八冊

640000－1241－0000110　212/002
**史記一百三十卷**　(漢)司馬遷撰　(南朝宋)裴駰集解　清同治五年至九年(1866－1870)金陵書局刻本　十一行二十二字小字雙行同上下黑口四周雙邊　二十冊

640000－1241－0000111　222.48/001
**明通鑑九十卷前編四卷**　(清)夏燮編輯　清光緒二十九年(1903)上海點石齋石印本　二十二行四十五字小字雙行同白口四周雙邊　十五冊

640000－1241－0000112　24/258－263
**明史紀事本末詳節六卷**　(清)谷應泰原輯　林紓重編　清光緒二十八年(1902)五城學堂鉛印本　十行二十四字白口四周雙邊　六冊

640000－1241－0000113　45/509
**西政叢書二十三種九十七卷**　梁啟超輯　清光緒二十三年(1897)慎記書莊石印本　十八行四十字白口四周雙邊　三十二冊

640000－1241－0000114　29/326－329
**歐鉢羅室書畫過目考四卷首一卷附一卷**　(清)李玉棻編　清光緒二十三年(1897)京都琉璃廠興盛齋刻本　十一行二十五字白口四周雙邊　四冊

640000－1241－0000115　08/214－215
**元和姓纂十卷**　(唐)林寶撰　(清)孫星衍校　(清)洪瑩校補　清嘉慶七年(1802)刻本　十二行二十四字小字雙行同上下黑口左右雙邊　二冊

640000－1241－0000116　21/272－275
**習苦齋畫絮十卷**　(清)戴熙記　(清)惠年編輯　(清)吳祥麟等校訂　清光緒十九年(1893)刻本　十行二十二字小字雙行同上下黑口左右雙邊　四冊

640000－1241－0000117　36－1/001
**釋穀四卷**　(清)劉寶楠撰　清咸豐五年(1855)刻本　十行二十三字小字雙行同白口左右雙邊　二冊

640000－1241－0000118　35/350－365
**古香齋鑒賞袖珍初學記三十卷**　(唐)徐堅等撰　清刻本　九行十八字小字雙行同白口四

周雙邊　十六册

640000－1241－0000119　57/589－592

**浙西水利備考不分卷**　（清）王鳳生撰　清光緒四年（1878）浙江書局刻朱墨套印本　九行二十三字小字雙行同白口四周單邊　四册

640000－1241－0000120　16/261－262

**歸硯錄四卷**　（清）王士雄撰　清咸豐九年（1859）歸硯草堂刻本　十行二十字小字雙行同上下黑口左右雙邊　二册

640000－1241－0000121　12/1－6

**寰宇訪碑錄十二卷刊謬一卷**　（清）孫星衍（清）邢澍撰　清光緒十一年（1885）朱氏槐廬家塾刻本　十一行二十字小字雙行同白口左右雙邊　六册

640000－1241－0000122　12.1/1－2

**補寰宇訪碑錄五卷失編一卷**　（清）趙之謙撰　**刊誤一卷**　羅振玉撰　清光緒十二年（1886）吳縣朱氏刻本　十一行二十一字小字雙行同上下黑口左右雙邊　二册

640000－1241－0000123　31/06

**廣近思錄十四卷**　（清）張伯行原編　清光緒二十年（1894）刻本　十行二十二字白口左右雙邊　四册

640000－1241－0000124　31/08

**思辨錄輯要二十二卷後集十三卷**　（清）陸世儀著　清光緒三年（1877）江蘇書局刻本　十二行二十三字小字雙行同白口四周雙邊　八册

640000－1241－0000125　31/11

**潛室劄記二卷**　（清）刁包著　清道光二十三年（1843）刻本　九行二十字小字雙行同白口左右雙邊　二册

640000－1241－0000126　32/001

**莊子集釋十卷**　（戰國）莊周撰　（清）郭慶藩輯　清光緒二十年（1894）思賢講舍刻本　十一行二十四字小字雙行同上下黑口左右雙邊　八册

640000－1241－0000127　010/236－241

**荀子二十卷首一卷**　（唐）楊倞注　王先謙集解　清光緒十七年（1891）思賢講舍刻本　十一行二十四字小字雙行同上下黑口左右雙邊　六册

640000－1241－0000128　13/77－84

**隸辨八卷**　（清）顧藹吉撰　清刻本　十二行字數不等小字雙行二十字白口四周單邊　八册

640000－1241－0000129　30/330－334

**辛丑銷夏記五卷**　（清）吳榮光撰　清光緒三十一年（1905）長沙葉氏郎園刻本　九行二十一字小字雙行同下黑口左右雙邊　五册

640000－1241－0000130　392/002

**原本直解算法統宗十二卷**　（明）程大位編　清光緒九年（1883）埽葉山房刻本　十三行二十四字小字雙行同白口四周雙邊　六册

640000－1241－0000131　38/001

**容齋隨筆十六卷續筆十六卷三筆十六卷四筆十六卷五筆十卷**　（宋）洪邁撰　清光緒九年（1883）刻本　十行十八字白口左右雙邊　十四册

640000－1241－0000132　34/001

**荀子二十卷**　（唐）楊倞注　（清）謝墉輯補　**校勘補遺一卷**　（清）謝墉撰　清光緒二十三年（1897）新化三味書室刻本　九行二十一字小字雙行同上下黑口左右雙邊　六册

640000－1241－0000133　33/001

**墨子十六卷**　（戰國）墨翟撰　（清）畢沅校注　清上海會文堂石印本　十五行三十二字小字雙行同上下黑口四周雙邊　四册

640000－1241－0000134　31/10

**勸學篇二卷**　（清）張之洞撰　清光緒二十四年（1898）著易堂鉛印本　十行二十三字小字雙行同下黑口四周單邊　二册

640000－1241－0000135　314/05

**近思錄集注十四卷校勘記一卷**　（宋）朱熹（宋）呂祖謙撰　（清）江永集注　**考訂朱子世**

家一卷　(清)江永撰　清上海文瑞樓石印本　十四行二十九字小字雙行同白口四周單邊　四册

640000－1241－0000136　314/08
**賦海大觀三十二卷**　(清)鴻寶齋主人編　清光緒十四年(1888)鴻寶齋書局石印本　二十五行六十字白口四周雙邊　二十八册

640000－1241－0000137　381/002
**秘書廿一種九十四卷**　(清)汪士漢輯　清乾隆七年(1742)文盛堂刻本　十行二十字小字雙行同白口四周單邊　十册

640000－1241－0000138　31/002
**朱子學的二卷**　(明)邱濬編輯　清咸豐十一年(1861)刻本　十行二十二字小字雙行同白口四周單邊　四册

640000－1241－0000139　314/004
**子史精華一百六十卷**　(清)張廷玉等編　清光緒十二年(1886)上海同文書局石印本　十六行四十八字小字雙行同白口四周雙邊　八册

640000－1241－0000140　55/583－586
**戰國策三十三卷**　(漢)高誘注　**札記三卷**　(清)黄丕烈撰　清光緒二十七年(1901)上海鴻寶齋石印本　十四行三十字小字雙行同白口四周雙邊　五册

640000－1241－0000141　34/002
**管子二十四卷**　(春秋)管仲撰　(唐)房元齡注　(明)劉績補　清光緒二十三年(1897)刻本　十三行四十字小字雙行同白口四周單邊　四册

640000－1241－0000142　31/001
**御纂性理精義十二卷**　(清)李光地等撰　清康熙五十六年(1717)武英殿刻本　八行十八字小字雙行二十二字白口四周雙邊　八册

640000－1241－0000143　314/09
**增補事類統編九十三卷首一卷**　(清)黄葆真輯　清光緒十四年(1888)上海積山書局石印本　十五行四十二字小字雙行同白口四周單邊　十二册

640000－1241－0000144　32/336－343
**十駕齋養新錄二十卷餘錄三卷**　(清)錢大昕撰　清光緒二年(1876)浙江書局刻本　十行二十三字小字雙行同白口左右雙邊　八册

640000－1241－0000145　442/001
**韻海鴛鴦十六卷**　(清)崔騏編輯　清咸豐十年(1860)書業德刻本　八行二十字小字雙行同白口左右雙邊　六册

640000－1241－0000146　08.09.10/15－22
**望溪先生文集十八卷集外文十卷集外文補遺二卷**　(清)方苞撰　(清)戴鈞衡編　清上海集成圖書公司鉛印本　十六行三十七字白口四周雙邊　八册

640000－1241－0000147　41/02
**樫華館試帖彙鈔輯注十卷**　(清)路德編　清道光二十七年(1847)聚錦旭刻本　九行二十二字小字雙行同上下黑口四周雙邊　五册

640000－1241－0000148　41/001
**評注才子古文大家十七卷歷朝九卷**　(清)金聖歎選　(清)王之績評注　(清)譚文昭等參訂　清文成堂書坊刻本　十行二十三字小字雙行同白口四周單邊　十二册

640000－1241－0000149　441/008
**古唐詩合解十二卷**　(清)王堯衢注　清刻本　十一行二十四字小字雙行同白口左右雙邊　六册

640000－1241－0000150　44/07
**文心雕龍十卷**　(南朝梁)劉勰撰　(清)黄叔琳輯注　(清)紀昀評　清道光十三年(1833)兩廣節署刻朱墨套印本　十行二十一字小字雙行同白口左右雙邊　四册

640000－1241－0000151　432/16
**李太白全集十六卷**　(唐)李白撰　(清)李調元　(清)鄧在珩編訂　清道光十八年(1838)刻本　十行二十字小字雙行同白口左右雙邊　六册

640000－1241－0000152　432/11

**駱丞集四卷**　(唐)駱賓王撰　清同治鄒氏叢雅居刻本　九行二十一字白口左右雙邊　二冊

640000－1241－0000153　17/188－197

**文選六十卷**　(南朝梁)蕭統撰　(唐)李善注　清光緒十八年(1892)上海廣百宋齋鉛印本　十六行三十二字小字雙行同白口四周雙邊　十冊

640000－1241－0000154　437/29

**雙牖堂詩集二卷文集一卷外集一卷餘一卷**　(清)韓廷秀著　清道光二十五年(1845)刻本　九行二十五字小字雙行同白口左右雙邊　二冊

640000－1241－0000155　*432/21

**河東先生集十五卷附行狀一卷**　(宋)柳開撰　(宋)張景編　清乾隆六十年(1795)蘭溪文印堂刻本　十行二十一字小字雙行同上下黑口左右雙邊　二冊

640000－1241－0000156　472/001

**新編五代史平話八卷**　(宋)□□撰　清宣統三年(1911)昆陵董氏誦芬室刻本　十五行二十五字上下黑口四周單邊　二冊

640000－1241－0000157　463/09

**旗亭記二卷**　(清)盧見曾撰　清乾隆二十四年(1759)刻本　十行二十一字小字雙行同白口四周單邊　六冊

640000－1241－0000158　411/07

**書業成重訂古文釋義新編八卷**　(清)余誠評註　清同治五年(1866)協毓堂刻本　十行二十二字小字雙行同白口四周單邊　八冊

640000－1241－0000159　437/30

**曝書亭詞拾遺三卷**　(清)朱彝尊撰　(清)翁之潤輯　**志異一卷**　(清)翁之潤撰　清光緒二十二年(1896)常熟翁之潤刻本　十二行二十三字白口左右雙邊　一冊

640000－1241－0000160　436/003

**太師誠意伯劉文成公集二十卷首一卷**　(明)劉基撰　清乾隆栝芝南田果育堂刻本　十行二十三字白口左右雙邊　十二冊

640000－1241－0000161　411/003

**漁洋山人古詩選五十卷**　(清)王士禛選　清同治五年(1866)金陵書局刻本　十行二十二字小字雙行同上下黑口左右雙邊　十冊

640000－1241－0000162　25/224－226

**國朝漢學師承記八卷附國朝經師經義目錄一卷**　(清)江藩纂　清光緒二十二年(1896)長沙周大文堂刻本　十三行二十五字上下黑口左右雙邊　三冊

640000－1241－0000163　437/28

**倚晴樓集八種三十二卷**　(清)黃燮清撰　清咸豐、同治間海鹽黃氏拙宜園刻本　十一行二十一字小字雙行同白口左右雙邊　十冊

640000－1241－0000164　441/16

**八代詩選二十卷**　王闓運撰　清光緒七年(1881)四川尊經書局刻本　十一行二十一字白口左右雙邊　六冊

640000－1241－0000165　474/006

**四大奇書第一種五十一卷首一卷一百二十回**　(明)羅本撰　(清)金聖歎書　(清)毛宗崗評　清善成堂刻本　十二行二十八字小字雙行同白口四周單邊　二十冊

640000－1241－0000166　26/07

**嚴永思先生通鑑補正略三卷**　(明)嚴衍撰　(清)張敦仁彙鈔　清光緒十三年(1887)時報館鉛印本　十四行二十六字白口四周雙邊　二冊

640000－1241－0000167　25/04

**建元類聚考二卷**　(清)錢東垣撰　清嘉慶十年(1805)刻本　十一行二十三字小字雙行同白口四周單邊　一冊

640000－1241－0000168　213.36/02

**三國志六十五卷**　(晉)陳壽撰　(南朝宋)裴松之注　清光緒十三年(1887)江南書局刻本　十二行二十五字小字雙行三十七字白口左右雙邊　八冊

640000－1241－0000169　212/001
**史通通釋二十卷**　(唐)劉知幾撰　(清)浦起龍釋　清光緒二十五年(1899)上海通時書局石印本　九行二十二字小字雙行同白口左右雙邊　八册

640000－1241－0000170　411/07－2
**重訂古文釋義新編八卷**　(清)余誠評註　清光緒十二年(1886)京都老二酉堂刻本　十行二十二字小字雙行不等白口四周單邊　八册

640000－1241－0000171　481/05
**名賢手札不分卷**　(清)郭慶藩輯　清光緒十一年(1885)上海同文書局石印本　十行字數不等小字雙行不等白口四周花邊　四册

640000－1241－0000172　432/10
**孟東野集十卷附一卷**　(唐)孟郊著　**追昔遊集三卷**　(唐)李紳撰　清宣統二年(1910)上海著易堂石印本　十二行二十六字小字雙行同白口四周雙邊　四册

640000－1241－0000173　433/17
**林和靖詩集四卷拾遺一卷**　(宋)林逋著　清宣統二年(1910)上海文瑞樓石印本　十四行三十字白口四周雙邊　二册

640000－1241－0000174　437/47
**歸田瑣記八卷**　(清)梁章鉅撰　清道光二十五年(1845)刻本　九行二十二字小字雙行同白口四周雙邊　四册

640000－1241－0000175　481/06
**分類尺牘備覽三十卷**　(清)王虎榜輯　清光緒十四年(1888)上海珍藝書局鉛印本　三十行二十五字小字雙行同白口四周雙邊　六册

640000－1241－0000176　481/002
**新增尺牘初桄六集**　(清)子虛氏輯　(清)停雲軒主人訂　清光緒十六年(1890)停雲軒刻本　十二行二十六字小字雙行同白口四周雙邊　六册

640000－1241－0000177　437－1/30
**香痕奩影集四卷**　(清)吳仲編　(清)童閏　(清)裴祖椿校　清宣統二年(1910)鉛印本　九行二十二字小字雙行同白口四周單邊　四册

640000－1241－0000178　09/216－235
**時務通考三十一卷首一卷續編三十一卷**　(清)杞廬主人輯　清光緒二十三年(1897)上海點石齋石印本　二十行四十五字小字雙行同下黑口四周雙邊　二十册

640000－1241－0000179　183/028
**詩韻檢字一卷**　(清)黄本驥編　清道光二十八年(1848)三長物齋刻本　十行二十一字小字雙行同白口四周雙邊　一册

640000－1241－0000180　438/054
**飲冰室壬寅文集十六卷癸卯文集四卷**　梁啟超撰　清光緒三十年(1904)日本東京新智學社石印本　十七行三十六字白口四周雙邊　二十册

640000－1241－0000181　172.2/61
**圖民錄四卷**　(清)袁守定著　清光緒五年(1879)江蘇書局刻本　九行二十字白口左右雙邊　二册

640000－1241－0000182　472/013
**雪中人一卷一片石一卷**　(清)蔣士銓填詞　清紅雪樓刻本　九行二十二字小字雙行同白口四周單邊　一册

640000－1241－0000183　462－49/005
**小三吾亭詞二卷附一卷**　冒廣生撰　清光緒二十年(1894)刻本　十行二十四字小字雙行同上下黑口左右雙邊　一册

640000－1241－0000184　482/002
**閲微草堂筆記二十四卷**　(清)紀昀撰　清道光十五年(1835)廣州財政司刻本　十行二十一字上下黑口四周雙邊　十二册

640000－1241－0000185　437/39
**鮚埼亭集三十八卷經史問答十卷外編五十卷**　(清)全祖望撰　(清)史夢蛟校　清同治十一年(1872)姚江借樹山房刻本　十行二十一字小字雙行同白口左右雙邊　二十四册

640000－1241－0000186　442/002
**詩韻集成不分卷**　(清)余照輯　清光緒二十九年(1903)上海文瑞樓石印本　十五行十八字小字雙行三十六字白口四周單邊　二册

640000－1241－0000187　411/07－4
**文成堂重訂古文釋義新編八卷**　(清)余誠評註　清光緒十七年(1891)京都文成堂刻本　十一行二十二字小字雙行不等白口四周單邊　四册

640000－1241－0000188　437/17
**香屑集十八卷首一卷末一卷**　(清)黄之雋集　清宣統二年(1910)埽葉山房石印本　十二行二十八字白口四周雙邊　四册

640000－1241－0000189　437/172
**劉端臨先生遺書八卷**　(清)劉台拱撰　清光緒五年(1879)刻本　十行二十字下黑口左右雙邊　四册

640000－1241－0000190　432/017－3
**溫飛卿詩集七卷别集一卷集外詩一卷**　(唐)溫庭筠撰　(明)曾益注　(清)顧予咸補注　清康熙三十六年(1697)長洲顧氏秀野草堂刻本　十一行二十一字小字雙行三十一字白口左右雙邊　四册

640000－1241－0000191　432/003：90
**杜工部草堂詩箋二十二卷**　(唐)杜甫撰　(宋)蔡夢弼會箋　**詩話二卷年譜二卷**　(宋)魯訔撰　清光緒元年(1875)巴陵方氏碧琳琅館刻本　十二行二十六字小字雙行同上黑口左右雙邊　四册

640000－1241－0000192　183/024－3
**詩韻合璧五卷**　(清)湯文潞編　**虚字韻藪一卷**　(清)潘維城輯　清光緒十一年(1885)文英堂書坊刻本　十一行十二字小字雙行二十四字白口四周雙邊　五册

640000－1241－0000193　183/024－2
**詩韻合璧五卷**　(清)湯文潞編　**虚字韻藪一卷**　(清)潘維城輯　(清)朱月坡增訂　清光緒十三年(1887)廣百宋齋鉛印本　行數不等字數不等小字雙行不等白口四周雙邊　五册

640000－1241－0000194　461/013－2
**宋六十一家詞選十二卷**　(清)馮煦編　清光緒十三年(1887)冶城山館刻本　九行二十一字小字雙行同上下黑口左右雙邊　四册

640000－1241－0000195　482/003
**嘯亭雜錄十卷續錄三卷**　(清)昭槤撰　清宣統元年(1909)中國圖書公司鉛印本　十行二十五字小字雙行同白口四周单邊　四册

640000－1241－0000196　433/16
**山谷詩集注二十卷**　(宋)黄庭堅撰　清光緒二十一年(1895)刻本　九行十六字小字雙行同上下黑口左右雙邊　十六册

640000－1241－0000197　454/02
**樂府指迷一卷**　(宋)沈義父撰　**詞源二卷**　(宋)張炎撰　**詞旨一卷**　(元)陸輔之撰　清刻本　十一行二十字上下黑口左右雙邊　一册

640000－1241－0000198　461/015
**詞林萬選四卷**　(明)楊慎編　清汲古閣刻本　九行二十字小字雙行同白口左右雙邊　一册

640000－1241－0000199　437/175
**梅村詩集箋注十八卷**　(清)吳偉業撰　(清)吳翌鳳箋注　清光緒十年(1884)湖北官書處刻本　十行二十一字小字雙行同白口左右雙邊　十二册

640000－1241－0000200　437/24
**越縵堂駢體文四卷附散體文一卷**　(清)李慈銘著　(清)曾之撰編　清光緒二十三年(1897)刻本　十一行二十一字小字雙行同白口左右雙邊　四册

640000－1241－0000201　44/028－2
**隨園詩話十六卷**　(清)袁枚著　清嘉慶六年(1801)刻本　九行二十一字白口左右雙邊　十册

640000－1241－0000202　411/05

**批點七家詩合註七卷** (清)張熙宇評 清同治十一年(1872)書業德刻本 九行二十五字白口左右雙邊 四冊

640000－1241－0000203 437/177
**歸盦文稿八卷** (清)葉裕仁撰 清光緒八年(1882)刻本 十行二十一字上下黑口左右雙邊 四冊

640000－1241－0000204 51/046
**貸園叢書初集十種四十二卷** (清)周永年輯 清乾隆五十四年(1789)歷城周氏竹西書屋刻本 十一行二十二字小字雙行同上下黑口左右雙邊 十一冊

640000－1241－0000205 471/008
**世說新語八卷補四卷** (南朝宋)劉義慶撰 (南朝梁)劉孝標注 (明)何良俊補 清光緒十一年(1885)觀樓書室刻本 九行十九字下黑口左右雙邊 六冊

640000－1241－0000206 462－44/015
**草窗詞二卷補二卷** (宋)周密撰 朱祖謀輯 清光緒二十六年(1900)無著盦刻本 十行二十一字小字雙行同上下黑口左右雙邊 一冊

640000－1241－0000207 42/008
**楚辭十七卷** (漢)劉向集 (漢)王逸章句 清同治十一年(1872)金陵書局刻本 九行十八字小字雙行同白口左右雙邊 四冊

640000－1241－0000208 17/10
**新增註釋目耕齋初刻不分卷** (清)徐楷原評 (清)沈叔眉選 (清)黃貽相註釋 清光緒二十一年(1895)上海寶文書局石印本 十八行四十二字小字雙行同白口四周單邊 六冊

640000－1241－0000209 412－42/009
**唐詩三百首註疏六卷續選一卷** (清)孫洙編 (清)章燮註 清道光十五年(1835)刻本 八行二十字小字雙行同白口四周單邊 八冊

640000－1241－0000210 437/016－2
**大雲山房文稿初集四卷二集四卷補編一卷言事二卷** (清)惲敬撰 清同治八年(1869)雷信述齋刻本 十行二十二字上下黑口四周雙邊 十冊

640000－1241－0000211 472/019
**紫釵記二卷** (明)湯顯祖撰 清刻本 九行十九字小字雙行同白口左右雙邊 一冊

640000－1241－0000212 411/012－2
**七十家賦鈔六卷** (清)張惠言輯 清光緒宏達堂刻本 十三行二十二字小字雙行同上下黑口左右雙邊 四冊

640000－1241－0000213 471/06
**螢窗異草初編四卷二編四卷三編四卷四編四卷** (清)尹似村著 (清)袁枚續評 (清)柳橋居士重訂 清光緒二年(1876)上海錦章書局石印本 二十一行四十二字白口四周雙邊 八冊

640000－1241－0000214 453/004－3
**東周列國全志二十三卷一百八回** (清)蔡界評點 清光緒十九年(1893)滄雅書局刻本 十二行二十六字小字雙行同白口四周單邊 二十四冊

640000－1241－0000215 482/005
**容齋隨筆十六卷首一卷** (宋)洪邁撰 清光緒二十一年(1895)上海飛鴻閣石印本 二十五行五十字下黑口四周雙邊 六冊 缺十一卷(六至十六)

640000－1241－0000216 461/017
**宋七家詞選七卷** (清)戈載輯 清光緒十一年(1885)刻本 九行二十字上下黑口左右雙邊 三冊

640000－1241－0000217 411/005－3 部三
**御選唐宋詩醇四十七卷目錄二卷** (清)高宗弘曆選 (清)梁詩正等校刊 清乾隆二十五年(1760)刻本 九行十九字白口四周單邊 二十四冊

640000－1241－0000218 44/002－2
**漁隱叢話前集六十卷後集四十卷** (宋)胡仔纂集 清耘經樓刻本 十三行二十一字上下黑口左右雙邊 十冊

640000－1241－0000219　433/001
**岳忠武王文集八卷首一卷末一卷**　（宋）岳飛撰　（清）黄邦寧纂　清乾隆刻本　十行二十字小字雙行同白口左右雙邊　四册

640000－1241－0000220　411/01－2
**文選六十卷**　（南朝梁）蕭統撰　（唐）李善注　**考異十卷**　（清）胡克家撰　清光緒十六年（1890）上海鴻文書局石印本　二十行四十二字小字雙行同白口四周雙邊　六册　缺二卷（五十九至六十）

640000－1241－0000221　28/1
**小滄浪筆談四卷**　（清）阮元撰　清光緒二十六年（1900）江蘇書局刻本　十行二十字小字雙行同上下黑口四周單邊　二册

640000－1241－0000222　437/44
**分韻試帖青雲集合註四卷**　（清）楊逢春輯　清光緒十七年（1891）泰山堂記刻本　九行二十二字小字雙行同白口四周雙邊　四册

640000－1241－0000223　49/02
**高等學堂國文講義八卷**　唐文治講授　清宣統元年（1909）上海文明書局鉛印本　十二行三十二字白口四周雙邊　二册　存二卷（一至二）

640000－1241－0000224　431/05
**陶彭澤集六卷**　（晉）陶潛著　（清）胡鳳丹校梓　清永康胡氏退補齋刻本　十一行二十一字小字雙行同白口四周雙邊　一册

640000－1241－0000225　48/001
**重編留青新集二十四卷**　（清）馮善長編　清光緒十六年（1890）鉛印本　十四行四十字白口四周雙邊　十二册

640000－1241－0000226　411/055
**目耕齋讀本三集**　（清）徐楷評註　（清）沈叔眉選　清光緒十八年（1892）袖海山房書局石印本　十八行二十五字小字雙行同白口四周雙邊　三册

640000－1241－0000227　412－39/002
**六朝文絜四卷**　（清）許槤評選　（清）朱鈞參校　清光緒三年（1877）滬上刻朱墨套印本　十行二十二字白口四周雙邊　一册

640000－1241－0000228　412－49/019－2
**玉堂試帖振采集六卷**　（清）潘曾瑩編　（清）王熙源　（清）潘霨註　清道光二十三年（1843）刻本　八行十九字小字雙行同白口四周雙邊　四册　存四卷（一至四）

640000－1241－0000229　441/12
**唐詩別裁集引典備註二十卷**　（清）沈德潛選　（清）俞汝昌注　清道光十八年（1838）富春堂刻本　十行十九字小字雙行同白口四周雙邊　八册

640000－1241－0000230　288/002.2－2
**北洋公牘類纂續編二十四卷**　（清）甘厚慈輯　清宣統二年（1910）絳雪齋書局鉛印本　十四行四十字下黑口四周雙邊　二十册

640000－1241－0000231　412/03
**金文雅十六卷作者考一卷**　（清）莊仲方編　清光緒十七年（1891）江蘇書局刻本　十四行二十五字白口左右雙邊　四册

640000－1241－0000232　221/02
**御批歷代通鑑輯覽一百二十卷**　（清）傅恒等編纂　清同治八年（1869）鉛印本　十五行二十八字小字雙行四十一字白口四周單邊　四十册

640000－1241－0000233　222.4/001
**續資治通鑑二百二十卷**　（清）畢沅編集　清同治八年（1869）江蘇書局刻本　十行二十一字小字雙行同白口四周雙邊　六十册

640000－1241－0000234　34/166－185
**目耕帖三十一卷**　（清）馬國翰輯　清長沙嫏嬛館刻本　九行二十字白口四周雙邊　二十册

640000－1241－0000235　03/1－99
**資治通鑑二百九十四卷釋文辨誤十二卷**　（宋）司馬光撰　（元）胡三省音註　清同治八年（1869）江蘇書局刻本　十行二十字小字雙行同上下黑口四周雙邊　一百五册

640000－1241－0000236　25/283－3

**法苑珠林一百卷**　(唐)釋道世撰　清道光七年(1827)蔣氏燕園刻本　十行二十字小字雙行同上下黑口左右雙邊　三十二册

640000－1241－0000237　34/1507

**文苑英華一千卷**　(宋)李昉輯　明隆慶元年(1567)刻本　十一行二十二字小字雙行同白口四周單邊　一册　存十卷(九百九十一至一千)

640000－1241－0000238　32:1/289－293

**白香山詩集四十卷**　(唐)白居易撰　(清)汪立名編訂　清康熙一隅草堂刻本　十二行二十一字小字雙行不等白口左右雙邊　五册　缺二十一卷(長慶集一至十一、十六至二十,後集十至十四)

640000－1241－0000239　436/04

**疑雨集四卷**　(明)王彦泓著　清刻本　九行十八字白口左右雙邊　三册　缺一卷(一)

640000－1241－0000240　383/020 部四

**文史通義八卷校讎通義三卷**　(清)章學誠撰　清道光十二年至十三年(1832－1833)刻本　十二行二十五字小字雙行同白口四周單邊　四册

640000－1241－0000241　23－45/001

**西夏紀事本末三十六卷首二卷**　(清)張鑑著　清光緒十一年(1885)金陵刻本　十二行二十五字上下黑口左右雙邊　三册

640000－1241－0000242　296/004

**朔方備乘六十八卷首十二卷**　(清)何秋濤撰　清光緒七年(1881)石印本　十六行三十九字白口四周單邊　八册

640000－1241－0000243　23－45/001－2

**西夏紀事本末三十六卷年表一卷**　(清)張鑑著　清光緒十年(1884)江蘇書局刻本　十二行二十五字白口左右雙邊　四册

640000－1241－0000244　51/02

**唐人説薈二十卷**　(清)陳世熙輯　清同治三年(1864)刻本　九行二十一字白口左右雙邊　二十册

640000－1241－0000245　251.1/001

**[乾隆]溫州府志三十卷**　(清)李琬修　清刻本　十行二十二字小字雙行同白口四周雙邊　三册　存五卷(十九至二十、二十八至三十)

640000－1241－0000246　54－49/040

**庸庵全集六種三十一卷**　(清)薛福成撰　清光緒無錫薛氏刻本　十行二十一字白口左右雙邊　三十册　缺二卷(浙東籌防錄二至三)

640000－1241－0000247　54－49/041

**果堂全集五種七卷**　(清)沈彤撰　清乾隆吳江沈氏果堂刻本　九行二十一字小字雙行同白口四周雙邊　七册

640000－1241－0000248　54－49/043

**古愚老人消夏錄七種十七卷**　(清)汪汲撰　清乾隆、嘉慶間古愚山房刻本　九行二十四字小字雙行同白口四周單邊　五册

640000－1241－0000249　54－49/035

**春在堂全書一百六十五種三百六十四卷**　(清)俞樾撰　清同治至光緒刻本　十行二十一字小字雙行同白口左右雙邊　一百十二册　缺八卷(春在堂雜文補遺六卷、楹聯祿存四至五)

640000－1241－0000250　54－49/036

**汪龍莊先生遺書二種五卷**　(清)汪輝祖撰　清光緒八年至十二年(1882－1886)山東書局刻本　十行二十四字小字雙行同白口左右雙邊　四册

640000－1241－0000251　54－49/037

**王壯武公遺集二十四卷**　(清)王鑫撰　**王壯武公[鑫]年譜二卷**　(清)羅正鈞纂　清光緒十八年(1892)江寧湘鄉王氏刻本　十行二十二字小字雙行同白口四周雙邊　六册

640000－1241－0000252　15/007

**春秋述義拾遺八卷首一卷末一卷**　(清)陳熙晉撰　清光緒十七年(1891)廣雅書局刻本　十一行二十四字上下黑口四周單邊　二册

640000－1241－0000253　183/020
**六書音均表五卷**　(清)段玉裁記　清刻本　十行二十字小字雙行二十九字白口四周單邊　一册

640000－1241－0000254　15/010
**春秋或問六卷**　(清)郜坦撰　清光緒二年(1876)淮南書局刻本　十二行二十四字白口左右雙邊　一册

640000－1241－0000255　183/015
**古韻發明不分卷切字肆考不分卷**　(清)張畊撰　清道光六年(1826)滕陽張氏芸心堂刻本　十行二十四字小字雙行同白口四周雙邊　四册

640000－1241－0000256　437/148
**古微堂内集三卷外集七卷**　(清)魏源撰　清光緒四年(1878)淮南書局刻本　十行二十一字白口左右雙邊　四册

640000－1241－0000257　287/030
**曾文正公奏議十卷首一卷**　(清)曾國藩撰　(清)薛福成編　清同治十三年(1874)上海醉六堂刻本　九行二十一字白口四周雙邊　十册

640000－1241－0000258　151/004－2
**春秋左傳杜注三十卷首一卷**　(清)姚培謙學　清刻本　十一行二十二字小字雙行同上下黑口左右雙邊　十册　缺七卷(五至七、二十七至三十)

640000－1241－0000259　212－47/004
**元史譯文證補三十卷**　(清)洪鈞撰　清光緒二十六年(1900)廣雅書局刻本　十一行二十四字小字雙行同上下黑口四周單邊　四册　缺十卷(七至八、十三、十六至十七、十九至二十一、二十五、二十八)

640000－1241－0000260　152/001－2 部二
**春秋公羊傳二十八卷**　(漢)何休學　(明)金蟠訂　清永懷堂刻本　九行二十五字小字雙行同白口左右雙邊　三册

640000－1241－0000261　19/008
**通志堂經解一百三十四種一千八百二十四卷**　(清)納蘭成德輯　清同治十二年(1873)粵東書局刻本　十一行二十字白口左右雙邊　五百二十册

640000－1241－0000262　289/003
**通行章程五卷**　(清)王汝礪輯　清光緒三十四年(1908)刻本　九行二十五字白口四周雙邊　五册

640000－1241－0000263　437/145
**道古堂文集四十八卷詩集二十六卷**　(清)杭世駿撰　清乾隆四十一年(1776)刻本　十行二十一字白口左右雙邊　六册

640000－1241－0000264　152/001－2
**春秋公羊傳二十八卷**　(漢)何休學　(明)金蟠訂　清永懷堂刻本　九行二十五字小字雙行同白口左右雙邊　三册

640000－1241－0000265　437/157:2
**戴東原集十二卷首一卷**　(清)戴震撰　清光緒十年(1884)刻本　十行二十一字小字雙行同白口左右雙邊　六册

640000－1241－0000266　289/006
**欽定戶部軍需則例九卷續纂一卷兵部軍需則例五卷工部軍需則例一卷**　(清)阿桂撰　清刻本　九行二十三字小字雙行同白口四周雙邊　四册

640000－1241－0000267　152/001
**春秋公羊傳十一卷**　(漢)何休學　(唐)陸德明音義　**校刊記一卷**　(清)丁寶楨撰　清光緒十七年(1891)湖南思賢書局刻本　九行十七字小字雙行同白口左右雙邊　六册

640000－1241－0000268　289/005
**晉政輯要四十卷**　(清)剛毅等修　清光緒刻本　九行二十字小字雙行同上黑口四周雙邊　三十二册

640000－1241－0000269　437/119
**雲左山房詩鈔八卷附一卷**　(清)林則徐撰　清光緒十二年(1886)福州林氏刻本　十行二十四字小字雙行同白口左右雙邊　二册

640000－1241－0000270　212－47/005：2

**宋遼金元四史朔閏考二卷**　(清)錢大昕撰　清光緒十七年(1891)廣雅書局刻本　行數不等字數不等小字雙行不等上下黑口四周單邊　一册

640000－1241－0000271　437/117

**芳茂山人詩錄九卷**　(清)孫星衍撰　清光緒十一年(1885)朱氏槐廬家塾刻本　十一行二十字小字雙行同白口左右雙邊　二册

640000－1241－0000272　151/012

**曲江書屋新訂批註左傳快讀十八卷首一卷**　(晉)杜預註　(唐)陸德明音義　(清)李紹崧選訂　清文奎堂刻本　十行十六字小字雙行三十二字白口四周單邊　十二册　缺四卷(六至八、十八)

640000－1241－0000273　212－47/005－2 部二

**元史氏族表三卷**　(清)錢大昕撰　清光緒二十年(1894)廣雅書局刻本　十一行二十四字小字雙行不等上下黑口四周單邊　二册

640000－1241－0000274　152/002

**春秋公羊注疏二十八卷**　(漢)何休學　清同治十三年(1874)湖南書局刻本　九行二十一字小字雙行同白口左右雙邊　八册

640000－1241－0000275　212－47/005

**元史氏族表三卷**　(清)錢大昕撰　清江蘇書局刻本　十二行二十五字小字雙行不等白口左右雙邊　二册

640000－1241－0000276　212－47/005：5

**元史藝文志四卷**　(清)錢大昕補　清江蘇書局刻本　十二行二十五字小字雙行同白口左右雙邊　一册

640000－1241－0000277　212－47/005：3－2 部二

**補元史藝文志四卷**　(清)錢大昕撰　清光緒十九年(1893)廣雅書局刻本　十一行二十四字小字雙行同上下黑口四周單邊　一册

640000－1241－0000278　212－47/005：3－2

**補元史藝文志四卷**　(清)錢大昕撰　清光緒十九年(1893)廣雅書局刻本　十一行二十四字小字雙行同上下黑口四周單邊　一册

640000－1241－0000279　212－47/005：3

**元史藝文志四卷**　(清)錢大昕補　清刻本　十行二十一字小字雙行同白口左右雙邊　二册

640000－1241－0000280　151/016

**曲江書屋新訂批註左傳快讀十八卷首一卷**　(晉)杜預註　(唐)陸德明音義　(清)李紹崧選訂　清宣統元年(1909)上海書局石印本　十三行二十二字小字雙行不等白口四周單邊　五册　缺七卷(六、十三至十八)

640000－1241－0000281　437/118

**歸樸龕叢稿續編四卷**　(清)彭蘊章撰　清刻本　十行二十一字白口四周雙邊　一册

640000－1241－0000282　151/015

**春秋直解十二卷**　(清)方苞撰　清刻本　十行十九字下黑口四周雙邊　五册　缺一卷(三)

640000－1241－0000283　289/066

**欽定戶部則例一百卷**　(清)載齡等纂　清同治十三年(1874)刻本　九行二十字白口四周雙邊　四十五册　缺十七卷(八十四至一百)

640000－1241－0000284　151/014－2

**增批輯註東萊博議四卷**　(宋)吕祖謙撰　劉鍾英輯註　清宣統二年(1910)上海會文堂石印本　十六行三十八字小字雙行不等白口左右雙邊　一册

640000－1241－0000285　437/138

**東苑文鈔二卷詩鈔一卷蕊雲集一卷晚唱一卷**　(清)毛先舒著　清康熙思古堂刻本　十行二十字白口左右雙邊　一册

640000－1241－0000286　212－47/005－2

**元史氏族表三卷**　(清)錢大昕撰　清光緒二十年(1894)廣雅書局刻本　十一行二十四字小字雙行不等上下黑口四周單邊　二册

640000－1241－0000287　437/139

**偶齋詩草外次集十卷**　(清)寶廷著　清刻本　九行二十一字下黑口左右雙邊　三冊

640000－1241－0000288　289/001－3

**欽定五軍道里表十八卷**　(清)常泰等纂　清刻本　行數不等字數不等白口四周雙邊　十九冊

640000－1241－0000289　151/004

**春秋左傳杜注三十卷首一卷**　(清)姚培謙學　清同治十三年(1874)湖南書局刻本　十一行二十二字小字雙行同上下黑口左右雙邊　十冊

640000－1241－0000290　437/155

**于湖小集六卷**　(清)袁昶撰　清光緒二十年(1894)袁氏水明樓刻本　十行二十二字小字雙行同上黑口左右雙邊　二冊

640000－1241－0000291　289/004

**法律醫學二十四卷首一卷附一卷**　(英國)該惠連　(英國)弗里愛撰　(英國)傅蘭雅口譯　(清)趙元益筆述　清光緒二十五年(1899)江南製造局刻本　十行二十二字上下黑口左右雙邊　十冊

640000－1241－0000292　151/006

**春秋左傳注疏六十卷**　(晉)杜預注　(唐)孔穎達疏　(唐)陸德明音義　清同治十三年(1874)湖南書局刻本　九行二十一字小字雙行同白口左右雙邊　二十冊

640000－1241－0000293　437/159

**隨俟書屋詩集十一卷**　(清)劉錫五撰　清嘉慶二十三年(1818)介休劉氏刻本　十二行二十四字小字雙行同上下黑口四周單邊　一冊　存六卷(一至六)

640000－1241－0000294　437/157

**東原文集十卷**　(清)戴震譔　清乾隆四十三年(1778)曲阜孔氏微波榭刻本　十行二十一字小字雙行同白口四周雙邊　三冊

640000－1241－0000295　151/013

**春秋左氏傳賈服註輯述二十卷**　(清)李貽德學　清光緒八年(1882)江蘇書局刻本　十行二十五字小字雙行同白口左右雙邊　五冊　缺四卷(四至七)

640000－1241－0000296　55.2/003

**經學教科書十六卷**　(清)儲丙鶉編　清英商育文書局石印本　八行十五字小字雙行同白口四周雙邊　四冊　缺三卷(一至三)

640000－1241－0000297　151/005－2

**春秋繁露十七卷首一卷**　(漢)董仲舒撰　清光緒二年(1876)浙江書局刻本　十二行二十四字上下黑口左右雙邊　二冊

640000－1241－0000298　437/126

**蒿菴集三卷拾遺一卷附錄一卷**　(清)張爾岐撰　清光緒十五年(1889)山東書局刻本　十行二十一字白口四周雙邊　二冊

640000－1241－0000299　289/018

**秋審實緩比較條款不分卷**　(清)謝誠鈞撰　清光緒四年(1878)江蘇書局刻本　十一行二十一字小字雙行同白口左右雙邊　二冊

640000－1241－0000300　153/003

**春秋穀梁傳二十卷**　(晉)范寧集解　(明)金蟠校　清永懷堂刻本　九行十七字小字雙行同白口四周雙邊　三冊

640000－1241－0000301　211/006

**史記一百三十卷**　(漢)司馬遷撰　清宣統手寫影印本　七行十四至十九字小字雙行不等白口　無版框　一冊　存三卷(二十九、九十六至九十七)

640000－1241－0000302　437/111

**一規八棱硯齋集詩鈔六卷詞鈔一卷文鈔一卷詩文鈔一卷類鈔一卷**　(清)徐延華撰　清光緒九年(1883)武昌廌齋刻本　十行二十二字上下黑口左右雙邊　四冊

640000－1241－0000303　152/003 部二

**監本附音春秋公羊注疏二十八卷**　(漢)何休注　(唐)陸德明音義　**校勘記二十八卷**　(清)阮元撰　(清)盧宣旬摘錄　清同治十二年(1873)江西書局刻本　十行十七字小字雙

行二十三字上下黑口左右雙邊　十册

640000－1241－0000304　2810/001 部二
**佐治芻言一卷**　(英國)傅蘭雅口譯　(清)應祖錫筆述　清光緒二十四年(1898)上海書局石印本　十行二十二字白口四周雙邊　四册

640000－1241－0000305　437/132
**因寄軒文初集十卷二集六卷補遺一卷**　(清)管同著　(清)鄧嘉緝校刊　**小異遺文一卷**　(清)管嗣復撰　清光緒五年(1879)刻本　十二行二十四字上下黑口左右雙邊　四册

640000－1241－0000306　152/003
**監本附音春秋公羊注疏二十八卷**　(漢)何休注　(唐)陸德明音義　**校勘記二十八卷**　(清)阮元撰　(清)盧宣旬摘錄　清同治十二年(1873)江西書局刻本　十行十七字小字雙行二十三字上下黑口左右雙邊　十册

640000－1241－0000307　211/013
**史表功比説一卷**　(清)張錫瑜撰　清光緒十四年(1888)廣雅書局刻本　十一行二十四字小字雙行同上下黑口四周單邊　一册

640000－1241－0000308　437/124
**遜學齋詩鈔十卷續鈔五卷**　(清)孫衣言撰　清同治三年(1864)刻本　十一行二十三字小字雙行同上下黑口左右雙邊　四册

640000－1241－0000309　152/004
**何氏公羊春秋十論一卷續十論一卷再續十論一卷附庸尊卑表一卷六書舊義一卷**　廖平撰　清鉛印本　十行二十字上下黑口左右雙邊　一册

640000－1241－0000310　251.1/002
**龔端毅公奏疏八卷附一卷**　(清)龔鼎孳撰　清道光十四年(1834)慶餘堂刻本　九行二十一字白口左右雙邊　五册

640000－1241－0000311　153/002
**春秋穀梁傳十二卷附校刊記一卷**　(晉)范寧集解　(唐)陸德明音義　清光緒十七年(1891)湖南思賢書局刻本　九行十七字小字雙行同白口四周雙邊　四册

640000－1241－0000312　211/014
**史記天官書補目一卷**　(清)孫星衍撰　**補續漢書蓺文志一卷**　(清)錢大昭撰　清光緒十三年至十四年(1887－1888)廣雅書局刻本　十一行二十四字小字雙行同上下黑口四周單邊　一册

640000－1241－0000313　151/008
**春秋左傳注疏校勘記六十卷**　(清)阮元撰　清同治十三年(1874)湖南書局刻本　九行二十一字小字雙行同白口左右雙邊　七册

640000－1241－0000314　19/009.2－3
**皇清經解續編二百二十九種一千四百三十卷**　王先謙輯　清光緒十四年(1888)南菁書院刻本　十一行二十四字小字雙行同白口左右雙邊　三百二十册

640000－1241－0000315　437/125
**樊榭山房集十卷續集十卷文集八卷集外詩三卷集外詞四卷**　(清)厲鶚撰　清光緒十年(1884)刻本　十一行二十一字上下黑口左右雙邊　九册

640000－1241－0000316　153/004
**春秋穀梁注疏二十卷**　(晉)范寧集解　(唐)楊士勛疏　(唐)陸德明音義　清同治十三年(1874)湖南書局刻本　九行十七字小字雙行同白口四周雙邊　五册

640000－1241－0000317　437/142
**養雲山館試帖四卷**　(清)許球著　(清)王榮紱注釋　清刻本　九行二十五字小字雙行同白口四周單邊　四册

640000－1241－0000318　143/003－2 部二
**附釋音禮記注疏六十三卷**　(漢)鄭玄注　(唐)孔穎達疏　(唐)陸德明釋文　**校勘記六十三卷**　(清)阮元撰　(清)盧宣旬摘錄　清同治十二年(1873)江西書局刻本　十行十七字小字雙行二十三字上下黑口左右雙邊　三十二册

640000－1241－0000319　211/009
**史記正譌三卷**　(清)王元啟撰　清光緒十六

年(1890)廣雅書局刻本　十一行二十四字小字雙行同上下黑口四周單邊　一册

640000－1241－0000320　284/022
**鄉守輯要合鈔十卷**　(清)許乃釗輯　清咸豐三年(1853)武英殿刻本　十行二十四字白口四周雙邊　二册

640000－1241－0000321　286/001
**鄂省營制驛傳彙編四卷**　(清)陳仲衡編　清光緒十五年(1889)刻本　九行二十字白口四周雙邊　四册

640000－1241－0000322　211/009 部二
**史記正譌三卷**　(清)王元啟撰　清光緒十六年(1890)廣雅書局刻本　十一行二十四字小字雙行同上下黑口四周單邊　二册

640000－1241－0000323　44/001:2
**漁洋詩話二卷**　(清)王士禛撰　清光緒十四年(1888)聚英堂刻本　九行二十二字小字雙行同上下黑口左右雙邊　二册

640000－1241－0000324　284/026
**江西各項財政說明書不分卷**　(清)江西清理財政局編　清鉛印本　九行二十五字白口四周雙邊　四册

640000－1241－0000325　44/009－3
**文心雕龍十卷**　(南朝梁)劉勰撰　(清)黄叔琳輯注　清光緒十九年(1893)思賢講舍刻本　十行二十一字小字雙行同白口左右雙邊　三册　缺三卷(八至十)

640000－1241－0000326　211/010
**史記注補正一卷**　(清)方苞譔　**史記正譌一卷**　(清)王元啟撰　清廣雅書局刻本　十一行二十四字小字雙行同上下黑口四周單邊　一册

640000－1241－0000327　284/014
**富國策三卷**　(英國)法思德著　汪鳳藻譯　清光緒六年(1880)同文館鉛印本　九行二十字白口四周雙邊　三册

640000－1241－0000328　15/004
**春秋通論四卷**　(清)方苞撰　清刻本　十行二十五字上下黑口四周雙邊　一册

640000－1241－0000329　284/024
**畿輔義倉圖不分卷**　(清)方觀承撰　清乾隆十八年(1753)刻本　行數不等字數不等白口四周單邊　六册

640000－1241－0000330　437/158
**板橋詩鈔一卷詞鈔一卷**　(清)鄭燮撰　清司徒文膏刻本　八行字數不等白口左右雙邊　一册

640000－1241－0000331　211/012
**史記索隱三十卷**　(漢)司馬遷撰　(唐)司馬貞索隱　清廣雅書局刻本　十二行二十五字小字雙行同上下黑口四周單邊　三册　缺九卷(一至九)

640000－1241－0000332　15/005
**春秋比事目錄四卷**　(清)方苞撰　清刻本　十行二十五字小字雙行同白口四周雙邊　一册

640000－1241－0000333　284/014－2
**富國策三卷**　(英國)法思德著　汪鳳藻譯　清光緒二十五年(1899)上海美華書館鉛印本　十四行三十四字白口四周雙邊　一册

640000－1241－0000334　284/011－2
**欽定康濟錄四卷**　(清)陸曾禹撰　(清)倪國璉釐正　清同治八年(1869)湖北崇文書局刻本　十行二十二字白口四周雙邊　四册

640000－1241－0000335　437/151
**冬心先生集四卷**　(清)金農撰　清宣統二年(1910)京師書業公司石印本　十行十八字白口左右雙邊　三册

640000－1241－0000336　212－39/005
**補宋書刑法志一卷補宋書食貨志一卷**　(清)郝懿行撰　清光緒十七年(1891)廣雅書局刻本　十一行二十四字小字雙行同上下黑口四周單邊　一册

640000－1241－0000337　15/001－3

**欽定春秋傳說彙纂三十八卷首二卷** (清)王掞等纂 清同治九年(1870)浙江楊昌濬刻本 十一行二十四字小字雙行同白口左右雙邊 二十冊

640000－1241－0000338 44/016
**小滄浪詩話四卷** (清)張燮承纂 清咸豐九年(1859)古汲郡賀氏刻本 十行二十一字小字雙行同上下黑口左右雙邊 二冊

640000－1241－0000339 284/034
**保富述要不分卷** (英國)布來德著 (英國)傅蘭雅口譯 (清)徐家寶筆述 清江南製造總局刻本 十行二十二字上下黑口左右雙邊 二冊

640000－1241－0000340 19/005
**重刊宋本十三經註疏附校勘記十三種四百十六卷** (清)阮元撰 (清)盧宣旬摘錄 清光緒十三年(1887)上海脈望仙館石印本 二十行三十六字小字雙行四十八字白口四周單邊 三十二冊

640000－1241－0000341 15/002
**春秋詳說五十六卷** (清)冉覲祖撰 清光緒七年(1881)大梁書局刻本 十行二十二字小字雙行同白口四周雙邊 四十冊

640000－1241－0000342 284/033
**七國新學備要一卷** (英國)李提摩太著 清光緒二十四年(1898)上海商務印書館鉛印本 十三行二十二字白口四周雙邊 一冊

640000－1241－0000343 284/021
**列國歲計政要十二卷** (英國)麥丁富得力編纂 (美國)林樂知口譯 (清)鄭昌棪筆述 清光緒元年(1875)江南製造總局刻本 十行二十二字上下黑口左右雙邊 六冊

640000－1241－0000344 437/149
**虛白室試帖詩鈔三卷** (清)厲祥官撰 清光緒二十一年(1895)漢上仿題鉥館刻本 八行二十字上下黑口四周雙邊 一冊

640000－1241－0000345 151/007 部二
**附釋音春秋左傳注疏六十卷** (晉)杜預注 (唐)孔穎達疏 (唐)陸德明音義 **附校勘記六十卷** (清)阮元撰 (清)盧宣旬摘錄 清同治十二年(1873)江西書局刻本 十行十七字小字雙行二十三字上下黑口左右雙邊 三十二冊

640000－1241－0000346 437/022－2
**劉孟塗集四十四卷** (清)劉開撰 清道光六年(1826)姚氏檗山草堂刻本 十二行二十四字上下黑口四周單邊 八冊

640000－1241－0000347 212－39/004－3
**南齊書五十九卷** (南朝梁)蕭子顯撰 清同治十三年(1874)金陵書局刻本 十二行二十五字小字雙行同白口左右雙邊 六冊

640000－1241－0000348 284/020
**荒政叢書十卷附錄二卷** (清)俞森撰 清宣統三年(1911)文盛書局石印本 十四行三十二字白口四周雙邊 六冊

640000－1241－0000349 19/005－3
**重刊宋本十三經註疏附校勘記十三種四百十六卷** (清)阮元撰 (清)盧宣旬摘錄 清光緒二十九年(1903)上海點石齋石印本 二十行四十六字小字雙行同白口四周雙邊 二十八冊

640000－1241－0000350 13/027
**三家詩補遺三卷** (清)阮元撰 清光緒二十八年(1902)湘潭葉氏刻本 十一行二十二字小字雙行同上下黑口左右雙邊 一冊

640000－1241－0000351 284/047
**江南陸師學堂武備課程五種二十二卷** (清)錢德培等纂輯 清光緒二十五年(1899)江南陸師學堂刻本 十行二十五字白口左右雙邊 十二冊

640000－1241－0000352 437/115
**雅歌堂文集二十二卷** (清)徐經著 清同治刻本 十行二十一字白口四周雙邊 八冊

640000－1241－0000353 212－39/004
**南齊書五十九卷** (南朝梁)蕭子顯撰 清光緒二十九年(1903)五洲同文局石印本 十行

二十一字小字雙行同上下黑口左右雙邊　八冊

640000－1241－0000354　284/015

**財政四綱四卷**　(清)錢恂撰　清光緒二十七年(1901)鉛印本　十三行三十字白口四周單邊　四冊

640000－1241－0000355　284/015 部二

**財政四綱四卷**　(清)錢恂撰　清光緒二十七年(1901)鉛印本　十三行三十字白口四周單邊　四冊

640000－1241－0000356　284/015 部三

**財政四綱四卷**　(清)錢恂撰　清光緒二十七年(1901)鉛印本　十三行三十字白口四周單邊　四冊

640000－1241－0000357　19/009.2－2

**皇清經解續編二百九卷**　王先謙編　清光緒十五年(1889)上海蜚英館石印本　三十三行七十二字小字雙行同白口四周雙邊　三十二冊

640000－1241－0000358　143/005 部三

**禮記要義三十三卷**　(宋)魏了翁撰　清光緒十二年(1886)江蘇書局刻本　九行十八字上下黑口四周雙邊　八冊

640000－1241－0000359　284/018

**安徽財政沿革利弊説明書不分卷**　(清)安徽財政局輯　清宣統二年(1910)安徽官紙印刷局鉛印本　九行二十四字白口四周雙邊　二冊

640000－1241－0000360　143/005 部二

**禮記要義三十三卷**　(宋)魏了翁撰　清光緒十二年(1886)江蘇書局刻本　九行十八字上下黑口四周雙邊　八冊

640000－1241－0000361　19/009－3

**皇清經解一百九十卷**　(清)阮元輯　(清)嚴傑重輯　清光緒十一年(1885)上海點石齋石印本　三十三行二十四字小字雙行同白口四周單邊　二十三冊　存一百七十八卷(一至一百五十五、一百六十八至一百九十)

640000－1241－0000362　284/039

**廣西財政沿革利弊説明書十三卷首一卷**　(清)廣西財政局輯　清宣統二年(1910)廣西官書局鉛印本　十一行三十字白口四周單邊　七冊　存七卷(一至七)

640000－1241－0000363　212－39/006－2

**梁書五十六卷**　(唐)姚思廉撰　清光緒二十九年(1903)五洲同文局石印本　十行二十一字小字雙行同上下黑口左右雙邊　八冊

640000－1241－0000364　142/012

**儀禮析疑十七卷**　(清)方苞撰　清乾隆十一年(1746)刻本　十行十九字小字雙行同下黑口四周單邊　六冊　缺二卷(十三至十四)

640000－1241－0000365　211/003:2

**史記志疑三十六卷附錄三卷**　(清)梁玉繩撰　清光緒十三年(1887)廣雅書局刻本　十一行二十四字小字雙行同上下黑口四周單邊　十六冊

640000－1241－0000366　143/003－3

**禮記注疏六十三卷**　(漢)鄭玄注　(唐)孔穎達疏　(唐)陸德明音義　清同治十二年(1873)湖南書局刻本　十行十七字小字雙行二十三字上下黑口左右雙邊　二十冊

640000－1241－0000367　143/005

**禮記要義三十三卷**　(宋)魏了翁撰　清光緒十二年(1886)江蘇書局刻本　九行十八字上下黑口四周雙邊　八冊

640000－1241－0000368　19/014

**御纂七經二百九十四卷**　(清)聖祖玄燁撰　清光緒二十九年(1903)上海慎記書莊石印本　二十四行五十四字小字雙行同白口四周單邊　二十四冊　缺十卷(周官義疏一至十)

640000－1241－0000369　437/166

**甌香館集十二卷補遺詩一卷補遺畫跋一卷**　(清)惲格著　清刻本　十行二十一字小字雙行同上下黑口左右雙邊　三冊　缺三卷(甌香館集一至三)

640000－1241－0000370　284/042

**江蘇省例一卷續編一卷三編一卷四編一卷** (清)□□編　清同治八年至光緒十六年(1869－1890)江蘇書局刻本　十一行二十一字小字雙行同白口左右雙邊　八册

640000－1241－0000371　15/003
**春秋集古傳注二十六卷首一卷** (清)郜坦撰　清光緒二年(1876)淮南書局刻本　十二行二十四字小字雙行同白口左右雙邊　四册

640000－1241－0000372　437/163
**金粟山房詩鈔十卷** (清)朱寯瀛撰　清光緒二十七年(1901)刻本　九行二十一字小字雙行同白口左右雙邊　一册　缺四卷(七至十)

640000－1241－0000373　153/005
**監本附音春秋穀梁注疏二十卷** (晉)范寧集解　(唐)楊世勛疏　(唐)陸德明音義　**校勘記二十卷** (清)阮元撰　(清)盧宣旬摘錄　清同治十二年(1873)江西書局刻本　十行十七字小字雙行二十三字上下黑口左右雙邊　六册

640000－1241－0000374　284/040
**山東黃河南岸十三州縣遷民圖說不分卷** (清)黃璣編　清光緒二十二年(1896)點石齋石印本　八行二十四字白口四周雙邊　二册

640000－1241－0000375　153/005 部二
**監本附音春秋穀梁注疏二十卷** (晉)范寧集解　(唐)楊世勛疏　(唐)陸德明音義　**校勘記二十卷** (清)阮元撰　(清)盧宣旬摘錄　清同治十二年(1873)江西書局刻本　十行十七字小字雙行二十三字上下黑口左右雙邊　六册

640000－1241－0000376　212－39/007－2
**陳書三十六卷** (唐)姚思廉撰　清同治十一年(1872)金陵書局刻本　十二行二十五字小字雙行不等白口左右雙邊　四册

640000－1241－0000377　19/003 部二
**古經解彙函十六種小學彙函十四種** (清)鍾謙鈞等輯　清同治十二年(1873)粵東書局刻本　十行二十一字小字雙行同白口左右雙邊　六十四册

640000－1241－0000378　438/028
**散原精舍詩二卷** 陳三立著　清宣統元年(1909)鉛印本　十行二十二字白口四周雙邊　二册

640000－1241－0000379　15/001－2
**欽定春秋傳說彙纂三十八卷首二卷** (清)王掞等纂　清光緒十四年(1888)江南書局刻本　十一行二十四字小字雙行同白口左右雙邊　十六册

640000－1241－0000380　438/030
**湘綺樓詩集十四卷文集八卷** 王闓運撰　清光緒三十三年(1907)長沙刻本　十行二十一字上下黑口左右雙邊　八册

640000－1241－0000381　19/003
**古經解彙函十六種小學彙函十四種** (清)鍾謙鈞等輯　清同治十二年(1873)粵東書局刊本　十行二十一字小字雙行同白口左右雙邊　六十六册

640000－1241－0000382　151/005
**春秋繁露十七卷** (漢)董仲舒撰　清光緒八年(1882)淮南書局刻本　十二行二十四字上下黑口左右雙邊　二册

640000－1241－0000383　284/023
**新政真詮六編** 何啓　胡禮垣撰　清光緒二十七年(1901)格致新報館鉛印本　十三行三十二字白口四周單邊　六册

640000－1241－0000384　19/012
**皇清經解縮版編目十六卷** 陶治元輯　清光緒十七年(1891)上海鴻寶齋石印本　二十四行七十字小字雙行同白口四周單邊　二册

640000－1241－0000385　284/011
**欽定康濟錄四卷** (清)陸曾禹撰　(清)倪國璉釐正　清乾隆五年(1740)武英殿刻本　九行二十二字白口四周單邊　十二册

640000－1241－0000386　151/005－3
**春秋繁露十七卷** (漢)董仲舒撰　清光緒二

年(1876)浙江書局刻本　九行二十一字小字雙行同白口左右雙邊　二册

640000－1241－0000387　437/150

**胡文忠公遺集八十六卷首一卷**　(清)胡林翼撰　(清)曾國荃輯　(清)胡鳳丹重編　清光緒二十七年(1901)上海圖書集成印書局鉛印本　十四行四十二字白口四周單邊　八册

640000－1241－0000388　212－39/006

**梁書五十六卷**　(唐)姚思廉撰　清同治十三年(1874)金陵書局刻本　十二行二十五字小字雙行不等白口左右雙邊　六册

640000－1241－0000389　19/013

**仿宋相臺五經六十三卷附考證**　(□)□□輯　清光緒二年(1876)江南書局刻本　八行十七字小字雙行同白口四周雙邊　十五册　缺十九卷(尚書一至五、毛詩七至二十)

640000－1241－0000390　15/001

**欽定春秋傳説彙纂三十八卷首二卷**　(清)王掞等纂　清同治十一年(1872)江西書局刻本　八行二十二字小字雙行同白口四周雙邊　二十四册

640000－1241－0000391　15/008 部二

**春秋屬辭辨例編六十卷首二卷**　(清)張應昌撰　清刻本　十二行二十六字小字雙行同下黑口左右雙邊　三十三册

640000－1241－0000392　437/169

**安般簃詩續鈔十卷春闈雜詠一卷**　(清)袁昶撰　清光緒十六年(1890)刻本　十行二十二字上黑口左右雙邊　三册

640000－1241－0000393　437/164

**函雅堂集二十四卷**　(清)王詠霓撰　清光緒刻本　十行二十四字小字雙行同上下黑口四周單邊　四册

640000－1241－0000394　17－1/001

**四書翼註論文三十八卷**　(清)張甄陶撰　清嘉慶十五年(1810)浙湖竹下書堂刻本　十一行二十二字小字雙行同白口左右雙邊　十二册

640000－1241－0000395　287/028

**閣鈔彙編不分卷**　(清)華北書局編　清光緒華北書局鉛印本　十三行二十八字白口四周雙邊　四十册

640000－1241－0000396　17－1/002

**四書章句便蒙十九卷**　(宋)朱熹撰　清道光二十二年(1842)寶恕堂刻本　九行十八字小字雙行同白口左右雙邊　十二册　缺七卷(孟子七卷)

640000－1241－0000397　212－42/001

**舊唐書二百卷**　(五代)劉昫等撰　清同治十一年(1872)浙江書局刻本　十二行二十五字小字雙行不等白口左右雙邊　四十册

640000－1241－0000398　222－49/001.3 部三

**光緒朝東華續録二百二十卷**　朱壽朋編　潘鴻鼎校　清宣統元年(1909)上海圖書集成公司鉛印本　十三行四十字白口四周雙邊　六十四册

640000－1241－0000399　17/002－2

**四書集註十九卷**　(宋)朱熹集註　清光緒二十年(1894)金陵書局刻本　九行十七字小字雙行同白口左右雙邊　六册

640000－1241－0000400　212－42/001 部二

**舊唐書二百卷**　(五代)劉昫等撰　清同治十一年(1872)浙江書局刻本　十二行二十五字小字雙行不等白口左右雙邊　四十册

640000－1241－0000401　437/165

**授堂詩鈔八卷文鈔八卷文鈔續集二卷讀畫山房文鈔二卷**　(清)武億著　清道光二十三年(1843)小石山房刻本　十一行二十三字小字雙行同白口左右雙邊　五册

640000－1241－0000402　284/045

**光緒政要三十四卷**　(清)沈桐生輯　清宣統元年(1909)上海崇義堂石印本　十五行三十三字白口四周雙邊　十六册　缺十四卷(二十一至三十四)

640000－1241－0000403　17/005－2

**大中講義三卷**　(清)朱用純撰　清光緒二年(1876)江蘇書局刻本　十行二十二字小字雙行同白口四周雙邊　三册

640000－1241－0000404　437/064
**廣雅堂詩集不分卷**　(清)張之洞撰　清宣統二年(1910)四川官印刷局鉛印本　十行二十三字白口四周雙邊　二册

640000－1241－0000405　17/006－2
**四子書不分卷**　(□)□□撰　清江南製造總局刻本　十二行二十一字下黑口左右雙邊　二册

640000－1241－0000406　171/001－3
**論語十卷**　(宋)朱熹集注　清醉六堂刻本　九行十七字小字雙行同白口左右雙邊　二册

640000－1241－0000407　212－44/001－2 部三
**宋史四百九十六卷目録三卷**　(元)脱脱等修　清刻本　十二行二十五字小字雙行不等白口左右雙邊　五十七册　存二百六十二卷(一百六十八至四百二十九)

640000－1241－0000408　284/043
**郵傳部第一次統計表五卷**　(清)郵傳部統計處編輯　清光緒三十三年(1907)鉛印本　行數不等字數不等白口四周雙邊　六册

640000－1241－0000409　437/063
**十髮盦類稿二種十六卷**　程頌萬撰　清光緒二十六年至二十七年(1900－1901)刻本　十二行二十三字白口左右雙邊　二册

640000－1241－0000410　212－46/001 部二
**遼史一百十六卷**　(元)脱脱等修　清光緒二十九年(1903)五洲同文局石印本　十行二十一字小字雙行不等上下黑口左右雙邊　八册

640000－1241－0000411　222－49/001
**東華全録四百二十五卷**　王先謙編　(清)周潤蕃校　清光緒十三年(1887)欽文書局刻本　十三行二十五字小字雙行同白口左右雙邊　三十二册　存一百七卷(天命一至四、天聰一至十一、崇德一至八、順治一至三十六、康熙一至四十八)

640000－1241－0000412　212－46/001
**遼史一百十六卷**　(元)脱脱等修　清光緒二十九年(1903)五洲同文局石印本　十行二十一字小字雙行不等上下黑口左右雙邊　八册

640000－1241－0000413　171/003
**戴氏注論語二十卷**　(清)戴望注　清同治十年(1871)刻本　十二行二十四字小字雙行同上下黑口左右雙邊　二册

640000－1241－0000414　171/005
**朱子論語集注訓詁考二卷**　(清)潘衍桐輯　清光緒十六年(1890)刻本　十行二十字小字雙行同上下黑口四周雙邊　一册

640000－1241－0000415　171/001
**論語十卷**　(宋)朱熹集注　清聚珍堂刻本　九行十七字小字雙行同白口四周雙邊　二册

640000－1241－0000416　222－49/001.2 部三
**十朝東華録五百六十七卷**　王先謙編　(清)周潤蕃校　清光緒十三年(1887)上海廣百宋齋鉛印本　十四行四十字小字雙行同白口四周雙邊　一百十四册　缺八卷(乾隆二十三至二十七、同治一至三)

640000－1241－0000417　171/002
**論語注疏解經二十卷**　(三國魏)何晏集解　(宋)邢昺疏　**校勘記二十卷**　(清)阮元撰　清光緒十三年(1887)點石齋刻本　二十行四十六字小字雙行同白口四周雙邊　一册

640000－1241－0000418　437/021
**曝書亭集八十卷附録一卷**　(清)朱彝尊撰　清康熙刻本　十二行二十三字白口左右雙邊　二十册

640000－1241－0000419　17/006 部二
**四子書不分卷**　(□)□□撰　清江南製造總局刻本　十二行二十一字下黑口左右雙邊　二册

640000－1241－0000420　222－49/006

**皇朝藩部要略十八卷附表四卷**　(清)祁韻士纂　(清)毛嶽生編　清光緒十年(1884)浙江書局刻本　十行二十一字小字雙行同白口左右雙邊　八冊

640000－1241－0000421　437/043
**鑑止水齋集二十卷**　(清)許宗彥撰　清咸豐六年(1856)刻本　十行二十字上下黑口左右雙邊　六冊

640000－1241－0000422　23－25/001 部二
**左傳紀事本末五十三卷**　(清)高士奇撰　清同治十二年(1873)江西書局刻本　十行二十字小字雙行同上下黑口左右雙邊　八冊

640000－1241－0000423　212－43/002－2
**五代史七十四卷**　(宋)歐陽修撰　(宋)徐無黨注　清同治十一年(1872)湖北崇文書局刻本　十二行二十五字小字雙行三十七字白口四周雙邊　八冊

640000－1241－0000424　17－1/003
**四書大全六種三十八卷**　(明)胡廣撰　(清)汪份輯　清康熙四十二年(1703)文盛致和堂刻本　九行二十一字小字雙行同白口左右雙邊　二十四冊

640000－1241－0000425　44/007
**明詩紀事一百八十七卷**　陳田輯　清光緒二十五年(1899)陳氏聽詩齋刻本　十一行二十三字小字雙行同白口左右雙邊　三十八冊

640000－1241－0000426　222－42/001－2
**東萊先生音註唐鑑二十四卷**　(宋)范祖禹撰　(宋)呂祖謙註　清光緒十八年(1892)浙江書局刻本　九行十八字小字雙行同上下黑口左右雙邊　四冊

640000－1241－0000427　23－25/001
**左傳紀事本末五十三卷**　(清)高士奇撰　清同治十二年(1873)江西書局刻本　十行二十字小字雙行同下黑口左右雙邊　十二冊

640000－1241－0000428　23－2/001
**繹史一百六十卷世系圖一卷年表一卷**　(清)馬驌撰　清同治七年(1868)刻本　十一行二十四字小字雙行三十六字白口左右雙邊　六十一冊

640000－1241－0000429　171/004
**論語注疏解經二十卷**　(三國魏)何晏集解　(宋)邢昺疏　**校勘記二十卷**　(清)阮元撰　清同治十三年(1874)江西書局刻本　十行十八字小字雙行二十三字上下黑口左右雙邊　六冊

640000－1241－0000430　287/005
**張文襄公奏稿五十卷**　(清)張之洞撰　清宣統二年(1910)鉛印本　十二行三十字上下黑口四周單邊　二十六冊

640000－1241－0000431　44/012
**漁隱叢話前集六十卷**　(宋)胡仔纂集　清道光二十六年(1846)刻本　九行二十一字上下黑口左右雙邊　六冊

640000－1241－0000432　212－43/004 部二
**補五代史藝文志一卷**　(清)顧櫰三撰　清光緒十七年(1891)廣雅書局刻本　十一行二十四字小字雙行同上下黑口四周單邊　一冊

640000－1241－0000433　438/006
**韶濩堂集十五卷附刻一卷**　(朝鮮)金澤榮著　清宣統三年(1911)鉛印本　十二行三十二字小字雙行同白口四周雙邊　七冊

640000－1241－0000434　281/030
**皇朝掌故彙編內編六十卷首一卷外編四十卷首一卷**　張壽鏞等編　清光緒二十八年(1902)上海求實書社鉛印本　十一行三十字白口四周雙邊　四十四冊　缺二十九卷(內編九至三十七)

640000－1241－0000435　212－43/004
**補五代史藝文志一卷**　(清)顧櫰三撰　清光緒十七年(1891)廣雅書局刻本　十一行二十四字小字雙行同上下黑口四周單邊　一冊

640000－1241－0000436　222－48/003－2
**明通鑑九十卷首一卷前編四卷附編六卷**　(清)夏燮編輯　清光緒二十三年(1897)湖北官書處刻本　十行二十一字小字雙行同上下

黑口四周雙邊　四十冊

640000－1241－0000437　17/009
**學庸脉解串珠六卷**　(清)臧志仁修　清光緒元年(1875)金陵經雅堂刻本　十行二十五字小字雙行同白口四周單邊　二冊

640000－1241－0000438　173/002
**大學衍義補輯要十二卷首一卷**　(明)邱濬撰　(清)陳宏謀纂輯　清宣統元年(1909)大學堂鉛印本　十一行二十五字小字雙行同白口四周雙邊　八冊　缺二卷(五至六)

640000－1241－0000439　287/011
**庸盦尚書奏議十六卷**　(清)陳夔龍撰　清宣統三年(1911)鉛印本　十一行二十四字上下黑口四周單邊　八冊

640000－1241－0000440　221/018
**通鑑宋本校勘記五卷**　(清)張瑛撰　清光緒八年(1882)江蘇書局刻本　十行二十字小字雙行同上下黑口四周雙邊　一冊

640000－1241－0000441　451/010
**詳注聊齋志異圖詠十六卷首一卷**　(清)蒲松齡撰　(清)呂湛恩注　清光緒十二年(1886)上海同文書局石印本　十四行三十六字小字雙行同白口四周雙邊　八冊

640000－1241－0000442　17/002－3
**四書集註十九卷**　(宋)朱熹集註　清同治十一年(1872)醴陵聚奎閣刻本　九行十七字小字雙行同白口左右雙邊　六冊

640000－1241－0000443　221/017
**通鑑釋文辯誤十二卷**　(元)胡三省撰　清光緒十六年(1890)上海積山書局石印本　二十行四十字小字雙行同白口四周雙邊　一冊

640000－1241－0000444　281/032
**宋朝事實二十卷**　(宋)李攸撰　清同治十三年(1874)江西書局刻本　九行二十一字小字雙行同白口四周雙邊　六冊

640000－1241－0000445　411/002 部二
**古詩源十四卷**　(清)沈德潛選　清光緒十八年(1892)湖南務本書局刻本　九行二十一字小字雙行同上黑口左右雙邊　三冊　缺三卷(十二至十四)

640000－1241－0000446　212－43/001
**舊五代史一百五十卷目錄二卷附考證**　(宋)薛居正等撰　清光緒二十九年(1903)五洲同文局石印本　十行二十一字小字雙行同上下黑口左右雙邊　二十四冊

640000－1241－0000447　212－43/001－2
**舊五代史一百五十卷目錄二卷附考證**　(宋)薛居正等撰　清同治十一年(1872)湖北崇文書局刻本　十二行二十五字小字雙行三十七字白口四周雙邊　十六冊

640000－1241－0000448　23－25/001－2
**左傳紀事本末五十三卷**　(清)高士奇撰　清光緒二十六年(1900)廣雅書局刻本　十行二十字小字雙行同下黑口四周單邊　十六冊

640000－1241－0000449　172/003 部二
**孟子注疏解經十四卷**　(漢)趙岐注　(宋)孫奭疏　**孟子注疏校勘記十四卷**　(清)阮元撰　(清)盧宣旬摘錄　清同治十二年(1873)江西書局刻本　十行字數不等小字雙行二十三字上下黑口左右雙邊　八冊

640000－1241－0000450　222－24/001
**周季編略九卷**　(清)黃式三纂　清同治十二年(1873)浙江書局刻本　九行二十二字小字雙行同白口左右雙邊　四冊

640000－1241－0000451　281/033
**文獻通考詳節二十四卷**　(元)馬端臨撰　(清)嚴虞惇錄　清光緒二十七年(1901)煥文書局石印本　十八行四十字白口四周雙邊　五冊　缺六卷(十九至二十四)

640000－1241－0000452　17/002－4
**聚珍堂四書十九卷**　(宋)朱熹集註　清光緒四年(1878)聚珍堂刻本　九行十七字小字雙行同白口四周雙邊　六冊

640000－1241－0000453　451/019
**山海經十八卷圖讚一卷補註一卷**　(晉)郭璞

傳　(明)楊慎註　清光緒元年(1875)湖北崇文書局刻本　十二行二十四字小字雙行同上下黑口四周雙邊　三冊

640000－1241－0000454　221/015

**竹書紀年二卷**　(南朝梁)沈約注　(清)洪頤煊校　清光緒十一年(1885)朱氏槐廬家塾刻本　十一行二十字小字雙行同白口左右雙邊　一冊

640000－1241－0000455　281/038

**歷代政治類編十二卷**　(清)柴紹炳輯　清光緒二十七年(1901)上海自強書局石印本　十四行三十字白口四周雙邊　四冊

640000－1241－0000456　212－48/001

**明史三百三十二卷目錄四卷**　(清)張廷玉等修　清光緒二十九年(1903)五洲同文局石印本　十行二十一字小字雙行不等上下黑口左右雙邊　一百十二冊

640000－1241－0000457　23－3/001－2

**通鑑紀事本末二百三十九卷**　(宋)袁樞撰　(明)張溥論正　清光緒十三年(1887)廣雅書局刻本　十行二十字小字雙行同下黑口四周單邊　五十九冊　缺十六卷(二百二十四至二百三十九)

640000－1241－0000458　23－3/001 部二

**通鑑紀事本末二百三十九卷**　(宋)袁樞撰　(明)張溥論正　清同治十二年(1873)江西書局刻本　十行二十字小字雙行同下黑口左右雙邊　八十冊

640000－1241－0000459　172/005

**孟子趙注補正六卷附孟子劉注一卷**　(清)宋翔鳳撰　清光緒十七年(1891)廣雅書局刻本　十一行二十四字小字雙行同上下黑口四周單邊　一冊

640000－1241－0000460　181/009

**爾雅註疏十一卷**　(晉)郭璞註　(宋)邢昺疏　清光緒八年(1882)崇德書院刻本　九行二十一字小字雙行同白口左右雙邊　六冊

640000－1241－0000461　451/012

**耳食錄初編十二卷二編八卷**　(清)樂鈞撰　清同治十年(1871)敦仁堂刻本　八行十六字白口四周單邊　八冊　缺三卷(耳食錄初編十至十二)

640000－1241－0000462　451/018－2

**涑水紀聞十六卷補遺一卷**　(宋)司馬光撰　清光緒三年(1877)湖北崇文書局刻本　十二行二十四字上下黑口四周雙邊　四冊

640000－1241－0000463　221/019

**竹書紀年統箋十二卷前編一卷雜述一卷**　(南朝梁)沈約附注　(清)徐文靖統箋　清光緒三年(1877)浙江書局刻本　九行二十一字小字雙行同白口左右雙邊　四冊

640000－1241－0000464　451/004 部二

**唐語林八卷**　(宋)王讜撰　**校勘記一卷**　(清)錢熙祚撰　清光緒十九年(1893)湖北官書處刻本　十二行二十四字小字雙行同上下黑口四周雙邊　四冊

640000－1241－0000465　16/005

**孝經詳說六卷**　(清)冉覲祖撰　清光緒七年(1881)大梁書局刻本　十行二十二字小字雙行同白口四周雙邊　五冊

640000－1241－0000466　451/004

**唐語林八卷**　(宋)王讜撰　**校勘記一卷**　(清)錢熙祚撰　清光緒十九年(1893)湖北官書處刻本　十二行二十四字小字雙行同上下黑口四周雙邊　四冊

640000－1241－0000467　16/003 部二

**孝經注疏九卷**　(唐)玄宗李隆基注　(宋)邢昺疏　**校勘記九卷**　(清)阮元撰　(清)盧宣旬摘錄　清嘉慶二十年(1815)江西南昌府學刻同治十二年(1873)江西書局重修本　十行十七字小字雙行二十三字上下黑口左右雙邊　二冊

640000－1241－0000468　32/015

**文子纘義十二卷**　(元)杜道堅撰　清光緒三年(1877)浙江書局刻本　九行二十一字小字雙行同白口左右雙邊　二冊

640000－1241－0000469　23－3/001 部三

**通鑑紀事本末二百三十九卷**　（宋）袁樞撰　（明）張溥論正　清同治十二年（1873）江西書局刻本　十行二十字小字雙行同下黑口左右雙邊　八十册

640000－1241－0000470　451/009

**談異八卷**　（清）伊園撰　清光緒十九年（1893）木活字印本　十行二十二字小字雙行同上下黑口四周雙邊　四册

640000－1241－0000471　212－48/001 部二

**明史三百三十二卷目錄四卷**　（清）張廷玉等修　清光緒二十九年（1903）五洲同文局石印本　十行二十一字小字雙行不等上下黑口左右雙邊　一百十二册

640000－1241－0000472　16/004

**孝經刊誤一卷**　（宋）朱熹撰　清刻本　十行二十字小字雙行同白口四周雙邊　一册

640000－1241－0000473　16/003

**孝經注疏九卷**　（唐）玄宗李隆基注　（宋）邢昺疏　**校勘記九卷**　（清）阮元撰　（清）盧宣旬摘錄　清嘉慶二十年（1815）江西南昌府學刻同治十二年（1873）江西書局重修本　十行十七字小字雙行二十三字上下黑口左右雙邊　二册

640000－1241－0000474　411/004－4

**孫批胡刻文選五卷首一卷**　（南朝梁）蕭統撰　（清）胡克家校刊　清光緒二十一年（1895）寶文書局石印本　二十一行四十二字小字雙行同白口四周雙邊　五册

640000－1241－0000475　411/004－5

**六臣注文選六十卷**　（南朝梁）蕭統撰　（唐）李善注　清汲古閣刻本　十二行二十五字小字雙行三十七字白口左右雙邊　六册　存三十卷（一至三十）

640000－1241－0000476　411/005－4

**御選唐宋文醇五十八卷**　（清）高宗弘曆選　清尊經閣刻本　九行二十二字白口四周單邊　二十四册

640000－1241－0000477　411/005－2

**御選唐宋文醇五十八卷**　（清）高宗弘曆選　清光緒三年（1877）浙江書局刻本　九行二十二字白口左右雙邊　二十册

640000－1241－0000478　315./003－2

**子書百家一百一種五百十一卷**　（清）崇文書局輯　清光緒元年（1875）湖北崇文書局刻本　十二行二十四字小字雙行同上下黑口四周雙邊　一百六册

640000－1241－0000479　411/005

**御選唐宋文醇五十八卷**　（清）高宗弘曆選　清江西謝蘭墀三色套印本　九行二十二字白口四周雙邊　二十四册

640000－1241－0000480　411/006

**古文淵鑒六十四卷**　（清）徐乾學等編注　清同治十二年（1873）浙江書局刻本　九行二十字小字雙行同上下黑口四周單邊　三十二册

640000－1241－0000481　411/006 部二

**古文淵鑒六十四卷**　（清）徐乾學等編注　清同治十二年（1873）浙江書局刻本　九行二十字小字雙行同上下黑口四周單邊　三十二册

640000－1241－0000482　411/007－2

**古文辭類纂七十四卷**　（清）姚鼐纂集　清同治八年（1869）江蘇書局刻本　十三行二十二字上下黑口左右雙邊　十二册

640000－1241－0000483　411/007－3

**古文辭類纂七十四卷**　（清）姚鼐纂集　清道光合河康氏家塾刻本　十三行二十二字上下黑口左右雙邊　十二册

640000－1241－0000484　411/008

**唐宋八大家類選十四卷**　（清）儲欣評選　清光緒十八年（1892）湖北官書處刻本　八行二十五字白口左右雙邊　六册

640000－1241－0000485　411/009 部二

**全上古三代秦漢三國六朝文七百四十一卷**　（清）嚴可均輯　清光緒十三年至十九年（1887－1893）廣雅書局刻本　十三行二十五字小字雙行同上下黑口四周單邊　七十五册

缺四十三卷（全上古三代文十六卷、全秦文一卷、全齊文二十六卷）

640000－1241－0000486　411/010
**涵芬樓古今文鈔一百卷**　吳曾祺纂　清宣統三年（1911）上海商務印書館鉛印本　十二行三十一字白口四周雙邊　一百冊

640000－1241－0000487　16/002
**孝經集解一卷**　（清）桂文燦撰　清刻本　十行二十字小字雙行同上下黑口左右雙邊　一冊

640000－1241－0000488　411/013
**駢體文鈔三十一卷**　（清）李兆洛輯　清同治六年（1867）婁江徐氏刻本　十三行二十二字上下黑口左右雙邊　八冊

640000－1241－0000489　411/014
**古文苑二十一卷**　（宋）章樵注　清光緒十二年（1886）江蘇書局刻本　十行二十二字小字雙行同上下黑口左右雙邊　四冊

640000－1241－0000490　411/014－2
**續古文苑二十卷**　（清）孫星衍撰　清光緒九年（1883）江蘇書局刻本　十一行二十字小字雙行同白口左右雙邊　六冊

640000－1241－0000491　411/020
**宛雅初編八卷**　（明）梅鼎祚輯　**宛雅二編八卷**　（清）施閏章　（清）蔡蓁春輯　**宛雅三編二十四卷**　（清）施念曾　（清）張汝霖輯　清光緒元年（1875）宛村劉氏樹本堂刻本　十行二十一字小字雙行同白口左右雙邊　十二冊

640000－1241－0000492　411/023
**重訂古文雅正十四卷**　（清）蔡世遠評選　清道光八年（1828）懷清書屋刻本　九行二十五字白口左右雙邊　八冊

640000－1241－0000493　411/024
**詩比興箋四卷**　（清）陳沆撰　清咸豐四年（1854）刻本　十行二十二字小字雙行同白口左右雙邊　二冊

640000－1241－0000494　411/026
**古文舉例不分卷**　（明）歸有光輯　（清）鄒壽祺重輯　清光緒三十一年（1905）杭州史學堂蘇州刻本　十二行二十四字白口左右雙邊　五冊

640000－1241－0000495　411/028
**遊志續編不分卷**　（明）陶宗儀撰　清光緒十二年（1886）新陽趙氏刻本　十一行二十四字白口左右雙邊　一冊

640000－1241－0000496　411/029
**文選古字通補訓拾遺一卷**　（清）呂錦文撰　清光緒二十七年（1901）懷硯齋刻本　九行二十一字上下黑口左右雙邊　一冊

640000－1241－0000497　212－48/001－2
**明史三百三十二卷目錄四卷**　（清）張廷玉等修　清光緒三年（1877）湖北崇文書局刻本　十二行二十五字小字雙行同白口四周雙邊　八十冊

640000－1241－0000498　411/033
**鳴原堂論文二卷**　（清）曾國藩審訂　清同治十二年（1873）勱志齋刻本　十行二十四字小字雙行同白口左右雙邊　一冊

640000－1241－0000499　411/034 部二
**經史百家雜鈔二十六卷**　（清）曾國藩纂　清光緒三十二年（1906）上海商務印書館鉛印本　十四行三十三字白口四周雙邊　九冊　缺六卷（五至六、十三至十四、二十五至二十六）

640000－1241－0000500　411/034－2
**經史百家雜鈔二十六卷**　（清）曾國藩纂　清光緒二年（1876）傳忠書局刻本　十行二十四字小字雙行同下黑口四周單邊　二十六冊

640000－1241－0000501　411/035
**乾坤正氣集一百一種五百七十四卷**　（清）潘錫恩等輯　清道光二十八年（1848）潘氏袁江節署刻同治五年（1866）吳坤修皖江印本　十二行二十五字小字雙行同白口左右雙邊　一百冊

640000－1241－0000502　411/036
**漢魏六朝一百三家集八十七種一百二卷**

（明）張溥輯　清光緒五年（1879）彭懋謙信述堂刻本　九行十八字白口四周單邊　九十册　缺一卷（江醴陵集二）

640000－1241－0000503　411/037
**玉堂才調集不分卷**　（清）于鵬舉輯　清同治十三年（1874）紅杏山房刻本　十行二十一字白口左右雙邊　六册

640000－1241－0000504　＊384/005
**群書治要五十卷**　（唐）魏徵等撰　清咸豐七年（1857）南海伍氏刻本　九行二十一字小字雙行同上下黑口左右雙邊　二十册　缺三卷（四、十三、二十）

640000－1241－0000505　411/038－2
**文苑英華辨證十卷**　（宋）彭叔夏撰　清乾隆六十年（1795）刻本　九行十七字小字雙行二十六字上下黑口左右雙邊　二册

640000－1241－0000506　411/043
**十八家詩鈔二十八卷**　（清）曾國藩撰　（清）李鴻章審訂　（清）王定安校　清同治十三年（1874）傳忠書局刻本　十行二十四字小字雙行同下黑口左右雙邊　二十册

640000－1241－0000507　411/043 部二
**十八家詩鈔二十八卷**　（清）曾國藩撰　（清）李鴻章審訂　（清）王定安校　清同治十三年（1874）傳忠書局刻本　十行二十四字小字雙行同下黑口左右雙邊　二十八册

640000－1241－0000508　411/045
**重訂文選集評十五卷首一卷末一卷**　（南朝梁）蕭統選　（清）于光華編次　清乾隆四十五年（1780）經綸堂刻本　九行二十字小字雙行三十字白口四周單邊　十六册

640000－1241－0000509　＊411－1/004
**悦心集四卷**　（清）世宗胤禛輯　清雍正四年（1726）刻本　九行二十二字白口四周單邊　四册

640000－1241－0000510　411/047 部二
**八家四六文注八卷**　（清）吳鼒輯　（清）許貞幹注　**補注一卷**　（清）陳衍撰　清光緒十八年（1892）上海圖書集成印書局鉛印本　十三行四十字小字雙行同白口四周單邊　八册

640000－1241－0000511　17/001－2
**監本四書章句十九卷**　（宋）朱熹撰　清同治十三年（1874）江西書局刻本　九行十七字小字雙行同白口四周單邊　一册　存二卷（大學一卷、中庸一卷）

640000－1241－0000512　412－39/001
**唐七律選四卷**　（清）王錫等輯　（清）毛奇齡論定　清康熙刻本　十行二十字小字雙行同白口四周單邊　一册

640000－1241－0000513　212－48/001－3
**明史三百三十二卷**　（清）張廷玉等修　清刻本　十行二十一字小字雙行同白口左右雙邊　八十七册　缺二十五卷（一至十九、三十四至三十九）

640000－1241－0000514　412－42/003－2
**唐文粹補遺二十六卷**　（清）郭麐輯　清光緒十一年（1885）江蘇書局刻本　十四行二十五字白口左右雙邊　四册

640000－1241－0000515　411/46
**古唐詩合解十二卷**　（清）王堯衢注　清三讓堂刻本　十行二十五字小字雙行同白口左右雙邊　六册

640000－1241－0000516　412－42/005
**讀雪山房唐詩三十四卷**　（清）管世銘撰　清光緒十二年（1886）湖北官書處刻本　十一行二十三字上下黑口四周雙邊　十二册

640000－1241－0000517　412－42/006
**唐詩貫珠箋六十卷**　（清）胡以梅箋　清康熙五十四年（1715）素心堂刻本　九行二十三字小字雙行同白口四周單邊　六册　存二十八卷（五至三十二）

640000－1241－0000518　412－42/007
**廣唐賢三昧集十卷**　（清）文昭輯　清宣統元年（1909）荆州田氏銅活字印本　七行字數不等　四册

640000－1241－0000519　412－42/008
**全唐詩三十二卷**　(清)［彭定求］等編　清光緒十三年(1887)上海同文書局石印本　二十二行四十二字小字雙行不等白口左右雙邊　十六册　缺十六卷(九至二十四)

640000－1241－0000520　412－44/001
**宋文鑑一百五十卷**　(宋)吕祖謙輯　清光緒十二年(1886)江蘇書局刻本　十四行二十五字小字雙行同白口左右雙邊　二十四册

640000－1241－0000521　412/44/002
**南宋文範七十卷外編四卷**　(清)莊仲方編　清光緒十四年(1888)江蘇書局刻本　十四行二十五字白口左右雙邊　十六册

640000－1241－0000522　412－44/004
**宋四六選二十四卷**　(清)彭元瑞選　(清)曹振鏞編　清乾隆四十一年(1776)曹振鏞刻本　九行十九字白口四周雙邊　六册　存十二卷(一至十二)

640000－1241－0000523　412－44/005
**南宋文錄錄二十四卷**　(清)董兆熊輯　清光緒十七年(1891)蘇州書局刻本　十四行二十五字白口左右雙邊　六册

640000－1241－0000524　412－46/001
**金文最六十卷**　(清)張金吾輯　清光緒二十一年(1895)蘇州書局刻本　十四行二十五字白口左右雙邊　十六册

640000－1241－0000525　412－46/002
**遼文萃七卷遼史藝文志補證一卷西夏文綴二卷西夏藝文志一卷**　王仁俊輯　清光緒三十年(1904)刻本　十四行二十五字白口左右雙邊　一册

640000－1241－0000526　412－47/001
**元文類七十卷目錄三卷**　(元)蘇天爵編　清光緒十五年(1889)江蘇書局刻本　十四行二十五字小字雙行同白口左右雙邊　十册

640000－1241－0000527　412－48/001
**明詩綜一百卷**　(清)朱彝尊編　清西泠清來堂吳氏刻本　十一行二十一字小字雙行三十一字白口左右雙邊　三十二册

640000－1241－0000528　412－48/002
**明文在一百卷**　(清)薛熙纂　(清)何潔輯　清光緒十五年(1889)江蘇書局刻本　十四行二十五字白口左右雙邊　十册

640000－1241－0000529　212－47/005：4
**元史藝文志四卷**　(清)錢大昕補　**元史氏族表三卷**　(清)錢大昕撰　清嘉慶江蘇書局刻本　十二行二十五字小字雙行同白口左右雙邊　二册

640000－1241－0000530　412－48/004－2
**明詩別裁集十二卷**　(清)沈德濳　(清)周準輯　清文光堂刻本　八行十六字小字雙行同白口四周單邊　六册

640000－1241－0000531　412－49/001
**八家四六文注八卷**　(清)吳鼒輯　(清)徐貞幹注　清光緒十八年(1892)上海圖書集成局鉛印本　十三行四十字小字雙行同白口四周單邊　七册

640000－1241－0000532　412－49/003
**皇朝蓄艾文編八十卷**　(清)于寶軒輯　清光緒二十九年(1903)上海官書局鉛印本　十四行三十二字白口四周雙邊　三十六册

640000－1241－0000533　412－49/004－2
**皇朝經世文編一百二十卷**　(清)賀長齡輯　清道光七年(1827)刻本　十一行二十四字白口左右雙邊　七十三册　缺十四卷(一至十四)

640000－1241－0000534　412－49/004－6
**皇朝經世文續編一百二十卷**　(清)葛士濬輯　清光緒十七年(1891)上海廣百宋齋鉛印本　十七行四十二字白口四周雙邊　二十四册

640000－1241－0000535　412－49/004
**皇朝經世文編一百二十卷姓名總目二卷**　(清)賀長齡輯　清光緒十五年(1889)上海廣百宋齋鉛印本　十六行四十二字白口四周雙邊　二十四册

640000－1241－0000536　212－47/006

**補遼金元藝文志一卷**　(清)倪燦撰　(清)盧文弨録　清刻本　十行二十一字小字雙行同白口左右雙邊　一册

640000－1241－0000537　412－49/005－2

**皇朝經世文新編二十一卷**　麥仲華輯　清光緒二十四年(1898)上海譯書局石印本　十五行三十至三十三字上下黑口四周單邊　二十四册

640000－1241－0000538　412－49/006

**皇朝經世文統編一百七卷**　(清)□□輯　清光緒二十七年(1901)上海寶善齋石印本　二十二行四十六字上下黑口四周雙邊　五十二册

640000－1241－0000539　412－49/007

**絳陽課帖一卷**　(清)陳金鑑輯　清道光十八年(1838)從教書院刻本　八行二十二字上下黑口四周雙邊　一册

640000－1241－0000540　412－49/008

**文章遊戲初編八卷二編八卷三編八卷四編八卷**　(清)繆艮輯　清道光四年(1824)刻本　八行十八字上下黑口四周雙邊　十六册

640000－1241－0000541　412－49/009 部二

**八旗文經五十六卷作者考三卷敘録一卷**　(清)盛昱　楊鍾義編　清光緒二十七年(1901)武昌刻本　十二行二十三字上下黑口左右雙邊　十二册

640000－1241－0000542　412－49/010

**國朝文匯甲前集二十卷甲集六十卷乙集七十卷丙集三十卷丁集二十卷**　(清)上海國學扶輪社輯　清宣統元年(1909)上海國學扶輪社石印本　十五行三十二字白口左右雙邊　九十五册　缺十二卷(甲集十一至十二,丙集十五至十八,丁集一至二、十七至二十)

640000－1241－0000543　412－49/011

**湖海文傳七十五卷**　(清)王昶輯　清道光十七年(1837)經訓堂刻本　十二行二十三字上下黑口左右雙邊　十六册

640000－1241－0000544　412－49/012

**國朝文錄八十二卷**　(清)姚椿輯　清咸豐元年(1851)終南山館刻本　十二行二十三字白口四周雙邊　三十二册

640000－1241－0000545　412－49/016

**授經簃課集一卷**　(清)胡元玉編　清光緒十七年(1891)刻本　上下黑口左右雙邊　四册

640000－1241－0000546　412－49/017

**八家四六文注八卷首一卷**　(清)吳鼒輯　(清)許貞幹注　清光緒十七年(1891)刻本　十一行二十三字上下黑口四周雙邊　十六册

640000－1241－0000547　412－49/018

**惠我錄六卷**　(清)李文瀚編　清道光二十六年(1846)味塵軒刻本　九行十八字小字雙行同下黑口四周雙邊　一册

640000－1241－0000548　412－49/019

**玉堂試帖振采集六卷**　(清)潘曾瑩編　(清)王熙源　(清)潘霨註　清道光二十三年(1843)刻本　八行十九字小字雙行同白口四周雙邊　五册　缺一卷(六)

640000－1241－0000549　412－49/020

**國朝畿輔詩傳六十卷**　(清)陶樑輯　(清)崔旭校　清道光十九年(1839)紅豆樹館刻本　十行二十一字小字雙行同白口左右雙邊　二十册

640000－1241－0000550　412－49/021

**批點七家詩選箋注七卷**　(清)張熙宇評點　清咸豐七年(1857)敬文堂刻本　十行二十字白口四周單邊　四册

640000－1241－0000551　413/001

**沅湘耆舊集二百卷**　(清)鄧顯鶴撰　**沅湘耆舊集前編四十卷**　(清)鄧琮輯　清道光二十三年(1843)新化鄧氏南邨草堂刻本　十一行二十二字白口左右雙邊　六十册

640000－1241－0000552　413/002

**湖南文徵一百九十卷姓氏傳四卷目錄六卷**　(清)羅汝懷輯　清同治十年(1871)刻本　十行二十四字白口左右雙邊　一百册

640000－1241－0000553　413/004

**沅湘通藝録八卷四書文二卷**　（清）江標輯　清光緒二十三年（1897）長沙使院刻本　十一行二十三字上下黑口左右雙邊　十册

640000－1241－0000554　19.9/001

**白芙堂算學叢書七種十九卷**　（清）丁取忠輯　清同治、光緒間長沙古荷花池精舍刻本　十行二十二字小字雙行同白口左右雙邊　八册

640000－1241－0000555　413/006

**白田風雅二十四卷**　（清）朱彬輯　清光緒十二年（1886）金陵刻本　十一行二十一字小字雙行同上下黑口左右雙邊　四册

640000－1241－0000556　413/007

**金陵詩徵四十四卷**　（清）朱緒曾編　清光緒十八年（1892）刻本　十二行二十三字上下黑口左右雙邊　三十二册

640000－1241－0000557　413/008

**沅湘攬秀集六卷**　（清）陸寳忠輯　清光緒十四年（1888）湖南學院刻本　十行二十五字白口左右雙邊　五册

640000－1241－0000558　413/010

**江蘇詩徵一百八十三卷**　（清）王豫輯　清道光元年（1821）焦山海西庵詩徵閣刻本　十一行二十三字小字雙行同白口四周單邊　四十册

640000－1241－0000559　414/002

**三蘇全集四種二百八卷**　（宋）蘇洵等著　（清）弓翊清等編　清道光十二年（1832）眉州三蘇祠刻本　九行二十五字上下黑口四周單邊　八十册

640000－1241－0000560　13/028

**詩廣傳五卷**　（清）王夫之撰　清同治四年（1865）湘鄉曾氏金陵刻本　十行二十二字上下黑口左右雙邊　二册

640000－1241－0000561　42/002－2

**楚辭集注八卷辯證二卷後語六卷**　（宋）朱熹集注　清光緒八年（1882）江蘇書局刻本　九行十七字小字雙行同上下黑口左右雙邊　四册

640000－1241－0000562　212－47/007

**補三史藝文志一卷**　（清）金門詔撰　清刻本　十行二十二字小字雙行同白口左右雙邊　一册

640000－1241－0000563　＊283/013

**居官寡過録四卷**　（清）胡衍虞撰　清乾隆四十年（1775）朝邑刻本　九行二十二字白口四周單邊雙邊兼有　四册

640000－1241－0000564　431/001－2

**陶淵明集八卷首一卷末一卷**　（晉）陶潛撰　清光緒六年（1880）文萃堂三色套印本　七行二十字小字雙行同白口左右雙邊　四册

640000－1241－0000565　431/001－3

**靖節先生集注十卷首一卷年譜考異二卷諸本評陶彙集一卷**　（晉）陶潛撰　（清）陶澍注　清光緒九年（1883）江蘇書局刻本　十行十九字白口四周雙邊　四册

640000－1241－0000566　431/001－4

**陶淵明集八卷首一卷末一卷**　（晉）陶潛撰　清光緒五年（1879）廣州翰墨園朱墨套印本　九行二十一字小字雙行同白口四周雙邊　二册

640000－1241－0000567　431/001－5

**陶淵明文集十卷**　（晉）陶潛撰　清光緒十三年（1887）石印本　九行十五字白口左右雙邊　二册

640000－1241－0000568　431/001－6

**陶淵明集十卷**　（晉）陶潛撰　清光緒二年（1876）徐氏刻本　七行十五字小字雙行同白口四周單邊　二册

640000－1241－0000569　＊287/028.2

**閣鈔彙編不分卷**　（清）□□撰　清宣統元年（1909）迪化官電總局抄本　八行二十四字白口四周雙邊　一册

640000－1241－0000570　431/005

**蔡中郎集十卷外紀一卷外集四卷年表一卷**　(漢)蔡邕撰　(清)高均儒輯　清光緒十六年(1890)番禺陶氏愛廬刻本　九行十八字小字雙行同白口左右雙邊　四冊

640000－1241－0000571　432/003:2
**杜詩集評十五卷**　(唐)杜甫撰　(清)劉濬輯　清嘉慶九年(1804)海寧劉氏藜照堂刻本　十行二十字小字雙行同白口左右雙邊　六冊

640000－1241－0000572　432/003:3
**杜詩鏡銓二十卷附錄二卷**　(唐)杜甫撰　(清)楊倫輯　清光緒十八年(1892)鉛印本　十三行三十一字小字雙行同白口四周雙邊　四冊　存十五卷(一至十五)

640000－1241－0000573　432/003:6
**杜詩詳註二十五卷首一卷附編二卷**　(唐)杜甫撰　(清)仇兆鰲註　清康熙三十二年(1693)刻本(卷十二抄配一葉)　十行二十二字小字雙行同下黑口左右雙邊　二十四冊

640000－1241－0000574　432/003:9
**杜子美詩集二十卷**　(唐)杜甫撰　(宋)劉辰翁評點　明刻本　九行二十字小字雙行同白口四周單邊　三冊　存十卷(一至六、十至十三)

640000－1241－0000575　432/009:2
**昌黎先生集四十卷外集十卷遺文一卷集傳一卷**　(唐)韓愈撰　(宋)廖瑩中校正　清同治八年(1869)江蘇書局刻本　九行十七字小字雙行同白口四周雙邊　十冊

640000－1241－0000576　432/009:4
**昌黎先生詩集注十一卷本傳一卷年譜一卷**　(唐)韓愈撰　(清)顧嗣立補注　清道光十六年(1836)膺德堂朱墨套印本　十一行二十字小字雙行三十字白口左右雙邊　四冊

640000－1241－0000577　433－1/001
**秋曉先生覆瓿集四卷末一卷附錄一卷**　(宋)趙必瑑撰　清道光二十年(1840)南海伍氏詩雪軒刻本　九行二十一字小字雙行同上下黑口左右雙邊　一冊

640000－1241－0000578　433/002
**渭南文集五十卷**　(宋)陸游撰　明汲古閣刻本　八行十八字小字雙行同白口左右雙邊　十一冊　缺十五卷(一至十五)

640000－1241－0000579　433/005
**王臨川全集一百卷目錄二卷**　(宋)王安石撰　清光緒九年(1883)聽香館刻本　十一行二十二字上下黑口左右雙邊　十八冊

640000－1241－0000580　433/005－2
**王臨川全集一百卷目錄二卷**　(宋)王安石撰　清光緒九年(1883)溧陽繆氏小岯山館刻本　十一行二十二字上下黑口左右雙邊　二十冊

640000－1241－0000581　433/008
**蘇文忠公詩編注集成四十六卷總案四十五卷諸家雜綴酌存一卷蘇海識餘四卷韻山堂詩集七卷**　(清)王文誥輯訂　清光緒十四年(1888)浙江書局刻本　十一行三十字小字雙行同白口左右雙邊　二十四冊

640000－1241－0000582　433/011
**羅鄂州小集六卷**　(宋)羅願撰　**羅郢州遺文一卷**　(宋)羅頌撰　清光緒十九年(1893)黟縣李氏刻本　十一行二十一字上下黑口四周雙邊　二冊

640000－1241－0000583　433/012 部三
**水心先生文集二十九卷補遺一卷別集十六卷**　(宋)葉適撰　清光緒八年(1882)瑞安孫氏刻本　十三行二十二字上下黑口左右雙邊　十六冊

640000－1241－0000584　433/012:2
**水心先生別集十六卷**　(宋)葉適撰　清同治九年(1870)金陵瑞安孫氏刻本　十三行二十二字小字雙行同上下黑口左右雙邊　四冊

640000－1241－0000585　433/014
**龍川文集三十卷附錄二卷**　(宋)陳亮撰　**辨偽考異二卷**　(清)胡鳳丹輯　清光緒元年(1875)湖北崇文書局刻本　十行二十字白口四周雙邊　十冊

640000－1241－0000586　433/017
**絜齋集二十四卷**　(宋)袁燮撰　清同治十三年(1874)江西書局刻本　九行二十一字白口四周雙邊　八册

640000－1241－0000587　433/018
**陶山集十六卷**　(宋)陸佃撰　清同治十三年(1874)江西書局刻本　九行二十一字白口四周雙邊　四册

640000－1241－0000588　433/019
**文恭集四十卷**　(宋)胡宿撰　清同治十三年(1874)江西書局刻本　九行二十一字小字雙行同白口四周雙邊　八册

640000－1241－0000589　433/020
**後山詩十二卷**　(宋)陳師道撰　(宋)任淵注　清同治十三年(1874)江西書局刻本　九行二十一字小字雙行同白口四周雙邊　四册

640000－1241－0000590　433/021
**南陽集六卷**　(宋)趙湘撰　清同治十三年(1874)江西書局刻本　九行二十一字小字雙行同白口四周雙邊　二册

640000－1241－0000591　433/022
**蒙齋集二十卷**　(宋)袁甫撰　清同治十三年(1874)江西書局刻本　九行二十一字小字雙行同白口四周雙邊　六册

640000－1241－0000592　433/023
**茶山集八卷**　(宋)曾幾撰　清同治十三年(1874)江西書局刻本　九行二十一字小字雙行同白口四周雙邊　二册

640000－1241－0000593　433/024
**學易集八卷**　(宋)劉跂撰　清同治十三年(1874)江西書局刻本　九行二十五字小字雙行同白口四周雙邊　二册

640000－1241－0000594　433/025
**林和靖詩集四卷**　(宋)林逋著　清同治十二年(1873)長洲朱氏刻本　八行十七字上下黑口四周雙邊　一册　存二卷(一至二)

640000－1241－0000595　433/027
**九峰先生集三卷首一卷**　(宋)區仕衡撰　**李駕部集前集四卷後集二卷青霞漫稿一卷**　(明)李時行撰　清光緒詩雪軒刻本　九行二十一字小字雙行同上下黑口左右雙邊　三册

640000－1241－0000596　434/001
**拙軒集六卷**　(金)王寂撰　清同治十三年(1874)江西書局刻本　九行二十一字白口四周雙邊　一册

640000－1241－0000597　435/002
**雁門集六卷附一卷補遺一卷唱和一卷別録一卷**　(元)薩都剌撰　清宣統二年(1910)刻本　十行二十二字下黑口四周雙邊　四册

640000－1241－0000598　435/005
**楚國文憲公雪樓程先生文集三十卷**　(元)程鉅夫撰　清宣統二年至民國十四年(1910－1925)陽湖陶氏涉園刻本　十三行二十二字上下黑口四周雙邊　十册

640000－1241－0000599　435/008
**金淵集六卷**　(元)仇遠撰　清同治十三年(1874)江西書局刻本　九行二十一字小字雙行同白口四周雙邊　二册

640000－1241－0000600　436/004
**瞿忠宣公集十卷**　(明)瞿式耜撰　清光緒十三年(1887)常熟瞿廷韶刻本　十二行二十二字下黑口左右雙邊　四册

640000－1241－0000601　436/005
**張忠敏公遺集十卷附録六卷**　(明)張國維撰　清光緒五年(1879)江蘇書局刻本　十行二十二字下黑口左右雙邊　六册

640000－1241－0000602　436/006
**陶菴集二十二卷首一卷末一卷**　(明)黄淳耀撰　清光緒五年(1879)刻本　九行二十一字下黑口左右雙邊　八册

640000－1241－0000603　436/007
**孫忠靖公遺集八卷首一卷末一卷**　(明)孫傳庭撰　清咸豐六年(1856)刻本　九行二十字白口四周雙邊　八册

640000－1241－0000604　436/008
**蟣蠓集五卷**　（明）盧柟撰　清光緒二十年(1894)刻本　九行十八字白口四周雙邊　五冊

640000－1241－0000605　2101/017
**四裔編年表四卷**　（美國）林樂知　嚴良勳譯　（清）李鳳苞編　清上海江南製造局刻本　行數不等字數不等小字雙行不等白口左右雙邊　一冊

640000－1241－0000606　436/012
**止止堂集五卷**　（明）戚繼光撰　清光緒十四年(1888)山東書局刻本　十行二十一字小字雙行同白口四周雙邊　四冊

640000－1241－0000607　437/003
**笛漁小稿十卷**　（清）朱昆田撰　清刻本　十二行二十三字白口左右雙邊　一冊

640000－1241－0000608　436/015
**熊襄愍公集十卷首一卷末一卷**　（明）熊廷弼撰　清同治三年(1864)熊氏祠堂刻本　九行二十四字白口四周單邊　十冊

640000－1241－0000609　437/004
**知白齋詩鈔五卷**　（清）江人鏡撰　清光緒二十三年(1897)刻本　九行二十一字小字雙行同上下黑口左右雙邊　二冊

640000－1241－0000610　437/007
**定香亭筆談四卷**　（清）阮元撰　清光緒十年(1884)瀨江宋氏刻本　九行二十一字小字雙行同上下黑口左右雙邊　四冊

640000－1241－0000611　437/007：2
**小滄浪筆談四卷**　（清）阮元撰　清光緒二十六年(1900)江蘇書局刻本　十行二十字小字雙行同上下黑口四周單邊　二冊

640000－1241－0000612　437/010
**陳檢討集二十卷**　（清）陳維崧撰　清有美堂刻本　十行二十二字小字雙行同上下黑口左右雙邊　六冊

640000－1241－0000613　437/015
**龔定盦文集三卷續集四卷補編四卷文集補五卷年譜一卷詞選一卷拾遺一卷**　（清）龔自珍撰　清宣統二年(1910)上海國學扶輪社鉛印本　十三行三十字小字雙行同上下黑口四周雙邊　七冊

640000－1241－0000614　437/016 部二
**大雲山房文稿初集四卷二集四卷**　（清）惲敬撰　清光緒十四年(1888)刻本　十行二十二字上下黑口四周雙邊　八冊

640000－1241－0000615　437/018
**錢南園先生遺集五卷**　（清）錢灃撰　清同治十一年(1872)湖南書局刻本　十行二十一字白口左右雙邊　二冊

640000－1241－0000616　437/019
**復堂類集文四卷詩十一卷詞三卷日記八卷**　（清）譚獻撰　清光緒十一年(1885)刻本　十一行二十二字上下黑口左右雙邊　六冊

640000－1241－0000617　2101/017 部二
**四裔編年表四卷**　（美國）林樂知　嚴良勳譯　（清）李鳳苞編　清上海江南製造局刻本　行數不等字數不等小字雙行不等白口左右雙邊　四冊

640000－1241－0000618　437/022
**劉孟塗集四十四卷**　（清）劉開撰　清道光六年(1826)姚氏檗山草堂刻本　十二行二十四字上下黑口四周單邊　八冊

640000－1241－0000619　437/023
**龍壁山房文集五卷**　（清）王拯撰　清光緒九年(1883)善化向氏刻本　十二行二十四字小字雙行同上下黑口四周雙邊　二冊

640000－1241－0000620　437/024
**鎮亭山房詩集十八卷文集十二卷**　（清）陸廷黻撰　清光緒刻本　十行二十一字小字雙行同白口左右雙邊　十二冊

640000－1241－0000621　437/025
**茶聲館文集八卷首一卷詩集二十卷補遺四卷續補一卷**　（清）朱為弼撰　清咸豐二年(1852)刻本　十行二十字上下黑口左右雙邊

十二册

640000－1241－0000622　437/026
**南雷文定前集十一卷後集四卷三集二卷四集四卷附錄一卷**　(清)黃宗羲撰　(清)馮祖憲校訂　清耕餘樓刻本　十一行二十四字小字雙行同上下黑口左右雙邊　八册

640000－1241－0000623　437/027
**述古堂文集十二卷**　(清)錢兆鵬撰　清光緒七年(1881)刻本　十三行二十二字上下黑口左右雙邊　四册

640000－1241－0000624　437/028
**吳學士文集四卷詩集五卷**　(清)吳鼒撰　(清)梁肇煌　(清)薛時雨編訂　清光緒八年(1882)江寧藩署刻本　十一行二十四字白口左右雙邊　六册

640000－1241－0000625　437/029
**有恒心齋駢體文六卷**　(清)程鴻詔撰　清同治十二年(1873)休寧吳文楷刻本　十行二十四字上下黑口左右雙邊　二册

640000－1241－0000626　437/030
**濂亭文集八卷**　(清)張裕釗撰　(清)查燕緒編　清光緒八年(1882)查氏木漸齋刻本　十行二十一字上下黑口左右雙邊　四册

640000－1241－0000627　212－44/002
**宋史翼四十卷**　(清)陸心源輯　清朱印本　十行二十字小字雙行同下朱口四周雙邊　十二册

640000－1241－0000628　437/032:2
**樊山集二十四卷續集二十八卷批判十四卷公牘三卷二家詠古詩一卷二家詩帖一卷詞鈔五卷**　樊增祥撰　清光緒十九年至二十八年(1893－1902)西安臬署刻本　十二行二十三字小字雙行同上下黑口左右雙邊　二十四册

640000－1241－0000629　437/033
**豸華堂文鈔十二卷**　(清)金應麟撰　清光緒元年(1875)刻本　十二行二十四字上下黑口四周單邊　四册

640000－1241－0000630　437/034
**甘泉鄉人稿二十四卷曝書雜記三卷**　(清)錢泰吉撰　**郘農偶吟稿一卷**　(清)錢炳森撰　清同治十一年(1872)刻本　十行二十一字小字雙行同上下黑口左右雙邊　六册

640000－1241－0000631　437/035
**秋根書室詩文集十四卷**　(清)孟傳鑄撰　清宣統二年(1910)章邱孟氏綠野堂鉛印本　十行二十二字白口四周雙邊　六册

640000－1241－0000632　437/036
**陶園文集八卷詩集二十四卷詩餘二卷**　(清)張九鉞撰　清道光七年(1827)刻本　十行二十一字白口左右雙邊　十四册

640000－1241－0000633　437/037
**後永州集八卷**　(清)黃文琛撰　清同治九年(1870)刻本　十行十九字小字雙行同白口四周雙邊　四册

640000－1241－0000634　437/038
**理堂文集十卷外集一卷詩集四卷日記八卷**　(清)韓夢周撰　清道光三年至四年(1823－1824)靜恒書屋刻本　十行二十二字白口四周雙邊　九册

640000－1241－0000635　437/040
**茗柯文四編五卷**　(清)張惠言撰　清光緒七年(1881)刻本　十行二十一字白口四周雙邊　二册

640000－1241－0000636　437/041
**南畇文稿十二卷詩稿二十四卷詩續稿三卷年譜一卷**　(清)彭定求撰　清光緒七年(1881)刻本　十二行二十三字上下黑口四周單邊　十二册

640000－1241－0000637　437/042
**嘉樹山房集二十卷外集二卷續集二卷**　(清)張士元撰　清嘉慶二十四年(1819)刻本　十行二十一字白口左右雙邊　四册

640000－1241－0000638　437/084
**鑑止水齋集二十卷**　(清)許宗彥撰　清咸豐八年(1858)刻本　十行二十字上下黑口左右

雙邊　六册

640000－1241－0000639　2101/031
**西國近事彙編九十六卷**　（美國）金楷理口譯　（清）蔡錫齡筆述　清光緒刻本　十行二十四字上黑口四周雙邊　九十六册

640000－1241－0000640　437/045
**古微堂内集三卷外集七卷**　（清）魏源撰　清光緒四年（1878）淮南書局刻本　十行二十一字白口左右雙邊　四册

640000－1241－0000641　437/074
**淵雅堂全集六十一卷**　（清）王芑孫撰　清嘉慶九年（1804）王氏家刻本　十行二十一字小字雙行同白口左右雙邊　二十四册

640000－1241－0000642　288/021
**曾文正公批牘六卷**　（清）曾國藩撰　清光緒二年（1876）傳忠書局刻本　十行二十四字上下黑口左右雙邊　六册　缺一卷（六）

640000－1241－0000643　289/001－2
**欽定五軍道里表十八卷**　（清）常泰等纂　清同治十二年（1873）江蘇書局刻本　行數不等字數不等白口左右雙邊　十八册

640000－1241－0000644　289/019
**欽定回疆則例八卷**　（清）賽尚阿等修　（清）肇麟纂　清光緒三十四年（1908）鉛印本　九行二十字白口四周雙邊　三册

640000－1241－0000645　1/001
**鄭志三卷附録一卷**　（漢）鄭玄撰　（三國魏）鄭小同編　清光緒十年（1884）鮑氏後知不足齋刻本　十行二十字小字雙行同白口左右雙邊　一册

640000－1241－0000646　1/002－2
**經典釋文三十卷**　（唐）陸德明撰　**經典釋文考證三十卷**　（清）盧文弨撰　清同治八年（1869）湖北崇文書局刻本　十一行二十二字小字雙行同上下黑口四周雙邊　十二册

640000－1241－0000647　1/002：2
**經典釋文序録不分卷**　（唐）陸德明撰　清刻本　十一行二十四字小字雙行同上下黑口四周單邊　一册

640000－1241－0000648　1/003
**經義述聞三十二卷**　（清）王引之撰　清道光七年（1827）北京壽藤書屋刻本　十行二十一字小字雙行同白口四周雙邊　二十四册

640000－1241－0000649　11/019
**易象意言一卷**　（宋）蔡淵撰　**易緯乾坤鑿度二卷**　（漢）鄭玄注　清同治十三年（1874）江西書局刻武英殿聚珍版書本　九行二十一字小字雙行同白口四周雙邊　一册

640000－1241－0000650　11/019 部二
**易象意言一卷**　（宋）蔡淵撰　**易緯乾坤鑿度二卷**　（漢）鄭玄注　清同治十三年（1874）江西書局刻武英殿聚珍版書本　九行二十一字小字雙行同白口四周雙邊　一册

640000－1241－0000651　11/010
**周易通論月令二卷**　（清）姚配中撰　清光緒刻聚學軒叢書本　十一行二十一字小字雙行同上下黑口左右雙邊　一册

640000－1241－0000652　11/011
**周易虞氏略例一卷**　（清）李鋭撰　**周易倚數録二卷附圖一卷**　（清）楊履泰撰　清光緒刻聚學軒叢書本　十一行二十一字小字雙行同上下黑口左右雙邊　一册

640000－1241－0000653　1/003 部二
**經義述聞三十二卷**　（清）王引之撰　清道光七年（1827）北京壽藤書屋刻本　十行二十一字小字雙行同白口四周雙邊　二十四册

640000－1241－0000654　11/007
**誠齋易傳二十卷**　（宋）楊萬里撰　清光緒二十一年（1895）湖北官書處刻本　九行二十一字白口四周單邊雙邊兼有　八册

640000－1241－0000655　1/027
**五經文萃五卷二集五卷**　（清）□□輯　清刻本　九行二十五字白口四周單邊雙邊兼有　十册

640000－1241－0000656　1/005

**茶香室經說十六卷**　(清)俞樾撰　清光緒十九年(1893)味腴書屋石印本　二十行五十七字小字雙行同白口四周雙邊　一册

640000－1241－0000657　1/008

**春秋王制尚書周禮九州疆域大小考一卷**　黄鎔撰　清光緒三十四年(1908)刻本　十行二十五字小字雙行同白口四周單邊　一册

640000－1241－0000658　1/009

**欽定七經綱領七卷附一卷**　(清)學部圖書局編　清宣統元年(1909)學部圖書局鉛印本　十四行三十一字白口四周雙邊　一册

640000－1241－0000659　1/011

**鄭氏詩箋禮注異義考一卷**　(清)桂文燦撰　清咸豐七年(1857)刻经學叢書本　十行二十字上下黑口四周單邊　一册

640000－1241－0000660　1/012

**群經質二卷**　(清)陳僅撰　清光緒十一年(1885)四明文則樓陳氏木活字印本　九行十九字小字雙行同白口四周雙邊　二册

640000－1241－0000661　1/014

**群經凡例不分卷**　廖平撰　清光緒二十三年(1897)尊經書局刻本　十行二十二字小字雙行同白口左右雙邊　二册

640000－1241－0000662　31/006

**漢學商兑三卷**　(清)方東樹撰　清光緒二十六年(1900)浙江書局刻本　十行二十三字小字雙行同上下黑口左右雙邊　四册

640000－1241－0000663　31/005

**理學宗傳二十六卷**　(清)孫奇逢輯　(清)魏一鼇編　清光緒六年(1880)浙江書局刻本　九行二十字小字雙行同白口左右雙邊　十二册

640000－1241－0000664　31/010:3－4

**五種遺規十六卷**　(清)陳宏謀編輯　清光緒五年(1879)江西書局刻本　九行二十字小字雙行同下黑口左右雙邊　十二册

640000－1241－0000665　211/001－3

**史記一百三十卷**　(漢)司馬遷撰　(南朝宋)裴駰集解　清金陵書局刻本　十二行二十五字小字雙行三十三字白口左右雙邊　十四册　缺十二卷(一至十二)

640000－1241－0000666　31/010:2

**養政遺規二卷**　(清)陳宏謀編輯　清光緒二十一年(1895)浙江書局刻本　九行二十字小字雙行同白口左右雙邊　一册

640000－1241－0000667　31/010

**學仕遺規四卷**　(清)陳宏謀輯　(清)陳蘭森等編校　**學仕遺規補四卷**　(清)陳宏謀輯　(清)陳鍾理　(清)陳仲琛編　清光緒五年(1879)江蘇書局刻本　十一行二十一字白口左右雙邊　五册

640000－1241－0000668　437/088

**節庵先生遺詩六卷**　梁鼎芬撰　清光緒盧氏慎始基齋刻本　十二行二十一字小字雙行同上下黑口四周單邊雙邊兼有　二册

640000－1241－0000669　31/020

**朱子語類一百四十卷**　(宋)朱熹撰　(宋)黎靖德編　清刻本　十二行二十四字小字雙行同上下黑口左右雙邊　三十二册

640000－1241－0000670　31/017

**朱子原訂近思錄十四卷**　(宋)朱熹撰　(宋)吕祖謙輯　(清)江永集注　清同治七年(1868)湖北崇文書局刻本　七行十八字小字雙行同白口四周雙邊　四册

640000－1241－0000671　1/004－2

**新學偽經考十四卷**　康有為撰　清光緒十七年(1891)廣州康氏萬木草堂刻本　十行二十字上下黑口左右雙邊　六册

640000－1241－0000672　1/028

**五經小學述二卷**　(清)莊述祖著　清光緒十六年(1890)四川尊經書局刻本　十行二十一字小字雙行同上下黑口四周單邊　一册

640000－1241－0000673　31/029－2 部二

**御纂朱子全書六十六卷**　(宋)朱熹撰　(清)

李光地等編　清江西書局刻本　九行二十字小字雙行同上下黑口四周單邊　四十册

640000－1241－0000674　1/023

**九經補韻一卷**　(宋)楊伯喦撰　清光緒十年(1884)鮑氏後知不足齋刻本　十行二十字小字雙行同白口左右雙邊　一册

640000－1241－0000675　1/024

**新加九經字樣一卷**　(清)唐玄度撰　**漢石經殘字考一卷**　(清)翁方綱撰　清光緒九年(1883)常熟鮑氏後知不足齋刻本　十行二十字小字雙行同白口四周單邊　一册

640000－1241－0000676　1/019

**吴氏遺著五卷**　(清)吴夌雲撰　清光緒十七年(1891)廣雅書局刻本　十一行二十四字小字雙行同上下黑口四周單邊　二册

640000－1241－0000677　11/003

**周易本義四卷圖説一卷**　(宋)朱熹撰　清同治十三年(1874)江西書局刻本　九行十七字小字雙行同白口四周單邊　二册

640000－1241－0000678　31/011

**聖諭廣訓直解一卷**　(清)聖祖玄燁撰　(清)世宗胤禛廣訓　(清)□□直解　清刻本　八行二十一字白口四周雙邊　二册

640000－1241－0000679　212－34/013

**漢書人表考校補一卷**　(清)蔡雲譔　清光緒廣雅書局刻本　十一行二十四字上下黑口四周單邊　一册

640000－1241－0000680　437/069

**靈峰存稿不分卷**　夏震武撰　清宣統二年(1910)京師印書局鉛印本　十三行三十一字下黑口四周雙邊　一册

640000－1241－0000681　437/077

**紫藤花室駢體文鈔四卷**　(清)洪良品撰　清光緒十八年(1892)刻本　九行二十四字白口四周雙邊　一册

640000－1241－0000682　437/067

**容齋千首詩不分卷**　(清)李天馥撰　(清)毛奇齡選　清光緒十二年(1886)鉛印本　九行十九字小字雙行同白口四周雙邊　六册

640000－1241－0000683　437/072

**初學集二十卷**　(清)錢謙益撰　**牧翁先生[錢謙益]年譜一卷**　(清)葛萬里編　清宣統三年(1911)國學扶輪社石印本　十四行三十一字小字雙行同白口四周雙邊　十一册

640000－1241－0000684　*1/001

**公是先生七經小傳三卷**　(宋)劉敞撰　清康熙通志堂刻本　十一行二十字小字雙行不等白口左右雙邊　一册

640000－1241－0000685　*1/010

**六經正誤六卷**　(宋)毛居正撰　清康熙通志堂刻本　十行二十字白口左右雙邊　二册

640000－1241－0000686　*11/001

**御纂周易折中二十二卷首一卷**　(清)李光地等撰　清康熙五十四年(1715)刻本　八行十八字小字雙行二十二字白口四周雙邊　十册

640000－1241－0000687　*11/004

**鄭氏周易三卷**　(漢)鄭玄撰　(宋)王應麟輯　(清)惠棟增補　清乾隆二十一年(1756)盧見曾雅雨堂刻本　十行二十一字小字雙行同白口四周單邊　一册

640000－1241－0000688　*12/018

**尚書表注二卷**　(宋)金履祥撰　清光緒十三年(1887)金華金氏東藕塘刻本　十一行二十六字小字雙行同白口左右雙邊　一册

640000－1241－0000689　*143－1/001

**禮記集傳十卷**　(元)陳澔撰　明嘉靖刻本　九行十七字小字雙行同白口左右雙邊　四册　存四卷(一至四)

640000－1241－0000690　*141/001

**禮經會元四卷**　(宋)葉時著　(清)許元淮輯　清乾隆五十二年(1787)桐柏山房刻本　九行二十字小字雙行同白口左右雙邊　四册

640000－1241－0000691　*143/001

**禮記註疏六十三卷**　(漢)鄭玄注　(唐)孔穎

達疏　明汲古閣刻本　九行二十一字小字雙行同白口左右雙邊　二十冊

640000－1241－0000692　＊143/004
**夏小正四卷**　（清）任兆麟注　清乾隆五十一年（1786）忠敏家塾刻本　九行十七字小字雙行同白口左右雙邊　一冊

640000－1241－0000693　＊143/003
**附釋音禮記注疏六十三卷**　（漢）鄭玄注（唐）孔穎達疏　（唐）陸德明釋文　清乾隆六十年（1795）刻本　十行十七字小字雙行二十三字白口左右雙邊　十六冊

640000－1241－0000694　＊182/001
**說文字原集註十六卷表一卷表說一卷**　（清）蔣和撰　清乾隆五十二年（1787）刻本　六行二十四字小字雙行二十一字上下細黑口四周雙邊　八冊

640000－1241－0000695　＊181/001
**爾雅直音二卷**　（清）孫偘輯　清乾隆六十年（1795）張心閣刻本　十行十五字小字雙行不等白口左右雙邊　一冊

640000－1241－0000696　＊17/001
**四書朱子異同條辨四十卷**　（清）李沛霖（清）李禎訂　清康熙四十四年（1705）近譬堂刻本　九行二十一字小字雙行同白口左右雙邊　三十六冊

640000－1241－0000697　＊15/009
**春秋大事表五十卷首一卷輿圖一卷附錄一卷**　（清）顧棟高輯　清乾隆十三年（1748）錫山顧氏萬卷樓刻本　十一行二十五字白口四周單邊　二十四冊

640000－1241－0000698　＊182/001
**說文字原一卷六書正譌五卷**　（元）周伯琦編　（明）胡正言篆　明崇禎七年（1634）胡正言十竹齋刻本　五行六字小字雙行十八字白口四周單邊　六冊

640000－1241－0000699　＊181/020
**經傳釋詞十卷**　（清）王引之撰　清嘉慶二十四年（1819）刻本　十行二十一字小字雙行同白口四周雙邊　四冊

640000－1241－0000700　＊181/020－2
**經傳釋詞十卷**　（清）王引之撰　清嘉慶二十四年（1819）刻本　十行二十一字小字雙行同白口四周雙邊　四冊

640000－1241－0000701　＊182/002
**六書故三十三卷**　（宋）戴侗著　清乾隆四十九年（1784）綿州李鼎元師竹齋刻本　七行十七字小字雙行同白口四周單邊　十六冊

640000－1241－0000702　＊182/002－2
**說文解字十五卷**　（漢）許慎撰　（宋）徐鉉校定　清乾隆三十八年（1773）朱氏椒華吟舫刻本　七行七字小字雙行二十二字白口左右雙邊　八冊

640000－1241－0000703　＊182/014 部二
**說文校議十五卷**　（清）姚文田　（清）嚴可均撰　清同治十三年（1874）歸安姚氏刻本　十行二十四字白口左右雙邊　八冊

640000－1241－0000704　＊182/032
**經韻集字析解二卷附編一卷**　（清）彭良敞集注　清道光刻本　八行十六字小字雙行三十二字白口四周雙邊　四冊

640000－1241－0000705　＊182/040
**字原徵古四卷**　（清）曾廷枚撰　清嘉慶八年（1803）曾廷枚家刻本　十行十九字小字雙行同上下黑口左右雙邊　二冊

640000－1241－0000706　＊182/047
**草聖彙辯不分卷**　（清）白芬編　（清）張能鱗選考　（清）朱宗文摹辯　清順治九年（1652）嘉禾問業堂刻本　行數不等字數不等小字雙行不等白口四周單邊　四冊

640000－1241－0000707　＊182/031
**說文解字通釋四十卷附校勘記三卷**　（五代）徐鍇傳釋　清道光十九年（1839）壽陽祈氏刻本　十行十一字小字雙行二十二字白口左右雙邊　七冊

640000－1241－0000708　＊183/001

**廣韻五卷**　(宋)陳彭年等撰　清康熙六年(1667)符山堂刻本　八行十二字小字雙行二十四字白口左右雙邊　五冊

640000－1241－0000709　＊183/002
**古今韻略五卷例言一卷**　(清)邵長蘅撰　(清)宋犖閱定　清康熙三十五年(1696)刻本　九行十四字小字雙行二十八字上下黑口四周單邊　四冊

640000－1241－0000710　＊183/003
**欽定同文韻統六卷**　(清)允祿等編　清乾隆十五年(1750)朱墨套印本　行數不等字數不等小字雙行不等白口四周雙邊　五冊

640000－1241－0000711　＊183/004
**康熙甲子史館新刊古今通韻十二卷首一卷**　(清)毛奇齡撰　清康熙二十四年(1685)刻本　十行二十字小字雙行同白口四周單邊　六冊

640000－1241－0000712　＊12/001
**尚書詳解二十六卷首一卷**　(宋)夏僎撰　清乾隆三十九年(1774)武英殿木活字印本　九行二十一字小字雙行同白口四周雙邊　二十四冊

640000－1241－0000713　281/005－1
**通志二百卷**　(宋)鄭樵撰　清光緒二十二年(1896)浙江書局刻本　九行二十一字小字雙行同白口左右雙邊　四十四冊　缺一百五十六卷(一至五十一、五十四、五十七至五十九、六十二至九十四、一百十一至一百二十四、一百二十六至一百五十七、一百五十九至一百八十)

640000－1241－0000714　26/019
**史通訓故補二十卷**　(清)黃叔琳撰　清乾隆刻本　九行十九字小字雙行同白口左右雙邊　一冊　存二卷(九至十)

640000－1241－0000715　＊183－1/001
**五車韻瑞一百六十卷附洪武正韻一卷**　(明)淩稚隆編　明金閶葉瑤池刻本　十行二十字小字雙行二十七字白口左右雙邊　三十二冊

640000－1241－0000716　＊182/002－1
**說文解字十五卷**　(漢)許慎撰　(宋)徐鉉校定　清毛氏汲古閣刻本　七行七字小字雙行二十二字白口左右雙邊　八冊

640000－1241－0000717　＊19/001
**澤存堂叢刻五種五十卷**　(清)張士俊輯　清康熙張氏澤存堂刻本　十行二十字小字雙行同白口左右雙邊　十六冊

640000－1241－0000718　＊212－43/001
**南唐書十八卷**　(宋)陸遊撰　**音釋一卷**　(元)戚光撰　清汲古閣刻本　八行十八字小字雙行同白口四周單邊　六冊

640000－1241－0000719　＊221/001
**宋元通鑑一百五十七卷**　(明)薛應旂編　(明)陳仁錫評閱　明天啟六年(1626)刻本　十行二十字小字雙行同白口四周單邊　三十二冊

640000－1241－0000720　＊221/002
**資治通鑑綱目五十九卷首一卷**　(宋)朱熹撰　明成化九年(1473)刻本　十行二十字小字雙行同白口四周單邊　二十九冊　缺三十卷(三十至五十九)

640000－1241－0000721　＊221/003
**綱鑑正史約三十六卷附甲子紀元一卷**　(明)顧錫疇撰　(清)陳宏謀增訂　清乾隆二年(1737)臨桂陳氏培遠堂刻本　十一行二十字小字雙行同白口左右雙邊　四十八冊

640000－1241－0000722　＊212.1/003
**漢石例六卷**　(清)劉寶楠錄　清道光十六年(1836)稿本　十行二十三字小字雙行同白口四周單邊　六冊

640000－1241－0000723　＊212.1/004
**香南精舍金石契不分卷**　(清)崇恩輯　清稿本　九行二十六字小字雙行不等白口四周單邊　二冊

640000－1241－0000724　＊211/001－10
**史記一百三十卷**　(漢)司馬遷撰　(南朝宋)裴駰集解　明萬曆二十六年(1598)刻本　十

行二十一字小字雙行同白口左右雙邊　十六冊　存九十二卷(一至九十二)

640000－1241－0000725　＊211/004
**尚史七十卷首一卷**　(清)李鍇撰　清乾隆三十八年(1773)悦道樓刻本　十行二十四字小字雙行同白口左右雙邊　二十八冊

640000－1241－0000726　＊212－43/003
**十國春秋一百十六卷備考一卷**　(清)吴任臣撰　清乾隆五十三年(1788)海虞顧氏小石山房刻本　十行二十一字小字雙行同白口左右雙邊　二十冊

640000－1241－0000727　＊221/009－2
**續資治通鑑綱目二十七卷**　(明)商輅等撰　明刻本　七行十八字小字雙行同白口四周單邊　十冊　存十卷(十八至二十七)

640000－1241－0000728　＊25/003
**廿二史言行略四十二卷**　(清)過元旼輯　清嘉慶十五年(1810)拜經齋刻本　十行二十四字小字雙行同白口左右雙邊　二十四冊

640000－1241－0000729　＊26/003－3
**廿二史劄記三十六卷補遺一卷**　(清)趙翼撰　清嘉慶五年(1800)刻本　十一行二十一字小字雙行三十二字白口左右雙邊　十一冊

640000－1241－0000730　＊23－49/006
**皇清開國方略三十二卷首一卷**　(清)阿桂等撰　清乾隆五十一年(1786)武英殿刻本　八行二十一字小字雙行同白口四周雙邊　八冊

640000－1241－0000731　＊2711/025
**洛學編五卷**　(清)湯斌輯　(清)尹會一續輯　清乾隆三年(1738)刻本　十行二十字小字雙行同白口左右雙邊　一冊

640000－1241－0000732　＊276－49/001
**詞科掌錄十七卷詞科餘話七卷**　(清)杭世駿編　清乾隆仁和杭氏道古堂刻本　十一行二十一字小字雙行同上下細黑口左右雙邊　八冊

640000－1241－0000733　＊2712－49/018
**國朝書徵錄三卷附錄一卷續錄二卷強恕齋圖畫精義識一卷**　(清)張庚撰　(清)蔣泰　(清)湯之昱校　清乾隆四年(1739)刻本　十行二十一字小字雙行同上下黑口四周單邊　四冊

640000－1241－0000734　183.1/001
**學庸二卷**　(宋)朱熹注　清光緒二十一年(1895)湖北官書處刻本　九行十七字小字雙行同白口四周雙邊　一冊

640000－1241－0000735　＊2712－48/005
**本朝京省人物考一百十五卷**　(明)過庭訓纂集　明刻本　十行二十字白口四周單邊　三十三冊　缺二十四卷(十一至三十四)

640000－1241－0000736　＊271.2－48/004－2
**明儒學案六十二卷師説一卷**　(清)黃宗羲撰　(清)賈潤參閲　清康熙三十二年(1693)紫筠齋刻本　十二行二十四字小字雙行同上下黑口四周單邊　十八冊

640000－1241－0000737　＊273－49/001
**先文恭公[陳宏謀]年譜十二卷**　(清)陳鍾珂輯　清乾隆三十一年(1766)刻本　九行二十字白口四周雙邊　五冊

640000－1241－0000738　＊282/011
**滿洲四禮集五卷**　(清)索寧安撰　清嘉慶六年(1801)省非堂刻本　十行十八字小字雙行同白口四周雙邊　五冊

640000－1241－0000739　＊291/015
**括地志八卷**　(唐)李泰撰　(清)孫星衍輯　清嘉慶三年(1798)蘭陵孫氏刻本　十二行二十四字小字雙行同上下黑口左右雙邊　四冊

640000－1241－0000740　＊283/033
**詞林典故八卷**　(清)張廷玉等纂修　清乾隆十三年(1748)武英殿刻本　七行十八字小字雙行同白口四周雙邊　八冊

640000－1241－0000741　＊287/001
**御製資政要覽三卷附後序一卷**　(清)世祖福臨撰　清順治十二年(1655)內府刻本　六行十二字小字雙行同上下黑口四周雙邊　四冊

640000－1241－0000742　＊283/002:2

**重刊居官必要八卷**　(明)吕坤撰　清康熙三十五年(1696)刻本　九行十九字白口左右雙邊　六册

640000－1241－0000743　＊283/023

**仕學全書上編二十卷下編十五卷**　(明)魯論撰　清乾隆十一年(1746)釣閒居刻本　九行二十五字白口四周雙邊　五册

640000－1241－0000744　＊292－41/001

**[雍正]陝西通志一百卷首一卷**　(清)劉於義等修　(清)沈青崖纂　清雍正十三年(1735)刻本　十二行二十六字小字雙行同白口四周雙邊　一百册

640000－1241－0000745　＊292－42/001

**[乾隆]甘肅通志五十卷首一卷**　(清)許容等修　(清)李迪纂　清乾隆元年(1736)刻本　九行二十一字小字雙行同白口四周雙邊　四十八册

640000－1241－0000746　＊292－45/001－1

**欽定皇輿西域圖志四十八卷首四卷**　(清)傅恒等修　(清)褚廷璋等纂　清乾隆四十七年(1782)木活字印本　九行二十字小字雙行同白口四周雙邊　二十四册

640000－1241－0000747　＊292－61/001－2

**[乾隆]續河南通志八十卷首四卷**　(清)阿思哈等纂修　清乾隆三十二年(1767)刻本　十一行二十二字小字雙行同白口四周雙邊　三十二册

640000－1241－0000748　＊292－73/001

**[乾隆]貴州通志四十六卷首一卷**　(清)鄂爾泰等纂修　清乾隆六年(1741)刻本　十一行二十一字小字雙行同白口四周雙邊　三十二册

640000－1241－0000749　＊292－74/001

**[乾隆]雲南通志三十卷首一卷**　(清)鄂爾泰等纂修　清乾隆元年(1736)刻本　十行二十二字小字雙行同白口四周雙邊　三十二册

640000－1241－0000750　＊293/005

**日下舊聞四十二卷**　(清)朱彝尊撰　清康熙刻本　十二行二十一字白口四周單邊　二十四册

640000－1241－0000751　＊293/003

**三輔黄圖六卷**　(漢)□□撰　明刻本　九行二十字白口左右雙邊　一册

640000－1241－0000752　＊294/003－2

**水經注釋四十卷首一卷附録二卷**　(漢)桑欽撰　(北魏)酈道元注　(清)趙一清録　清乾隆五十九年(1794)小山堂刻本　十行二十二字小字雙行同白口左右雙邊　二十册

640000－1241－0000753　＊293/004

**揚州畫舫録十八卷**　(清)李斗著　清乾隆六十年(1795)自然盦刻本　十行二十四字小字雙行同白口左右雙邊　八册

640000－1241－0000754　＊294/003－1

**水經注釋四十卷首一卷附録二卷刊誤十二卷**　(漢)桑欽撰　(北魏)酈道元注　(清)趙一清録　清乾隆五十九年(1794)小山堂刻本　十行二十二字小字雙行同白口左右雙邊　十四册

640000－1241－0000755　＊295/001

**行水金鑑一百七十五卷圖一卷**　(清)傅澤洪撰　清雍正三年(1725)傅氏刻本　十一行二十一字小字雙行三十二字上下黑口左右雙邊　三十六册

640000－1241－0000756　＊297/007

**凝香室鴻雪因緣圖記二卷題詞一卷**　(清)麟慶撰　清道光十八年(1838)雲陰堂刻本　十行二十一字小字雙行同白口四周雙邊　二册

640000－1241－0000757　＊212.1/001

**金石萃編一百六十卷**　(清)王昶撰　清嘉慶十年(1805)刻本　十行二十一字小字雙行同上下黑口左右雙邊　八十册

640000－1241－0000758　＊212.1/002

**兩漢金石記二十二卷**　(清)翁方綱撰　清乾隆五十四年(1789)南昌使院刻本　十行二十字小字雙行同白口左右雙邊　八册

640000－1241－0000759　212.1/003
**金石存十五卷**　(清)吳玉搢撰　清嘉慶二十四年(1819)李氏聞妙香室刻本　十一行二十一字小字雙行同上下黑口左右雙邊　四册

640000－1241－0000760　*212.1/020
**金石文鈔八卷**　(清)趙紹祖輯　清嘉慶七年(1802)刻本　九行十八字小字雙行同白口四周單邊　十六册

640000－1241－0000761　*24/001
**平叛記二卷**　(清)毛霦編　清康熙五十五年(1716)刻本　九行二十字小字雙行同白口左右雙邊　二册

640000－1241－0000762　*25/001
**補歷代史表五十三卷**　(清)萬斯同輯　清康熙三十一年(1692)刻本　行數不等字數不等小字雙行不等白口四周單邊　四册

640000－1241－0000763　*271/001
**宋朱晦菴先生名臣言行錄前集十卷**　(宋)朱熹輯　(宋)李幼武續輯　(明)張采評閲　明崇禎十一年(1638)聚錦堂刻本　十行二十字小字雙行同白口左右雙邊　二十四册

640000－1241－0000764　*272/001
**平蠻督木傳不分卷**　(明)蔡時鼎撰　明萬曆刻本　九行十八字白口四周雙邊　一册

640000－1241－0000765　*272/002
**劉太淑人傳不分卷**　(明)郭正域撰　明萬曆刻本　八行十六字白口四周單邊　一册

640000－1241－0000766　*276/001
**國朝翰詹源流編年五卷**　(清)吳鼎雯著　清乾隆五十八年(1793)刻本　九行二十一字小字雙行同白口四周雙邊　四册

640000－1241－0000767　*272/003
**盡節錄不分卷**　(清)朱纁等輯　清康熙忠孝堂刻本　八行二十一字小字雙行同白口四周雙邊　四册

640000－1241－0000768　*281/001
**南巡盛典一百二十卷**　(清)高晉等纂修　清乾隆三十六年(1771)武英殿刻本　九行十九字白口四周雙邊　四十八册

640000－1241－0000769　*289/001
**讀律佩觿八卷八法一卷目錄一卷**　(清)王明德輯　清康熙十五年(1676)刻本　九行二十字小字雙行同白口四周雙邊　八册

640000－1241－0000770　*284/001
**九卿議定物料價值四卷**　(清)邁柱等撰　清乾隆元年(1736)武英殿刻本　九行二十字小字雙行同白口四周雙邊　八册

640000－1241－0000771　*291/002
**廣輿記二十四卷圖一卷**　(明)陸應陽輯　(清)蔡方炳增輯　清康熙二十五年(1686)刻本　十行十九字小字雙行同白口左右雙邊　十二册

640000－1241－0000772　*292－71/001
**[乾隆]石砫廳志十三卷**　(清)王縈緒編次　清乾隆四十年(1775)石砫刻本　十行二十一字小字雙行同白口四周雙邊　一册

640000－1241－0000773　*299/001
**東西洋考十二卷**　(明)張燮撰　明萬曆四十六年(1618)刻本　九行十八字小字雙行同白口四周單邊　四册

640000－1241－0000774　*292－5/001
**[康熙]江南通志七十六卷**　(清)于成龍等纂修　清康熙二十三年(1684)刻本　十行二十字小字雙行同白口四周雙邊　五十四册

640000－1241－0000775　*293/001
**西湖志四十八卷**　(清)李衛　(清)傅王露纂修　清雍正九年(1731)兩浙鹽驛道庫刻本　九行二十一字小字雙行同白口四周雙邊　二十册

640000－1241－0000776　*296/001
**籌海圖編十三卷**　(明)胡宗憲輯　(明)胡維極重校　明天啟四年(1624)胡維極刻本　十二行二十二字小字雙行同白口四周單邊　二十四册

640000－1241－0000777　＊211/001
**日涉編十二卷**　(明)陳堦輯　(明)白輝補輯　清康熙二十七年(1688)刻本　九行十九字小字雙行同白口四周單邊　十二冊

640000－1241－0000778　＊212.2/001
**秦漢瓦當文字二卷續一卷**　(清)程敦著　清乾隆五十二年(1787)橫渠書院刻本　十一行二十五字上下黑口四周單邊　三冊

640000－1241－0000779　＊212.11/001
**寶古堂重考古玉圖二卷**　(元)朱德潤輯　(明)吳萬化修訂　明萬曆三十年(1602)吳氏刻本　八行十七字白口四周單邊　一冊

640000－1241－0000780　＊212.11/001－2
**寶古堂重修考古圖十卷**　(宋)呂大臨輯　明萬曆三十一年(1603)吳氏刻本　八行十七字白口四周單邊　五冊

640000－1241－0000781　＊213.2/001
**直齋書錄解題二十二卷**　(宋)陳振孫撰　清乾隆三十九年(1774)刻本　九行二十一字小字雙行同白口四周雙邊　十一冊

640000－1241－0000782　＊212.3/001
**泉志十五卷**　(宋)洪遵撰　(明)胡震亨　(明)毛晉同訂　明虞山毛氏汲古閣刻本　九行十八字小字雙行同白口左右雙邊　四冊

640000－1241－0000783　＊283/001
**資治新書十四卷首一卷**　(清)李漁輯　清康熙二年(1663)文錦堂刻本　九行二十字小字雙行同白口四周單邊　二十四冊

640000－1241－0000784　＊2711/009
**史姓韻編六十四卷**　(清)汪輝祖輯　清乾隆五十五年(1790)雙節堂刻本　八行二十四字小字雙行同上下黑口四周單邊　十六冊

640000－1241－0000785　＊31－1/001
**理學宗傳二十六卷**　(清)孫奇逢輯　(清)魏一鼇編　清康熙六年(1667)張沐刻本　十行二十字小字雙行十九字白口四周單邊　十二冊

640000－1241－0000786　＊271/002
**帝鑑圖說一卷**　(明)張居正撰　明萬曆元年(1573)金陵書坊胡氏刻本　九行十九字白口左右雙邊　四冊

640000－1241－0000787　＊381/001
**淮南鴻烈解二十一卷**　(漢)劉安撰　(明)茅坤評述　明朱墨套印本　九行二十字白口四周單邊　八冊

640000－1241－0000788　＊32－1/001
**南華真經評注十卷**　(晉)郭象輯　(明)歸有光評　明竺塢刻本　九行十八字小字雙行同白口四周單邊　六冊

640000－1241－0000789　＊381/002
**因樹屋書影十卷**　(清)周亮工撰　清雍正三年(1725)懷德堂刻本　九行十八字小字雙行同白口四周單邊　六冊

640000－1241－0000790　＊382/001
**閒情偶寄十六卷**　(清)李漁撰　清康熙十年(1671)刻本　九行二十字白口四周單邊　八冊

640000－1241－0000791　＊382/002
**池北偶談二十六卷**　(清)王士禛撰　清康熙三十九年(1700)臨汀郡署刻本　十一行二十三字小字雙行同上下黑口左右雙邊　八冊

640000－1241－0000792　＊382/003 部二
**輟耕錄三十卷**　(明)陶宗儀撰　明廣文堂刻本　十行二十一字小字雙行同白口左右雙邊　十冊

640000－1241－0000793　＊382/004
**巖下放言一卷玉澗雜書一卷避暑錄話一卷石林燕語一卷**　(宋)葉夢得撰　明刻本　九行二十字白口左右雙邊　一冊

640000－1241－0000794　＊383/001－1
**增訂二三場群書備考四卷**　(明)袁黃撰　(明)袁儼註　(明)沈昌世增　(明)徐行敏訂　明崇禎刻本　九行二十一字小字雙行同白口四周單邊　四冊

640000－1241－0000795　＊382/003
**輟耕錄三十卷**　(明)陶宗儀撰　明刻本　十行二十一字白口左右雙邊　十二册

640000－1241－0000796　＊383/001－2
**增訂二三場群書備考四卷**　(明)袁黄撰　(明)袁儼註　(明)沈昌世增　(明)徐行敏訂　明崇禎刻本　九行二十一字小字雙行同白口四周單邊　四册

640000－1241－0000797　＊383/002
**容齋隨筆十六卷續筆十六卷三筆十六卷四筆十六卷五筆十卷**　(宋)洪邁撰　明崇禎三年(1630)馬元調刻本　九行十八字上下黑口左右雙邊　十六册

640000－1241－0000798　＊314/007
**小學紺珠十卷**　(宋)王應麟輯　明補刻本　十行二十字小字雙行同白口左右雙邊　十册

640000－1241－0000799　＊381/003
**匡林二卷**　(清)毛先舒撰　清康熙思古堂刻本　十一行二十二字小字雙行同白口四周單邊　一册

640000－1241－0000800　＊310/001
**草韻彙編二十六卷**　(清)陶南望撰　清乾隆二十年(1755)南村草堂刻本　四行字數不等小字雙行不等白口四周單邊　八册

640000－1241－0000801　＊314/002
**初學記三十卷**　(唐)徐堅等撰　明萬曆徐守銘寧壽堂刻本　九行十八字小字雙行二十四字白口左右雙邊　二十四册

640000－1241－0000802　＊314/002－2
**初學記三十卷**　(唐)徐堅等撰　明萬曆維揚陳大科刻本　九行二十字小字雙行同白口左右雙邊　八册

640000－1241－0000803　＊314/001
**新編古今事文類聚前集六十卷後集五十卷續集二十八卷别集三十二卷**　(宋)祝穆　(元)富大用編　明萬曆三十二年(1604)唐富春德壽堂刻本　十一行二十四字白口四周單邊　六十册

640000－1241－0000804　＊314/003
**荆川先生右編四十卷**　(明)唐順之編　明萬曆三十三年(1605)南京國子監刻本　十行二十字小字雙行同白口左右雙邊　三十册

640000－1241－0000805　＊314./004
**山堂肆考二百二十八卷補遺十二卷**　(明)彭大翼撰　明萬曆四十七年(1619)梅墅石渠閣刻本　十一行二十二字白口四周單邊　三十册

640000－1241－0000806　＊314./006
**淵鑑類函四百五十卷目録四卷**　(清)張英等撰　清康熙四十九年(1710)清吟堂刻本　十行二十一字小字雙行同上下黑口四周雙邊　一百四十册

640000－1241－0000807　＊451/025
**廣博物志五十卷**　(明)董斯張纂　(明)楊鶴訂　明萬曆四十三年(1615)高暉堂刻本　九行十八字小字雙行同白口四周單邊　二十册

640000－1241－0000808　＊310.3/001
**古樂經傳五卷**　(清)李光地撰　清雍正五年(1727)教忠堂刻本　九行二十字白口左右雙邊　四册

640000－1241－0000809　＊314/004
**韻府群玉二十卷**　(元)陰時夫輯　(元)陰中夫註　清乾隆七年(1742)刻本　九行十六字小字雙行同白口四周雙邊　六册

640000－1241－0000810　＊314./001－2
**格致鏡原一百卷**　(清)陳元龍撰　清雍正十三年(1735)陳元龍刻本　十一行二十一字小字雙行同上下黑口左右雙邊　三十二册

640000－1241－0000811　＊314/005
**唐類函二百卷**　(明)俞安期纂　明萬曆刻本　十行二十字小字雙行同白口四周單邊　二十册　缺一百卷(一至一百)

640000－1241－0000812　＊314/006
**七修類稿五十一卷續稿七卷**　(明)郎瑛撰　清乾隆四十年(1775)錢塘周氏耕煙草堂刻本　九行二十字上下黑口左右雙邊　十六册

640000－1241－0000813　＊182/003
**分類字錦六十四卷**　(清)何焯等編　清康熙內府刻本　八行二十四字小字雙行同白口左右雙邊　六十四冊

640000－1241－0000814　＊31/001
**御纂朱子全書六十六卷**　(宋)朱熹撰　(清)李光地等編　清康熙五十二年(1713)內府刻本　九行二十字小字雙行同上下黑口四周單邊　二十四冊

640000－1241－0000815　＊31/003
**西山先生真文忠公讀書記四十卷**　(宋)真德秀撰　清乾隆四年(1739)真氏家刻本　十行二十一字小字雙行同白口四周雙邊　三十冊

640000－1241－0000816　＊31/002
**御纂性理精義十二卷**　(清)李光地等撰　清康熙五十六年(1717)武英殿刻本　八行十八字小字雙行二十一字白口四周雙邊　六冊

640000－1241－0000817　＊31/004
**廣理學備考不分卷**　(清)范鄗鼎彙編　清康熙范氏五經堂刻本　九行二十五字小字雙行同白口四周雙邊　三十二冊

640000－1241－0000818　＊31/029
**御纂朱子全書六十六卷**　(宋)朱熹撰　(清)李光地等編　清康熙五十二年(1713)武英殿刻本　九行二十字小字雙行同白口四周單邊　二十四冊

640000－1241－0000819　＊32/001
**莊子釋意不分卷**　(清)高秋月集說　(清)曹同春論正　清康熙二十九年(1690)文粹堂刻本　九行二十四字小字雙行同白口左右雙邊　六冊

640000－1241－0000820　＊37/001
**儒門事親十五卷**　(金)張從政撰　(明)吳勉學校訂　明萬曆新安吳氏刻本　十行二十字小字雙行同白口四周雙邊　五冊　缺一卷(一)

640000－1241－0000821　＊381/005
**呂氏春秋二十六卷**　(秦)呂不韋撰　(漢)高誘注　(清)畢沅校刊　清乾隆五十三年(1788)畢氏靈巖山館刻本　九行二十一字小字雙行同白口四周雙邊　六冊

640000－1241－0000822　＊382/013
**香祖筆記十二卷**　(清)王士禛撰　清康熙四十四年(1705)刻本　十行十九字小字雙行二十九字白口左右雙邊　四冊

640000－1241－0000823　＊383/017
**通藝錄二十一種四十八卷**　(清)程瑤田撰　清嘉慶八年(1803)刻本　十行二十一字小字雙行同白口四周雙邊　二十冊

640000－1241－0000824　＊383/001
**陔餘叢考四十三卷**　(清)趙翼撰　清乾隆五十五年(1790)趙翼湛貽堂刻本　十一行二十一字小字雙行三十一字白口左右雙邊　十六冊

640000－1241－0000825　＊383－1/002
**困學紀聞二十卷**　(宋)王應麟撰　(清)閻若璩箋　清乾隆三年(1738)馬氏叢書樓刻本　十一行二十字白口左右雙邊　十二冊

640000－1241－0000826　＊383/003
**讀書雜志八十二卷餘編二卷**　(清)王念孫撰　清嘉慶十七年至道光十二年(1812－1832)刻本　十行二十一字小字雙行同白口四周雙邊　二十四冊

640000－1241－0000827　＊383/003－2
**讀書雜志八十二卷餘編二卷**　(清)王念孫撰　清嘉慶十七年至道光十二年(1812－1832)刻本　十行二十一字小字雙行同白口四周雙邊　二十四冊

640000－1241－0000828　＊383/014
**事物考八卷**　(明)王三聘撰　清乾隆三十九年(1774)刻本　十行二十字白口四周單邊　四冊

640000－1241－0000829　＊387/007
**群書拾補初編三十七種三十七卷**　(清)盧文弨撰　清乾隆五十二年(1787)錢塘盧氏抱經堂刻本　十行二十一字小字雙行同白口左右

雙邊　十二册

640000－1241－0000830　＊383/018
**十駕齋養新錄二十卷餘錄三卷**　(清)錢大昕撰　清嘉慶九年(1804)刻本　十行二十三字小字雙行同白口四周單邊　八册

640000－1241－0000831　＊384/004
**玉芝堂談薈三十六卷**　(明)徐應秋輯　明崇禎刻清康熙、乾隆、光緒遞修本　九行十九字小字雙行同白口四周單邊　三十四册

640000－1241－0000832　17/004 部二
**四書章句十九卷**　(宋)朱熹撰　清光緒三年(1877)江蘇書局刻本　九行十七字小字雙行同白口左右雙邊　三册　缺十卷(論語十卷)

640000－1241－0000833　＊49/016
**稗海七十四種四百四十八卷**　(明)商濬輯　清康熙振鷺堂刻本　九行二十字白口四周單邊　一百册

640000－1241－0000834　＊51/001
**雅雨堂藏書十二種一百三十四卷**　(清)盧見曾輯　清乾隆二十一年(1756)德州盧見曾雅雨堂刻本　十行二十一字小字雙行同白口四周單邊　二十八册

640000－1241－0000835　＊51/002
**説郛續四十六弓五百三十三種五百四十三卷**　(明)陶珽輯　清刻本　九行二十字小字雙行同白口左右雙邊　四十六册

640000－1241－0000836　＊51/006
**平津館叢書四十二種二百五十四卷**　(清)孫星衍輯　清嘉慶蘭陵孫氏刻本　十一行二十字小字雙行同白口左右雙邊　四十八册

640000－1241－0000837　＊54－44/001
**歐陽文忠公全集一百五十三卷首一卷附錄五卷**　(宋)歐陽修撰　清乾隆十一年(1746)孝思堂刻本　九行二十字小字雙行同白口左右雙邊　二十四册

640000－1241－0000838　＊54－44/001－3
**歐陽文忠公居士集一百五卷**　(宋)歐陽修撰　清康熙十一年(1672)刻本　十行二十字小字雙行同白口四周單邊　二十册

640000－1241－0000839　＊54－49/003
**抗希堂十六種一百四十四卷**　(清)方苞撰　清康熙至嘉慶桐城方氏抗希堂刻本　九行二十四字白口四周雙邊　五十六册

640000－1241－0000840　＊54－49/030
**古愚老人消夏錄十七種六十七卷**　(清)汪汲撰　清乾隆、嘉慶間古愚山房刻本　九行二十四字小字雙行同白口四周雙邊　十六册

640000－1241－0000841　＊411－1/001
**六臣注文選六十卷**　(南朝梁)蕭統撰　(唐)李善注　明陳氏古迂書院刻本　十行十八字小字雙行二十三字白口四周單邊　六十册

640000－1241－0000842　＊435/006
**水雲村吟稿十二卷首一卷末一卷**　(元)劉壎撰　清道光十年(1830)愛餘堂刻本　八行二十字小字雙行同白口四周雙邊　三册

640000－1241－0000843　＊411/012
**唐宋八大家文鈔一百四十四卷**　(明)茅坤批評　明萬曆七年(1579)茅一桂刻本　九行十九字白口左右雙邊　六十册

640000－1241－0000844　＊411/003
**佩文齋詠物詩選四百八十六卷**　(清)張玉書等編　清康熙四十五年(1706)内府刻本　十一行二十一字白口左右雙邊　六十册

640000－1241－0000845　＊412/002
**二家詩鈔二十卷**　(清)邵長蘅編　清康熙三十四年(1695)刻本　十行二十一字小字雙行三十字上下黑口四周單邊　五册

640000－1241－0000846　＊412－49/001
**蘆屋圖二卷**　(清)潘榮陛輯　清乾隆十二年(1747)刻本　九行二十字小字雙行同白口四周雙邊　二册

640000－1241－0000847　＊433/001
**重刻黄文節山谷先生文集三十卷**　(宋)黄庭堅撰　明振鄴堂刻本　十行二十字小字雙行

同白口四周單邊　十二册

640000－1241－0000848　＊432/001－1

**杜詩詳注二十五卷首一卷附錄二卷**　（唐）杜甫撰　（清）仇兆鼇輯註　清康熙三十二年(1693)刻本　十行二十二字小字雙行同白口左右雙邊　十四册

640000－1241－0000849　＊433/002

**陸放翁全集五種一百六十五卷**　（宋）陸游撰　明汲古閣刻本　八行十八字白口左右雙邊　三十八册

640000－1241－0000850　＊433/007

**司馬溫公文集八十二卷目錄一卷**　（宋）司馬光撰　明崇禎元年(1628)吳時亮等刻清康熙四十七年(1708)遞修本　九行二十字小字雙行同白口四周雙邊　二十四册

640000－1241－0000851　＊433/007－2

**司馬溫公文集八十二卷目錄一卷**　（宋）司馬光撰　明崇禎元年(1628)吳時亮刻清康熙四十七年(1708)遞修本　九行二十字小字雙行同白口四周雙邊　二十四册

640000－1241－0000852　＊435－1/001

**魯齋遺書十四卷**　（元）許衡撰　明萬曆二十四年(1596)刻本　十行二十二字白口四周雙邊　四册

640000－1241－0000853　＊437/002

**存研樓文集十六卷**　（清）儲大文撰　（清）張耀先編校　清康熙儲氏刻本　九行二十字白口左右雙邊　八册　缺一卷(十六)

640000－1241－0000854　＊437/001

**古歡堂集四十八卷**　（清）田雯撰　清康熙、乾隆間德州田氏刻本　十一行二十一字上下黑口左右雙邊　十二册

640000－1241－0000855　＊437/003

**清吟堂集九卷附神功聖德詩一卷隨輦集十卷續集一卷城北集八卷苑西集十二卷歸田集十四卷**　（清）高士奇撰　清康熙刻本　十一行二十字小字雙行二十一字上下黑口四周單邊　八册

640000－1241－0000856　＊437/004

**查浦詩鈔十二卷**　（清）查嗣瑮撰　清康熙六十一年(1722)刻本　十一行二十一字小字雙行同白口左右雙邊　六册

640000－1241－0000857　＊437/005

**堯峰文鈔五十卷**　（清）汪婉撰　（清）林佶編　清康熙三十二年(1693)林佶寫刻本　十三行二十五字上下黑口左右雙邊　六册

640000－1241－0000858　＊44/001

**聲調譜三卷**　（清）趙執信撰　清乾隆三年(1738)刻本　十行二十一字小字雙行同白口四周單邊　一册

640000－1241－0000859　＊451/002

**老學庵筆記十卷**　（宋）陸游撰　（明）商濬等校　明刻本　九行二十字白口四周單邊　二册

640000－1241－0000860　＊451/001

**世說新語六卷**　（南朝宋）劉義慶撰　（南朝梁）劉孝標注　明萬曆三十七年(1609)周氏博古堂刻本　十行二十字小字雙行同白口左右雙邊　六册

640000－1241－0000861　＊49/001

**詩詞雜俎十二種二十五卷**　（明）毛晉輯　清古松堂刻本　八行十九字小字雙行同白口左右雙邊　八册

640000－1241－0000862　＊411/001

**古文眉詮七十九卷首一卷**　（清）浦起龍輯並評　清乾隆三吳書院刻本　九行二十二字白口左右雙邊　二十四册

640000－1241－0000863　＊411//041

**詩紀一百五十六卷**　（明）馮惟訥編　明刻本　九行十九字白口四周雙邊　六册　缺三十七卷(一至三十、六十七至七十三)

640000－1241－0000864　＊411/002

**古詩源十四卷**　（清）沈德潛選　清康熙五十八年(1719)刻本　十行十九字小字雙行同上下黑口左右雙邊　四册

640000－1241－0000865　＊411/004

**文選六十卷**　(南朝梁)蕭統撰　(唐)李善注　清乾隆三十七年(1772)葉氏海綠軒朱墨套印本　十二行二十五字小字雙行三十七字白口左右雙邊　十二冊

640000－1241－0000866　＊411/016

**唐宋詩本七十六卷目錄八卷**　(清)戴第元輯　清乾隆三十八年(1773)大庾戴氏覽珠堂刻光緒四年(1878)續刻本　九行十九字小字雙行同白口四周雙邊　四十冊

640000－1241－0000867　＊411/025

**賦鈔箋略十五卷**　(清)雷琳　(清)張杏濱箋　(清)王治堂輯　清嘉慶二十二年(1817)刻本　九行十九字小字雙行不等白口左右雙邊　八冊

640000－1241－0000868　＊412－48/004

**明詩別裁集十二卷**　(清)沈德潛　(清)周準輯　清乾隆四年(1739)刻本　十行十九字小字雙行二十九字白口左右雙邊　二冊

640000－1241－0000869　＊411/039

**古今文繪玉集八卷稗集四卷**　(清)陸次雲選　清康熙懷古堂刻本　九行十九字白口左右雙邊　十六冊

640000－1241－0000870　＊412－049/014－2

**國朝詩別裁集三十二卷**　(清)沈德潛輯　清乾隆刻本　十行十九字小字雙行二十九字白口左右雙邊　十二冊

640000－1241－0000871　＊412－49/013

**感舊集十六卷**　(清)王士禎輯　清乾隆十七年(1752)刻本　十一行二十一字小字雙行二十七字白口左右雙邊　十六冊

640000－1241－0000872　＊42/001－1

**楚辭集注八卷**　(戰國)屈原撰　(宋)朱熹集注　清乾隆聽雨齋刻朱墨套印本　八行二十一字白口左右雙邊　四冊

640000－1241－0000873　＊432/001

**李元賓文集六卷**　(唐)李觀撰　清嘉慶二十三年(1818)江都秦氏石研齋刻本　十一行二十字白口左右雙邊　二冊

640000－1241－0000874　＊432/003－5

**杜工部詩集二十卷杜詩補注一卷文集二卷集外詩一卷首一卷**　(唐)杜甫撰　(清)朱鶴齡輯注　清金陵葉永茹刻本　九行十九字小字雙行同白口左右雙邊　十二冊

640000－1241－0000875　＊432/003

**杜工部集二十卷首一卷**　(唐)杜甫撰　清道光十四年(1834)芸葉庵六色套印本　八行二十字小字雙行同上下黑口左右雙邊　十二冊

640000－1241－0000876　＊432/005－2

**李太白文集三十卷附錄六卷**　(唐)李白撰　(清)王琦輯注　清乾隆二十四年(1759)刻本　十行二十字小字雙行同白口左右雙邊　十二冊

640000－1241－0000877　＊433/003

**晦庵先生朱文公文集一百卷續集五卷別集七卷目錄二卷**　(宋)朱熹撰　(清)臧眉錫　(清)蔡方炳訂正　清康熙二十七年(1688)臧眉錫、蔡方炳刻本　十二行二十四字小字雙行同白口四周單邊　六十四冊

640000－1241－0000878　＊435/001

**松雪齋集十卷外集一卷**　(元)趙孟頫撰　清清德堂刻本　十行十九字白口左右雙邊　四冊

640000－1241－0000879　＊436/001

**歷代詩家不分卷**　(明)范士楫輯　(清)戴明說選定　清順治十三年(1656)汲古閣刻本　九行二十一字小字雙行同白口左右雙邊　二冊

640000－1241－0000880　＊437/005：2－2

**蠶尾續集二卷**　(清)王士禎撰　清康熙刻本　十行十九字小字雙行二十八字白口左右雙邊　一冊

640000－1241－0000881　＊437/001－1

**沈歸愚詩文全集七種六十八卷**　(清)沈德潛撰　清乾隆教忠堂刻本　十行十九字小字雙行同白口左右雙邊　十三冊

640000－1241－0000882　＊437/002－1
**夢樓詩集二十四卷**　(清)王文治撰　清乾隆六十年(1795)食舊堂刻本　十一行二十二字白口四周單邊　四冊

640000－1241－0000883　＊436/002－1
**文清公薛先生文集二十四卷**　(明)薛瑄撰　(明)張鼎編　清雍正十二年(1734)河津薛氏刻本　十行二十字白口四周雙邊　十二冊

640000－1241－0000884　＊437/005－1
**帶經堂集九十二卷**　(清)王士禛撰　(清)程哲編　清康熙四十九年至五十年(1710－1711)程氏七略書堂刻本　十行十九字小字雙行二十七字白口左右雙邊　二十冊

640000－1241－0000885　＊437/008
**梅崖居士文集三十卷首一卷外集八卷**　(清)朱仕琇撰　清乾隆四十七年(1782)松谷刻本　九行二十五字上下黑口左右雙邊　十二冊

640000－1241－0000886　＊437/006
**空明子全集七種十五卷附刻一種一卷**　(清)張榮撰　清雍正六年(1728)謙益堂刻本　十一行二十一字上下黑口四周單邊　八冊

640000－1241－0000887　＊437/167
**曝書亭詩錄箋注十二卷**　(清)朱彝尊撰　(清)江浩然箋注　清乾隆三十年(1765)惇裕堂刻本　十一行二十一字小字雙行同白口四周單邊　六冊

640000－1241－0000888　＊437/144
**思綺堂文集十卷**　(清)章藻功撰　清康熙六十一年(1722)章藻功刻本　十行二十二字小字雙行同白口四周單邊　十冊

640000－1241－0000889　＊44/001－1
**五代詩話十卷**　(清)王士禛輯　(清)鄭方坤刪補　清乾隆十九年(1754)杞菊軒刻本　十一行二十一字白口左右雙邊　六冊

640000－1241－0000890　＊44/002－1
**漁隱叢話前集六十卷後集四十卷**　(宋)胡仔纂集　清乾隆五年至六年(1740－1741)楊佑啓耘經樓刻本　十三行二十二字上下黑口四周單邊　十冊

640000－1241－0000891　＊44/003
**靜志居詩話二十四卷**　(清)朱彝尊撰　(清)姚祖恩輯　清嘉慶二十四年(1819)扶荔山房刻本　九行二十一字白口四周雙邊　三十六冊

640000－1241－0000892　＊451/007
**唐摭言十五卷**　(五代)王定保撰　清乾隆二十一年(1756)雅雨堂刻本　十行二十一字小字雙行同白口四周單邊　六冊

640000－1241－0000893　34/004－2
**韓非子二十卷**　(戰國)韓非撰　清光緒元年(1875)浙江書局刻本　九行二十一字小字雙行同白口左右雙邊　三冊　缺八卷(九至十六)

640000－1241－0000894　＊435/004
**郝文忠公陵川文集三十九卷附錄一卷**　(元)郝經撰　清嘉慶三年(1798)刻本　十行二十二字白口左右雙邊　十冊

640000－1241－0000895　＊437/013
**宦拾錄十八卷**　(清)王子音撰　清嘉慶十一年(1806)武寧王氏京師文會堂穆春園刻本　八行十九字白口四周雙邊　八冊

640000－1241－0000896　＊437/061
**魏叔子文集外篇二十二卷首一卷**　(清)魏禧撰　清雍正二年(1724)易堂刻本　九行二十字白口左右雙邊　十二冊

640000－1241－0000897　＊451－1/001
**說鈴抄八卷**　(清)吳震方原輯　(清)華繼刪定　清乾隆十八年(1753)保元堂刻本　九行二十字上下黑口左右雙邊　六冊

640000－1241－0000898　＊451/002－2
**北夢瑣言二十卷**　(宋)孫光憲撰　清乾隆二十一年(1756)雅雨堂刻本　十行二十一字小字雙行同白口四周單邊　二冊

640000－1241－0000899　＊451/002－1
**北夢瑣言二十卷**　(宋)孫光憲撰　明萬曆刻

本　九行二十字小字雙行同白口四周單邊　一册　缺九卷(一至九)

640000－1241－0000900　＊461/002
**昭代詞選三十八卷**　(清)蔣重光選輯　清乾隆三十二年(1767)經鉏堂刻本　十行二十字小字雙行同上下黑口左右雙邊　十三册

640000－1241－0000901　＊461/012
**清綺軒詞選十三卷**　(清)夏秉衡選　清乾隆十六年(1751)清綺軒刻本　六行十二字上下黑口左右雙邊　六册

640000－1241－0000902　＊437/009
**卓山詩集十六卷**　(清)帥家相撰　清嘉慶二年(1797)奉新帥氏刻本　九行十八字小字雙行同白口四周雙邊　八册

640000－1241－0000903　＊44/008
**蠡莊詩話十卷**　(清)袁潔撰　清嘉慶二十年(1815)刻本　八行十六字小字雙行同白口四周雙邊　八册

640000－1241－0000904　＊437/021
**曝書亭集八十卷附録一卷**　(清)朱彝尊撰　**笛漁小稿十卷**　(清)朱昆田撰　清康熙刻本　十二行二十三字小字雙行三十字白口左右雙邊　二十册

640000－1241－0000905　＊437/127
**鮚埼亭集三十八卷首一卷外編五十卷經史問答十卷**　(清)全祖望撰　(清)史夢蛟校　清嘉慶九年(1804)姚江借樹山房刻同治十一年(1872)印本　十行二十一字小字雙行同白口左右雙邊　二十四册

640000－1241－0000906　437/089
**半巖廬遺集二卷**　(清)邵懿辰撰　清光緒三十四年(1908)刻本　九行二十一字白口左右雙邊　二册

640000－1241－0000907　11/019－2
**易象意言一卷**　(宋)蔡淵撰　**易緯乾坤鑿度二卷**　(漢)鄭玄注　清同治十三年(1874)江西書局刻武英殿聚珍版書本　九行二十一字小字雙行同白口四周雙邊　一册

640000－1241－0000908　51/011
**粤雅堂叢書三十集一千三百二卷**　(清)伍崇曜輯　清道光、光緒間南海伍氏刻本　九行二十一字上下黑口左右雙邊　四百十册　缺十八卷(春秋五禮例宗四至六,乾道臨安志四至十五,群書治要四、十三、二十)

640000－1241－0000909　31/040
**繹志十九卷**　(清)胡承諾撰　清同治十一年(1872)浙江書局刻本　十行二十一字白口左右雙邊　八册

640000－1241－0000910　211/001－4
**史記一百三十卷**　(漢)司馬遷撰　(南朝宋)裴駰集解　清刻本　十一行二十二字小字雙行同白口四周雙邊　十七册　缺十二卷(一至七、二十八至三十二)

640000－1241－0000911　437/079
**拙尊園叢稿六卷**　(清)黎庶昌撰　清光緒十九年(1893)上海醉六堂石印本　十行二十五字上下黑口左右雙邊　二册

640000－1241－0000912　437/071
**存素堂文稿四卷補遺一卷詩稿十四卷續編奏疏四卷附壬癸志稿二十八卷頤壽老人[錢寶琛]年譜二卷**　(清)錢寶琛撰　清同治九年(1870)太倉錢氏刻本　十行二十一字白口左右雙邊　十三册

640000－1241－0000913　31/037
**雙節堂庸訓六卷**　(清)汪輝祖纂　清同治七年(1868)湖北崇文書局刻本　十行二十一字小字雙行同白口四周雙邊　二册

640000－1241－0000914　31/035－2
**勸學篇二卷**　(清)張之洞撰　清光緒二十四年(1898)江蘇書局刻本　十行二十字小字雙行同下黑口四周雙邊　二册

640000－1241－0000915　31/048
**揚子法言十三卷音義一卷**　(漢)揚雄撰　(唐)李軌注　清光緒二年(1876)浙江書局刻本　九行二十一字小字雙行同白口左右雙邊　一册

640000－1241－0000916　211/003 部二
**漢書人表考九卷**　(清)梁玉繩撰　**漢書人表考校補一卷**　(清)蔡雲撰　**漢書人表考附錄一卷**　(清)梁學昌輯　清光緒十四年(1888)廣雅書局刻本　十一行二十四字小字雙行同上下黑口四周單邊　四册

640000－1241－0000917　437/073
**顧亭林先生詩箋注十七卷校補一卷**　(清)顧炎武撰　清光緒二十三年(1897)徐氏味靜齋刻本　十一行二十四字小字雙行三十三字白口左右雙邊　六册

640000－1241－0000918　31/029－3
**御纂朱子全書六十六卷**　(宋)朱熹撰　(清)李光地等編　清刻本　九行二十字小字雙行同上下黑口四周單邊　四十六册　缺二卷(一至二)

640000－1241－0000919　31/045 部二
**弟子規不分卷**　(清)李子潛著　清刻本　五行六字白口四周雙邊　一册

640000－1241－0000920　31/045
**弟子規不分卷**　(清)李子潛著　清刻本　五行六字白口四周雙邊　一册

640000－1241－0000921　31/044
**黃氏塾課三卷**　(清)儆居子編　清刻本　九行二十二字小字雙行同白口左右雙邊　一册

640000－1241－0000922　31/046
**媿林漫錄二卷**　(明)瞿式耜輯　清光緒十六年(1890)江蘇書局刻本　十三行二十四字小字雙行同白口左右雙邊　二册

640000－1241－0000923　31/032 部二
**荀子二十卷首一卷**　(唐)楊倞注　王先謙集解　清光緒十七年(1891)思賢講舍刻本　十一行二十四字小字雙行同上下黑口左右雙邊　六册

640000－1241－0000924　31/032
**荀子二十卷首一卷**　(唐)楊倞注　王先謙集解　清光緒十七年(1891)思賢講舍刻本　十一行二十四字小字雙行同上下黑口左右雙邊　六册

640000－1241－0000925　31/031－2
**鹽鐵論二卷**　(漢)桓寬撰　清光緒元年(1875)湖北崇文書局刻本　十二行二十四字小字雙行同上下黑口四周雙邊　二册

640000－1241－0000926　31/047 部二
**人範六卷**　(清)蔣元輯　清光緒二十七年(1901)廣雅書局刻本　十一行二十四字小字雙行同上下黑口四周單邊　一册

640000－1241－0000927　31/035
**勸學篇二卷**　(清)張之洞撰　清光緒二十四年(1898)京師同文館鉛印本　九行二十四字小字雙行同白口四周雙邊　一册

640000－1241－0000928　31/030
**四書反身錄八卷**　(清)李顒撰　清道光十一年(1831)浙江書局刻本　九行二十字小字雙行同白口四周雙邊　四册

640000－1241－0000929　31/011－2
**聖諭廣訓直解一卷**　(清)聖祖玄燁撰　(清)世宗胤禛廣訓　(清)□□直解　清刻本　八行二十一字白口四周雙邊　二册

640000－1241－0000930　211/001
**史記一百三十卷進表一卷職名一卷目錄一卷補一卷史記正義論例謚法解列國分野一卷**　(漢)司馬遷撰　(南朝宋)裴駰集解　(唐)司馬貞索隱　(唐)張守節正義　清光緒二十九年(1903)五洲同文局石印本　十行二十一字小字雙行同上下黑口左右雙邊　二十四册　缺六卷(史記二至七)

640000－1241－0000931　31/013
**人壽金鑑二十二卷**　(清)程得齡輯　清嘉慶二十五年(1820)刻本　十二行二十四字小字雙行同上下黑口左右雙邊　六册

640000－1241－0000932　31/023
**大學衍義四十三卷**　(宋)真德秀撰　清同治十一年(1872)浙江書局刻本　十行二十字小字雙行同白口左右雙邊　十册

640000－1241－0000933　32/002
**莊子集釋十卷**　(戰國)莊周撰　(清)郭慶藩輯　清光緒思賢講舍刻本　十一行二十四字小字雙行同上下黑口左右雙邊　八册

640000－1241－0000934　411/009
**全上古三代秦漢三國六朝文七百四十一卷**　(清)嚴可均輯　清光緒十三年至十九年(1887－1893)廣州廣雅書局刻本　十三行二十五字小字雙行同上下黑口四周單邊　一百册

640000－1241－0000935　31/021
**東越証學錄十六卷**　(明)周汝登著　清木活字印本　十一行二十五字白口四周雙邊　六册

640000－1241－0000936　51/012
**正誼堂全書六十六種五百十四卷**　(清)張伯行輯　清同治五年(1866)福州正誼書局刻八年至九年(1869－1870)增刻本　十行二十二字小字雙行同白口左右雙邊　一百二十册

640000－1241－0000937　31/022
**潛夫論十卷**　(漢)王符撰　清光緒元年(1875)湖北崇文書局刻本　十二行二十四字上下黑口四周雙邊　二册

640000－1241－0000938　31/016
**說苑二十卷**　(漢)劉向撰　清光緒元年(1875)湖北崇文書局刻本　十二行二十四字上下黑口四周雙邊　四册

640000－1241－0000939　13/015
**毛詩注疏二十卷**　(漢)毛亨傳　(漢)鄭玄箋　(唐)陸德明音義　(唐)孔穎達疏　**校勘記二十卷**　(清)阮元撰　(清)盧宣旬摘錄　清同治十三年(1874)湖南書局刻本　九行二十一字小字雙行同白口左右雙邊　十七册

640000－1241－0000940　31/029－2
**御纂朱子全書六十六卷**　(宋)朱熹撰　(清)李光地等編　清江西書局刻本　九行二十字小字雙行同上下黑口四周單邊　四十册

640000－1241－0000941　212－34/007
**漢書辨疑二十二卷**　(清)錢大昭撰　清光緒十三年(1887)廣雅書局刻本　十一行二十四字小字雙行同上下黑口四周單邊　五册

640000－1241－0000942　31/043 部三
**內則衍義十六卷**　(清)世祖福臨撰　清刻本　九行十七字白口四周單邊　八册

640000－1241－0000943　31/043 部二
**內則衍義十六卷**　(清)世祖福臨撰　清刻本　九行十七字白口四周單邊　八册

640000－1241－0000944　31/043
**內則衍義十六卷**　(清)世祖福臨撰　清刻本　九行十七字白口四周單邊　八册

640000－1241－0000945　1/015
**十一經音訓十一種**　(清)楊國楨撰　清光緒三年(1877)湖北崇文書局刻本　行數不等字數不等小字雙行不等白口四周單邊　二十六册

640000－1241－0000946　31/034
**小學纂注六卷**　(宋)朱熹撰　(清)高愈纂註　清同治十一年(1872)浙江書局刻本　十行二十二字小字雙行同白口四周雙邊　二册

640000－1241－0000947　31/033
**小學集解六卷**　(宋)朱熹撰　(清)張伯行輯　清同治八年(1869)江蘇書局刻本　九行十九字小字雙行同白口左右雙邊　二册

640000－1241－0000948　411/004－6
**六臣注文選六十卷**　(南朝梁)蕭統撰　(唐)李善注　清朱墨套印本　十二行二十五字小字雙行三十七字白口左右雙邊　八册　存三十一卷(三十至六十)

640000－1241－0000949　212－34/018
**漢書藝文志考證十卷**　(宋)王應麟撰　清浙江書局刻本　十行二十字小字雙行同白口左右雙邊　二册

640000－1241－0000950　11/12
**周易兼義九卷經典釋文一卷**　(三國魏)王弼注　(唐)孔穎達正義　**周易注疏校勘記九卷**

**釋文校勘記一卷**　(清)阮元撰　(清)盧宣旬摘錄　清同治十二年(1873)江西書局刻本　十行十八字小字雙行二十四字上下黑口左右雙邊　八册

640000－1241－0000951　31/047
**人範六卷**　(清)蔣元輯　清光緒二十七年(1901)廣雅書局刻本　十一行二十四字小字雙行同上下黑口四周單邊　一册

640000－1241－0000952　411/005－3
**御選唐宋詩醇四十七卷目錄二卷**　(清)高宗弘曆選　(清)梁詩正等校刊　清光緒七年(1881)浙江書局刻本　九行十九字白口左右雙邊　二十册

640000－1241－0000953　31/049
**北溪先生字義二卷補遺一卷**　(宋)陳淳撰　清光緒二十一年(1895)味道腴軒刻本　九行二十字上下黑口四周雙邊　二册

640000－1241－0000954　212－34/019 部三
**補後漢書藝文志四卷**　(清)侯康編　清光緒十七年(1891)廣雅書局刻本　十一行二十四字小字雙行同上下黑口四周單邊　一册

640000－1241－0000955　31/053
**童歌養正不分卷**　(清)歸繼先輯　清光緒九年(1883)武昌書局刻本　八行二十字白口四周雙邊　一册

640000－1241－0000956　212－34/017
**補後漢書藝文志考十卷補後漢書藝文志一卷**　曾樸纂　清光緒二十一年(1895)木活字印本　十一行二十四字小字雙行同白口四周雙邊　六册

640000－1241－0000957　31/054
**孔叢子二卷**　(漢)孔鮒撰　清光緒元年(1875)湖北崇文書局刻本　十二行二十四字上下黑口四周雙邊　一册

640000－1241－0000958　31/054 部二
**孔叢子二卷**　(漢)孔鮒撰　清光緒元年(1875)湖北崇文書局刻本　十二行二十四字上下黑口四周雙邊　一册

640000－1241－0000959　31/054 部三
**孔叢子二卷**　(漢)孔鮒撰　清光緒元年(1875)湖北崇文書局刻本　十二行二十四字上下黑口四周雙邊　一册

640000－1241－0000960　11/013
**易大義補一卷**　(清)桂文燦撰　清光緒十九年(1893)刻本　十行二十字小字雙行同上下黑口左右雙邊　一册

640000－1241－0000961　31/027－2
**孔子家語十卷**　(三國魏)王肅注　清光緒元年(1875)湖北崇文書局刻本　十二行二十四字上下黑口四周雙邊　二册

640000－1241－0000962　31/028
**新書十卷**　(漢)賈誼撰　清光緒元年(1875)浙江書局刻本　九行二十一字小字雙行同白口左右雙邊　二册

640000－1241－0000963　11/003 部二
**周易本義四卷圖說一卷**　(宋)朱熹撰　清同治十三年(1874)江西書局刻本　九行十七字小字雙行同白口四周單邊　二册

640000－1241－0000964　411/006 部三
**古文淵鑒六十四卷**　(清)徐乾學等編注　清同治十二年(1873)浙江書局刻本　九行二十字小字雙行同上下黑口四周單邊　三十一册　缺二卷(一至二)

640000－1241－0000965　11/002
**易經詳說五十卷**　(清)冉覲祖撰　清光緒七年(1881)大梁書局刻本　十行二十二字白口四周雙邊　五十册

640000－1241－0000966　31/028－2
**新書十卷**　(漢)賈誼撰　清光緒元年(1875)湖北崇文書局刻本　十二行二十四字上下黑口四周雙邊　二册

640000－1241－0000967　31/028－2 部二
**新書十卷**　(漢)賈誼撰　清光緒元年(1875)湖北崇文書局刻本　十二行二十四字上下黑口四周雙邊　二册

640000－1241－0000968　31/06231/062 部二
**新語二卷**　(漢)陸賈撰　**忠經一卷**　(漢)馬融撰　(漢)鄭玄注　清光緒元年(1875)湖北崇文書局刻本　十二行二十四字上下黑口四周雙邊　一冊

640000－1241－0000969　31/062
**新語二卷**　(漢)陸賈撰　**忠經一卷**　(漢)馬融撰　(漢)鄭玄注　清光緒元年(1875)湖北崇文書局刻本　十二行二十四字上下黑口四周雙邊　一冊

640000－1241－0000970　11/006
**易釋四卷**　(清)黃式三撰　清廣雅書局刻本　十一行二十四字小字雙行同上黑口四周單邊　一冊

640000－1241－0000971　31/063
**孔子集語二卷**　(宋)薛據纂　清光緒元年(1875)湖北崇文書局刻本　十二行二十四字小字雙行同上下黑口四周雙邊　一冊

640000－1241－0000972　31/064
**申鑒五卷**　(漢)荀悅撰　**中論二卷**　(漢)徐幹撰　清光緒元年(1875)湖北崇文書局刻本　十二行二十四字小字雙行同上下黑口四周雙邊　一冊

640000－1241－0000973　31/065
**方言十三卷**　(漢)揚雄撰　(晉)郭璞解　**揚子法言一卷**　(漢)揚雄撰　清光緒元年(1875)湖北崇文書局刻本　十二行二十四字上下黑口四周雙邊　一冊

640000－1241－0000974　11/001－2
**御纂周易折中二十二卷首一卷**　(清)李光地等撰　清同治六年(1867)刻本　十一行二十四字小字雙行同白口左右雙邊　十冊

640000－1241－0000975　31/066
**傅子一卷**　(晉)傅玄撰　**續孟子二卷**　(唐)林慎思撰　清光緒元年(1875)湖北崇文書局刻本　十二行二十四字上下黑口四周雙邊　一冊

640000－1241－0000976　31/066 部二
**傅子一卷**　(晉)傅玄撰　**續孟子二卷**　(唐)林慎思撰　清光緒元年(1875)湖北崇文書局刻本　十二行二十四字上下黑口四周雙邊　一冊

640000－1241－0000977　31/067
**伸蒙子三卷**　(唐)林慎思撰　**素履子三卷**　(唐)張弧撰　清光緒元年(1875)湖北崇文書局刻本　十二行二十四字上下黑口四周雙邊　一冊

640000－1241－0000978　11/001－3
**御纂周易折中二十二卷首一卷**　(清)李光地等撰　清光緒十四年(1888)江南書局刻本　十一行二十四字小字雙行同白口左右雙邊　十冊

640000－1241－0000979　31/068
**胡子知言六卷疑義一卷附錄一卷**　(宋)胡宏撰　**薛子道論二卷**　(明)薛瑄撰　**海樵子一卷**　(明)王崇慶撰　清光緒元年(1875)湖北崇文書局刻本　十二行二十四字上下黑口四周雙邊　一冊

640000－1241－0000980　411/019
**重訂文選集評十五卷首一卷末一卷**　(南朝梁)蕭統選　(清)于光華編次　清同治十一年(1872)江蘇書局刻本　十行二十四字小字雙行三十六字白口左右雙邊　十六冊

640000－1241－0000981　1/022
**五經文字三卷**　(唐)張參撰　清光緒九年(1883)古虞鮑氏後知不足齋刻本　五行字數不等小字雙行不等白口四周單邊　三冊

640000－1241－0000982　1/018
**經讀考異八卷補一卷句讀敘述二卷補一卷附翟晴江四書考異内句讀一卷**　(清)武億撰　清道光二十三年(1843)授堂刻本　十行二十一字白口左右雙邊　二冊

640000－1241－0000983　1/016
**十三經注疏校勘記識語四卷**　(清)汪文臺撰　清光緒三年(1877)江西書局刻本　十行十八字上下黑口左右雙邊　二冊

640000－1241－0000984　31/050－2
**傅子一卷**　（晉）傅玄撰　**帝範四卷**　（唐）太宗李世民撰　清同治十三年(1874)江西書局刻本　九行二十一字小字雙行同白口四周雙邊　一册

640000－1241－0000985　31/052
**公是弟子記四卷**　（宋）劉敞撰　清同治十三年(1874)江西書局刻本　九行二十一字小字雙行同白口四周雙邊　一册

640000－1241－0000986　31/051
**明本釋三卷**　（宋）劉荀撰　清同治十三年(1874)江西書局刻本　九行二十一字小字雙行同白口四周雙邊　二册

640000－1241－0000987　32/004－4 部二
**莊子南華真經三卷**　（戰國）莊周撰　**莊子闕誤一卷**　（明）楊慎撰　清光緒元年(1875)湖北崇文書局刻本　十二行二十四字上下黑口四周雙邊　二册

640000－1241－0000988　51/001－2
**廣漢魏叢書七十八種四百四十四卷**　（明）何允中輯　清嘉慶刻本　六行二十字小字雙行同白口左右雙邊　九十六册　缺七卷(搜神記一至七)

640000－1241－0000989　32/004－4
**莊子南華真經三卷**　（戰國）莊周撰　**莊子闕誤一卷**　（明）楊慎撰　清光緒元年(1875)湖北崇文書局刻本　十二行二十四字上下黑口四周雙邊　二册

640000－1241－0000990　32－1/001
**莊子十卷**　（戰國）莊周撰　（晉）郭象注　（唐）陸德明音義　清光緒二年(1876)浙江書局刻本　九行二十一字小字雙行同白口左右雙邊　四册

640000－1241－0000991　11/005
**周易要義十卷首一卷**　（宋）魏了翁撰　清光緒十二年(1886)江蘇書局刻本　九行十八字小字雙行同上下黑口四周雙邊　四册

640000－1241－0000992　212－34/009
**後漢書九十卷目錄一卷**　（南朝宋）范曄撰　（唐）李賢注　**後漢書志三十卷**　（晉）司馬彪撰　（南朝梁）劉昭注補　清光緒十三年(1887)金陵書局刻本　十二行二十五字小字雙行三十七字白口左右雙邊　十六册

640000－1241－0000993　32/007－2
**老子道德經二卷**　（春秋）李耳撰　（三國魏）王弼注　清同治十三年(1874)江西書局刻本　九行二十一字小字雙行同白口四周雙邊　一册

640000－1241－0000994　32/007－4
**老子道德經二卷**　（春秋）李耳撰　（三國魏）王弼注　清光緒元年(1875)湖北崇文書局刻本　十二行二十四字小字雙行同上下黑口四周雙邊　一册

640000－1241－0000995　32/007－5
**道德真經註四卷**　（元）吳澄述　清光緒元年(1875)湖北崇文書局刻本　十二行二十四字小字雙行同上下黑口四周雙邊　一册

640000－1241－0000996　32/007－3
**老子道德經二卷**　（春秋）李耳撰　（三國魏）王弼注　**音義一卷**　（唐）陸德明撰　清光緒元年(1875)浙江書局刻本　九行二十一字小字雙行同白口左右雙邊　一册

640000－1241－0000997　31/055
**廣理學備考不分卷**　（清）范鄗鼎彙編　清康熙范氏五經堂刻本　九行二十五字小字雙行同白口四周雙邊　四册

640000－1241－0000998　31/025
**文中子中說一卷**　（隋）王通撰　清光緒元年(1875)湖北崇文書局刻本　十二行二十四字上下黑口四周雙邊　一册

640000－1241－0000999　411/031
**東萊先生古文關鍵二卷**　（宋）呂祖謙編　清光緒二十四年(1898)江蘇書局刻本　九行二十一字小字雙行三十一字白口左右雙邊　二册

640000－1241－0001000　31/025－2

**文中子中説十卷**　（隋）王通撰　（宋）阮逸注　清光緒二年(1876)浙江書局刻本　九行二十一字小字雙行同白口左右雙邊　二冊

640000－1241－0001001　1/020
**希鄭堂叢書(潘氏叢書)三種六卷**　（清）潘任撰　清光緒二十年(1894)木活字印本　十行二十四字小字雙行同上黑口左右雙邊　一冊

640000－1241－0001002　211/001－7
**史記一百三十卷**　（漢）司馬遷撰　（南朝宋）裴駰集解　清光緒二十九年(1903)上海點石齋石印本　二十二行五十字小字雙行不等白口四周單邊　六冊

640000－1241－0001003　31/025－2 部二
**文中子中説十卷**　（隋）王通撰　（宋）阮逸注　清光緒二年(1876)浙江書局刻本　九行二十一字小字雙行同白口左右雙邊　二冊

640000－1241－0001004　31/025－2 部三
**文中子中説十卷**　（隋）王通撰　（宋）阮逸注　清光緒二年(1876)浙江書局刻本　九行二十一字小字雙行同白口左右雙邊　二冊

640000－1241－0001005　31/025－3
**文中子中説一卷**　（隋）王通撰　清光緒元年(1875)湖北崇文書局刻本　十二行二十四字小字雙行同上下黑口四周雙邊　一冊

640000－1241－0001006　31/026
**呂子節錄四卷補遺二卷**　（明）呂坤著　（清）陳宏謀評輯　清光緒十三年(1887)江西書局刻本　九行二十一字白口左右雙邊　四冊

640000－1241－0001007　31/027
**孔氏家語十卷**　（三國魏）王肅注　清道光十四年(1834)刻本　九行十七字小字雙行同白口左右雙邊　四冊

640000－1241－0001008　31/061
**刪定荀子一卷**　（戰國）荀況撰　（清）方苞刪定　清刻本　九行十九字小字雙行同下黑口四周單邊　一冊

640000－1241－0001009　1/021
**魏三體石經遺字考一卷**　（清）孫星衍輯　**琴操二卷補遺一卷**　（漢）蔡邕撰　（清）孫星衍補遺　清光緒十一年(1885)吳縣朱氏槐廬家塾刻本　十一行二十字小字雙行同白口左右雙邊　一冊

640000－1241－0001010　411/034－3
**經史百家雜鈔二十六卷**　（清）曾國藩纂　清刻本　十行二十四字小字雙行同下黑口四周單邊　十三冊　存十三卷(十四至二十六)

640000－1241－0001011　32/010
**道德經評注二卷**　（漢）河上公章句　（明）歸有光批閲　清嘉慶九年(1804)姑蘇王氏聚文堂刻本　十一行二十一字小字雙行同上下黑口四周單邊　一冊

640000－1241－0001012　31/050
**傅子一卷**　（晉）傅玄撰　清刻本　九行二十一字小字雙行同白口四周雙邊　一冊

640000－1241－0001013　13/011
**附釋音毛詩注疏二十卷**　（漢）毛亨撰　（漢）鄭玄箋　（唐）陸德明音義　（唐）孔穎達疏　**毛詩注疏校勘記二十卷**　（清）阮元撰　（清）盧宣旬摘錄　清同治十二年(1873)江西書局刻本　十行十八字小字雙行二十三字上下黑口左右雙邊　二十四冊

640000－1241－0001014　31/056
**彙纂功過格十二卷末一卷**　（□）□□撰　清刻本　七行二十一字小字雙行同白口四周雙邊　五冊　缺五卷(一至五)

640000－1241－0001015　211/001－5
**史記一百三十卷目錄一卷**　（漢）司馬遷撰　（南朝宋）裴駰集解　清光緒四年(1878)金陵書局刻本　十二行二十五字小字雙行三十七字白口左右雙邊　十五冊　缺十三卷(史記五十五至六十七)

640000－1241－0001016　13/020
**詩序辨説一卷**　（宋）朱熹撰　清刻本　九行十七字小字雙行同白口左右雙邊　一冊

640000－1241－0001017　34－49/002

**弟子職集解一卷** (清)莊述祖輯 清光緒十四年(1888)江蘇書局刻本 十三行二十二字小字雙行同上下黑口四周雙邊 一册

640000－1241－0001018 33/002－2
**墨子閒詁十五卷目錄一卷附錄一卷後語二卷** (清)孫詒讓撰 清宣統二年(1910)瑞安孫氏刻本 十二行二十字小字雙行同白口左右雙邊 八册

640000－1241－0001019 13/018
**詩經八卷** (宋)朱熹集傳 清刻本 十二行二十一字小字雙行同上下黑口左右雙邊 一册 存四卷(一至四)

640000－1241－0001020 211/003
**漢書人表考九卷** (清)梁玉繩撰 **漢書人表考校補一卷** (清)蔡雲撰 **漢書人表考附錄一卷** (清)梁學昌輯 清光緒十四年(1888)廣雅書局刻本 十一行二十四字小字雙行同上下黑口四周單邊 四册

640000－1241－0001021 34/003 部二
**韓非子集解二十卷首一卷** (戰國)韓非著 (清)王先慎集解 清光緒二十二年(1896)刻本 十一行二十四字小字雙行同上下黑口左右雙邊 六册

640000－1241－0001022 13/017
**毛詩訂詁八卷附錄二卷** (清)顧棟高撰 清光緒二十二年(1896)江蘇書局刻本 十六行二十七字小字雙行同上下黑口左右雙邊 四册

640000－1241－0001023 32/004－3
**莊子南華真經十卷** (戰國)莊周撰 (晉)郭象注 清光緒十一年(1885)傳忠書局刻本 八行十八字小字雙行同白口左右雙邊 八册

640000－1241－0001024 13/016
**詩經二十卷** (漢)毛亨傳 (漢)鄭玄箋 (明)金蟠訂 清永懷堂刻本 九行二十五字小字雙行同白口左右雙邊 三册

640000－1241－0001025 411/033－2
**鳴原堂論文二卷** (清)曾國荃審訂 清同治十二年(1873)勱志齋刻本 十行二十四字小字雙行同白口左右雙邊 一册

640000－1241－0001026 34/003
**韓非子集解二十卷首一卷** (戰國)韓非著 (清)王先慎集解 清光緒二十二年(1896)刻本 十一行二十四字小字雙行同上下黑口左右雙邊 六册

640000－1241－0001027 34/001－3
**管子二十四卷** (春秋)管仲撰 (唐)房玄齡注 清光緒元年(1875)湖北崇文書局刻本 十二行二十四字小字雙行同上下黑口四周雙邊 四册

640000－1241－0001028 141/002
**欽定周官義疏四十八卷首一卷** (清)允祿等撰 清同治十一年(1872)江西書局刻本 八行十八字小字雙行二十二字白口四周雙邊 三十二册

640000－1241－0001029 212－34/014
**後漢三公年表一卷** (清)華湛恩撰 清光緒十七年(1891)廣雅書局刻本 行數不等字數不等小字雙行不等上下黑口四周單邊 一册

640000－1241－0001030 12/007－3
**尚書註疏二十卷** (漢)孔安國傳 (唐)孔穎達疏 (唐)陸德明音義 清同治十三年(1874)湖南書局刻本 九行二十一字小字雙行同白口左右雙邊 八册

640000－1241－0001031 32/020
**亢倉子一卷** (春秋)庚桑楚撰 **玄真子一卷** (唐)張志和撰 **天隱子一卷** (唐)司馬承禎撰 **無能子三卷** (唐)□□撰 **胎息經一卷** (□)幻真先生注 清光緒元年(1875)湖北崇文書局刻本 十二行二十四字小字雙行同上下黑口四周雙邊 一册

640000－1241－0001032 32/020 部二
**亢倉子一卷** (春秋)庚桑楚撰 **玄真子一卷** (唐)張志和撰 **天隱子一卷** (唐)司馬承禎撰 **無能子三卷** (唐)□□撰 **胎息經一卷** (□)幻真先生注 清光緒元年(1875)湖

北崇文書局刻本　十二行二十四字小字雙行同上下黑口四周雙邊　一册

640000－1241－0001033　32/021
**至遊子二卷**　(□)□□撰　清光緒元年(1875)湖北崇文書局刻本　十二行二十四字小字雙行同上下黑口四周雙邊　一册

640000－1241－0001034　12/013
**書經六卷**　(宋)蔡沈集傳　清同治十三年(1874)江西書局刻本　九行十七字小字雙行同白口四周單邊　四册

640000－1241－0001035　32/019 部三
**抱朴子内篇四卷外篇四卷**　(晉)葛洪撰　清光緒元年(1875)湖北崇文書局刻本　十二行二十四字小字雙行同上下黑口四周雙邊　四册

640000－1241－0001036　12/014
**尚書要義二十卷**　(宋)魏了翁撰　清光緒十年(1884)江蘇書局刻本　九行十八字小字雙行同上下黑口四周雙邊　六册

640000－1241－0001037　32/019
**抱朴子内篇四卷**　(晉)葛洪撰　清光緒元年(1875)湖北崇文書局刻本　十二行二十四字小字雙行同上下黑口四周雙邊　二册

640000－1241－0001038　32/019 部二
**抱朴子内篇四卷**　(晉)葛洪撰　清光緒元年(1875)湖北崇文書局刻本　十二行二十四字小字雙行同上下黑口四周雙邊　二册

640000－1241－0001039　32/017－2 部二
**列子二卷**　(戰國)列禦寇撰　清光緒元年(1875)湖北崇文書局刻本　十二行二十四字小字雙行同上下黑口四周雙邊　一册

640000－1241－0001040　13/019
**御纂詩義折中二十卷**　(清)傅恒等撰　清乾隆二十年(1755)刻本　八行二十字小字雙行同白口四周雙邊　十册

640000－1241－0001041　32/017－2
**列子二卷**　(戰國)列禦寇撰　清光緒元年(1875)湖北崇文書局刻本　十二行二十四字小字雙行同上下黑口四周雙邊　一册

640000－1241－0001042　32/017
**列子八卷**　(戰國)列禦寇撰　(晉)張湛注　清光緒二年(1876)浙江書局刻本　九行二十一字小字雙行同白口左右雙邊　二册

640000－1241－0001043　212－34/011
**兩漢書注考證二卷**　(清)何若瑤撰　**史記毛本正誤一卷**　(清)丁晏撰　清光緒十八年至二十年(1892－1894)廣雅書局刻本　十一行二十四字小字雙行同上下黑口四周單邊　一册

640000－1241－0001044　13/014
**詩毛氏傳疏三十卷**　(清)陳奂學　清道光二十七年(1847)吳門南園掃葉山莊刻本　十行二十一字小字雙行同上下黑口左右雙邊　十册

640000－1241－0001045　32/018
**陰符經一卷**　(漢)張良注　**關尹子一卷**　(春秋)尹喜撰　清光緒元年(1875)湖北崇文書局刻本　十二行二十四字小字雙行同上下黑口四周雙邊　一册

640000－1241－0001046　33/002－2 部二
**墨子閒詁十五卷目録一卷附録一卷後語二卷**　(清)孫詒讓撰　清光緒三十三年(1907)刻本　十二行二十字小字雙行同白口左右雙邊　八册

640000－1241－0001047　13/013
**毛詩要義二十卷**　(宋)魏了翁撰　清光緒十二年(1886)江蘇書局刻本　九行十八字上下黑口四周雙邊　十二册

640000－1241－0001048　412－42/004－2
**古唐詩合解十二卷**　(清)王堯衢注　清刻本　十一行二十一字小字雙行同白口左右雙邊　二册　存四卷(一至四)

640000－1241－0001049　13/013 部二
**毛詩要義二十卷**　(宋)魏了翁撰　清光緒十二年(1886)江蘇書局刻本　九行十八字上下

黑口四周雙邊　十二册

640000 - 1241 - 0001050　34/001 - 2
**管子二十四卷**　(春秋)管仲撰　(唐)房玄齡注　清光緒二年(1876)浙江書局刻本　九行二十一字小字雙行同白口左右雙邊　六册

640000 - 1241 - 0001051　412 - 42/004
**古唐詩合解十二卷**　(清)王堯衢注　清綠蔭鑑刻本　十一行二十一字小字雙行同白口左右雙邊　六册

640000 - 1241 - 0001052　11/008
**易經八卷**　(宋)程頤傳　清光緒九年(1883)江南書局刻本　九行十七字小字雙行同白口左右雙邊　三册

640000 - 1241 - 0001053　33/001 - 2
**墨子十六卷**　(戰國)墨翟撰　(清)畢沅校注　清光緒元年(1875)湖北崇文書局刻本　十二行二十四字小字雙行同上下黑口四周雙邊　四册

640000 - 1241 - 0001054　411/047
**八家四六文注八卷**　(清)吳鼒輯　(清)許貞幹注　**補注一卷**　(清)陳衍撰　清光緒十八年(1892)上海圖書集成印書局鉛印本　十三行四十字小字雙行同白口四周單邊　八册

640000 - 1241 - 0001055　212 - 34/012
**後漢書注補正八卷**　(清)周壽昌撰　清光緒十七年(1891)廣雅書局刻本　十一行二十四字小字雙行同上下黑口四周單邊　一册

640000 - 1241 - 0001056　34/001 - 3 部三
**管子二十四卷**　(春秋)管仲撰　(唐)房玄齡注　清光緒元年(1875)湖北崇文書局刻本　十二行二十四字小字雙行同上下黑口四周雙邊　四册

640000 - 1241 - 0001057　34/001 - 3 部二
**管子二十四卷**　(春秋)管仲撰　(唐)房玄齡注　清光緒元年(1875)湖北崇文書局刻本　十二行二十四字小字雙行同上下黑口四周雙邊　四册

640000 - 1241 - 0001058　33/001 - 3
**墨子十六卷**　(戰國)墨翟撰　(清)畢沅校注　清光緒二年(1876)浙江書局刻本　九行二十一字小字雙行同白口左右雙邊　四册

640000 - 1241 - 0001059　12/002
**尚書古今文注疏三十卷**　(清)孫星衍撰　清光緒十一年(1885)朱氏槐廬家塾刻本　九行二十一字小字雙行同白口四周雙邊　八册

640000 - 1241 - 0001060　212 - 34/006 部二
**漢書注校補五十六卷**　(清)周壽昌撰　清光緒十七年(1891)廣雅書局刻本　十一行二十四字小字雙行同上下黑口四周單邊　十六册

640000 - 1241 - 0001061　34/007
**弟子職正音一卷**　(清)王筠撰　清光緒五年(1879)福山王氏天讓閣刻本　十行二十字小字雙行同白口四周單邊　一册

640000 - 1241 - 0001062　12/003 - 3
**欽定書經傳説彙纂二十一卷首二卷書序一卷**　(清)王頊齡等撰　清光緒十四年(1888)江南書局刻本　八行二十一字小字雙行同白口四周雙邊　十二册

640000 - 1241 - 0001063　34/008 - 2
**尸子二卷存疑一卷**　(戰國)尸佼撰　(清)汪繼培輯　清光緒三年(1877)浙江書局刻本　九行二十一字小字雙行同白口左右雙邊　一册

640000 - 1241 - 0001064　12/007
**附釋音尚書注疏二十卷**　(漢)孔安國傳　(唐)陸德明音義　(唐)孔穎达疏　**尚書注疏校勘記二十卷**　(清)阮元撰　(清)盧宣旬摘録　清同治十二年(1873)江西書局刻本　十行十七字小字雙行二十三字上下黑口左右雙邊　十册

640000 - 1241 - 0001065　34/008
**尸子二卷存疑一卷**　(戰國)尸佼撰　(清)汪繼培輯　清光緒三年(1877)浙江書局刻本　九行二十一字小字雙行同白口左右雙邊　一册

640000 - 1241 - 0001066　34/009

**鄧子一卷**　（春秋）鄧析撰　**尸子二卷**　（戰國）尸佼撰　（清）孫星衍校集　清光緒元年（1875）湖北崇文書局刻本　十二行二十四字小字雙行同上下黑口四周雙邊　一册

640000－1241－0001067　12/008
**尚書大傳七卷**　（漢）伏勝撰　（漢）鄭玄注　王闓運補注　清刻本　十一行二十三字小字雙行同上下黑口左右雙邊　一册

640000－1241－0001068　34/009 部二
**鄧子一卷**　（春秋）鄧析撰　**尸子二卷**　（戰國）尸佼撰　（清）孫星衍校集　清光緒元年（1875）湖北崇文書局刻本　十二行二十四字小字雙行同上下黑口四周雙邊　一册

640000－1241－0001069　34/010
**晏子春秋八卷**　（春秋）晏嬰撰　清光緒元年（1875）湖北崇文書局刻本　十二行二十四字小字雙行同上下黑口四周雙邊　二册

640000－1241－0001070　34/010 部二
**晏子春秋八卷**　（春秋）晏嬰撰　清光緒元年（1875）湖北崇文書局刻本　十二行二十四字小字雙行同上下黑口四周雙邊　二册

640000－1241－0001071　34/005
**商子五卷**　（戰國）商鞅撰　清光緒元年（1875）湖北崇文書局刻本　十二行二十四字小字雙行同上下黑口四周雙邊　一册

640000－1241－0001072　12/007－2
**附釋音尚書注疏二十卷**　（漢）孔安國傳（唐）陸德明音義　（唐）孔穎达疏　**尚書注疏校勘記二十卷**　（清）阮元撰　（清）盧宣旬摘錄　清光緒十三年（1887）點石齋石印本　二十行四十六字小字雙行同白口四周雙邊　二册

640000－1241－0001073　34/005 部二
**商子五卷**　（戰國）商鞅撰　清光緒元年（1875）湖北崇文書局刻本　十二行二十四字小字雙行同上下黑口四周雙邊　一册

640000－1241－0001074　34/005 部三
**商子五卷**　（戰國）商鞅撰　清光緒元年（1875）湖北崇文書局刻本　十二行二十四字小字雙行同上下黑口四周雙邊　一册

640000－1241－0001075　34/005－2
**商君書五卷附考一卷**　（戰國）商鞅撰　（清）嚴可均校　清光緒二年（1876）浙江書局刻本　九行二十一字小字雙行同白口左右雙邊　一册

640000－1241－0001076　34/005－2 部二
**商君書五卷附考一卷**　（戰國）商鞅撰　（清）嚴可均校　清光緒二年（1876）浙江書局刻本　九行二十一字小字雙行同白口左右雙邊　一册

640000－1241－0001077　34/004
**韓非子二十卷**　（戰國）韓非撰　**識誤三卷**（清）顧廣圻撰　清光緒元年（1875）浙江書局刻本　九行二十一字小字雙行同白口左右雙邊　六册

640000－1241－0001078　12/016
**書經詳說七十六卷**　（清）冉覲祖撰　清光緒七年（1881）大梁書局刻本　十行二十二字小字雙行同白口四周雙邊　五十册

640000－1241－0001079　12/003－2
**欽定書經傳說彙纂二十一卷首二卷書序一卷**（清）王頊齡撰　清同治七年（1868）刻本　十一行二十四字小字雙行同白口左右雙邊　十二册

640000－1241－0001080　35/003
**知古錄三卷**　（清）恒矜撰　清同治二年（1863）避熱窩刻本　八行二十字小字雙行同白口四周雙邊　三册

640000－1241－0001081　35/002
**行軍指要六卷**　（英國）哈密撰　（美國）金楷理口譯　（清）趙元益筆述　清光緒二十七年（1901）上海製造局刻本　十行二十二字小字雙行同上下黑口左右雙邊　六册

640000－1241－0001082　35/004
**洴澼百金方十四卷首一卷**　（清）袁宮桂編　清道光二十年（1840）陳氏刻本　九行二十四

字白口四周單邊　五册

640000－1241－0001083　11/009
**周易孔義集説二十卷**　(清)沈起元撰　清光緒八年(1882)江蘇書局刻本　十行二十二字白口四周雙邊　八册

640000－1241－0001084　35/005－2
**紀效新書十八卷首一卷**　(明)戚繼光撰　清刻本　九行二十四字小字雙行同白口左右雙邊　四册

640000－1241－0001085　11/018
**郭氏傳家易説十一卷總論一卷**　(宋)郭雍撰　清同治十三年(1874)江西書局刻本　九行二十一字小字雙行同白口四周雙邊　八册

640000－1241－0001086　35/005
**紀效新書十八卷首一卷**　(明)戚繼光撰　清刻本　十行二十一字小字雙行同白口四周雙邊　十册

640000－1241－0001087　11/021
**易緯乾鑿度二卷易緯稽覽圖二卷易緯辨終備一卷**　(漢)鄭玄注　清同治十三年(1874)江西書局刻本　九行二十一字小字雙行同白口四周雙邊　一册

640000－1241－0001088　35/015
**孫子十家注十三卷**　(春秋)孫武撰　(漢)曹操等注　(宋)吉天保輯　(清)孫星衍　(清)吳人驥校　**敘錄一卷**　(清)畢以珣撰　**遺説一卷**　(宋)鄭友賢撰　清光緒三年(1877)浙江書局刻本　九行二十一字小字雙行同白口左右雙邊　六册

640000－1241－0001089　11/021 部二
**易緯乾鑿度二卷易緯稽覽圖二卷易緯辨終備一卷**　(漢)鄭玄注　清同治十三年(1874)江西書局刻本　九行二十一字小字雙行同白口四周雙邊　一册

640000－1241－0001090　11/022
**易緯通卦驗二卷易緯乾元序制記一卷易緯是類謀一卷易緯坤靈圖一卷**　(漢)鄭玄注　清同治十三年(1874)江西書局刻本　九行二十一字小字雙行同白口四周雙邊　一册

640000－1241－0001091　35/007
**韜鈐拾慧錄一卷**　(清)恒矜撰　清同治二年(1863)避熱窩刻本　八行二十字小字雙行同白口四周雙邊　一册

640000－1241－0001092　36/001
**農政全書六十卷**　(明)徐光啟撰　清光緒二十六年(1900)上海文海書局石印本　十八行四十字小字雙行同上下黑口四周雙邊　八册

640000－1241－0001093　13/012
**詩經詳説九十四卷**　(清)冉覲祖撰　清光緒七年(1881)大梁書局刻本　十行二十二字小字雙行同白口四周雙邊　六十册

640000－1241－0001094　212－34/022
**漢書評林一百卷目錄一卷**　(漢)班固撰　(唐)顏師古注　(明)淩稚隆輯　清光緒十四年(1888)山西濬文書局刻本　十行二十字小字雙行同白口左右雙邊　四十八册

640000－1241－0001095　36/002
**捕蝗圖説一卷要説一卷**　(清)錢炘和輯　清同治八年(1869)湖北崇文書局刻本　十行二十二字小字雙行同白口四周雙邊　一册

640000－1241－0001096　411/048
**漢魏百三名家集十八種十九卷**　(明)張溥輯　清光緒十八年(1892)善化章氏經濟堂刻本　六行十八字小字雙行同白口左右雙邊　十五册　缺一卷(庾開府二)

640000－1241－0001097　51/009
**武英殿聚珍版叢書五十一種三百八十四卷**　(清)紀昀等編　清同治十三年(1874)江西書局刻本　九行二十一字小字雙行同白口左右雙邊　一百十八册

640000－1241－0001098　19/011
**蜚雲閣淩氏叢書六種四十卷**　(明)淩曙撰　清嘉慶至道光江都淩氏蜚雲閣刻本　十一行二十二字白口左右雙邊　二十四册

640000－1241－0001099　51/001－3

**增訂漢魏叢書八十七種四百八十六卷** (清)王謨輯 清光緒二十年(1894)湖南藝文書局刻本 十行二十字小字雙行同白口左右雙邊 一百册

640000－1241－0001100 212－36/001
**三國志六十五卷目錄一卷** (晉)陳壽撰 (南朝宋)裴松之注 清光緒二十九年(1903)五洲同文局石印本 十行二十一字小字雙行同上下黑口左右雙邊 十四册

640000－1241－0001101 212－34/021
**兩漢刊誤補遺十卷** (宋)吳仁傑撰 清同治七年(1868)金陵書局木活字印本 九行二十一字小字雙行同白口四周單邊 二册

640000－1241－0001102 212－34/024
**漢志水道疏證四卷** (清)洪頤煊撰 清光緒十八年(1892)廣雅書局刻本 十一行二十四字小字雙行同上下黑口四周單邊 一册

640000－1241－0001103 212－34/023
**續漢志三十卷** (晉)司馬彪撰 (南朝梁)劉昭注 清點石齋石印本 二十二行五十字小字雙行不等白口四周單邊 一册

640000－1241－0001104 212－34/016
**補續漢書藝文志一卷** (清)錢大昭撰 清光緒十四年(1888)廣雅書局刻本 十一行二十四字小字雙行同上下黑口四周單邊 一册

640000－1241－0001105 212－34/007－2
**續漢書辨疑九卷** (清)錢大昭撰 清光緒十四年(1888)廣雅書局刻本 十一行二十四字小字雙行同上下黑口四周單邊 一册

640000－1241－0001106 212－34/008
**漢書西域傳補注二卷** (清)徐松撰 清光緒二十年(1894)廣雅書局刻本 十一行二十四字小字雙行同上下黑口四周單邊 一册

640000－1241－0001107 212－34/019
**補後漢書藝文志四卷** (清)侯康編 清光緒十七年(1891)廣雅書局刻本 十一行二十四字小字雙行同上下黑口四周單邊 一册

640000－1241－0001108 212－34/019 部二
**補後漢書藝文志四卷** (清)侯康編 清光緒十七年(1891)廣雅書局刻本 十一行二十四字小字雙行同上下黑口四周單邊 一册

640000－1241－0001109 412－49/009
**八旗文經五十六卷作者考三卷敘錄一卷** (清)盛昱 楊鍾義編 清光緒二十七年(1901)武昌刻本 十二行二十三字上下黑口左右雙邊 二册

640000－1241－0001110 212－34/015
**後漢書補表八卷** (清)錢大昭撰 清光緒十七年(1891)廣雅書局刻本 行數不等字數不等小字雙行不等上下黑口四周單邊 三册

640000－1241－0001111 412－49/011－2
**湖海文傳七十五卷** (清)王昶輯 清道光十七年(1837)經訓堂刻本 十二行二十三字上下黑口左右雙邊 十四册

640000－1241－0001112 212－34/026
**漢書疏證三十六卷** (清)沈欽韓撰 清光緒二十六年(1900)浙江官書局刻本 十行二十二字小字雙行同白口左右雙邊 二十四册

640000－1241－0001113 212－34/009－2
**後漢書一百二十卷目錄一卷** (南朝宋)范曄撰 (唐)李賢注 清光緒二十九年(1903)五洲同文局石印本 十行二十一字小字雙行同上下黑口左右雙邊 二十八册

640000－1241－0001114 212－34/009－4
**後漢書九十卷目錄一卷** (南朝宋)范曄撰 (唐)李賢注 **續漢志三十卷** (晉)司馬彪撰 (南朝梁)劉昭注 清光緒二十九年(1903)上海點石齋石印本 二十二行五十字小字雙行不等白口四周單邊 五册

640000－1241－0001115 212－34/009－3
**後漢書九十卷** (南朝宋)范曄撰 (唐)李賢注 **續漢志三十卷** (晉)司馬彪撰 (南朝梁)劉昭注 清光緒九年(1883)上海點石齋石印本 二十二行五十字小字雙行不等白口四周單邊 四册

640000－1241－0001116　413/005
**蜀秀集九卷**　（清）譚宗濬編　清光緒五年（1879）成都試院刻本　十行二十字下黑口左右雙邊　十冊

640000－1241－0001117　251.1/003
**後漢紀三十卷**　（晉）袁宏撰　清光緒二年（1876）嶺南學海堂刻本　十行二十字白口左右雙邊　七冊

640000－1241－0001118　212－34/001－2
**前漢書一百卷目錄一卷**　（漢）班固撰　（唐）顏師古注　清光緒十三年（1887）金陵書局刻本　十二行二十五字小字雙行三十七字白口左右雙邊　十六冊

640000－1241－0001119　33/002:2
**墨子後語二卷**　（清）孫詒讓撰　清刻本　十二行二十字小字雙行同白口左右雙邊　一冊

640000－1241－0001120　36/005
**農務全書上編十六卷中編十六卷下編十六卷**　（美國）施妥縷撰　舒高第口譯　趙詒琛筆述　清宣統元年（1909）江南製造局刻本　十行二十二字上下黑口左右雙邊　十八冊　缺十三卷（中編八至十六、下編一至四）

640000－1241－0001121　59.9/001－2
**二十二子二十二種三百三十九卷**　（清）浙江書局輯　清光緒浙江書局刻本　九行二十一字小字雙行同白口左右雙邊　六十六冊　缺十卷（韓非子一至四、莊子一至六）

640000－1241－0001122　212－34/001－3
**前漢書一百卷目錄一卷**　（漢）班固撰　（唐）顏師古注　清光緒二十九年（1903）五洲同文局石印本　十行二十一字小字雙行同上下黑口左右雙邊　三十二冊

640000－1241－0001123　212－34/005
**前漢書藝文志一卷**　（漢）班固撰　（唐）顏師古注　清光緒八年（1882）刻本　十行二十一字小字雙行同白口左右雙邊　一冊

640000－1241－0001124　412－49/004－3
**皇朝經世文編一百二十卷姓名總目三卷**　（清）賀長齡輯　清光緒十二年（1886）思補樓石印本　十六行四十二字白口四周雙邊　六十冊

640000－1241－0001125　51/010
**古逸叢書二十六種二百七卷**　（清）黎庶昌輯　清光緒十年（1884）遵義黎氏日本東京使署影刻本　行數不等字數不等小字雙行不等白口左右雙邊　四十九冊

640000－1241－0001126　37/009
**全體通考十八卷**　（英國）德貞撰　清光緒十二年（1886）同文館鉛印本　九行二十字小字雙行同白口四周雙邊　十四冊　缺五卷（七、十三、十五至十六、十八）

640000－1241－0001127　412－49/005
**皇朝經世文新編二十一卷**　麥仲華輯　清光緒二十七年（1901）夢坡室石印本　十五行三十至三十三字上下黑口四周雙邊　十八冊

640000－1241－0001128　212－34/006
**漢書注校補五十六卷**　（清）周壽昌撰　清光緒十七年（1891）廣雅書局刻本　十一行二十四字小字雙行同上下黑口四周單邊　十冊

640000－1241－0001129　35/009
**孫子遺說一卷**　（宋）鄭友賢撰　**孫子敘錄一卷**　（清）畢以珣撰　清刻本　十二行二十四字上下黑口左右雙邊　一冊

640000－1241－0001130　413/007－1
**國朝金陵詩徵四十八卷**　（清）朱緒曾編　清光緒十一年（1885）刻本　十二行二十三字小字雙行同上下黑口左右雙邊　十六冊

640000－1241－0001131　413/007－2
**續金陵詩徵六卷首一卷**　（清）朱緒曾輯　清光緒二十年（1894）刻本　十二行二十三字小字雙行同上下黑口左右雙邊　六冊

640000－1241－0001132　212－36/010
**續後漢書四十二卷音義四卷**　（宋）蕭常撰　清道光二十一年（1841）郁氏宜稼堂刻本　十一行二十二字小字雙行同上下黑口左右雙邊　七冊

640000－1241－0001133　31/069
**孔子集語十七卷**　(清)孫星衍撰　清光緒三年(1877)浙江書局刻本　九行二十一字小字雙行同白口左右雙邊　四册

640000－1241－0001134　431/001
**陶淵明詩一卷**　(晉)陶潛撰　清光緒元年(1875)刻本　十行十六字小字雙行同白口左右雙邊　一册

640000－1241－0001135　431/001－2部二
**陶淵明集八卷首一卷末一卷**　(晉)陶潛撰　清光緒六年(1880)刻三色套印本　七行二十字小字雙行同白口左右雙邊　四册

640000－1241－0001136　35/005:2
**練兵實紀九卷雜集六卷**　(明)戚繼光撰　清刻本　十行二十一字白口四周雙邊　十册

640000－1241－0001137　212－34/001－4
**前漢書一百卷**　(漢)班固撰　(唐)顔師古注　清石印本　十三行四十字小字雙行同白口四周單邊　十九册　缺七卷(八十七至九十三)

640000－1241－0001138　37/007
**濟急法不分卷**　(英國)舍白辣撰　(英國)秀耀春口譯　(清)趙元益筆述　清光緒二十九年(1903)江南製造局刻本　十行二十二字上下黑口左右雙邊　一册

640000－1241－0001139　42/002－2部二
**楚辭集注八卷辯證二卷後語六卷**　(宋)朱熹集注　清光緒八年(1882)江蘇書局刻本　九行十七字小字雙行同上下黑口左右雙邊　四册

640000－1241－0001140　37/008
**婦科不分卷**　(美國)湯麥斯著　舒高第(清)鄭昌棪譯　清光緒二十六年(1900)江南製造局鉛印本　十行二十四字上黑口四周雙邊　五册

640000－1241－0001141　212－37/001－2
**晉書一百三十卷**　(唐)房玄齡等撰　**晉書音義三卷**　(唐)何超撰　清同治十年(1871)金陵書局刻本　十二行二十五字小字雙行不等白口左右雙邊　二十册

640000－1241－0001142　35/011
**風后握奇經一卷**　(漢)公孫弘解　**六韜三卷**　(西周)姜尚撰　清光緒元年(1875)湖北崇文書局刻本　十二行二十四字上下黑口四周雙邊　一册

640000－1241－0001143　212－37/001
**晉書一百三十卷**　(唐)房玄齡等撰　**晉書音義三卷**　(唐)何超撰　清光緒二十九年(1903)五洲同文局石印本　十行二十一字小字雙行同上下黑口左右雙邊　三十册

640000－1241－0001144　212－37/001部二
**晉書一百三十卷**　(唐)房玄齡等撰　**晉書音義三卷**　(唐)何超撰　清光緒二十九年(1903)五洲同文局石印本　十行二十一字小字雙行同上下黑口左右雙邊　三十册

640000－1241－0001145　36/004
**農桑輯要七卷**　(元)司農司撰　清刻本　九行十五字白口四周雙邊　二册

640000－1241－0001146　432/002:2
**王子安集十六卷**　(唐)王勃撰　清鄒氏叢雅居重刊星渚項氏刻本　九行二十一字白口左右雙邊　三册

640000－1241－0001147　37/004
**千金寶要六卷**　(唐)孫思邈撰　清光緒十一年(1885)朱氏槐廬家塾刻本　十一行二十字白口左右雙邊　一册

640000－1241－0001148　431/004
**梁昭明太子文集五卷補遺一卷**　(南朝梁)蕭統撰　**文選考異一卷**　(宋)尤袤撰　**蕭茂挺集一卷**　(唐)蕭穎士撰　清光緒二十三年(1897)武進盛氏刻本　十四行二十五字上下黑口左右雙邊　一册

640000－1241－0001149　35/008
**武備輯要六卷**　(清)許乃釗撰　清道光十二年(1832)廣州刻本　十行二十一字上下黑口左右雙邊　四册

640000－1241－0001150　431/006
**沈隱侯集二卷**　(南朝梁)沈約著　清光緒十八年(1892)善化章經濟堂刻本　九行十八字白口左右雙邊　四册

640000－1241－0001151　35/006
**鄉兵管見三卷**　(清)李東撰　清咸豐九年(1859)刻本　九行二十二字下黑口左右雙邊　一册

640000－1241－0001152　37/005
**增注類證活人書二十二卷釋音一卷藥性一卷**　(宋)朱肱撰　(明)吳勉學校　清光緒十年(1884)江南機器製造總局刻本　十行二十字小字雙行同上下黑口左右雙邊　四册

640000－1241－0001153　212－42/002－2
**唐書二百二十五卷**　(宋)歐陽修　(宋)宋祁撰　清同治十二年(1873)浙江書局刻本　十二行二十五字小字雙行三十七字白口左右雙邊　四十册

640000－1241－0001154　37/012
**補注黄帝内經素問二十四卷**　(唐)王冰注　(宋)林億等校正　(宋)孫兆改誤　**黄帝内經素問遺篇一卷**　(宋)劉溫舒注　**黄帝内經靈樞十二卷**　(宋)史崧音釋　清光緒三年(1877)浙江書局刻本　九行二十一字小字雙行同白口左右雙邊　十册

640000－1241－0001155　212－39/015－2
**北史一百卷**　(唐)李延壽撰　清同治十一年(1872)金陵書局刻本　十二行二十五字小字雙行不等白口左右雙邊　二十册

640000－1241－0001156　432/018
**孟東野集十卷附一卷**　(唐)孟郊撰　**追昔遊集三卷**　(唐)李紳撰　清宣統二年(1910)上海著易堂石印本　十二行二十六字白口四周雙邊　四册

640000－1241－0001157　49.9/001
**屈原賦二十五篇**　(戰國)屈原撰　(清)王仁堪等錄　清光緒十六年(1890)退想齋石印本　九行二十二字白口四周單邊　二册

640000－1241－0001158　36/006
**齊民要術十卷**　(北魏)賈思勰撰　清光緒元年(1875)湖北崇文書局刻本　十二行二十四字小字雙行同上下黑口四周雙邊　四册

640000－1241－0001159　432/011
**李義山詩集三卷**　(唐)李商隱撰　清宣統元年(1909)刻本　九行十九字白口四周單邊　二册

640000－1241－0001160　212－36/002 部二
**補三國疆域志二卷**　(清)洪亮吉撰　清光緒十七年(1891)廣雅書局刻本　十一行二十四字小字雙行同上下黑口四周單邊　一册

640000－1241－0001161　35/013
**尉繚子二卷**　(戰國)尉繚撰　**素書一卷**　(漢)黄石公撰　**心書一卷**　(三國蜀)諸葛亮撰　清光緒元年(1875)湖北崇文書局刻本　十二行二十四字上下黑口四周雙邊　一册

640000－1241－0001162　212－36/009 部二
**補三國藝文志四卷**　(清)侯康撰　清光緒十三年(1887)廣雅書局刻本　十一行二十四字小字雙行同上下黑口四周單邊　一册

640000－1241－0001163　35/012
**孫子三卷**　(春秋)孫武撰　**吳子二卷**　(戰國)吳起撰　**司馬法一卷**　(春秋)司馬穰苴撰　清光緒元年(1875)湖北崇文書局刻本　十二行二十四字上下黑口四周雙邊　一册

640000－1241－0001164　212－36/004
**三國志注證遺四卷補四卷**　(清)周壽昌撰　清光緒十七年(1891)廣雅書局刻本　十一行二十四字小字雙行同上下黑口四周單邊　一册

640000－1241－0001165　35/014
**何博士備論二卷**　(宋)何去非撰　**宋丞相李忠定公輔政本末一卷**　(宋)□□撰　清光緒元年(1875)湖北崇文書局刻本　十二行二十四字上下黑口四周雙邊　一册

640000－1241－0001166　212－36/003
**三國志考證八卷**　(清)潘眉撰　清光緒十五

年(1889)廣雅書局刻本　十一行二十四字小字雙行同上下黑口四周單邊　二册

640000－1241－0001167　212－36/006
**三國志證聞三卷**　(清)錢儀吉撰　清光緒十一年(1885)江蘇書局刻本　十二行二十五字小字雙行同白口左右雙邊　二册

640000－1241－0001168　35/010
**六韜六卷**　(西周)姜尚撰　**六韜逸文一卷**　(清)孫同元輯　清光緒十一年(1885)吴縣朱氏槐廬家塾刻本　十一行二十字白口左右雙邊　一册

640000－1241－0001169　212－36/002
**補三國疆域志二卷**　(清)洪亮吉撰　清光緒十七年(1891)廣雅書局刻本　十一行二十四字小字雙行同上下黑口四周單邊　一册

640000－1241－0001170　37/003
**補注黄帝内經素問二十四卷**　(唐)王冰注　(宋)林億等校正　(宋)孫兆改誤　**黄帝内經素問遺篇一卷**　(宋)劉溫舒注　**黄帝内經靈樞十二卷**　(宋)史崧音釋　清光緒三年(1877)浙江書局刻本　九行二十一字小字雙行同白口左右雙邊　十册

640000－1241－0001171　35/014 部二
**何博士備論二卷**　(宋)何去非撰　**宋丞相李忠定公輔政本末一卷**　(宋)□□撰　清光緒元年(1875)湖北崇文書局刻本　十二行二十四字上下黑口四周雙邊　一册

640000－1241－0001172　35/012 部二
**孫子三卷**　(春秋)孫武撰　**吴子二卷**　(戰國)吴起撰　**司馬法一卷**　(春秋)司馬穰苴撰　清光緒元年(1875)湖北崇文書局刻本　十二行二十四字上下黑口四周雙邊　一册

640000－1241－0001173　212－36/008
**三國紀年表一卷**　(清)周嘉猷撰　清光緒十七年(1891)廣雅書局刻本　行數不等字數不等上下黑口四周單邊　一册

640000－1241－0001174　212－36/009
**補三國藝文志四卷**　(清)侯康撰　清光緒十三年(1887)廣雅書局刻本　十一行二十四字小字雙行同上下黑口四周單邊　一册

640000－1241－0001175　3103/002
**學樂録四卷**　(清)李塨撰　清刻本　十二行二十五字上下黑口左右雙邊　一册

640000－1241－0001176　433/014 部二
**龍川文集三十卷附録二卷**　(宋)陳亮撰　**辨僞考異二卷**　(清)胡鳳丹輯　清光緒元年(1875)湖北崇文書局刻本　十行二十字白口四周雙邊　十册

640000－1241－0001177　433/005 部二
**王臨川全集一百卷目録二卷**　(宋)王安石撰　清光緒九年(1883)聽香館刻本　十一行二十二字上下黑口左右雙邊　十四册

640000－1241－0001178　212－36/007
**三國職官表三卷**　(清)洪飴孫撰　清光緒十七年(1891)廣雅書局刻本　十一行二十四字小字雙行同上下黑口四周單邊　三册

640000－1241－0001179　433/012 部二
**水心先生文集二十九卷補遺一卷别集十六卷**　(宋)葉適撰　清光緒八年(1882)瑞安孫氏刻本　十三行二十二字上下黑口左右雙邊　十二册

640000－1241－0001180　212－37/003
**廣雅書局叢書三十八種七十四卷**　(清)廣雅書局輯　清光緒廣雅書局刻本　十一行二十四字小字雙行同上下黑口四周單邊　十册

640000－1241－0001181　381/007
**論衡三十卷**　(漢)王充撰　清光緒元年(1875)湖北崇文書局刻本　十二行二十四字上下黑口四周雙邊　六册

640000－1241－0001182　433/012
**水心先生文集二十九卷補遺一卷别集十六卷**　(宋)葉適撰　清光緒八年(1882)瑞安孫氏刻本　十三行二十二字上下黑口左右雙邊　十六册

640000－1241－0001183　382/020

**澗泉日記三卷** （宋）韓淲撰 清同治十三年(1874)江西書局刻本 九行二十一字小字雙行同白口四周雙邊 一册

640000－1241－0001184 54－49/026
**西河合集二集一百十八種四百九十三卷** (清)毛奇齡撰 清康熙蕭山陸凝瑞堂刻本 十行二十字小字雙行十九字白口四周單邊 一百二十册

640000－1241－0001185 212－34/002
**漢書補注一百卷首一卷** （漢）班固撰 （唐）顏師古注 王先謙補注 清光緒二十六年(1900)長沙王氏刻本 十二行二十五至二十七字小字雙行二十五字白口左右雙邊 三十二册

640000－1241－0001186 382/021
**敬齋古今黈八卷** （元）李冶撰 清同治十三年(1874)江西書局刻本 九行二十一字小字雙行同白口四周雙邊 二册

640000－1241－0001187 381－49/001
**鬻子一卷補一卷** （西周）鬻熊撰 （唐）逄行珪注 **計倪子一卷** （春秋）計然撰 **於陵子一卷** （戰國）田仲撰 **子華子二卷** （春秋）程本撰 清光緒元年(1875)湖北崇文書局刻本 十二行二十四字上下黑口四周雙邊 一册

640000－1241－0001188 433/008 部二
**蘇文忠公詩編注集成四十六卷總案四十五卷** （清）王文誥輯訂 清光緒十四年(1888)浙江書局刻本 十一行三十字小字雙行同白口左右雙邊 十三册 缺三十四卷（十三至四十六）

640000－1241－0001189 433/008：2
**蘇文忠公詩集五十卷目錄二卷** （宋）蘇軾撰 （清）紀昀評點 清同治八年(1869)韞玉山房刻朱墨套印本 十行二十一字小字雙行同白口左右雙邊 八册

640000－1241－0001190 381－49/001 部二
**鬻子一卷補一卷** （西周）鬻熊撰 （唐）逄行珪注 **計倪子一卷** （春秋）計然撰 **於陵子一卷** （戰國）田仲撰 **子華子二卷** （春秋）程本撰 清光緒元年(1875)湖北崇文書局刻本 十二行二十四字上下黑口四周雙邊 一册

640000－1241－0001191 381－49/003
**金樓子六卷** （南朝梁）元帝蕭繹撰 清光緒元年(1875)湖北崇文書局刻本 十二行二十四字上下黑口四周雙邊 二册

640000－1241－0001192 381/004
**劉子二卷** （北齊）劉晝撰 清光緒元年(1875)湖北崇文書局刻本 十二行二十四字上下黑口四周雙邊 一册

640000－1241－0001193 212－34/003
**校漢書八表八卷** （清）夏燮撰 清光緒十六年(1890)江城公所刻本 十一行二十四字小字雙行同上黑口四周雙邊 六册

640000－1241－0001194 381/010
**聱隅子歔欷瑣微論二卷** （宋）黄晞撰 **嬾真子五卷** （宋）馬永卿撰 **廣成子解一卷** （宋）蘇軾纂 清光緒元年(1875)湖北崇文書局刻本 十二行二十四字上下黑口四周雙邊 一册

640000－1241－0001195 212－36/001－2
**三國志六十五卷** （晉）陳壽撰 （南朝宋）裴松之注 清光緒十三年(1887)江南書局刻本 十二行二十五字小字雙行三十七字白口左右雙邊 八册

640000－1241－0001196 381/010 部二
**聱隅子歔欷瑣微論二卷** （宋）黄晞撰 **嬾真子五卷** （宋）馬永卿撰 **廣成子解一卷** （宋）蘇軾纂 清光緒元年(1875)湖北崇文書局刻本 十二行二十四字上下黑口四周雙邊 一册

640000－1241－0001197 381/011
**叔苴子内篇六卷外篇二卷** （明）莊元臣撰 清光緒元年(1875)湖北崇文書局刻本 十一行二十四字上下黑口四周雙邊 一册

640000－1241－0001198　381/012
**郁離子一卷**　(明)劉基撰　**空同子一卷**　(明)李夢陽撰　**海沂子五卷**　(明)王文祿撰　清光緒元年(1875)湖北崇文書局刻本　十二行二十四字上下黑口四周雙邊　一册

640000－1241－0001199　381/012 部二
**郁離子一卷**　(明)劉基撰　**空同子一卷**　(明)李夢陽撰　**海沂子五卷**　(明)王文祿撰　清光緒元年(1875)湖北崇文書局刻本　十二行二十四字上下黑口四周雙邊　一册

640000－1241－0001200　381/016
**白虎通疏證十二卷**　(清)陳立撰　清光緒元年(1875)淮南書局刻本　十二行二十四字小字雙行同白口左右雙邊　四册

640000－1241－0001201　381/006
**顔氏家訓二卷**　(北齊)顔之推撰　清光緒元年(1875)湖北崇文書局刻本　十二行二十四字上下黑口四周雙邊　一册

640000－1241－0001202　212－42/003 部二
**唐書釋音二卷**　(宋)董衝撰　清刻本　十二行二十五字小字雙行同白口左右雙邊　一册

640000－1241－0001203　381/006 部二
**顔氏家訓二卷**　(北齊)顔之推撰　清光緒元年(1875)湖北崇文書局刻本　十二行二十四字上下黑口四周雙邊　一册

640000－1241－0001204　381/008
**獨斷一卷**　(漢)蔡邕撰　清光緒元年(1875)湖北崇文書局刻本　十二行二十四字上下黑口四周雙邊　一册

640000－1241－0001205　381/009
**風俗通義十卷**　(漢)應劭撰　清光緒元年(1875)湖北崇文書局刻本　十二行二十四字上下黑口四周雙邊　二册

640000－1241－0001206　382/011
**輟耕録三十卷**　(明)陶宗儀撰　清光緒十一年(1885)上海福瀛書局刻本　十行二十一字白口左右雙邊　八册

640000－1241－0001207　381/027
**述學内篇三卷補遺一卷外篇一卷别録一卷附録一卷**　(清)汪中撰　**校勘記一卷**　(清)方濬頤撰　清同治八年(1869)揚州書局刻本　十三行三十字白口左右雙邊　二册

640000－1241－0001208　433/016
**山谷詩集注二十卷外集詩注十七卷别集詩注二卷**　(宋)黄庭堅撰　清光緒二十一年(1895)刻本　九行十六字小字雙行同上下黑口左右雙邊　二十册

640000－1241－0001209　212－42/003
**唐書釋音二卷**　(宋)董衝撰　清刻本　十二行二十五字小字雙行同白口左右雙邊　一册

640000－1241－0001210　212－42/004
**新舊唐書互證二十卷**　(清)趙紹祖撰　清光緒十七年(1891)廣雅書局刻本　十一行二十四字小字雙行同上下黑口四周單邊　四册

640000－1241－0001211　37/010
**御纂醫宗金鑑九十卷**　(清)吴謙等纂　清刻本　九行十九字白口四周雙邊　二十八册　存四十一卷(五十至九十)

640000－1241－0001212　212－42/005
**舊唐書校勘記六十六卷**　(清)羅士琳等校訂　清同治十一年(1872)定遠方氏刻本　十二行二十五字小字雙行同白口左右雙邊　十六册　缺十五卷(四十五至五十九)

640000－1241－0001213　53/003
**二程全書七種六十七卷**　(宋)程顥　(宋)程頤撰　清星沙小嫏嬛山館刻本　十二行二十二字小字雙行同上下黑口左右雙邊　十七册　缺三卷(周易程氏傳二至四)

640000－1241－0001214　251.1/004
**補晉兵志一卷**　(清)錢儀吉撰　**晉宋書故一卷**　(清)郝懿行撰　清光緒十七年(1891)廣雅書局刻本　十一行二十四字小字雙行同上下黑口四周單邊　一册

640000－1241－0001215　51/62
**唐代叢書六集一百六十四種一百七十卷**

(清)王文誥輯　清同治三年(1864)緯文堂刻本　九行二十一字白口左右雙邊　二十册

640000－1241－0001216　212－39/002
**南北史表三種七卷**　(清)周嘉猷撰　清光緒十八年(1892)廣雅書局刻本　十一行二十四字小字雙行不等上下黑口四周單邊　四册

640000－1241－0001217　212－39/003
**宋書一百卷**　(南朝梁)沈約撰　清同治十一年(1872)金陵書局刻本　十二行二十五字小字雙行不等白口左右雙邊　十六册

640000－1241－0001218　212－39/001
**南北史補志十四卷補志贊一卷**　(清)汪士鐸撰　清光緒四年(1878)淮南書局刻本　十二行二十五字小字雙行同白口左右雙邊　六册

640000－1241－0001219　212－38/002
**十六國春秋輯補一百卷年表一卷十六國春秋纂錄校本十卷校勘記一卷**　(清)湯球輯　清光緒二十一年(1895)廣雅書局刻本　十一行二十四字小字雙行同上下黑口四周單邊　十一册

640000－1241－0001220　51/002 部二
**雅雨堂叢書十種一百三十二卷**　(清)盧見曾輯　清乾隆盧氏雅雨堂刻本　十行二十一字白口四周單邊　二十七册

640000－1241－0001221　212－37/004－2
**補晉書藝文志四卷附錄一卷補遺一卷**　(清)丁國鈞撰　(清)丁辰注　**補晉書藝文志刊誤一卷**　(清)丁辰撰　清廣雅書局刻本　十一行二十四字小字雙行同上下黑口四周單邊　二册

640000－1241－0001222　212－39/010 部二
**西魏書二十四卷敘錄一卷附錄一卷**　(清)謝啟昆撰　清光緒廣雅書局刻本　十一行二十四字小字雙行同上下黑口四周單邊　六册

640000－1241－0001223　51/005
**玉函山房輯佚書目耕帖續補十六卷附二卷**　(清)馬國翰輯　清光緒十五年(1889)章邱李元璡刻本　九行二十字小字雙行同白口四周雙邊　四册

640000－1241－0001224　51/020
**榆園叢刻三十四種二百二卷**　(清)許增輯　清光緒杭州許氏榆園刻本　十四行二十五字小字雙行同上下黑口左右雙邊　三十六册

640000－1241－0001225　312－1/060
**妙法蓮華經玄義十卷**　(隋)釋智顗撰　清宣統二年(1910)江北刻經處刻本　十行二十字上下黑口左右雙邊　十册

640000－1241－0001226　312－1/061
**唯識二十論述記四卷**　(唐)釋窺基撰　清刻本　十行二十字小字雙行同白口左右雙邊　一册

640000－1241－0001227　13/006－2
**韓詩外傳十卷**　(漢)韓嬰撰　清光緒三年(1877)湖北崇文書局刻本　十二行二十四字上下黑口四周雙邊　二册

640000－1241－0001228　381/005－2
**呂氏春秋二十六卷**　(秦)呂不韋撰　(漢)高誘注　清光緒元年(1875)浙江書局刻本　九行二十一字小字雙行同白口左右雙邊　六册

640000－1241－0001229　312－1/064
**四教義六卷**　(隋)釋智顗撰　清刻本　十行二十字白口左右雙邊　二册

640000－1241－0001230　37/011
**咽喉秘集二卷**　(清)海山仙館編　清光緒九年(1883)合肥味古齋刻本　十行二十二字白口左右雙邊　一册

640000－1241－0001231　312－1/065
**佛說無量壽經二卷**　(三國魏)康僧鎧譯　**佛說觀無量壽佛經一卷**　(南朝宋)釋畺良耶舍譯　**佛說阿彌陀經一卷**　(後秦)釋鳩摩羅什譯　**大方廣佛華嚴經入不思議解脱境界普賢行願品一卷**　(唐)釋般若譯　清同治十年至十三年(1871－1874)南京金陵刻經處刻本　十行二十字白口左右雙邊　一册

640000－1241－0001232　12/019

**尚書隸古定釋文八卷** (清)李遇孫撰 劉世珩輯 **尚書隸古定經文二卷** (宋)薛季宣撰 劉世珩輯 **春秋三家異文覈一卷** (清)朱駿聲撰 劉世珩輯 清光緒貴陽劉氏刻本 十一行二十一字小字雙行同上下黑口左右雙邊 三册

640000－1241－0001233 312－1/066
**華嚴經旨歸一卷修華嚴奧旨妄盡還源觀一卷華嚴經義海百門一卷** (唐)釋法藏撰 清同治至光緒南京金陵刻經處刻本 十行二十字白口左右雙邊 一册

640000－1241－0001234 38/005－3
**呂氏春秋二十六卷** (秦)呂不韋撰 (漢)高誘注 清光緒元年(1875)湖北崇文書局刻本 十二行二十四字上下黑口四周雙邊 四册

640000－1241－0001235 12/017
**融堂書解二十卷** (宋)錢時撰 清刻本 九行二十一字白口四周單邊 四册

640000－1241－0001236 313/001
**焦氏易林四卷** (漢)焦贛著 清乾隆五十六年(1791)刻本 九行二十字白口左右雙邊 三册

640000－1241－0001237 13/005
**詩經繹傳八卷圖一卷** (清)陳抒孝纂錄 (清)汪基增訂 清雍正十一年(1733)三多齋刻本 九行二十五字小字雙行同白口左右雙邊 四册

640000－1241－0001238 313/004
**靈棋經二卷** (漢)東方朔撰 (晉)顏幼明 (南朝宋)何承天注 (元)陳師凱 (明)劉基解 清光緒十九年(1893)思賢書局刻本 九行二十字上下黑口左右雙邊 二册

640000－1241－0001239 313/007
**集註太玄經十卷** (漢)揚雄撰 (宋)司馬光集註 清光緒元年(1875)湖北崇文書局刻本 十二行二十四字小字雙行同上下黑口四周雙邊 二册

640000－1241－0001240 13/003
**詩經八卷詩序辨說一卷** (宋)朱熹集傳 清光緒九年(1883)湖南書局刻本 九行十七字小字雙行同白口四周單邊 五册

640000－1241－0001241 312－4/002
**二約釋義叢書十七種二十二卷** (英國)韋廉臣等著 清光緒二十三年(1897)上海美華書館鉛印本 十三行三十三字小字雙行同白口四周雙邊 一册

640000－1241－0001242 382/004
**履園叢話二十四卷** (清)錢泳輯 清道光三年(1823)虞山錢氏刻本 九行二十二字上下黑口四周單邊 八册

640000－1241－0001243 381/015
**淮南子二十一卷** (漢)劉安撰 (漢)高誘注 清光緒二年(1876)浙江書局刻本 九行二十一字小字雙行同白口左右雙邊 六册

640000－1241－0001244 13/002
**詩章句考一卷詩樂存亡譜一卷詩經集傳校勘記一卷詩古韻表廿二部集說二卷** (清)夏炘撰 清刻本 九行二十四字小字雙行同白口四周雙邊 一册

640000－1241－0001245 13/003－3
**詩經八卷** (宋)朱熹集傳 清同治十三年(1874)江西書局刻本 九行十七字小字雙行同白口四周單邊 四册

640000－1241－0001246 381/015 部二
**淮南子二十一卷** (漢)劉安撰 (漢)高誘注 清光緒二年(1876)浙江書局刻本 九行二十一字小字雙行同白口左右雙邊 六册

640000－1241－0001247 13/003－2
**詩經八卷** (宋)朱熹集傳 清光緒七年(1881)江蘇書局刻本 九行十七字小字雙行同白口四周單邊 四册

640000－1241－0001248 312－3/002
**天方典禮擇要解二十卷後編一卷** (清)劉智纂述 (清)俞楷訂 清同治元年(1862)刻本 九行十八字上下黑口四周雙邊 六册

640000－1241－0001249　381/014

**白虎通德論四卷**　(漢)班固纂　清光緒元年(1875)湖北崇文書局刻本　十二行二十四字上下黑口四周雙邊　二册

640000－1241－0001250　13/003－5

**詩經八卷**　(宋)朱熹集傳　清光緒二十二年(1896)金陵書局刻本　九行十七字小字雙行同白口左右雙邊　四册

640000－1241－0001251　398.1/001

**小品般若波羅蜜經十卷**　(後秦)釋鳩摩羅什譯　清刻本　十行二十字小字雙行同白口左右雙邊　二册

640000－1241－0001252　13/003－4

**詩經八卷**　(宋)朱熹集傳　清同治二年(1863)書業德刻本　九行十七字小字雙行同白口左右雙邊　四册

640000－1241－0001253　12/003

**欽定書經傳説彙纂二十一卷首二卷書序一卷**　(清)王頊齡等撰　清同治十一年(1872)刻本　八行二十二字小字雙行同白口四周雙邊　十六册

640000－1241－0001254　312－1/028

**御製大雲輪請雨經一卷太上祈雨龍王真經三卷**　(隋)釋那連提耶舍譯　清同治九年(1870)湖北崇文書局刻本　十行二十二字小字雙行同白口左右雙邊　一册

640000－1241－0001255　312－1/018

**大佛頂如來密因修證了義諸菩薩萬行首楞嚴經釋要十卷**　(唐)釋般剌密帝譯　清刻本　十行二十一字小字雙行同白口左右雙邊　四册

640000－1241－0001256　312－1/029

**翻譯名義集選一卷**　(宋)釋法雲編　清同治十二年(1873)江北刻經處刻本　十行二十字小字雙行同白口左右雙邊　一册

640000－1241－0001257　12－1/001

**增修東萊書説三十五卷首一卷**　(宋)呂祖謙撰　(宋)時瀾修定　清同治八年(1869)胡氏退補齋刻本　九行二十字小字雙行同白口四周雙邊　八册

640000－1241－0001258　15/001－4

**欽定春秋傳説彙纂三十八卷首二卷**　(清)王掞等纂　清光緒十四年(1888)江南書局刻本　十一行二十四字小字雙行同白口左右雙邊　十六册　缺七卷(一至三、二十二至二十五)

640000－1241－0001259　312－1/030

**菩薩瓔珞本業經二卷**　(後秦)釋竺佛念譯

**佛説受十善戒經一卷**　(□)□□譯　清光緒十四年(1888)江北刻經處刻本　十行二十字白口左右雙邊　一册

640000－1241－0001260　312－1/026

**大般涅槃經玄義二卷**　(隋)釋灌頂撰　清光緒八年(1882)南京金陵刻經處刻本　十行二十字小字雙行同白口左右雙邊　一册

640000－1241－0001261　13－1/001

**詩緝三十六卷**　(宋)嚴粲撰　明味經堂刻本　九行十八字小字雙行同白口四周雙邊　十二册

640000－1241－0001262　383/012

**西學通考三十六卷**　(清)胡兆鸞輯　清光緒二十三年(1897)長沙刻本　十行二十五字小字雙行同上下黑口左右雙邊　十四册

640000－1241－0001263　312－1/014－2

**金剛般若波羅密經一卷觀音大士自訂觀音經一卷佛説阿彌陀經一卷道德經解一卷**　(後秦)釋鳩摩羅什譯　(清)劉沅註　清刻本　十行二十二字小字雙行同白口四周雙邊　一册

640000－1241－0001264　13/003－7

**詩經八卷**　(宋)朱熹集傳　清光緒二十一年(1895)湖北官書處刻本　九行十七字小字雙行同白口左右雙邊　三册

640000－1241－0001265　383/008

**一鐙精舍甲部稿五卷**　(清)何秋濤撰　清光緒五年(1879)淮南書局刻本　十一行二十一

字小字雙行同白口左右雙邊　一册

640000－1241－0001266　13/003－6
**詩經八卷**　（宋）朱熹集傳　清狀元閣刻本　九行十七字小字雙行同白口左右雙邊　六册

640000－1241－0001267　312－1/015
**大乘中觀釋論十卷**　（宋）釋惟淨等譯　清光緒三十四年（1908）南京金陵刻經處刻本　十行二十字白口左右雙邊　二册

640000－1241－0001268　312－1/016
**禪關策進一卷**　（明）釋袾宏輯　清光緒二十四年（1898）南京金陵刻經處刻本　十行二十字白口左右雙邊　一册

640000－1241－0001269　13/003－8
**詩經八卷**　（宋）朱熹集傳　清文苑山房刻本　九行十七字小字雙行同白口四周單邊　八册

640000－1241－0001270　312－1/056
**勝鬘師子吼一乘大方便方廣經一卷**　（南朝宋）釋求那跋陀羅譯　**勝鬘夫人會一卷**　（唐）釋菩提流志譯　清光緒二十二年（1896）南京金陵刻經處刻本　十行二十字小字雙行同白口左右雙邊　一册

640000－1241－0001271　382/012
**東塾讀書記二十五卷**　（清）陳澧撰　清刻本　十一行二十四字小字雙行同上下黑口左右雙邊　五册　存二十一卷（一至二十一）

640000－1241－0001272　13/022
**詩集傳附釋一卷**　（清）丁晏撰　清光緒二十年（1894）廣雅書局刻本　十一行二十四字上下黑口四周單邊　一册

640000－1241－0001273　383/010
**甕牖閒評八卷**　（宋）袁文撰　清同治十三年（1874）江西書局刻本　九行二十一字白口四周雙邊　二册

640000－1241－0001274　437/146
**孟塗先生遺詩二卷**　（清）劉開撰　清光緒十五年（1889）桐城劉氏刻本　十二行二十四字上下黑口四周單邊　一册

640000－1241－0001275　437－49/022
**論語補註三卷**　（清）劉開撰　清同治七年（1868）桐城劉氏刻本　九行十九字白口四周雙邊　一册

640000－1241－0001276　13/026
**詩經不分卷**　（清）吳汝綸緝評　清光緒二十年（1894）都門印書局鉛印本　九行十七字小字雙行同白口四周單邊　二册

640000－1241－0001277　383/009
**考古質疑六卷**　（宋）葉大慶撰　清同治十三年（1874）江西書局刻本　九行二十一字小字雙行同白口四周雙邊　二册

640000－1241－0001278　312－1/051
**般若心經五家註五種五卷附紫柏老人心經說一卷**　金陵刻經處輯　清末南京金陵刻經處刻本　十行二十字白口左右雙邊　一册

640000－1241－0001279　383/015
**癸巳類稿十五卷**　（清）俞正燮撰　清道光十三年（1833）刻本　十二行二十四字白口四周雙邊　六册

640000－1241－0001280　12/006
**尚書古文疏證八卷**　（清）閻若璩撰　清嘉慶元年（1796）吳人驥刻本　十一行二十字白口左右雙邊　八册

640000－1241－0001281　12/013 部二
**書經六卷**　（宋）蔡沈集傳　清同治十三年（1874）江西書局刻本　九行十七字小字雙行同白口四周單邊　四册

640000－1241－0001282　12/005
**書古微十二卷首一卷**　（清）魏源著　清光緒四年（1878）淮南書局刻本　十行二十一字小字雙行同白口左右雙邊　四册

640000－1241－0001283　312－1/052
**高峰大師語錄一卷**　（元）釋原妙撰　清光緒十五年（1889）南京金陵刻經處刻本　十行二十字白口左右雙邊　一册

640000－1241－0001284　312－1/045
**寶藏論一卷**　（後秦）釋僧肇撰　清同治九年（1870）杭省刻經處刻本　十行二十字白口左右雙邊　一册

640000－1241－0001285　383/011
**日知録集釋三十二卷**　（清）顧炎武撰　（清）黄汝成集釋　清同治十一年（1872）湖北崇文書局刻本　十一行二十二字小字雙行同上下黑口四周雙邊　十册　缺十一卷（二十二至三十二）

640000－1241－0001286　312－1/042
**相宗八要解八卷**　（唐）釋玄奘譯　（明）釋明顯解　清光緒二十八年（1902）南京金陵刻經處刻本　十行二十字白口左右雙邊　三册

640000－1241－0001287　383/015－2
**癸巳類稿十五卷**　（清）俞正燮撰　清道光十三年（1833）刻本　十二行二十四字白口四周雙邊　六册

640000－1241－0001288　437/005:3
**漁洋山人精華録箋注十二卷補注一卷年譜一卷**　（清）王士禛撰　（清）金榮箋注　（清）徐淮纂輯　清金氏鳳翽堂刻本　十一行二十字小字雙行三十一字白口左右雙邊　八册

640000－1241－0001289　143/009
**禮記詳説一百七十八卷**　（清）冉覲祖撰　清光緒七年（1881）大梁書局刻本　十行二十二字小字雙行同白口四周雙邊　一百四十册

640000－1241－0001290　15/012
**春秋三傳十六卷首一卷**　（春秋）左丘明等撰　（晉）杜預等注　**陸氏三傳釋文音義十六卷**　（唐）陸德明撰　清刻本　九行十七字小字雙行同白口四周雙邊　八册　缺十七卷（春秋三傳九至十六、陸氏三傳釋文音義八至十六）

640000－1241－0001291　437/016
**大雲山房文稿初集四卷二集四卷**　（清）惲敬撰　清光緒十四年（1888）湖北官書處刻本　十行二十二字上下黑口四周雙邊　八册

640000－1241－0001292　312－1/042 部二
**相宗八要解八卷**　（唐）釋玄奘譯　（明）釋明顯解　清光緒二十八年（1902）南京金陵刻經處刻本　十行二十字白口左右雙邊　三册

640000－1241－0001293　383/002:2
**漢制考四卷**　（宋）王應麟撰　清道光二十三年（1843）刻本　十行二十字白口四周單邊　二册

640000－1241－0001294　437/015 部二
**龔定盦文集三卷續集四卷補編四卷年譜一卷詞選一卷拾遺一卷文集補五卷**　（清）龔自珍撰　清宣統元年（1909）上海國學扶輪社鉛印本　十三行三十字小字雙行同上下黑口四周雙邊　七册

640000－1241－0001295　382/023
**退菴隨筆二十二卷**　（清）梁章鉅撰　清同治十一年（1872）補刻本　九行二十二字白口左右雙邊　六册　缺五卷（一至二、十八至二十）

640000－1241－0001296　312－1/041
**放生儀一卷戒殺放生文一卷**　（明）釋袾宏撰并註　清光緒刻雲棲法彙本　十行二十字白口左右雙邊　一册

640000－1241－0001297　312－1/040
**法海觀瀾五卷**　（明）釋智旭輯　清光緒二十三年（1897）揚州藏經禪院刻本　十行二十字白口左右雙邊　二册

640000－1241－0001298　183.1/002
**司馬氏書儀十卷**　（宋）司馬光撰　清同治七年（1868）江蘇書局刻本　十一行十九字小字雙行二十四字白口左右雙邊　一册

640000－1241－0001299　312－1/037
**仁王護國般若波羅密多經二卷**　（唐）釋不空譯　清同治九年（1870）南京金陵刻經處刻本　十行二十字白口左右雙邊　一册

640000－1241－0001300　383/013
**能改齋漫録十八卷**　（宋）吳曾撰　清刻本　十一行二十三字上下黑口左右雙邊　四册

640000－1241－0001301　312－1/033
**無量壽經優婆提舍願生偈注二卷略論安樂淨土義一卷贊阿彌陀佛偈一卷**　(北魏)釋曇鸞撰　清光緒十九年(1893)南京金陵刻經處刻本　十行二十字白口左右雙邊　一冊

640000－1241－0001302　312－1/034
**解迷顯智成悲十明論一卷**　(唐)李通玄撰　清同治八年(1869)如皋刻經處刻本　十行二十字白口左右雙邊　一冊

640000－1241－0001303　311－5/001－2
**佩文齋廣群芳譜一百卷目錄二卷**　(明)王象晉撰　(清)劉灝刪補　清同治七年(1868)姑蘇亦西齋刻本　十一行二十一字白口左右雙邊　三十二冊

640000－1241－0001304　143/011
**禮記章句四十九卷**　(清)王夫之撰　清同治四年(1865)湘鄉曾氏刻本　十行二十二字小字雙行同上下黑口左右雙邊　十四冊

640000－1241－0001305　14/001
**三禮義證十二卷**　(清)武億撰　清道光二十三年(1843)授堂刻本　十一行二十三字小字雙行同白口左右雙邊　二冊

640000－1241－0001306　12/003－2 部二
**欽定書經傳說彙纂二十一卷首二卷書序一卷**　(清)王頊齡等撰　清同治七年(1868)刻本　十一行二十四字小字雙行同白口左右雙邊　十二冊

640000－1241－0001307　312－1/046
**大智度論一百卷**　(後秦)釋鳩摩羅什譯　清光緒九年(1883)姑蘇刻經處刻本　十行二十字小字雙行同白口左右雙邊　二十五冊

640000－1241－0001308　312－1/035
**大乘起信論疏記會本六卷**　(印度)馬鳴菩薩造論　(南朝梁)釋真諦譯　(唐)釋元曉疏　清光緒二十五年(1899)南京金陵刻經處刻本　十行二十字上下黑口左右雙邊　二冊

640000－1241－0001309　141/001
**王會篇箋釋三卷**　(清)何秋濤撰　清光緒十七年(1891)江蘇書局刻本　十一行二十一字下黑口左右雙邊　三冊

640000－1241－0001310　141/001 部二
**王會篇箋釋三卷**　(清)何秋濤撰　清光緒十七年(1891)江蘇書局刻本　十一行二十一字下黑口左右雙邊　三冊

640000－1241－0001311　383/003－2
**讀書雜志八十二卷餘編二卷**　(清)王念孫撰　清同治九年(1870)金陵書局刻本　十行二十一字小字雙行同白口四周雙邊　二十四冊

640000－1241－0001312　13/007
**欽定詩經傳說彙纂二十一卷首二卷詩序二卷**　(清)王鴻緒等撰　清同治七年(1868)刻本　十一行二十四字小字雙行同白口左右雙邊　十六冊

640000－1241－0001313　382/007
**松崖筆記三卷**　(清)惠棟撰　清光緒貴池劉氏刻本　十一行二十一字上下黑口左右雙邊　一冊

640000－1241－0001314　314/001
**格致鏡原一百卷**　(清)陳元龍撰　清雍正十三年(1735)刻本　十一行二十一字小字雙行同上下黑口左右雙邊　二十八冊

640000－1241－0001315　13/007－2 部二
**欽定詩經傳說彙纂二十一卷首二卷詩序二卷**　(清)王鴻緒等撰　清光緒十四年(1888)江南書局刻本　十一行二十四字小字雙行同白口左右雙邊　十六冊

640000－1241－0001316　382/005
**消暑隨筆四卷**　(清)潘世恩輯　清道光甘泉黃氏刻本　九行十九字上下黑口四周單邊　二冊

640000－1241－0001317　13/007－2
**欽定詩經傳說彙纂二十一卷首二卷詩序二卷**　(清)王鴻緒等撰　清光緒十四年(1888)江南書局刻本　十一行二十四字小字雙行同白口左右雙邊　十二冊

640000－1241－0001318　13/007 部二
**欽定詩經傳說彙纂二十一卷首二卷詩序二卷**　(清)王鴻緒等撰　清同治七年(1868)刻本　十一行二十四字小字雙行同白口左右雙邊　十六册

640000－1241－0001319　381－49/014
**九曜齋筆記三卷**　(清)惠棟撰　清光緒貴池劉氏刻本　十一行二十一字上下黑口左右雙邊　二册

640000－1241－0001320　391/001－2
**御製曆象考成上編十六卷下編十卷後編十卷表十六卷**　(清)允祿等纂　清刻本　九行二十字小字雙行同白口四周雙邊　三十一册

640000－1241－0001321　13/010
**嚴氏詩緝補義八卷**　(清)劉燦撰　清嘉慶十六年(1811)鎮海劉氏墨莊刻本　九行二十一字小字雙行同白口左右雙邊　十六册

640000－1241－0001322　437/078
**海峰先生文十卷詩六卷**　(清)劉大櫆撰　清同治十三年(1874)刻本　十一行二十三字上下黑口左右雙邊　六册

640000－1241－0001323　143/007
**禮記十卷**　(元)陳澔集說　清同治十三年(1874)江西書局刻本　九行十七字小字雙行同白口四周單邊　十册

640000－1241－0001324　382/012－2
**東塾讀書記十二卷又三卷**　(清)陳澧撰　清光緒刻本　十二行二十四字小字雙行同上下黑口四周單邊　六册

640000－1241－0001325　314－1/007
**人鏡集五十四卷**　(清)孟雲峰輯　清咸豐元年(1851)鶴山堂刻本　九行二十一字小字雙行同白口左右雙邊　二十四册

640000－1241－0001326　54－49/031
**劉果敏公全集五種十七卷**　(清)劉典撰　清光緒刻本　十行二十四字上下黑口左右雙邊　十六册　缺一卷(批牘六)

640000－1241－0001327　313/005
**欽定協紀辨方書三十六卷**　(清)允祿等纂　清朱墨套印本　九行二十字白口四周雙邊　十八册　缺七卷(一至七)

640000－1241－0001328　54－49/032
**霜紅龕集四十卷附錄三卷年譜一卷**　(清)傅山撰　丁寶銓輯　清宣統三年(1911)山陽丁氏刻本　十行二十一字上下黑口左右雙邊　十二册

640000－1241－0001329　314/003
**藝文類聚一百卷**　(唐)歐陽詢撰　(明)王元貞校　清光緒五年(1879)華陽宏達堂刻本　十行二十字小字雙行同白口左右雙邊　二册

640000－1241－0001330　143/007－2
**禮記十卷**　(元)陳澔集說　清同治十三年(1874)江西書局刻本　九行十七字小字雙行同白口四周單邊　十册

640000－1241－0001331　382/015
**菉友肊說一卷附錄一卷教童子法一卷**　(清)王筠撰　清光緒二十一年(1895)元和江氏靈鶼閣刻本　十一行二十三字上下黑口左右雙邊　一册

640000－1241－0001332　437/057
**藏園詩鈔一卷**　(清)游智開撰　清光緒二十五年(1899)刻本　九行二十一字小字雙行同下黑口四周雙邊　一册

640000－1241－0001333　143/007－3
**禮記二十卷**　(漢)鄭玄注　清乾隆四十八年(1783)武英殿仿宋刻本　八行十七字小字雙行同白口四周雙邊　五册

640000－1241－0001334　51/028
**觀象廬叢書二十八種一百十二卷**　(清)呂調陽撰　清光緒十四年(1888)彭門吳氏刻本　九行二十二字小字雙行同上下黑口四周雙邊　七十册　缺三卷(商周彝器釋銘四至五、輿地古今考二十二)

640000－1241－0001335　142/004－2
**儀禮十七卷**　(漢)鄭玄注　清永懷堂刻本

九行二十五字小字雙行同白口左右雙邊　四册

640000－1241－0001336　315/001

**沈余遺書三種八卷**　(清)趙舒翹輯　清光緒二十二年(1896)江蘇書局刻本　十行二十二字小字雙行同上下黑口左右雙邊　四册

640000－1241－0001337　437/086

**自然好學齋詩鈔十卷**　(清)汪端撰　清同治十三年(1874)刻本　十一行二十二字小字雙行同上下黑口四周單邊　三册

640000－1241－0001338　142/008

**儀禮十七卷附監本正誤一卷**　(漢)鄭玄注　(清)張爾岐句讀　清同治十三年(1874)湖南書局刻本　九行二十四字小字雙行同白口左右雙邊　四册

640000－1241－0001339　315/016

**白芙堂算學叢書十六種六十八卷**　(清)丁取忠輯　清同治、光緒間長沙古荷花池精舍刻本　十行二十二字小字雙行同白口四周雙邊　三十二册

640000－1241－0001340　54－49/038

**顨軒孔氏所著書七種六十卷**　(清)孔廣森撰　清嘉慶二十二年(1817)曲阜孔氏儀鄭堂刻本　十行十九字小字雙行同上黑口左右雙邊　十二册

640000－1241－0001341　437/054

**敬孚類稿十六卷**　(清)蕭穆撰　清光緒三十二年(1906)刻本　十二行二十四字上下黑口左右雙邊　四册

640000－1241－0001342　437－1/054

**鐵橋漫稿八卷**　(清)嚴可均撰　清光緒十一年(1885)長沙蔣氏刻本　十一行二十一字上下黑口左右雙邊　四册

640000－1241－0001343　382/016

**札樸十卷**　(清)桂馥撰　清光緒九年(1883)長洲蔣氏心矩齋刻本　十一行二十一字上下黑口左右雙邊　六册

640000－1241－0001344　141/003 部二

**附釋音周禮注疏四十二卷**　(漢)鄭玄注　(唐)賈公彦疏　(唐)陸德明釋文　**校勘記四十二卷**　(清)阮元撰　(清)盧宣旬摘録　清同治十二年(1873)江西書局刻本　十行十七字小字雙行二十三字上下黑口左右雙邊　二十册

640000－1241－0001345　382/017

**雲谷雜記四卷首一卷末一卷**　(宋)張淏撰　清同治十三年(1874)江西書局刻本　九行二十一字白口四周雙邊　二册

640000－1241－0001346　437/051

**求真是齋詩草二卷**　(清)恩華撰　清咸豐十一年(1861)刻本　十行二十字小字雙行同上黑口左右雙邊　二册

640000－1241－0001347　437/052

**漸西村人初集十三卷安般簃集十卷于湖小集六卷附録一卷**　(清)袁昶撰　清光緒二十年(1894)袁氏刻本　十行二十二字上黑口左右雙邊　九册

640000－1241－0001348　437/031

**三魚堂文集十二卷外集六卷附録一卷陸清獻公[隴其]年譜一卷本傳一卷**　(清)陸隴其撰　清光緒十五年(1889)涇陽柏經正堂刻本　九行二十字下黑口四周單邊　八册

640000－1241－0001349　382/018

**茶香室續鈔二十五卷**　(清)俞樾撰　清光緒九年(1883)刻本　十行二十一字白口左右雙邊　四册　缺五卷(十六至二十)

640000－1241－0001350　315/014

**十子全書九種一百九卷**　(清)王子興輯　清嘉慶九年(1804)刻本　十一行二十一字小字雙行同上下黑口四周單邊　二十八册　缺三卷(管子十三至十五)

640000－1241－0001351　141/005

**抗希堂十六種一百一卷**　(清)方苞撰　清刻本　十行十九字下黑口四周單邊　二十三册　缺三十八卷(周官析疑五至十、二十八至三十六,春秋比事目録一至二,禮記析疑二十八

至四十八）

640000－1241－0001352　382/019
**池北偶談二十六卷**　（清）王士禛撰　清康熙三十九年（1700）臨汀郡署刻本　十一行二十三字小字雙行同上下黑口左右雙邊　七册　缺四卷（二十三至二十六）

640000－1241－0001353　437/020
**月齋文集八卷詩集四卷**　（清）張穆撰　清咸豐八年（1858）刻本　十行二十二字小字雙行同白口左右雙邊　六册

640000－1241－0001354　13/007－3
**欽定詩經傳説彙纂二十一卷首二卷詩序二卷**　（清）王鴻緒等撰　清同治十一年（1872）江西書局刻本　八行十八字小字雙行二十二字白口四周雙邊　二十册

640000－1241－0001355　143/012
**禮記節本十卷**　（清）汪基撰　清宣統元年（1909）上海會文學社石印本　十三行二十六字小字雙行同白口四周單邊　五册　缺一卷（十）

640000－1241－0001356　383/018－2
**十駕齋養新録二十卷餘録三卷**　（清）錢大昕撰　**錢辛楣先生[大昕]年譜一卷竹汀居士[大昕]年譜續編一卷**　（清）錢慶曾校并述　清光緒二年（1876）浙江書局刻本　十行二十三字小字雙行同白口左右雙邊　八册

640000－1241－0001357　141/006
**禮經會元四卷**　（宋）葉時撰　清刻本　十行二十五字小字雙行同上下黑口四周雙邊　二册

640000－1241－0001358　314/008
**佩文韻府一百六卷**　（清）張玉書等編　**韻府拾遺一百六卷**　（清）張廷玉等編　清嶺南潘氏海山仙館刻本　十二行二十五字小字雙行同白口四周單邊　一百八十册

640000－1241－0001359　437/065
**日本雜事詩二卷**　（清）黄遵憲撰　清光緒二十四年（1898）長沙富文堂刻本　十一行二十一字上下黑口左右雙邊　二册

640000－1241－0001360　143－1/007－2
**禮記合纂大成十卷**　（□）□□撰　清石印本　十四行二十七字小字雙行不等白口四周單邊　六册

640000－1241－0001361　314/015
**新增説文韻府群玉二十卷**　（元）陰時夫編輯　（元）陰中夫編註　（明）王元貞校正　清大文堂刻本　十一行二十二字小字雙行同白口四周單邊　二十册

640000－1241－0001362　437/060
**春渚草堂故紙偶存詩一卷文二卷春渚草堂居士[朱彭年]年譜一卷**　（清）朱彭年撰　清光緒二十一年（1895）刻本　九行二十一字小字雙行同白口四周雙邊　四册

640000－1241－0001363　314/016
**北堂書鈔一百六十卷首一卷**　（唐）虞世南撰　（清）孔廣陶校註　清光緒十四年（1888）南海孔氏三十三萬卷堂刻本　十二行二十二字小字雙行同上下黑口四周單邊　二十册

640000－1241－0001364　314/017
**御定駢字類編二百四十卷**　（清）張廷玉等編　清光緒十三年（1887）上海同文書局石印本　二十行四十二字小字雙行同白口四周雙邊　四十八册

640000－1241－0001365　143/003－2
**附釋音禮記注疏六十三卷**　（漢）鄭玄注　（唐）孔穎達疏　（唐）陸德明釋文　**校勘記六十三卷**　（清）阮元撰　（清）盧宣旬摘録　清同治十二年（1873）江西書局刻本　十行十七字小字雙行二十三字上下黑口左右雙邊　三十二册

640000－1241－0001366　437/082
**詒晉齋集八卷後集一卷隨筆一卷**　（清）永瑆撰　清道光二十八年（1848）載鋭刻本　十二行二十二字小字雙行同上下黑口四周雙邊　四册

640000－1241－0001367　437－49/058

**有正味齋駢體文箋二十四卷** (清)吳錫麒撰 (清)王廣業箋 清咸豐九年(1859)青箱塾刻本 十二行二十五字小字雙行三十字上下黑口四周雙邊 六册 缺六卷(十九至二十四)

640000－1241－0001368 383/021
**困學紀聞注二十卷** (清)王應麟撰 (清)翁元圻輯注 清道光五年(1825)刻本 十一行二十字小字雙行三十一字白口左右雙邊 八册 存九卷(一至九)

640000－1241－0001369 312.1/001
**高僧傳初集十五卷** (南朝梁)釋慧皎撰 清光緒十年(1884)南京金陵刻經處刻本 十行二十字白口左右雙邊 四册

640000－1241－0001370 31011/005
**淳化秘閣法帖考正十二卷** (清)王澍撰 (清)汪玉球參正 清光緒十五年(1889)常熟鮑氏後知不足齋刻本 十行十八字小字雙行同白口左右雙邊 八册

640000－1241－0001371 312.1/001 部二
**高僧傳初集十五卷** (南朝梁)釋慧皎撰 清光緒十年(1884)南京金陵刻經處刻本 十行二十字白口左右雙邊 四册

640000－1241－0001372 141/003
**附釋音周禮注疏四十二卷** (漢)鄭玄注 (唐)賈公彥疏 (唐)陸德明釋文 **校勘記四十二卷** (清)阮元撰 (清)盧宣旬摘錄 清同治十二年(1873)江西書局刻本 十行十七字小字雙行二十三字上下黑口左右雙邊 二十册

640000－1241－0001373 392/004
**增删算法統宗十一卷末一卷** (明)程大位編集 (清)梅穀成增删 清光緒三十年(1904)日新書局石印本 二十行四十三字小字雙行同白口四周雙邊 四册

640000－1241－0001374 392/004－2
**增删算法統宗十一卷末一卷** (明)程大位編集 (清)梅穀成增删 清光緒三十年(1904)日新書局石印本 二十行四十三字小字雙行同白口四周雙邊 四册

640000－1241－0001375 142/009
**讀禮通考一百二十卷** (清)徐乾學撰 清光緒七年(1881)江蘇書局刻本 十三行二十一字小字雙行三十一字白口左右雙邊 三十二册

640000－1241－0001376 392/009
**學算筆談十二卷** (清)華蘅芳學 清光緒二十二年(1896)上海文瑞樓石印本 二十行二十二字白口四周雙邊 四册

640000－1241－0001377 144/001
**五禮通考二百六十二卷總目二卷首四卷** (清)秦蕙田撰 (清)方觀承訂 清光緒六年(1880)江蘇書局刻本 十三行二十一字小字雙行三十二字白口左右雙邊 一百册

640000－1241－0001378 437/066
**笥河詩集二十卷** (清)朱筠撰 清嘉慶八年(1803)椒華吟舫刻本 十行二十一字白口左右雙邊 八册

640000－1241－0001379 142/002－2
**儀禮注疏十七卷** (漢)鄭玄注 (唐)賈公彥疏 (唐)陸德明音義 **校勘記十七卷** (清)阮元撰 清同治十三年(1874)湖南書局刻本 九行二十一字小字雙行同白口左右雙邊 十一册

640000－1241－0001380 437/092
**天嶽山館文鈔四十卷** (清)李元度撰 清光緒六年(1880)爽溪精舍刻本 十行二十五字下黑口左右雙邊 十六册

640000－1241－0001381 143/013
**禮記四十九卷** (漢)鄭玄注 (明)金蟠校 清永懷堂刻本 九行二十五字小字雙行同白口左右雙邊 八册

640000－1241－0001382 393/001
**地學淺釋三十八卷** (英國)雷俠兒著 (美國)瑪高溫口譯 (清)華蘅芳筆述 **地學指略三卷** (英國)文教治口譯 (清)李慶軒筆

述　清光緒二十四年(1898)石印本　二十行四十四字白口四周雙邊　四册

640000－1241－0001383　143/008
**欽定禮記義疏八十二卷首一卷**　(清)允祿等纂　清刻本　十一行二十四字小字雙行同白口左右雙邊　三十二册

640000－1241－0001384　437/058
**有正味齋詩集十六卷續集八卷駢體文二十四卷續集八卷詞集八卷續集二卷外集五卷**　(清)吳錫麒撰　清嘉慶十三年(1808)刻本　十二行二十四字小字雙行三十五字上下黑口四周單邊　十六册

640000－1241－0001385　141/002－2
**欽定周官義疏四十八卷首一卷**　(清)允祿等撰　清同治七年(1868)浙江書局刻本　八行十八字小字雙行二十二字白口四周雙邊　二十四册

640000－1241－0001386　393/001－2
**地學淺釋三十八卷**　(英國)雷俠兒撰　(美國)瑪高溫口譯　(清)華蘅芳筆述　**地學指略三卷**　(英國)文教治口譯　(清)李慶軒筆述　清光緒二十四年(1898)石印本　二十行四十四字白口四周雙邊　四册

640000－1241－0001387　393/001－3
**地學淺釋三十八卷**　(英國)雷俠兒撰　(美國)瑪高溫口譯　(清)華蘅芳筆述　**地學指略三卷**　(英國)文教治口譯　(清)李慶軒筆述　清光緒二十四年(1898)石印本　二十行四十四字白口四周雙邊　四册

640000－1241－0001388　393/001－4
**地學淺釋三十八卷**　(英國)雷俠兒撰　(美國)瑪高溫口譯　(清)華蘅芳筆述　**地學指略三卷**　(英國)文教治口譯　(清)李慶軒筆述　清光緒二十四年(1898)石印本　二十行四十四字白口四周雙邊　四册

640000－1241－0001389　392/004－2
**增刪算法統宗十一卷末一卷**　(明)程大位編集　(清)梅瑴成增刪　清刻本　十行二十二字小字雙行同上下黑口左右雙邊　四册

640000－1241－0001390　142/007－2
**欽定儀禮義疏四十八卷首二卷**　(清)允祿等纂　清光緒十四年(1888)江南書局刻本　十一行二十四字小字雙行同白口左右雙邊　二十四册

640000－1241－0001391　51/026－2
**咫進齋叢書二十三種三十六卷**　(清)姚覲元輯　清光緒九年(1883)歸安姚氏刻本　十三行二十二字小字雙行同上下黑口左右雙邊　五册

640000－1241－0001392　392/001
**測圓海鏡細草十二卷**　(元)李冶撰　清光緒二年(1876)上海同文館鉛印本　十行二十二字小字雙行同白口四周雙邊　四册

640000－1241－0001393　143/008 部三
**欽定禮記義疏八十二卷首一卷**　(清)允祿等纂　清光緒十四年(1888)江南書局刻本　十一行二十四字小字雙行同白口左右雙邊　四十册

640000－1241－0001394　314/008－3
**佩文韻府一百六卷**　(清)張玉書等編　**韻府拾遺一百六卷**　(清)張廷玉等編　清光緒十五年(1889)上海點石齋石印本　三十六行七十五字小字雙行同白口四周雙邊　二十四册

640000－1241－0001395　142/002
**儀禮注疏八卷**　(漢)鄭玄注　(唐)賈公彥疏　(唐)陸德明音義　**校勘記八卷**　(清)阮元撰　清光緒三十年(1904)點石齋石印本　二十行四十六字小字雙行同白口四周雙邊　三册

640000－1241－0001396　393/003
**金石識別十二卷**　(美國)代那撰　(美國)瑪高溫口譯　(清)華蘅芳筆述　清同治十一年(1872)江南機器製造總局刻本　十行二十二字小字雙行同上下黑口左右雙邊　六册

640000－1241－0001397　392－1/002
**盈朒一得二卷**　(清)崔朝慶撰　清光緒二十

四年(1898)江蘇書局刻本　十一行二十五字小字雙行同下黑口左右雙邊　一冊

640000－1241－0001398　54－49/041－2
**果堂全集五種七卷**　(清)沈彤撰　清乾隆吳江沈氏果堂刻本　九行二十字小字雙行同白口左右雙邊　七冊

640000－1241－0001399　315/010
**五種遺規十九卷**　(清)陳宏謀編輯　清光緒二十一年(1895)浙江書局刻本　九行二十字小字雙行同白口左右雙邊　十冊

640000－1241－0001400　143/008 部二
**欽定禮記義疏八十二卷首一卷**　(清)允祿等纂　清江西書局刻本　十一行二十四字小字雙行同白口左右雙邊　四十八冊

640000－1241－0001401　142/003 部三
**儀禮圖六卷**　(清)張惠言述　清同治九年(1870)湖北崇文書局刻本　白口四周雙邊　三冊

640000－1241－0001402　315/007－2
**梅氏叢書輯要六十二卷首一卷**　(清)梅文鼎著　清同治十三年(1874)梅纘高頤園刻本　十一行二十四字小字雙行同白口四周雙邊　二十四冊

640000－1241－0001403　142/006
**儀禮章句十七卷**　(清)吳廷華撰　清光緒二十三年(1897)蘇州書局刻本　十行二十一字小字雙行同白口左右雙邊　四冊

640000－1241－0001404　51/026
**咫進齋叢書四十四種九十三卷**　(清)姚覲元輯　清光緒九年(1883)歸安姚氏刻本　十三行二十二字小字雙行同上下黑口左右雙邊　十八冊

640000－1241－0001405　142/003 部二
**儀禮圖六卷**　(清)張惠言述　清同治九年(1870)湖北崇文書局刻本　白口四周雙邊　三冊

640000－1241－0001406　392/003
**御製數理精蘊上編五卷下編四十卷表八卷**　(清)何國宗　(清)梅㲄成彙編　清刻本　九行二十字白口四周雙邊　二十九冊　缺三卷(表一至三)

640000－1241－0001407　437/044
**巢經巢文集六卷詩集九卷詩後集四卷遺詩一卷附録一卷**　(清)鄭珍撰　**屈廬詩稿四卷**　(清)鄭知同撰　清光緒二十年(1894)刻本　十行二十一字小字雙行同上下黑口左右雙邊　八冊

640000－1241－0001408　54－53/036
**汪龍莊先生遺書二種五卷**　(清)汪輝祖撰　清光緒八年至十二年(1882－1886)山東書局刻本　十行二十二字小字雙行同白口左右雙邊　四冊

640000－1241－0001409　142/011
**儀禮集説十七卷**　(元)敖繼公撰　清通志堂刻本　十一行二十字小字雙行不等白口左右雙邊　一冊　存二卷(一至二)

640000－1241－0001410　51/027
**守山閣叢書一百三十二種六百七十六卷**　(清)錢熙祚輯　清光緒十五年(1889)上海鴻文書局石印本　十一行二十三字小字雙行同上下黑口左右雙邊　一百一冊

640000－1241－0001411　142/004
**儀禮十七卷**　(漢)鄭玄注　**儀校一卷儀校續一卷**　(清)黄丕烈撰　清同治九年(1870)湖北崇文書局刻本　十四行二十四字小字雙行不等白口左右雙邊　二冊

640000－1241－0001412　54－49/042
**大成通志十八卷**　(清)楊慶輯　清康熙八年(1669)刻本　九行二十四字白口左右雙邊　十四冊　缺四卷(一至四)

640000－1241－0001413　315/003
**子書百家九十四種四百八十一卷**　(清)崇文書局輯　清光緒元年(1875)湖北崇文書局刻本　十二行二十四字小字雙行同上下黑口四周雙邊　一百六冊　缺四卷(搜神後記七至

十）

640000－1241－0001414　142/005

**儀禮釋宫一卷**　（宋）李如圭撰　清刻本　十行二十字小字雙行同白口四周雙邊　一册

640000－1241－0001415　142/002－3 部二

**儀禮注疏十七卷**　（漢）鄭玄注　（唐）賈公彦疏　（唐）陸德明音義　**校勘記十七卷**　（清）阮元撰　清同治十二年（1873）江西書局刻本　九行二十一字小字雙行同白口左右雙邊　十六册

640000－1241－0001416　437/055

**切問齋集十二卷首一卷**　（清）陸燿撰　清光緒十八年（1892）江蘇書局刻本　十一行二十一字上下黑口左右雙邊　四册

640000－1241－0001417　383/011－2

**日知録集釋三十二卷刊誤二卷續刊誤二卷**　（清）顧炎武撰　（清）黄汝成集釋　清刻本　十一行二十二字小字雙行同上下黑口左右雙邊　十六册

640000－1241－0001418　437/085

**邃雅堂集十卷文集續編一卷**　（清）姚文田撰　清道光元年（1821）江陰學使署刻本　八行二十一字白口左右雙邊　五册

640000－1241－0001419　437/080

**天問閣文集不分卷**　（清）李長祥著　**海棠居初集一卷**　（清）姚淑撰　清刻本　九行二十字白口四周單邊　六册

640000－1241－0001420　437/093

**百柱堂全集内集三十四卷外集十九卷**　（清）王柏心撰　**彤雲閣遺稿一卷**　（清）王家仕撰　清光緒二十四年（1898）成山唐氏貴陽刻本　十二行二十一字小字雙行同白口四周單邊　十六册

640000－1241－0001421　51/010 部二

**古逸叢書二十六種二百七卷**　（清）黎庶昌輯　清光緒十年（1884）遵義黎氏日本東京使署影刻本　行數不等字數不等小字雙行不等白口左右雙邊　四十九册

640000－1241－0001422　384/012

**求闕齋讀書録十卷**　（清）曾國藩撰　清光緒二年（1876）傳忠書局刻本　十行二十四字上下黑口左右雙邊　四册

640000－1241－0001423　437/096

**萃錦吟八卷**　（清）奕訢撰　清光緒十一年（1885）刻本　九行二十一字小字雙行同白口左右雙邊　五册

640000－1241－0001424　437/091

**柏梘山房文集十六卷續集一卷詩集十卷續集二卷駢體文二卷**　（清）梅曾亮撰　清咸豐六年（1856）刻本　十行二十一字白口四周雙邊　八册

640000－1241－0001425　437/094

**養晦堂文集十卷詩集二卷**　（清）劉榕撰　清光緒三年（1877）思賢講舍刻本　十行二十四字小字雙行同上下黑口左右雙邊　六册

640000－1241－0001426　3013/003

**聲律通考十卷**　（清）陳澧撰　清咸豐十年（1860）番禺陳氏刻本　十一行二十八字上下黑口左右雙邊　二册

640000－1241－0001427　437/096 部二

**萃錦吟八卷**　（清）奕訢撰　清光緒十一年（1885）刻本　九行二十一字小字雙行同白口左右雙邊　五册

640000－1241－0001428　437/090 部二

**白華絳柎閣詩集十卷**　（清）李慈銘撰　清光緒十六年（1890）刻本　十一行二十一字小字雙行同白口左右雙邊　二册

640000－1241－0001429　437/087

**松風閣詩鈔二十六卷**　（清）彭藴章撰　清同治七年（1868）刻本　十行二十一字白口左右雙邊　四册

640000－1241－0001430　437/090

**白華絳柎閣詩集十卷**　（清）李慈銘撰　清光緒十六年（1890）刻本　十一行二十一字小字雙行同白口左右雙邊　六册

640000－1241－0001431　315/007
**兼濟堂纂刻梅勿菴先生曆算全書十七種三十六卷**　（清）梅文鼎撰　清光緒十年（1884）上海敦懷書屋石印本　十一行二十四字白口四周雙邊　十二册

640000－1241－0001432　3013/005
**律呂通今圖說一卷律易一卷**　（清）繆闐撰　清咸豐十一年（1861）刻本　十二行二十四字上下黑口四周雙邊　一册

640000－1241－0001433　437/083
**望溪集不分卷**　（清）方苞撰　清刻本　十行十九字下黑口左右雙邊　七册

640000－1241－0001434　384/002
**古事比五十二卷**　（清）方中德輯　清光緒三十年（1904）上海宏文閣石印本　十七行三十六字小字雙行同白口四周雙邊　六册

640000－1241－0001435　384/007
**新敦分類文編六卷**　（清）江標評選　清光緒二十四年（1898）勁草主人刻本　十二行二十四字小字雙行同上下黑口左右雙邊　五册

640000－1241－0001436　437/121
**養一齋集二十五卷首一卷試帖一卷**　（清）潘德輿撰　清道光二十九年（1849）刻本　十行二十二字白口四周雙邊　四册

640000－1241－0001437　383/019
**無邪堂答問五卷**　（清）朱一新撰　清光緒二十一年（1895）廣州廣雅書局刻本　十一行二十四字小字雙行同上下黑口四周單邊　五册

640000－1241－0001438　437/075
**香禪精舍集十種二十七卷**　（清）潘鍾瑞撰　清光緒長洲潘氏香禪精舍刻本　十行十九字白口左右雙邊　十三册

640000－1241－0001439　312－1/013
**大佛頂首楞嚴經正脈疏四十卷首一卷**　（明）釋真鑒述　清光緒二十二年（1896）南京金陵刻經處刻本　十行二十字小字雙行同上下黑口左右雙邊　十四册

640000－1241－0001440　315/008
**翠微山房數學十二種三十八卷**　（清）張作楠撰　清光緒二十三年（1897）上海鴻寶齋石印本　十八行四十四字小字雙行同白口四周雙邊　八册

640000－1241－0001441　437/123
**雲臥山莊別集五卷**　（清）郭崑燾撰　清光緒十年（1884）湘陰郭氏岵瞻堂刻本　十行二十二字上下黑口四周雙邊　二册

640000－1241－0001442　3105/004
**考工記要十七卷附圖一卷**　（英國）瑪體生著　（英國）傅蘭雅　（清）鍾天緯譯　清光緒七年（1881）刻本　十行二十二字上下黑口左右雙邊　八册

640000－1241－0001443　437/122
**未灰齋文集八卷**　（清）徐鼒撰　清咸豐十一年（1861）福寧郡齋刻本　十一行二十三字白口四周雙邊　三册

640000－1241－0001444　437/136
**柈湖文集十二卷首一卷**　（清）吳敏樹撰　清光緒十九年（1893）思賢講舍刻本　十三行二十二字白口左右雙邊　四册

640000－1241－0001445　312－1/007
**成唯識論十卷**　（唐）釋玄奘譯　清光緒二十二年（1896）南京金陵刻經處刻本　十行二十字上下黑口左右雙邊　二册

640000－1241－0001446　3101/003
**息柯雜著四卷息柯賸事六卷**　（清）楊翰撰　清同治十二年（1873）羊城九曜山房刻本　九行十九字白口四周雙邊　四册　缺二卷（息柯賸事一至二）

640000－1241－0001447　3105/003
**考工記析疑四卷**　（清）方苞撰　清刻本　十行十九字下黑口四周單邊　一册

640000－1241－0001448　312－1/001－4
**高僧傳四集六卷**　（明）釋如惺撰　清光緒十八年（1892）江北刻經處刻本　十行二十字小字雙行同上下黑口左右雙邊　二册

640000－1241－0001449　312－1/001－2
**高僧傳二集四十卷**　(唐)釋道宣撰　清光緒十六年(1890)江北刻經處刻本　十行二十字小字雙行同上下黑口左右雙邊　十册

640000－1241－0001450　55.1/001
**香艷叢書十二集二百四十一種二百六十卷**　(清)蟲天子輯　清宣統二年(1910)國學扶輪社鉛印本　十三行三十字上下黑口左右雙邊　四十四册

640000－1241－0001451　437/135
**碧香閣遺稿一卷**　(清)單茝樓撰　(清)王瑋慶訂　清嘉慶十五年(1810)刻本　八行二十一字小字雙行同白口四周雙邊　一册

640000－1241－0001452　312－1/001－3
**高僧傳三集三十卷**　(宋)釋贊寧等撰　清光緒十三年(1887)江北刻經處刻本　十行二十字小字雙行同上下黑口左右雙邊　八册

640000－1241－0001453　3103/006
**琴操二卷首一卷補一卷**　(漢)蔡邕撰　**支遁集二卷**　(晉)釋支遁撰　清光緒十年(1884)邵武徐氏刻本　九行二十二字白口左右雙邊　一册

640000－1241－0001454　312－1/004
**悲華經十卷**　(北涼)釋曇無讖譯　清光緒四年(1878)南京金陵刻經處刻本　十行二十字上下黑口左右雙邊　三册

640000－1241－0001455　314/010
**記事珠十卷**　(清)張以謙撰　清嘉慶二十一年(1816)知不足軒刻本　十行二十四字小字雙行同白口左右雙邊　五册　存五卷(一至五)

640000－1241－0001456　23－49/002
**平浙紀略十六卷**　(清)秦緗業　(清)陳鐘英撰　清同治十三年(1874)刻本　十行二十三字白口四周雙邊　四册

640000－1241－0001457　451/011
**陰陽鏡不分卷**　(清)湯承虞編　清同治元年(1862)刻本　九行二十字白口四周雙邊　三十二册

640000－1241－0001458　3103/008
**五知齋琴譜八卷**　(清)徐祺撰　(清)周魯封輯　清乾隆十一年(1746)懷德堂刻本　十八行字數不等小字雙行二十四字白口左右雙邊　二册　存二卷(一、五)

640000－1241－0001459　314/011－2
**淵鑑類函四百五十卷**　(清)張英等撰　清光緒二十三年(1897)上海點石齋石印本　三十行二十一字小字雙行同白口四周單邊　十册

640000－1241－0001460　437/129
**柳洲遺稿二卷**　(清)魏之琇撰　清同治十一年(1872)錢塘丁氏當歸草堂刻本　十一行二十二字小字雙行同白口四周雙邊　一册

640000－1241－0001461　3105/002
**江南製造局記十卷首一卷附一卷**　(清)魏允恭編　清光緒三十一年(1905)文寶書局石印本　十一行二十四字上黑口四周雙邊　十册

640000－1241－0001462　315/012
**黄帝五書五種六卷**　(清)孫星衍校　清光緒十一年(1885)吴縣朱氏槐廬家塾刻本　十一行二十字小字雙行同白口左右雙邊　一册

640000－1241－0001463　437/128
**澧西草堂文集八卷**　(清)柏景偉撰　清光緒二十六年(1900)鉛印本　九行二十二字白口四周雙邊　八册

640000－1241－0001464　437/107
**湖海樓集拾遺一卷**　(清)陳維崧撰　冒廣生編次　清宣統元年(1909)刻本　十一行二十三字白口四周單邊　一册

640000－1241－0001465　383/020
**文史通義八卷校讎通義三卷**　(清)章學誠撰　清道光十二年至十三年(1832－1833)刻本　十二行二十五字小字雙行同白口四周單邊　五册

640000－1241－0001466　437/110
**冬花庵燼餘稿三卷**　(清)奚岡著　清同治十

一年(1872)錢唐丁氏當歸草堂刻本　十一行二十二字白口四周雙邊　一冊

640000－1241－0001467　315/011
**孫吴司馬灋三種八卷**　(清)孫星衍輯　清同治十年(1871)淮南書局刻本　十一行二十字小字雙行同白口左右雙邊　一冊

640000－1241－0001468　437/116
**尚絅堂試帖輯注一卷**　(清)劉嗣綰撰　(清)張熙寧輯　清刻本　九行二十二字小字雙行同上下黑口四周雙邊　一冊

640000－1241－0001469　383/020 部二
**文史通義八卷校讎通義三卷**　(清)章學誠撰　清道光十二年至十三年(1832－1833)刻本　十二行二十五字小字雙行同白口四周單邊　五冊

640000－1241－0001470　384/003
**弦雪居重訂遵生八牋十九卷總目一卷**　(明)高濂撰　(明)鍾惺校閲　清嘉慶八年(1803)金閶書業堂刻本(第一冊序、總目、目錄、卷一係手抄補配)　九行十八字白口四周單邊　十六冊

640000－1241－0001471　437/112
**寶綸堂詩鈔六卷文鈔八卷**　(清)齊召南撰　清光緒十三年(1887)金峨山館刻本　十行二十一字上下黑口左右雙邊　四冊

640000－1241－0001472　142/002－3
**儀禮注疏十七卷**　(漢)鄭玄注　(唐)賈公彦疏　(唐)陸德明音義　**校勘記十七卷**　(清)阮元撰　清同治十二年(1873)江西書局刻本　九行二十一字小字雙行同白口左右雙邊　十六冊

640000－1241－0001473　143/006
**大戴禮記補注十三卷序錄一卷**　(清)孔廣森撰　清同治十三年(1874)淮南書局刻本　十行二十字小字雙行同白口左右雙邊　四冊

640000－1241－0001474　212－37/006
**東晉南北朝輿地表年表十卷首一卷末一卷州郡表四卷郡縣表十二卷**　(清)徐文範撰　清光緒二十四年(1898)廣雅書局刻本　行數不等字數不等小字雙行四十二字上下黑口左右雙邊　十冊

640000－1241－0001475　437/109
**涵村詩集十卷**　(清)秦文超撰　清光緒六年(1880)刻本　八行二十字白口左右雙邊　四冊

640000－1241－0001476　314/001－3
**格致鏡原一百卷**　(清)陳元龍撰　清光緒上海大同書局石印本　十一行二十一字小字雙行同上下黑口左右雙邊　十六冊

640000－1241－0001477　183.1/008
**詩古微上編三卷首一卷**　(清)魏源撰　清光緒十三年(1887)刻本　十行二十二字小字雙行同白口左右雙邊　二冊　缺一卷(三)

640000－1241－0001478　314－1/002
**類腋五十五卷**　(清)姚培謙　(清)張卿雲輯　**類腋補遺一卷**　(清)張隆孫撰　清檢香齋刻本　九行二十四字小字雙行同白口左右雙邊　十冊

640000－1241－0001479　383/019 部二
**無邪堂答問五卷**　(清)朱一新撰　清光緒二十一年(1895)廣州廣雅書局刻本　十一行二十四字小字雙行同上下黑口四周單邊　五冊

640000－1241－0001480　212－39/009
**魏書校勘記一卷**　王先謙編　清光緒十七年(1891)廣雅書局刻本　十一行二十四字小字雙行同上下黑口四周單邊　一冊

640000－1241－0001481　437/104
**嶺上白雲集十二卷窳翁文鈔四卷**　(清)陸懋修撰　清光緒二十三年(1897)刻本　十一行二十三字小字雙行同白口四周雙邊　四冊

640000－1241－0001482　143/010
**夏小正正義一卷**　(清)王筠撰　清光緒七年(1881)福山王氏天壤閣刻本　八行十五字小字雙行同上下黑口四周單邊　一冊

640000－1241－0001483　391/004

**躔離引蒙不分卷**　(清)賈步緯算述　清光緒十八年(1892)刻本　十行二十二字小字雙行同上下黑口左右雙邊　二册

640000－1241－0001484　212－37/005
**晉書校勘記四卷**　(清)周雲撰　清光緒十四年(1888)廣雅書局刻本　十一行二十四字小字雙行同上下黑口四周單邊　一册

640000－1241－0001485　391/001
**御製曆象考成上編十六卷後編十卷**　(清)允祿等纂　清光緒二十一年(1895)湖北官書處刻本　九行二十字小字雙行同白口四周雙邊　十五册

640000－1241－0001486　144/002
**禮書一百五十卷**　(宋)陳祥道撰　清嘉慶九年(1804)福清郭氏校經堂刻本　九行二十一字小字雙行同白口四周雙邊　十二册　存六十七卷(八十四至一百五十)

640000－1241－0001487　142/007
**欽定儀禮義疏四十八卷首二卷**　(清)允祿等纂　清江西書局刻本　十一行二十四字小字雙行同白口左右雙邊　四十册

640000－1241－0001488　212－37/004
**補晉書藝文志四卷附録一卷**　(清)丁國鈞撰　(清)丁辰注　清光緒錫山文苑閣木活字印本　十行二十四字小字雙行同上黑口左右雙邊　二册

640000－1241－0001489　281/005
**通志二百卷**　(宋)鄭樵撰　清光緒二十七年(1901)上海圖書集成局鉛印本　十六行四十三字小字雙行同白口四周單邊　六十册

640000－1241－0001490　12/015
**欽定書經圖説五十卷**　(清)孫家鼐等輯　清光緒三十一年(1905)石印本　十行二十四字小字雙行同白口四周雙邊　十六册

640000－1241－0001491　281/005.2
**欽定續通志六百四十卷**　(清)嵇璜纂　清光緒十二年(1886)浙江書局刻本　九行二十一字白口左右雙邊　二百册

640000－1241－0001492　391/002
**天文算學纂要二十卷首一卷**　(清)陳松編　清光緒十三年(1887)永新陳松樹德堂刻本　九行二十字小字雙行同上下黑口四周雙邊　十八册

640000－1241－0001493　212－37/006 部二
**東晉南北朝輿地表年表十卷首一卷末一卷州郡表四卷郡縣表十二卷**　(清)徐文範撰　清光緒廣雅書局刻本　行數不等字數不等小字雙行四十二字上下黑口左右雙邊　十册

640000－1241－0001494　391/003
**御定七政四餘萬年書不分卷**　(清)欽天監編　清刻本　十六行字數不等白口四周雙邊　四册

640000－1241－0001495　15/009－2
**春秋大事表五十卷附春秋輿圖一卷附録一卷**　(清)顧棟高輯　清同治十二年(1873)山東丁氏尚志堂刻本　十一行二十五字白口四周雙邊　十五册　存二十五卷(一至二十五)

640000－1241－0001496　437/103
**太鶴山人集十三卷**　(清)端木國瑚撰　清道光二十年(1840)刻本　九行二十二字白口左右雙邊　六册

640000－1241－0001497　15/008
**春秋屬辭辨例編六十卷首二卷**　(清)張應昌撰　清同治十二年(1873)江蘇書局刻本　十二行二十六字小字雙行同下黑口左右雙邊　三十二册

640000－1241－0001498　314/009
**玉海二百卷辭學指南四卷附刻十五種六十四卷**　(宋)王應麟輯　清光緒九年(1883)浙江書局刻本　十行二十字小字雙行同白口四周單邊　一百二十二册

640000－1241－0001499　212－38/003
**十六國疆域志十六卷**　(清)洪亮吉撰　清光緒十七年(1891)廣雅書局刻本　十一行二十四字小字雙行同上下黑口四周單邊　四册

640000－1241－0001500　21/112－3

**東萊先生左氏博議二十五卷** (宋)呂祖謙撰 (清)胡鳳丹校 清同治七年(1868)胡氏退補齋刻本 九行二十字小字雙行同白口四周雙邊 六册

640000-1241-0001501 21/112-2
**東萊先生左氏博議二十五卷** (宋)呂祖謙撰 清刻本 十行二十二字小字雙行同上下黑口四周單邊 四册 存二十卷(一至二十)

640000-1241-0001502 212-39/003-2
**宋書一百卷** (南朝梁)沈約撰 清光緒二十九年(1903)五洲同文局石印本 十行二十一字小字雙行同上下黑口左右雙邊 二十四册 缺一卷(五十六)

640000-1241-0001503 151/011
**左傳易讀六卷** (清)司徒修輯注 清光緒十四年(1888)善成堂刻本 十四行二十五字小字雙行不等白口四周雙邊 六册

640000-1241-0001504 151/010
**春秋左氏傳述義二卷** (隋)劉炫述 清刻本 九行二十字小字雙行同上下黑口四周雙邊 一册

640000-1241-0001505 212-39/003-2 部二
**宋書一百卷** (南朝梁)沈約撰 清光緒二十九年(1903)五洲同文局石印本 十行二十一字小字雙行同上下黑口左右雙邊 二十四册

640000-1241-0001506 151/003-2
**春秋經傳集解三十卷** (晉)杜預集解 清宣統二年(1910)學部圖書局石印本 九行十七字小字雙行同白口四周單邊 十五册

640000-1241-0001507 281/001
**文廟紀略四卷** (清)彭其位撰 清抄本 白口 無版框 八册

640000-1241-0001508 151/003
**春秋經傳集解三十卷** (晉)杜預集解 (唐)陸德明音義 **春秋年表一卷** (宋)岳珂刊補 **春秋名號歸一圖二卷** (五代)馮繼先撰 清同治十三年(1874)江西書局刻本 九行十七字小字雙行同白口四周單邊 十六册

640000-1241-0001509 281/004
**皇朝通典一百卷** (清)嵇璜等纂 清光緒二十七年(1901)上海圖書集成局鉛印本 十六行四十三字小字雙行同白口四周單邊 十册

640000-1241-0001510 19/001-2
**音學五書三十八卷** (清)顧炎武撰 清光緒十一年(1885)湘陰郭氏岵瞻堂刻本 九行二十一字小字雙行同下黑口左右雙邊 十二册

640000-1241-0001511 212-38/001
**十六國春秋一百卷** (北魏)崔鴻撰 **崔鴻本傳一卷** (北齊)魏收撰 清光緒十二年(1886)湖北官書處刻本 十一行二十三字小字雙行同白口四周雙邊 十二册

640000-1241-0001512 151/003 部二
**春秋經傳集解三十卷** (晉)杜預集解 (唐)陸德明音義 **春秋年表一卷** (宋)岳珂刊補 **春秋名號歸一圖二卷** (五代)馮繼先撰 清同治十三年(1874)江西書局刻本 九行十七字小字雙行同白口四周單邊 十六册

640000-1241-0001513 19/001
**音學五書三十八卷** (清)顧炎武撰 清光緒十一年(1885)四明觀稼樓刻本 八行十二字小字雙行二十四字白口左右雙邊 十二册

640000-1241-0001514 437/100
**西征集一卷** (清)孟傳鑄撰 清宣統二年(1910)綠野堂鉛印本 十行二十二字白口四周雙邊 一册

640000-1241-0001515 281/004 部二
**皇朝通典一百卷** (清)嵇璜等纂 清光緒二十七年(1901)上海圖書集成局鉛印本 十六行四十三字小字雙行同白口四周單邊 十二册

640000-1241-0001516 281/006
**皇朝通志一百二十六卷** (清)嵇璜等纂 清光緒二十七年(1901)上海圖書集成局鉛印本 十六行四十三字小字雙行同白口四周單邊 十二册

640000－1241－0001517　437/101
**曾文正公詩集三卷**　(清)曾國藩撰　清光緒二年(1876)傳忠書局刻本　十行二十四字小字雙行同上下黑口左右雙邊　一册

640000－1241－0001518　437/099
**煉雪山房詩集八卷**　(清)曹孔灼撰　清光緒八年(1882)刻本　九行二十一字白口左右雙邊　五册

640000－1241－0001519　281/005 部二
**通志二百卷**　(宋)鄭樵撰　清光緒二十七年(1901)上海圖書集成局鉛印本　十六行四十三字小字雙行同白口四周單邊　五十八册　缺七卷(一百八至一百十四)

640000－1241－0001520　437/098
**清馥齋詩草不分卷**　(清)沈濰撰　清光緒十九年(1893)刻本　十行二十字上下黑口左右雙邊　一册

640000－1241－0001521　437/153
**揅經室集一集十四卷二集八卷三集五卷四集二卷四集詩十一卷續集十一卷再續集六卷外集五卷**　(清)阮元撰　清道光三年(1823)文選樓刻本　十行二十字小字雙行同白口四周雙邊　二十四册

640000－1241－0001522　281/008 部三
**皇朝文獻通考三百卷**　(清)嵇璜等撰　清光緒二十七年(1901)上海圖書集成局鉛印本　十六行四十三字小字雙行同白口四周單邊　四十册

640000－1241－0001523　212－41/001 部二
**隋書八十五卷**　(唐)魏徵等撰　清光緒二十九年(1903)五洲同文局石印本　十行二十一字小字雙行同上下黑口左右雙邊　二十四册

640000－1241－0001524　54－49/001
**東山草堂集四種二十二卷**　(清)邱嘉穗撰　清光緒八年(1882)漢陽邱氏刻本　十行二十二字小字雙行同上下黑口四周單邊　八册

640000－1241－0001525　437/137
**煙霞萬古樓文集六卷**　(清)王曇撰　清道光二十年(1840)刻本　九行十九字白口四周雙邊　二册

640000－1241－0001526　281/003－2 部三
**通典二百卷附欽定通典考證一卷**　(唐)杜佑纂　清光緒二十七年(1901)上海圖書集成局鉛印本　十六行四十三字小字雙行同白口四周單邊　十六册

640000－1241－0001527　54－49/006
**求益齋全集五種二十卷**　(清)強汝詢撰　清光緒二十四年(1898)江蘇書局刻本　九行二十五字小字雙行同白口左右雙邊　八册

640000－1241－0001528　212－41/001
**隋書八十五卷**　(唐)魏徵等撰　清光緒二十九年(1903)五洲同文局石印本　十行二十一字小字雙行同上下黑口左右雙邊　二十四册

640000－1241－0001529　281/003.2－2 部三
**欽定續通典一百五十卷**　(清)嵇璜等纂　清光緒二十七年(1901)上海圖書集成局鉛印本　十六行四十三字小字雙行同白口四周單邊　十六册

640000－1241－0001530　437/141
**邃懷堂駢文箋注十六卷補箋一卷文集四卷哀忠集三卷**　(清)袁翼著　(清)朱舲箋注　清光緒十三年(1887)刻本　十行二十一字小字雙行同白口左右雙邊　二十七册

640000－1241－0001531　437/147
**遜學齋文鈔十二卷首一卷末一卷續鈔五卷**　(清)孫衣言撰　清同治十二年(1873)刻本　十一行二十三字小字雙行同上下黑口左右雙邊　八册

640000－1241－0001532　281/010
**皇朝三通目錄十四卷**　雷君彥編　清光緒二十九年(1903)上海圖書集成局石印本　十六行四十一字白口四周單邊　四册

640000－1241－0001533　281/007 部三
**文獻通考三百四十八卷**　(元)馬端臨撰　清光緒二十七年(1901)上海圖書集成局鉛印本　十六行四十三字小字雙行同白口四周單邊

四十四册

640000－1241－0001534　212－41/001－3

**隋書八十五卷**　(唐)魏徵等撰　明崇禎八年(1635)汲古閣刻本　十二行二十五字小字雙行三十八字白口左右雙邊　八册　存三十二卷(一至三十二)

640000－1241－0001535　281/006－2

**皇朝通志一百二十六卷**　(清)嵇璜等撰　清光緒八年(1882)浙江書局刻本　九行二十一字小字雙行同白口左右雙邊　四十册

640000－1241－0001536　281/007

**文獻通考三百四十八卷**　(元)馬端臨撰　清光緒二十七年(1901)上海圖書集成局鉛印本　十六行四十三字小字雙行同白口四周單邊　四十四册

640000－1241－0001537　212－47/003

**元書一百二卷首一卷**　曾廉撰　清宣統三年(1911)層漪堂刻本　十二行二十五字小字雙行不等白口左右雙邊　二十册

640000－1241－0001538　281/006 部二

**皇朝通志一百二十六卷**　(清)嵇璜等纂　清光緒二十七年(1901)上海圖書集成局鉛印本　十六行四十三字小字雙行同白口四周單邊　十二册

640000－1241－0001539　281/006 部三

**皇朝通志一百二十六卷**　(清)嵇璜等纂　清光緒二十七年(1901)上海圖書集成局鉛印本　十六行四十三字小字雙行同白口四周單邊　十二册

640000－1241－0001540　281/003－2

**通典二百卷附欽定通典考證一卷**　(唐)杜佑纂　清光緒二十七年(1901)上海圖書集成局鉛印本　十六行四十三字小字雙行同白口四周單邊　十六册

640000－1241－0001541　281/003－2 部二

**通典二百卷附欽定通典考證一卷**　(唐)杜佑纂　清光緒二十七年(1901)上海圖書集成局鉛印本　十六行四十三字小字雙行同白口四周單邊　十五册　缺十四卷(一百七十一至一百八十四)

640000－1241－0001542　281/003.2－2 部二

**欽定續通典一百五十卷**　(清)嵇璜等纂　清光緒二十七年(1901)上海圖書集成局鉛印本　十六行四十三字小字雙行同白口四周單邊　十二册

640000－1241－0001543　2711/008

**歷代名賢列女氏姓譜一百五十七卷**　(清)蕭智漢撰　清乾隆五十七年(1792)聽濤山房刻本　十三行二十二字白口四周雙邊　九十七册　缺九卷(一百三、一百二十五至一百二十九、一百四十七至一百四十九)

640000－1241－0001544　281/003.2－2

**欽定續通典一百五十卷**　(清)嵇璜等纂　清光緒二十七年(1901)上海圖書集成局鉛印本　十六行四十三字小字雙行同白口四周單邊　十六册

640000－1241－0001545　281/004 部三

**皇朝通典一百卷**　(清)嵇璜等纂　清光緒二十七年(1901)上海圖書集成局鉛印本　十六行四十三字小字雙行同白口四周單邊　十二册

640000－1241－0001546　281/004－2

**皇朝通典一百卷**　(清)嵇璜等纂　清光緒八年(1882)浙江書局刻本　九行二十一字小字雙行同白口左右雙邊　四十册

640000－1241－0001547　281/005 部三

**通志二百卷**　(宋)鄭樵撰　清光緒二十七年(1901)上海圖書集成局鉛印本　十六行四十三字小字雙行同白口四周單邊　六十册

640000－1241－0001548　281/011

**西漢會要七十卷**　(宋)徐天麟撰　清刻本　九行二十一字小字雙行同白口四周雙邊　十册

640000－1241－0001549　281/003.2

**欽定續通典一百五十卷**　(清)嵇璜等纂　清光緒十二年(1886)浙江書局刻本　九行二十

一字小字雙行同白口左右雙邊　四十册

640000－1241－0001550　281/003

**通典二百卷附欽定通典考證一卷**　(唐)杜佑纂　清光緒二十二年(1896)浙江書局刻本　九行二十一字小字雙行同白口左右雙邊　五十册

640000－1241－0001551　281/008

**皇朝文獻通考三百卷**　(清)嵇璜等撰　清光緒二十七年(1901)上海圖書集成局鉛印本　十六行四十三字小字雙行同白口四周單邊　四十二册

640000－1241－0001552　281/015

**明會要八十卷**　(清)龍文彬纂　清刻本　九行二十一字白口四周雙邊　二十册

640000－1241－0001553　281/013

**唐會要一百卷**　(宋)王溥撰　清刻本　九行二十一字小字雙行同白口四周雙邊　二十八册

640000－1241－0001554　281/005.2－2

**欽定續通志六百四十卷**　(清)嵇璜纂　清光緒二十七年(1901)上海圖書集成局鉛印本　十六行四十三字小字雙行同白口四周單邊　六十册

640000－1241－0001555　281/012

**東漢會要四十卷**　(宋)徐天麟撰　清刻本　九行二十一字小字雙行同白口四周雙邊　八册

640000－1241－0001556　281/009

**正三通目錄十二卷欽定續三通目錄十四卷**　(清)席裕福編　清光緒二十九年(1903)圖書集成局石印本　十六行字數不等白口四周單邊　八册

640000－1241－0001557　281/007.2 部二

**欽定續文獻通考二百五十卷**　(清)嵇璜等撰　清光緒二十七年(1901)上海圖書集成局鉛印本　十六行四十三字白口四周單邊　三十六册

640000－1241－0001558　383/020 部五

**文史通義八卷**　(清)章學誠撰　清光緒二十五年(1899)三味堂刻本　十行二十一字上下黑口左右雙邊　七册

640000－1241－0001559　281/014

**五代會要三十卷**　(宋)王溥撰　清刻本　九行二十一字小字雙行同白口四周雙邊　六册

640000－1241－0001560　281/007 部二

**文獻通考三百四十八卷**　(元)馬端臨撰　清光緒二十七年(1901)上海圖書集成局鉛印本　十六行四十三字小字雙行同白口四周單邊　四十四册

640000－1241－0001561　281/008 部二

**皇朝文獻通考三百卷**　(清)嵇璜等撰　清光緒二十七年(1901)上海圖書集成局鉛印本　十六行四十三字小字雙行同白口四周單邊　四十八册

640000－1241－0001562　281/007.2

**欽定續文獻通考二百五十卷**　(清)嵇璜等撰　清光緒二十七年(1901)上海圖書集成局鉛印本　十六行四十三字白口四周單邊　三十六册

640000－1241－0001563　281/008－2

**皇朝文獻通考三百卷**　(清)嵇璜等撰　清光緒八年(1882)浙江書局刻本　九行二十一字小字雙行同白口左右雙邊　一百六十册

640000－1241－0001564　289/069

**駁案新編三十二卷**　(清)全士潮等纂　清乾隆元年(1736)全士潮刻本　九行二十字白口四周單邊　十七册　缺十卷(二十三至三十二)

640000－1241－0001565　289/056

**欽定回疆則例八卷**　(清)賽尚阿等修　(清)肇麟纂　清光緒三十四年(1908)鉛印本　九行二十字白口四周雙邊　三册

640000－1241－0001566　289/063

**視已成事齋官書十一卷**　(清)李璋煜撰　清刻本　九行二十二字白口左右雙邊　四册

640000－1241－0001567　289/068

**重修名法指掌圖四卷**　(清)沈辛田撰　(清)徐灝重訂　清同治八年(1869)桂林唐九如堂刻本　行數不等字數不等白口四周雙邊　三冊

640000－1241－0001568　289/058

**督捕則例附纂二卷**　(清)刑部制訂　清同治十一年(1872)湖北讞局刻本　行數不等字數不等白口四周雙邊　一冊

640000－1241－0001569　2810/001

**佐治芻言一卷**　(英國)傅蘭雅口譯　(清)應祖錫筆述　清光緒二十四年(1898)上海書局石印本　十行二十二字白口四周雙邊　四冊

640000－1241－0001570　289/057

**處分則例圖要六卷**　(清)蔡逢年編　清同治九年(1870)江蘇書局刻本　行數不等字數不等白口左右雙邊　二冊

640000－1241－0001571　287/023

**石林奏議十五卷**　(宋)葉夢得撰　清光緒十一年(1885)吳興陸氏皕宋樓刻本　十行二十五字白口左右雙邊　二冊

640000－1241－0001572　212－47/003 部二

**元書一百二卷首一卷**　曾廉撰　清宣統三年(1911)層漪堂刻本　十二行二十五字小字雙行不等白口左右雙邊　二十冊

640000－1241－0001573　287/025

**諭摺彙存不分卷**　(清)□□編　清光緒二十八年(1902)木活字印本　十一行二十二字白口四周雙邊　十二冊

640000－1241－0001574　287/031

**奏議初編十二卷**　(清)張之洞撰　清光緒鉛印本　十四行四十二字白口四周單邊　五冊　缺二卷(一至二)

640000－1241－0001575　211/015

**廿二史紀事提要八卷**　(清)吳綬纂　(清)吳培源校刊　(清)陸錦　(清)吳承烈訂　清乾隆十一年(1746)刻本　十行二十四字小字雙行同白口四周單邊　三冊　缺三卷(二至四)

640000－1241－0001576　151/003 部三

**春秋經傳集解三十卷**　(晉)杜預集解　(唐)陸德明音義　**春秋年表一卷**　(宋)岳珂刊補　**春秋名號歸一圖二卷**　(五代)馮繼先撰　清同治十三年(1874)江西書局刻本　九行十七字小字雙行同白口四周單邊　十六冊

640000－1241－0001577　287/024

**恪靖奏稿初編三十八卷**　(清)左宗棠撰　清刻本　九行二十一字白口左右雙邊　十一冊　存十九卷(二十至三十八)

640000－1241－0001578　183/016

**韻補五卷**　(宋)吳棫撰　**韻補正一卷**　(明)顧炎武撰　清光緒九年(1883)邵武徐氏刻本　九行二十二字小字雙行同白口左右雙邊　二冊

640000－1241－0001579　151/009

**左傳事緯十二卷**　(清)馬驌撰　清刻本　九行二十二字小字雙行同白口左右雙邊　十冊

640000－1241－0001580　287/026

**卞制軍奏議十二卷**　(清)卞寶第撰　清光緒刻本　十行二十一字下黑口四周雙邊　七冊　缺五卷(一至五)

640000－1241－0001581　212－34/001

**漢書一百卷首一卷**　(漢)班固撰　(唐)顏師古注　清光緒二十九年(1903)上海點石齋石印本　二十二行五十字小字雙行不等白口四周單邊　八冊

640000－1241－0001582　16/003－2

**孝經注疏九卷**　(唐)玄宗李隆基注　(宋)邢昺校　**孝經注疏音義一卷**　(唐)陸德明撰　清同治十三年(1874)湖南書局刻本　九行二十一字小字雙行同白口左右雙邊　一冊

640000－1241－0001583　23－49/001－2

**聖武記十四卷**　(清)魏源撰　清道光二十四年(1844)邵陽魏源古微堂刻本　十行二十一字小字雙行同白口四周雙邊　十二冊

640000－1241－0001584　251.1/005

**三朝北盟會編二百五十卷首一卷附校勘記二**

卷補遺一卷 (宋)徐夢莘編集 清光緒四年(1878)鉛印本 十行二十二字下黑口四周雙邊 四十册

640000－1241－0001585 151/007
**附釋音春秋左傳注疏六十卷** (晉)杜預注 (唐)孔穎達疏 (唐)陸德明音義 **校勘記六十卷** (清)阮元撰 (清)盧宣旬摘錄 清同治十二年(1873)江西書局刻本 十行十七字小字雙行二十三字上下黑口左右雙邊 三十二册

640000－1241－0001586 23－47/001－2
**元史紀事本末二十七卷** (明)陳邦瞻編輯 (明)臧懋循補 (明)張溥論正 清同治十三年(1874)江西書局刻本 十行二十字下黑口左右雙邊 四册

640000－1241－0001587 23－47/001－2 部二
**元史紀事本末二十七卷** (明)陳邦瞻編輯 (明)臧懋循補 (明)張溥論正 清同治十三年(1874)江西書局刻本 十行二十字下黑口左右雙邊 四册

640000－1241－0001588 23－47/001
**元史紀事本末二十七卷** (明)陳邦瞻編輯 (明)臧懋循補 (明)張溥論正 清光緒十三年(1887)廣雅書局刻本 十行二十字下黑口四周單邊 四册

640000－1241－0001589 172/001
**孟子要略五卷** (宋)朱熹撰 (清)劉傳瑩輯 (清)曾國藩重編 清光緒十四年(1888)山東書局刻本 十行二十四字小字雙行同上下黑口四周雙邊 一册

640000－1241－0001590 23－44/001 部二
**宋史紀事本末一百九卷** (明)馮琦編 (明)陳邦瞻增訂 (明)張溥論正 清同治十三年(1874)江西書局刻本 十行二十字下黑口左右雙邊 二十册

640000－1241－0001591 172/002
**孟子七卷** (宋)朱熹集註 清光緒二十一年(1895)湖北官書處刻本 九行十七字小字雙行同白口四周雙邊 三册

640000－1241－0001592 23－44/001
**宋史紀事本末一百九卷** (明)馮琦編 (明)陳邦瞻增訂 (明)張溥論正 清同治十三年(1874)江西書局刻本 十行二十字下黑口左右雙邊 二十册

640000－1241－0001593 451/006
**集益錄不分卷** (清)王棠彙訂 清抄本 九行字數不等白口 無版框 二十四册

640000－1241－0001594 451/014
**槐西雜志四卷** (清)紀昀撰 清連元閣刻本 十行二十字白口四周雙邊 二册

640000－1241－0001595 451/015
**繪圖後聊齋志異十二卷** (清)王韜撰 清光緒二十九年(1903)上海點石齋石印本 十六行四十字上黑口四周單邊 六册

640000－1241－0001596 451/018
**涑水記聞十六卷** (宋)司馬光撰 清同治十三年(1874)江西書局刻本 九行二十一字白口四周雙邊 四册

640000－1241－0001597 1/007
**經解入門八卷** (清)江藩纂 清光緒二十年(1894)上海宏文書局石印本 十二行三十字小字雙行同白口四周雙邊 二册

640000－1241－0001598 24－48/001
**小腆紀年附考二十卷** (清)徐鼒撰 清刻本 十一行二十三字小字雙行同白口四周雙邊 十六册

640000－1241－0001599 281/034
**王制訂一卷古學考一卷** 廖平撰 清光緒二十三年(1897)成都尊經書局刻本 十行二十二字白口四周單邊左右雙邊兼有 一册

640000－1241－0001600 281/036－2
**皇朝文獻通考輯要二十六卷** 湯壽潛輯 清光緒二十五年(1899)圖書集成局鉛印本 十四行四十二字小字雙行同白口左右雙邊 八

册　缺四卷(十一下、十二、十七至十八)

640000－1241－0001601　451/017
**博物志十卷**　(晉)張華撰　清光緒元年(1875)湖北崇文書局刻本　十二行二十四字上下黑口四周雙邊　一册

640000－1241－0001602　24－48/002
**三朝野紀七卷**　(明)李遜之輯　清道光十年(1830)刻本　九行十九字小字雙行同白口四周單邊　六册

640000－1241－0001603　23－49/001
**聖武記十四卷**　(清)魏源撰　清道光二十四年(1844)邵陽魏源古微堂刻本　十行二十一字小字雙行同白口四周雙邊　十三册

640000－1241－0001604　451/017 部二
**博物志十卷**　(晉)張華撰　清光緒元年(1875)湖北崇文書局刻本　十二行二十四字上下黑口四周雙邊　一册

640000－1241－0001605　451/017.2
**續博物志十卷**　(宋)李石撰　清光緒元年(1875)湖北崇文書局刻本　十二行二十四字上下黑口四周雙邊　一册

640000－1241－0001606　212－43/002－3
**五代史七十四卷**　(宋)歐陽修撰　(宋)徐無黨注　清光緒二十九年(1903)五洲同文局石印本　十行二十一字小字雙行同上下黑口左右雙邊　十册

640000－1241－0001607　451/019 部二
**山海經十八卷圖讃一卷補註一卷**　(晉)郭璞傳　(明)楊慎註　清光緒元年(1875)湖北崇文書局刻本　十二行二十四字小字雙行同上下黑口四周雙邊　三册

640000－1241－0001608　24－2/001
**路史前紀九卷後紀十三卷國名紀七卷國姓衍慶紀原一卷發揮六卷餘論十卷**　(宋)羅泌撰　(宋)羅苹註　清嘉慶六年(1801)刻本　八行二十字小字雙行同白口左右雙邊　二十四册

640000－1241－0001609　181/013
**韻徵十六卷**　(清)安吉撰　清道光十八年(1838)刻本　七行字數不等小字雙行二十四字白口左右雙邊　四册

640000－1241－0001610　451/019－2
**山海經十八卷**　(晉)郭璞傳　(清)畢沅校正　清光緒三年(1877)浙江書局刻本　九行二十一字小字雙行同白口左右雙邊　三册

640000－1241－0001611　181/014 部二
**爾雅十一卷**　(晉)郭璞註　(明)金蟠訂　清永懷堂刻本　九行二十五字小字雙行同白口左右雙邊　三册

640000－1241－0001612　23－48/001－2
**明史紀事本末八十卷**　(清)谷應泰編輯　清光緒十三年(1887)廣雅書局刻本　十行二十字下黑口四周單邊　二十四册

640000－1241－0001613　289/043
**大清法規大全一百五十九卷**　(清)北京政學社編　清政學社石印本　二十行四十字上黑口四周雙邊　四十一册

640000－1241－0001614　23－48/001
**明史紀事本末八十卷**　(清)谷應泰編輯　清同治十三年(1874)江西書局刻本　十行二十字下黑口左右雙邊　二十册

640000－1241－0001615　451/025
**廣博物志五十卷**　(明)董斯張纂　(明)楊鶴訂　清光緒五年(1879)學海堂刻本　九行十八字小字雙行同白口左右雙邊　二十册

640000－1241－0001616　181/027
**爾雅經注三卷音釋一卷**　(晉)郭璞注　**集證三卷**　(清)龍啟瑞撰　清光緒七年(1881)刻本　十行二十一字小字雙行同上下黑口左右雙邊　一册

640000－1241－0001617　23－46/001
**金史紀事本末五十二卷首一卷**　(清)李有棠編纂　清光緒二十七年(1901)廣雅書局刻本　十行二十字小字雙行同下黑口四周單邊　六册

640000－1241－0001618　212－46/001－2
**遼史一百十五卷附考證**　(元)脱脱等修　清同治十二年(1873)江蘇書局刻本　十二行二十五字小字雙行同白口左右雙邊　十二册

640000－1241－0001619　23－46/001－2
**金史紀事本末五十二卷首一卷末一卷**　(清)李有棠編纂　清光緒二十九年(1903)李移鄂樓刻本　十行二十字小字雙行同下黑口左右雙邊　十二册

640000－1241－0001620　289/042
**刑部説帖揭要二十八卷**　(清)胡夑卿輯　清道光十三年(1833)金匱張氏樂全堂刻本　九行二十三字白口四周單邊　十六册

640000－1241－0001621　181/033
**釋名八卷**　(漢)劉熙撰　清長洲吴氏璜川書屋刻本　十行二十一字小字雙行同白口左右雙邊　一册

640000－1241－0001622　212－46/001－2 部二
**遼史一百十五卷附考證**　(元)脱脱等修　清同治十二年(1873)江蘇書局刻本　十二行二十五字小字雙行同白口左右雙邊　十二册

640000－1241－0001623　289/045
**通行條例不分卷**　(清)□□撰　清光緒十四年(1888)江蘇書局刻本　十二行二十三字白口四周雙邊　四册

640000－1241－0001624　289/050
**通行章程五卷**　(清)王汝礪輯　清光緒三十二年(1906)京都琉璃廠榮錄堂刻本　九行二十五字白口四周雙邊　五册

640000－1241－0001625　181/009－2
**爾雅疏十卷**　(晉)郭璞注　(宋)邢昺校定
**校勘記十卷**　(清)阮元撰　(清)盧宣旬摘錄　清同治十二年(1873)江西書局刻本　十行十七字小字雙行二十三字上下黑口左右雙邊　六册

640000－1241－0001626　451/028－2
**搜神記二十卷**　(晉)干寶撰　清宣統三年(1911)石印本　八行二十一字白口四周雙邊　三册

640000－1241－0001627　288/007
**樊山政書二十卷**　樊增祥撰　清宣統二年(1910)金陵聚珍書局鉛印本　十行二十一字白口四周雙邊　十册

640000－1241－0001628　23－46/001:2－2
**遼史紀事本末四十卷首一卷末一卷**　(清)李有棠撰　清光緒二十九年(1903)李移鄂樓刻本　十行二十字小字雙行同下黑口左右雙邊　八册

640000－1241－0001629　23－46/001:2
**遼史紀事本末四十卷首一卷**　(清)李有棠撰　清光緒二十六年(1900)廣雅書局刻本　十一行二十字小字雙行同下黑口四周單邊　六册

640000－1241－0001630　1/1/015
**小爾雅一卷**　(漢)孔鮒撰　(清)朱駿聲約注　清刻本　九行二十一字小字雙行同上黑口四周雙邊　一册

640000－1241－0001631　181/025
**爾雅郭注義疏二十卷**　(清)郝懿行撰　清光緒十年(1884)榮縣蜀南閣刻本　九行二十一字小字雙行同上下黑口左右雙邊　八册　缺二卷(四至五)

640000－1241－0001632　24－24/001
**周書十卷逸文一卷**　(清)朱右曾集訓校釋　清光緒三年(1877)湖北崇文書局刻本　十二行二十四字小字雙行同上下黑口四周雙邊　二册

640000－1241－0001633　451/024
**兩般秋雨盦隨筆八卷**　(清)梁紹壬纂　清刻本　九行二十一字上下黑口左右雙邊　六册　缺二卷(一、三)

640000－1241－0001634　289/016
**讀法圖存四卷**　(清)邵繩清編　清道光十六年(1836)虞山邵氏刻本　行數不等字數不等小字雙行不等白口四周雙邊　二册

640000－1241－0001635　212－44/005
**宋史藝文志補一卷**　(清)倪燦撰　清光緒十七年(1891)廣雅書局刻本　十一行二十四字小字雙行同上下黑口四周單邊　一册

640000－1241－0001636　24－31/001 部二
**戰國策三十三卷**　(漢)高誘注　**札記三卷**　(清)黄丕烈撰　清同治八年(1869)湖北崇文書局刻本　十一行二十字小字雙行同白口左右雙邊　五册

640000－1241－0001637　289/046
**欽定理藩部則例六十四卷**　(清)松森等修　(清)福敏等纂　清光緒三十四年(1908)鉛印本　九行二十字白口四周雙邊　十六册

640000－1241－0001638　181/012
**欽定同文韻統六卷**　(清)允祿等編　清宣統二年(1910)刻本　九行二十字小字雙行同白口四周雙邊　五册

640000－1241－0001639　24－24/003
**國語補音三卷**　(宋)宋庠撰　**札記一卷**　(清)錢保塘撰　清光緒二年(1876)成都吴氏尊經書院刻本　十行二十字小字雙行同白口左右雙邊　一册

640000－1241－0001640　289/016 部三
**讀法圖存四卷**　(清)邵繩清編　清道光十六年(1836)虞山邵氏刻本　行數不等字數不等白口四周雙邊　三册

640000－1241－0001641　212－44/006
**宋史藝文志八卷**　(元)脱脱等修　**宋史藝文志補一卷**　(清)倪燦撰　清刻本　十行二十一字小字雙行同白口左右雙邊　三册　缺三卷(一至三)

640000－1241－0001642　453/003－2
**四大奇書第一種十九卷一百二十回首一卷**　(明)羅本撰　(清)金聖歎書　(清)毛宗崗評　清大文堂刻本　十二行二十八字小字雙行同白口四周單邊　二十册

640000－1241－0001643　24/005
**渚宫舊事五卷補遺一卷**　(唐)余知古撰　清光緒十一年(1885)吴縣朱氏槐廬家塾刻本　十一行二十字小字雙行同白口左右雙邊　一册

640000－1241－0001644　174/001
**中庸衍義十七卷**　(明)夏良勝撰　清同治十年(1871)刻本　十行二十字小字雙行同白口四周單邊　十二册

640000－1241－0001645　172/003
**孟子注疏解經十四卷**　(漢)趙岐注　(宋)孫奭疏　**校勘記十四卷**　(清)阮元撰　(清)盧宣旬摘錄　清同治十二年(1873)江西書局刻本　十行字數不等小字雙行二十三字上下黑口左右雙邊　八册

640000－1241－0001646　212－44/003
**北宋經撫年表二卷**　吴廷燮撰　清宣統三年(1911)鉛印本　行數不等二十九字小字雙行不等下黑口四周雙邊　二册

640000－1241－0001647　173/001
**大學衍義輯要六卷**　(宋)真德秀撰　(清)陳宏謀纂輯　清宣統元年(1909)大學堂鉛印本　十一行二十五字小字雙行同白口四周雙邊　三册

640000－1241－0001648　212－44/003 部二
**北宋經撫年表二卷**　吴廷燮撰　清宣統三年(1911)鉛印本　行數不等二十九字小字雙行不等下黑口四周雙邊　二册

640000－1241－0001649　173/004
**古本大學輯解二卷**　(清)楊亶驊撰　清刻本　十行二十二字小字雙行同上下黑口四周單邊　一册

640000－1241－0001650　172/002－2
**孟子七卷**　(宋)朱熹集註　清刻本　九行十七字小字雙行同白口四周單邊　三册

640000－1241－0001651　172/001－3
**孟子要略五卷**　(宋)朱熹撰　(清)曾國藩重編　清道光二十九年(1849)漢陽劉氏刻本　十行二十四字小字雙行同上下黑口左右雙邊　一册

640000－1241－0001652　172/001－2 部二
**孟子要略五卷**　(宋)朱熹撰　(清)曾國藩重編　清刻本　十行二十四字小字雙行同上下黑口左右雙邊　一冊

640000－1241－0001653　172/001－2 部三
**孟子要略五卷**　(宋)朱熹撰　(清)曾國藩重編　清刻本　十行二十四字小字雙行同上下黑口左右雙邊　一冊

640000－1241－0001654　172/001－2
**孟子要略五卷**　(宋)朱熹撰　(清)曾國藩重編　清刻本　十行二十四字小字雙行同上下黑口左右雙邊　一冊

640000－1241－0001655　172/001－3 部二
**孟子要略五卷**　(宋)朱熹撰　(清)曾國藩重編　清道光二十九年(1849)漢陽劉氏刻本　十行二十四字小字雙行同上下黑口左右雙邊　一冊

640000－1241－0001656　289/016 部二
**讀法圖存四卷**　(清)邵繩清編　清道光刻本　行數不等字數不等小字雙行不等白口四周雙邊　四冊

640000－1241－0001657　172/006
**孟子趙注考證一卷**　(清)桂文燦撰　清光緒十九年(1893)刻本　十行二十字小字雙行同上下黑口左右雙邊　一冊

640000－1241－0001658　173/006
**大學講義一卷**　(明)芮城撰　清光緒七年(1881)平陵書院刻本　十行二十二字小字雙行同白口四周雙邊　一冊

640000－1241－0001659　212－44/004－2
**東都事略一百三十卷**　(宋)王偁撰　清嘉慶三年(1798)南沙席氏埽葉山房刻本　十二行二十五字小字雙行同白口左右雙邊　十二冊

640000－1241－0001660　172/008
**孟子雜記四卷**　(明)陳士元撰　清湖海樓刻本　十行二十字小字雙行同上下黑口左右雙邊　二冊

640000－1241－0001661　289/013
**讀律提綱一卷**　(清)楊榮緒撰　清光緒三年(1877)刻本　十行二十一字小字雙行同白口四周雙邊　一冊

640000－1241－0001662　172/003－3
**孟子注疏解經十四卷**　(漢)趙岐注　(宋)孫奭疏　**校勘記十四卷**　(清)阮元撰　(清)盧宣旬摘錄　清光緒十三年(1887)點石齋刻本　二十行四十六字小字雙行同白口四周雙邊　一冊

640000－1241－0001663　289/014
**洗冤錄詳義四卷首一卷**　(清)許槤撰　**摭遺二卷**　(清)葛元煦輯　**摭遺補一卷**　(清)張開運輯　清光緒十六年(1890)湖北官書處刻本　九行十四字小字雙行同白口左右雙邊　六冊

640000－1241－0001664　23－49/008
**平定粵寇紀略十八卷附記四卷**　(清)杜文瀾編　清光緒元年(1875)詒穀堂刻本　九行二十一字白口左右雙邊　七冊

640000－1241－0001665　172/003－2
**孟子注疏解經十四卷**　(漢)趙岐注　(宋)孫奭疏　**校勘記十四卷**　(清)阮元撰　(清)盧宣旬摘錄　清光緒十三年(1887)點石齋刻本　二十行四十六字小字雙行同白口四周雙邊　一冊

640000－1241－0001666　289/044
**折獄龜鑑八卷**　(宋)鄭克撰　(清)胡文炳校訂　**折獄龜鑑補六卷**　(清)胡文炳輯　清光緒四年(1878)蘭石齋刻本　十行二十二字下黑口四周雙邊　八冊

640000－1241－0001667　18/001
**小學考五十卷**　(清)謝啟昆錄　清光緒十四年(1888)浙江書局刻本　十一行二十一字小字雙行同白口左右雙邊　二十冊

640000－1241－0001668　289/054
**審看擬式四卷首一卷末一卷**　(清)剛毅輯　清光緒十五年(1889)江蘇書局刻本　十三行

二十四字白口左右雙邊　二册

640000－1241－0001669　23－49/007
**山東軍興紀略二十二卷**　（清）徑北草堂編撰　清同治十三年（1874）濟南書局刻本　十行二十一字小字雙行同白口四周雙邊　十册

640000－1241－0001670　23－49/006－2
**皇清開國方略三十二卷**　（清）阿桂等撰　清鉛印本　八行二十一字小字雙行同白口四周雙邊　九册　存二十四卷（九至三十二）

640000－1241－0001671　289/070
**大清現行刑律講義八卷**　吉同鈞纂輯　清宣統二年（1910）法部律學館石印本　十三行三十字小字雙行同白口四周雙邊　八册

640000－1241－0001672　453/002
**精訂綱鑑廿四史通俗衍義二十六卷四十四回**　（清）吕撫撰　清光緒十三年（1887）上海廣百宋齋石印本　十二行三十三字白口四周雙邊　六册

640000－1241－0001673　181/011
**輶軒使者絶代語釋别國方言箋疏十三卷**　（清）錢繹撰　清光緒十六年（1890）廣雅書局刻本　十一行二十四字小字雙行同上下黑口四周單邊　四册

640000－1241－0001674　212－44/004
**東都事略一百三十卷**　（宋）王偁撰　清光緒九年（1883）淮南書局刻本　十二行二十四字小字雙行同白口左右雙邊　八册

640000－1241－0001675　23－49/004
**中西紀事二十四卷首一卷**　（清）夏燮撰　清光緒十一年（1885）琉璃廠木活字印本　十行十八字小字雙行同下黑口四周雙邊　六册

640000－1241－0001676　289/015
**大清民律草案三編**　（清）俞廉三等修訂　清宣統三年（1911）修訂法律館鉛印本　十二行字數不等下黑口四周雙邊　四册

640000－1241－0001677　181/014
**爾雅十一卷**　（晋）郭璞註　（明）金蟠訂　清永懷堂刻本　九行二十五字小字雙行同白口左右雙邊　三册

640000－1241－0001678　23－49/003
**平定粵寇紀略十八卷附記四卷**　（清）杜文瀾編　清光緒元年（1875）詒穀堂刻本　九行二十一字白口左右雙邊　十册

640000－1241－0001679　289/026－2
**三流道里表不分卷**　（清）唐紹祖輯　清同治十一年（1872）湖北讞局刻本　行數不等字數不等白口四周單邊　二册

640000－1241－0001680　24－47/002
**元朝秘史十卷續集二卷**　（元）□□撰　清光緒三十四年（1908）長沙葉氏觀古堂刻本　十行字數不等上下黑口左右雙邊　六册

640000－1241－0001681　461/008－2
**詞選二卷附録一卷**　（清）張惠言輯　**續詞選二卷**　（清）董毅輯　清道光十年（1830）刻本　十二行二十七字白口四周雙邊　一册

640000－1241－0001682　289/017
**審看擬式四卷首一卷末一卷**　（清）剛毅輯　清光緒十八年（1892）浙江書局刻本　十三行二十四字白口左右雙邊　二册

640000－1241－0001683　462－49/002
**雙橋小築詞存六卷集餘一卷**　（清）江人鏡撰　清光緒二十三年（1897）刻本　九行二十一字小字雙行同上下黑口左右雙邊　二册

640000－1241－0001684　289/001－2 部二
**欽定五軍道里表十八卷**　（清）常泰等纂　清同治十二年（1873）江蘇書局刻本　行數不等字數不等白口左右雙邊　十八册

640000－1241－0001685　21－24/002－2 部二
**國語二十一卷**　（春秋）左丘明撰　（三國吴）韋昭注　**札記一卷**　（清）黄丕烈撰　**考異四卷**　（清）汪遠孫撰　清同治八年（1869）湖北崇文書局刻本　十一行二十字小字雙行不等白口左右雙邊　五册

640000－1241－0001686　21－24/002－2

**國語二十一卷**　（春秋）左丘明撰　（三國吳）韋昭注　**札記一卷**　（清）黃丕烈撰　**考異四卷**　（清）汪遠孫撰　清同治八年（1869）湖北崇文書局刻本　十一行二十字小字雙行不等白口左右雙邊　五冊

640000－1241－0001687　463/001

**白香詞譜箋四卷**　（清）舒夢蘭輯　（清）謝朝徵箋　清光緒十一年（1885）刻本　十行二十四字小字雙行同上下黑口左右雙邊　三冊

640000－1241－0001688　453/004－2

**東周列國全志二十三卷一百八回**　（清）蔡昇評點　清咸豐四年（1854）刻本　十二行二十六字小字雙行同白口左右雙邊　二十三冊

640000－1241－0001689　289/020

**江蘇省例一卷續編一卷三編一卷四編一卷**　（清）□□撰　清同治八年至光緒十六年（1869－1890）江蘇書局刻本　十一行二十一字小字雙行同白口左右雙邊　十二冊

640000－1241－0001690　287/016

**包孝肅公奏議十卷**　（宋）包拯撰　清同治二年（1863）省心閣李瀚章刻本　九行十八字白口四周雙邊　四冊

640000－1241－0001691　451/022

**談徵不分卷**　（清）外方山人（伊秉綬）輯　清道光三十年（1850）刻本　九行二十一字白口四周雙邊　九冊

640000－1241－0001692　24－49/002

**西巡大事本末記六卷**　（日本）吉田良太郎譯　（清）八詠樓主人錄　清光緒二十七年（1901）上海書局石印本　十六行三十六字上黑口四周單邊　六冊

640000－1241－0001693　24－49/015

**拳匪紀略八卷前編二卷後編二卷**　（清）僑析生輯　清光緒二十九年（1903）上洋書局石印本　十五行三十六字上黑口四周雙邊　六冊

640000－1241－0001694　212－42/001－2

**舊唐書二百卷附考證**　（五代）劉昫等撰　清光緒二十九年（1903）五洲同文局石印本　十行二十一字小字雙行同上下黑口左右雙邊　四十八冊

640000－1241－0001695　287/015

**左文襄公奏疏初編三十八卷續編七十六卷三編六卷**　（清）左宗棠撰　清光緒十六年（1890）上海圖書集成局鉛印本　十四行四十字白口四周單邊　二十冊

640000－1241－0001696　289/028

**欽定科場條例六十卷首一卷**　（清）杜受田等纂修　清刻本　九行二十字小字雙行同白口四周雙邊　二十四冊

640000－1241－0001697　451/026

**西京雜記二卷**　（漢）劉歆撰　清刻本　九行十八字白口左右雙邊　一冊

640000－1241－0001698　24－49/027－2

**中東戰紀本末八卷**　（美國）林樂知著譯　蔡爾康輯　清光緒二十二年（1896）上海圖書集成局鉛印本　十三行四十字小字雙行同白口四周單邊　八冊

640000－1241－0001699　24－49/027

**中東戰紀本末八卷續編四卷**　（美國）林樂知著譯　蔡爾康輯　清光緒二十三年（1897）上海圖書集成局鉛印本　十三行四十字小字雙行同白口四周單邊　十二冊

640000－1241－0001700　287/019

**聖諭像解二十卷**　（清）梁延年編輯　清光緒二十八年（1902）江蘇撫署石印本　八行二十一字白口四周單邊　十冊

640000－1241－0001701　287/020

**光緒政要三十四卷**　（清）沈桐生輯　清宣統元年（1909）上海崇義堂石印本　十五行三十三字白口四周雙邊　三十冊

640000－1241－0001702　212－42/001－2 部二

**舊唐書二百卷附考證**　（五代）劉昫等撰　清光緒二十九年（1903）五洲同文局石印本　十行二十一字小字雙行同上下黑口左右雙邊

四十八册

640000－1241－0001703　451/027
**卓異記一卷**　(唐)李翺撰　**廣卓異記二十卷**　(宋)樂史撰　清道光二十七年(1847)宜黃黃氏仙屏書屋木活字印本　十行二十六字小字雙行同白口四周雙邊　一册

640000－1241－0001704　451/028
**搜神記二十卷**　(晉)干寶撰　清光緒元年(1875)湖北崇文書局刻本　十二行二十四字上下黑口四周雙邊　二册

640000－1241－0001705　289/022
**法訣啟明二卷**　(清)升泰注　清光緒五年(1879)刻本　八行十八字上黑口四周雙邊　二册

640000－1241－0001706　25/007
**農工商部統計表不分卷**　(清)農工商部編　清光緒三十四年(1908)鉛印本　行數不等字數不等小字雙行不等上下黑口四周雙邊　二册

640000－1241－0001707　24－49/024
**國朝柔遠記二十卷**　(清)王之春編　(清)彭玉麟定　清光緒十七年(1891)廣雅書局刻本　十一行二十二字小字雙行同上下黑口左右雙邊　六册

640000－1241－0001708　289/023
**秋讞輯要六卷首一卷**　(清)剛毅輯　清光緒十五年(1889)江蘇書局刻本　十三行二十四字小字雙行同白口左右雙邊　八册

640000－1241－0001709　287/021
**胡文忠公政書十四卷**　(清)胡林翼撰　(清)但湘良輯　清光緒二十五年(1899)湖南糧儲道署刻本　十二行二十五字白口左右雙邊　十六册

640000－1241－0001710　24－49/018
**庚子海外紀事四卷**　呂海寰編　清光緒二十七年(1901)上海辦理商約行轅鉛印本　十行二十五字小字雙行同白口四周雙邊　四册

640000－1241－0001711　24－49/018 部二
**庚子海外紀事四卷**　呂海寰編　清光緒二十七年(1901)上海辦理商約行轅鉛印本　十行二十五字小字雙行同白口四周雙邊　四册

640000－1241－0001712　287/017
**戊戌奏稿一卷**　康有為撰　清宣統三年(1911)鉛印本　十一行二十三字白口四周單邊　一册

640000－1241－0001713　289/001
**欽定五軍道里表十八卷**　(清)常泰等纂　清刻本　行數不等字數不等白口四周雙邊　十册

640000－1241－0001714　24－49/023
**東方兵事紀略六卷**　姚錫光撰　清光緒二十三年(1897)武昌刻本　九行二十二字小字雙行同上下黑口左右雙邊　三册

640000－1241－0001715　289/024
**讀律一得歌四卷**　(清)宗繼增編　清光緒十六年(1890)江蘇書局刻本　十行二十字白口四周單邊　二册

640000－1241－0001716　451/030
**山海經圖讚一卷訂僞一卷**　(晉)郭璞撰　(清)郝懿行注　清光緒十八年(1892)石印本　十行二十四字小字雙行同白口左右雙邊　一册

640000－1241－0001717　289/024 部二
**讀律一得歌四卷**　(清)宗繼增編　清光緒十六年(1890)江蘇書局刻本　十行二十字白口四周單邊　二册

640000－1241－0001718　453/011
**西遊真詮一百回**　(明)吳承恩撰　(清)陳士斌詮解　清刻本　十四行三十三字白口四周單邊　四册

640000－1241－0001719　453/007
**花月痕全書十六卷五十二回**　(清)眠鶴主人(魏秀仁)撰　清光緒十四年(1888)福州雙笏廬刻本　九行二十一字白口左右雙邊　十六册

640000－1241－0001720　24－49/031
**防海紀略二卷**　(清)芍唐居士(王之春)編　清光緒二十一年(1895)上海同文館鉛印本　九行二十字小字雙行同白口四周雙邊　二册

640000－1241－0001721　453/008
**續紅樓夢三十卷**　(清)秦子忱撰　清嘉慶四年(1799)抱甕軒刻本　九行二十字上下黑口四周單邊　十二册

640000－1241－0001722　291/028
**輿地紀勝二百卷**　(宋)王象之編　清咸豐五年(1855)南海伍氏粤雅堂刻本　十二行二十五字小字雙行同白口左右雙邊　十二册　存八十四卷(一至二十七、七十七至一百三十三)

640000－1241－0001723　25/005－3
**紀元編三卷末一卷**　(清)李兆洛編　清光緒十四年(1888)上海蜚英館石印本　十行二十四字小字雙行同白口左右雙邊　三册

640000－1241－0001724　451/029
**穆天子傳六卷**　(晉)郭璞註　清光緒十年(1884)朱氏槐廬家塾刻本　十一行二十字小字雙行同白口左右雙邊　一册

640000－1241－0001725　212－41/001－2
**隋書八十五卷**　(唐)魏徵等撰　清同治十年(1871)淮南書局刻本　十二行二十五字小字雙行不等白口左右雙邊　十二册

640000－1241－0001726　251.1/006
**史目表一卷**　(清)洪飴孫撰　清光緒二十五年(1899)京都官書局石印本　十二行二十四字小字雙行四十八字白口左右雙邊　一册

640000－1241－0001727　25/004
**歷代帝王年表不分卷**　(清)齊召南編　(清)阮福續編　清道光四年(1824)小琅嬛阮氏刻本　八行二十四字小字雙行三十六字上下黑口左右雙邊　四册

640000－1241－0001728　25/005－2
**紀元編三卷末一卷**　(清)李兆洛編　清同治十年(1871)合肥李氏刻本　十行二十四字小字雙行同白口左右雙邊　一册

640000－1241－0001729　181/016
**廣雅疏證十卷**　(清)王念孫撰　(清)王引之述　**博雅音十卷**　(隋)曹憲撰　(清)王念孫校　清光緒五年(1879)淮南書局刻本　十行二十一字小字雙行同白口左右雙邊　八册

640000－1241－0001730　25/005－2 部二
**紀元編三卷末一卷**　(清)李兆洛編　清同治十年(1871)合肥李氏刻本　十行二十四字小字雙行同白口左右雙邊　二册

640000－1241－0001731　25/005－2 部三
**紀元編三卷末一卷**　(清)李兆洛編　清同治十年(1871)合肥李氏刻本　十行二十四字小字雙行同白口左右雙邊　一册

640000－1241－0001732　451/031
**拾遺記十卷**　(晉)王嘉撰　(南朝梁)蕭綺錄　清光緒元年(1875)湖北崇文書局刻本　十二行二十四字上下黑口四周雙邊　一册

640000－1241－0001733　25/004 部二
**歷代帝王年表不分卷**　(清)齊召南編　(清)阮福續編　清道光四年(1824)小琅嬛阮氏刻本　八行二十四字小字雙行三十六字上下黑口左右雙邊　四册

640000－1241－0001734　181/026
**爾雅六卷**　(清)姜兆錫註疏參義　清雍正十年(1732)寅清樓刻本　十行二十五字小字雙行同白口四周單邊　二册

640000－1241－0001735　289/033
**律法須知二卷**　(清)呂芝田撰　清光緒十三年(1887)廣州刻本　九行二十三字白口四周單邊　二册

640000－1241－0001736　24－49/008
**欽定滿洲源流考二十卷首一卷**　(清)阿桂等撰　清光緒三十年(1904)中西書局石印本　十六行三十六字小字雙行同白口左右雙邊　四册

640000－1241－0001737　289/030

**蒙古律例十二卷** （清）□□撰 清刻本 八行二十字白口四周雙邊 二册

640000－1241－0001738 24－49/008－2

**欽定滿洲源流考二十卷首一卷** （清）阿桂等撰 清光緒十九年(1893)杭州便益書局石印本 十六行三十六字小字雙行同白口左右雙邊 四册

640000－1241－0001739 212－39/008－3

**魏書一百十四卷** （北齊）魏收撰 清同治十一年(1872)金陵書局刻本 十二行二十五字小字雙行三十七字白口左右雙邊 二十册

640000－1241－0001740 289/033－2

**律法須知二卷** （清）呂芝田撰 清光緒九年(1883)貴州臬署刻本 九行二十三字白口四周單邊 二册

640000－1241－0001741 451/032

**述異記二卷** （南朝梁）任昉撰 清光緒元年(1875)湖北崇文書局刻本 十二行二十四字上下黑口四周雙邊 一册

640000－1241－0001742 451/032 部二

**述異記二卷** （南朝梁）任昉撰 清光緒元年(1875)湖北崇文書局刻本 十二行二十四字上下黑口四周雙邊 一册

640000－1241－0001743 24－48/007

**野記四卷** （明）祝允明纂 清同治十三年(1874)刻本 十二行二十二字小字雙行同白口左右雙邊 二册

640000－1241－0001744 24－49/024 部二

**國朝柔遠記二十卷** （清）王之春編 （清）彭玉麟定 清光緒十七年(1891)廣雅書局刻本 十一行二十二字小字雙行同上下黑口左右雙邊 六册

640000－1241－0001745 451/023－2

**燕丹子三卷** （清）孫星衍校輯 **玉泉子一卷** （唐）□□撰 **金華子雜編二卷** （五代）劉崇遠撰 清光緒元年(1875)湖北崇文書局刻本 十二行二十四字上下黑口四周雙邊 一册

640000－1241－0001746 181/006

**三合便覽不分卷** （清）敬齋輯 （清）富俊增輯 清乾隆四十五年(1780)刻本 行數不等字數不等小字雙行不等白口四周雙邊 十二册

640000－1241－0001747 451/023－2 部二

**燕丹子三卷** （清）孫星衍校集 **玉泉子一卷** （唐）□□撰 **金華子雜編二卷** （五代）劉崇遠撰 清光緒元年(1875)湖北崇文書局刻本 十二行二十四字上下黑口四周雙邊 一册

640000－1241－0001748 24－49/011

**湘軍記二十卷** （清）王定安撰 清光緒十五年(1889)江南書局刻本 九行二十二字白口四周雙邊 十二册

640000－1241－0001749 281/028

**兩漢五經博士考三卷** （清）張金吾撰 清光緒十年(1884)常熟後知不足齋刻本 十二行二十四字小字雙行同下黑口四周單邊 一册

640000－1241－0001750 451/034 部二

**神異經一卷海内十洲記一卷** （漢）東方朔撰 **別國洞冥記四卷** （漢）郭憲撰 **穆天子傳六卷** （晉）郭璞註 清光緒元年(1875)湖北崇文書局刻本 二十二行二十四字小字雙行同上下黑口四周雙邊 一册

640000－1241－0001751 281/025

**時務通考三十一卷** （清）杞廬主人輯 清光緒二十三年(1897)上海點石齋石印本 二十行四十五字小字雙行同下黑口四周雙邊 二十四册

640000－1241－0001752 25/014 部二

**欽定歷代職官表七十二卷首一卷** （清）紀昀等撰 （清）永瑢等修 清光緒二十二年(1896)廣雅書局刻本 十一行二十四字小字雙行同上下黑口四周單邊 二十二册

640000－1241－0001753 212－44/001

**宋史四百九十六卷附考證** （元）脱脱等修 清五洲同文局石印本 十行二十一字小字雙

行不等上下黑口左右雙邊　九十八册　缺五卷(一百八十二至一百八十六)

640000－1241－0001754　181/010
**爾雅注疏校勘記十一卷**　(清)阮元撰　清同治十三年(1874)湖南書局刻本　九行二十一字小字雙行同白口左右雙邊　二册

640000－1241－0001755　451/034
**神異經一卷海内十洲記一卷**　(漢)東方朔撰　**别國洞冥記四卷**　(漢)郭憲撰　**穆天子傳六卷**　(晉)郭璞註　清光緒元年(1875)湖北崇文書局刻本　十二行二十四字小字雙行同上下黑口四周雙邊　一册

640000－1241－0001756　174/003
**中庸順講一卷**　(明)芮城著　清光緒七年(1881)平陵書院刻本　十行二十二字小字雙行同白口四周雙邊　一册

640000－1241－0001757　25/014
**欽定歷代職官表七十二卷首一卷**　(清)紀昀等撰　(清)永瑢等修　清光緒二十二年(1896)廣雅書局刻本　十一行二十四字小字雙行同上下黑口四周單邊　二十二册

640000－1241－0001758　174/003 部二
**中庸順講一卷**　(明)芮城著　清光緒七年(1881)平陵書院刻本　十行二十二字小字雙行同白口四周雙邊　一册

640000－1241－0001759　181/004－2 部二
**輶軒使者絶代語釋别國方言十三卷首一卷**　(漢)揚雄撰　(晉)郭璞注　**續方言二卷**　(清)杭世駿輯　**續方言補一卷**　(清)程際盛輯　清光緒十七年(1891)思賢講舍刻本　十一行二十四字小字雙行同上下黑口左右雙邊　三册

640000－1241－0001760　25/002
**史略八十七卷**　(清)朱堃輯　清同治六年(1867)刻本　十行二十五字小字雙行同白口左右雙邊　二十册

640000－1241－0001761　474/001
**新刻玉釧緣全傳三十二卷**　(清)西湖居士撰　清學庫山房刻本　十行二十二字白口四周單邊　六十四册

640000－1241－0001762　26/002
**廿二史考異一百卷**　(清)錢大昕撰　清光緒二十年(1894)廣雅書局刻本　十一行二十四字小字雙行同上下黑口四周單邊　十八册

640000－1241－0001763　181/004－3
**輶軒使者絶代語釋别國方言十三卷首一卷**　(漢)揚雄撰　(晉)郭璞注　**續方言二卷**　(清)杭世駿輯　**續方言補一卷**　(清)程際盛輯　清光緒十七年(1891)思賢講舍刻本　十一行二十四字小字雙行同上下黑口左右雙邊　二册

640000－1241－0001764　289/039
**大清律例彙輯便覽四十卷督捕則例二卷五軍道里表不分卷三流道里表不分卷**　(清)刑部制訂　清光緒二十九年(1903)京都刻本　九行二十字白口左右雙邊　三十三册

640000－1241－0001765　181/005
**清文彙書十二卷**　(清)李延基撰　清京都隆福寺三槐堂刻本　八行字數不等小字雙行不等白口四周雙邊　十二册

640000－1241－0001766　173/002－2
**大學衍義補一百六十卷首一卷**　(明)丘濬撰　(清)陳仁錫評閲　清刻本　十一行二十五字小字雙行同白口四周雙邊　三十二册

640000－1241－0001767　289/034
**欽定臺規四十二卷首一卷**　(清)延煦等編　清光緒十八年(1892)都察院刻本　九行二十字白口四周雙邊　二十四册

640000－1241－0001768　461/006
**國朝金陵詞鈔八卷**　陳作霖輯　清光緒二十八年(1902)刻本　十二行二十三字小字雙行同白口左右雙邊　四册

640000－1241－0001769　2711/017
**新輯廿四史尚友錄二十二卷**　(明)廖用賢編　(清)張伯琮補輯　清光緒二十五年(1899)上海富強齋石印本　十六行字數不等小字雙

行不等白口四周雙邊　十二冊

640000－1241－0001770　461/007

**小檀欒室彙刻閨秀詞第九集四種五卷**　徐乃昌輯　清光緒二十一年至二十二年(1895－1896)南陵徐乃昌刻本　十一行二十一字小字雙行同上下黑口左右雙邊　一冊

640000－1241－0001771　26/003－2

**廿二史劄記三十六卷補遺一卷**　(清)趙翼撰　清光緒三十一年(1905)上海廣益書局鉛印本　二十行四十四字上下黑口四周雙邊　八冊

640000－1241－0001772　461/008

**詞選二卷附錄一卷**　(清)張惠言輯　**續詞選二卷**　(清)董毅輯　清道光十年(1830)刻本　十二行二十七字白口四周雙邊　一冊

640000－1241－0001773　26/007 部二

**歷代史論十二卷宋史論三卷元史論一卷**　(明)張溥撰　**明史論四卷**　(清)谷應泰撰　**左傳史論二卷**　(清)高士奇撰　清光緒五年(1879)刻本　十一行二十一字小字雙行同上下黑口左右雙邊　八冊

640000－1241－0001774　212－46/002

**遼史拾遺二十四卷**　(清)厲鶚撰　**遼史紀年表一卷西遼紀年表一卷**　(清)汪遠孫輯　清光緒二十六年(1900)廣雅書局刻本　十一行二十四字小字雙行不等上下黑口四周單邊　六冊

640000－1241－0001775　181/018－2

**經籍籑詁一百六卷首一卷**　(清)阮元撰　清光緒六年(1880)淮南書局補刻本　八行二十字小字雙行同白口左右雙邊　四十八冊

640000－1241－0001776　26/007

**歷代史論十二卷宋史論三卷元史論一卷**　(明)張溥撰　**明史論四卷**　(清)谷應泰撰　**左傳史論二卷**　(清)高士奇撰　清光緒五年(1879)刻本　十一行二十一字小字雙行同上下黑口左右雙邊　十冊

640000－1241－0001777　461/004.2

**國朝詞綜續編二十四卷**　(清)黃燮清編　清同治十二年(1873)湖北鄂垣刻本　十一行二十一字小字雙行同白口左右雙邊　八冊

640000－1241－0001778　26/010 部二

**讀史兵略四十六卷**　(清)胡林翼纂　清咸豐十一年(1861)武昌節署刻本　十二行二十四字小字雙行同白口四周雙邊　十六冊

640000－1241－0001779　17/007

**四書玩注詳說一百六十卷首一卷**　(清)冉覲祖撰　清光緒八年(1882)大樑書局刻本　十行二十二字小字雙行同白口四周雙邊　一百四十五冊

640000－1241－0001780　212－46/003

**遼史拾遺二十四卷**　(清)厲鶚撰　**遼史紀年表一卷西遼紀年表一卷**　(清)汪遠孫撰　**遼史拾遺補五卷**　(清)楊復吉撰　清光緒二十六年(1900)廣雅書局刻本　十一行二十四字小字雙行不等上下黑口四周單邊　八冊

640000－1241－0001781　26/010

**讀史兵略四十六卷**　(清)胡林翼纂　清咸豐十一年(1861)武昌節署刻本　十二行二十四字小字雙行同白口四周雙邊　十六冊

640000－1241－0001782　2711/009－2

**史姓韻編二十四卷**　(清)汪輝祖輯　(清)馮祖憲重校　清光緒二十九年(1903)上海文瀾書局石印本　十四行字數不等小字雙行不等白口四周單邊　八冊

640000－1241－0001783　289/031

**律表三十六卷附纂修條例表一卷督捕則例表二卷洗冤錄表四卷**　(清)曹恒德編　清刻本　行數不等字數不等白口四周單邊　八冊

640000－1241－0001784　289/032

**律例便覽八卷諸圖一卷**　(清)蔡嵩年編　清同治九年(1870)江蘇書局刻本　十一行二十一字小字雙行同白口左右雙邊　四冊

640000－1241－0001785　181/008

**欽定遼史語解十卷欽定金史語解十二卷欽定元史語解二十四卷**　(清)高宗弘曆敕撰　清

光緒四年(1878)江蘇書局刻本　十二行二十五字小字雙行同白口左右雙邊　十册

640000－1241－0001786　2711/020

**欽定古今儲貳金鑑六卷首一卷**　(清)高宗弘曆撰　清光緒二十一年(1895)浙江官書局刻本　八行二十一字白口四周雙邊　四册

640000－1241－0001787　463/002

**詞律拾遺八卷**　(清)徐本立輯　**詞律補遺一卷**　(清)杜文瀾編　清同治十二年(1873)吳下刻本　七行二十一字小字雙行同白口左右雙邊　四册

640000－1241－0001788　463/006

**詞律二十卷**　(清)萬樹撰　清光緒二年(1876)吳下刻本　七行二十一字小字雙行同白口左右雙邊　十二册

640000－1241－0001789　2711/022

**高士傳三卷**　(晉)皇甫謐撰　清光緒三年(1877)刻本　八行十八字白口四周單邊　四册

640000－1241－0001790　289/025

**讀律心得三卷蜀僚問答二卷附漁洋山人手鏡一卷**　(清)劉衡撰　**代直隸總督勸諭牧文一卷**　(清)黃輔辰撰　清同治七年(1868)湖北崇文書局刻本　十行二十二字小字雙行同白口四周雙邊　一册

640000－1241－0001791　289/026

**三流道里表不分卷**　(清)唐紹祖輯　清同治十一年(1872)江蘇書局刻本　行數不等字數不等白口左右雙邊　二册

640000－1241－0001792　289/035

**提牢備考四卷**　(清)趙舒翹輯　清刻本　十行二十一字白口左右雙邊　二册

640000－1241－0001793　181/007

**三合聖諭廣訓不分卷**　(清)聖祖玄燁撰　(清)世宗胤禛廣訓　清刻本　行數不等字數不等小字雙行不等白口四周雙邊　四册

640000－1241－0001794　281/024

**二十四史九通政典類要合編三百二十卷**　(清)黃書霖輯　清光緒二十八年(1902)約雅堂刻本　十五行三十八字白口四周雙邊　六十册

640000－1241－0001795　212－46/004－2 部二

**金史一百三十五卷欽定金國語解一卷附考證**　(元)脱脱等修　清同治十三年(1874)江蘇書局刻本　十二行二十五字小字雙行同白口左右雙邊　二十册

640000－1241－0001796　182/008

**六書通十卷**　(清)閔齊伋撰　(清)畢宏述篆訂　清光緒四年(1878)留耕堂刻本　八行十二字小字雙行二十四字白口四周雙邊　六册

640000－1241－0001797　474/002

**笑中緣圖說十二卷七十五回**　(清)曹春江撰　清石印本　十八行三十六字白口四周雙邊　四册

640000－1241－0001798　281/026－2

**吾學錄初編二十四卷**　(清)吳榮光撰　清同治九年(1870)江蘇書局刻本　九行二十一字小字雙行同下黑口左右雙邊　六册

640000－1241－0001799　2711/021

**於越先賢像傳贊二卷**　(清)王齡撰　(清)任熊繪　清光緒三年(1877)刻本　八行十八字白口四周單邊　二册

640000－1241－0001800　288/002

**北洋公牘類纂二十五卷**　(清)甘厚慈輯　清光緒三十三年(1907)京城益森印刷有限公司鉛印本　十四行四十字下黑口四周雙邊　二十册

640000－1241－0001801　281/026

**吾學錄初編二十四卷**　(清)吳榮光撰　清道光二十九年(1849)湘西高國榮刻本　九行二十一字小字雙行同白口左右雙邊　八册

640000－1241－0001802　2711/016

**全史吏鑑十卷**　(清)張祥雲輯　清嘉慶八年(1803)刻本　十行二十一字白口左右雙邊　六册

640000－1241－0001803　26/001
**十七史商榷一百卷**　(清)王鳴盛撰　清光緒十九年(1893)廣雅書局刻本　十一行二十字小字雙行同上下黑口四周單邊　十四冊

640000－1241－0001804　288/002.2
**北洋公牘類纂續編二十四卷**　(清)甘厚慈輯　清宣統二年(1910)絳雪齋書局鉛印本　十四行四十字下黑口四周雙邊　二十冊

640000－1241－0001805　26/005－2 部二
**史通削繁四卷**　(唐)劉知幾撰　(清)紀昀削繁　(清)浦起龍注　清道光十三年(1833)兩廣節署朱墨套印本　十行二十一字小字雙行同白口左右雙邊　四冊

640000－1241－0001806　182/018 部二
**說文解字校錄十五卷說文刊誤一卷說文玉篇校錄一卷**　(漢)許慎撰　(清)鈕樹玉校　清光緒十一年(1885)江蘇書局刻本　七行二十二字小字雙行同上下黑口左右雙邊　十四冊

640000－1241－0001807　289/036
**讀例存疑五十四卷**　(清)薛允升著　清光緒三十一年(1905)北京琉璃廠翰茂齋刻本　十行二十四字白口四周雙邊　四十冊

640000－1241－0001808　182/006
**惠氏讀說文記十五卷**　(清)惠棟撰　清咸豐二年(1852)江都李氏半畝園刻本　十行二十一字小字雙行同上下黑口左右雙邊　六冊

640000－1241－0001809　25/015
**歷代史表五十九卷首一卷**　(清)萬斯同撰　清光緒十五年(1889)廣雅書局刻本　行數不等字數不等小字雙行不等上下黑口四周單邊　九冊

640000－1241－0001810　212－46/004－2
**金史一百三十五卷欽定金國語解一卷附考證**　(元)脱脱等修　清同治十三年(1874)江蘇書局刻本　十二行二十五字小字雙行同白口左右雙邊　二十冊

640000－1241－0001811　288/004
**東盛和債案報告十六卷**　(清)羅飴編　清宣統元年(1909)上海商務印書館鉛印本　十二行三十二字白口四周雙邊　八冊

640000－1241－0001812　461/004
**國朝詞綜四十八卷二集八卷**　(清)王昶纂　清嘉慶七年(1802)青浦王氏刻本　十行二十一字小字雙行同上下黑口左右雙邊　八冊

640000－1241－0001813　2711/015
**三史同名錄四十卷**　(清)汪輝祖補　清光緒廣雅書局刻本　十一行二十四字小字雙行同上下黑口四周單邊　六冊

640000－1241－0001814　181/023
**御製滿珠蒙古漢字三合切音清文鑑三十一卷**　(清)阿桂等編　清刻本　九行字數不等小字雙行不等白口四周雙邊　五冊

640000－1241－0001815　461/001
**詞綜三十八卷**　(清)朱彝尊輯　**明詞綜十二卷**　(清)王昶編　清嘉慶七年(1802)青浦王氏三泖漁莊刻本　十行二十一字小字雙行同上下黑口左右雙邊　八冊

640000－1241－0001816　2711/015:2
**九史同姓名略七十二卷補遺四卷**　(清)汪輝祖撰　清光緒二十三年(1897)廣雅書局刻本　十一行二十四字小字雙行同上下黑口四周單邊　十二冊

640000－1241－0001817　287/013－2
**胡文忠公遺集八十六卷首一卷**　(清)胡林翼撰　(清)鄭敦謹　(清)曾國荃輯　(清)胡鳳丹重編　清光緒十四年(1888)上海著易堂鉛印本　十七行四十字白口四周雙邊　八冊　存十七卷(一至十七)

640000－1241－0001818　2711/014
**歷代循吏傳八卷**　(清)朱軾　(清)蔡世遠輯　清雍正七年(1729)刻本　九行二十二字白口左右雙邊　四冊

640000－1241－0001819　283/015
**臣鑒錄二十卷**　(清)蔣伊編輯　清咸豐九年(1859)會稽王加敏退思軒刻本　九行二十三字白口四周雙邊　二十冊

640000－1241－0001820　182/013

**干祿字書一卷**　(唐)顏元孫撰　清光緒八年(1882)常熟鮑氏後知不足齋刻本　四行七字小字雙行十四字白口左右雙邊　一册

640000－1241－0001821　212－39/007

**陳書三十六卷附考證**　(唐)姚思廉撰　清光緒二十九年(1903)五洲同文局石印本　十行二十一字小字雙行同上下黑口左右雙邊　六册

640000－1241－0001822　2711/011

**碧血錄五卷**　(清)莊仲方撰　(清)夏鸞翔繪圖　清光緒八年(1882)上海同文書局石印本　十一行二十三字白口左右雙邊　五册

640000－1241－0001823　287/008

**林文忠公政書三十七卷**　(清)林則徐撰　清刻本　九行二十字小字雙行同下黑口四周雙邊　十二册

640000－1241－0001824　2711/010

**歷代名臣傳續編五卷首一卷**　(清)朱軾　(清)蔡世遠訂　清刻本　九行二十二字白口左右雙邊　二册

640000－1241－0001825　182/039

**倉頡篇三卷**　(泰)李斯撰　(清)孫星衍輯　**倉頡篇續本一卷**　(清)任大椿輯　**倉頡篇補本二卷**　(清)陶方琦輯　清光緒十六年(1890)江蘇書局刻本　十行二十二字小字雙行同白口左右雙邊　二册

640000－1241－0001826　283/014

**居官日省錄六卷**　(清)覺羅烏爾通阿編　清光緒七年(1881)京都隆福寺寶書堂刻本　九行二十一字白口四周雙邊　六册

640000－1241－0001827　287/008 部二

**林文忠公政書三十七卷**　(清)林則徐撰　清刻本　九行二十字小字雙行同下黑口四周雙邊　十二册

640000－1241－0001828　283/011

**歷代刑官考二卷**　沈家本撰　清宣統元年(1909)鉛印本　十二行二十九字小字雙行同下黑口四周雙邊　一册

640000－1241－0001829　182/026

**説文逸字二卷**　(清)鄭珍撰　**附錄一卷**　(清)鄭知同撰　清咸豐八年(1858)福山王氏刻本　十二行二十二字小字雙行同上下黑口左右雙邊　二册

640000－1241－0001830　2711/019

**三續疑年錄十卷**　(清)陸心源編　**補疑年錄四卷**　(清)錢椒編　**疑年賡錄二卷**　(清)張鳴珂編　清光緒二十四年(1898)刻本　九行二十字小字雙行同白口四周雙邊　五册

640000－1241－0001831　212－46/004

**金史一百三十五卷欽定金國語解一卷附考證**　(元)脱脱等修　清光緒二十九年(1903)五洲同文局石印本　十行二十一字小字雙行不等上下黑口左右雙邊　二十四册

640000－1241－0001832　479/002

**古謠諺一百卷**　(清)杜文瀾輯　清咸豐十一年(1861)秀水杜文瀾曼陀羅華閣刻本　九行二十一字小字雙行同白口左右雙邊　二十册

640000－1241－0001833　289/037

**乾隆律例不分卷**　(清)□□撰　清抄本　行數不等字數不等白口　無版框　二十四册

640000－1241－0001834　289/040

**公法便覽四卷續一卷**　(美國)丁韙良著　清光緒三年(1877)同文館鉛印本　九行二十字白口四周雙邊　六册

640000－1241－0001835　26/003

**廿二史劄記三十六卷首一卷補遺一卷**　(清)趙翼撰　清光緒二十年(1894)廣雅書局刻本　十一行二十四字小字雙行同上下黑口四周單邊　十册

640000－1241－0001836　481/005

**湯文正公家書一卷**　(清)湯斌撰　**人譜類記一卷**　(明)劉宗周撰　清嘉慶二十年(1815)北京文英堂刻本　十二行二十二字白口左右雙邊　一册

640000－1241－0001837　212－39/008－2 部二
**魏書一百十四卷附考證**　（北齊）魏收撰　清光緒二十九年（1903）五洲同文局石印本　十行二十一字小字雙行同上下黑口左右雙邊　二十四冊

640000－1241－0001838　182/016
**古文審八卷首一卷**　（清）劉心源撰　清光緒十七年（1891）嘉魚劉氏龍江樓刻本　八行字數不等小字雙行二十一字白口四周雙邊　四冊

640000－1241－0001839　2711/004
**疇人傳四十六卷續六卷**　（清）阮元撰　（清）羅士琳續編　清光緒八年（1882）海鹽張敬常惺齋刻本　十行二十字小字雙行同白口左右雙邊　十二冊

640000－1241－0001840　481/011
**尺牘稱呼合解不分卷**　（清）江耀亭編　清光緒三十二年（1906）聚文堂木活字印本　十三行三十一字白口四周雙邊　一冊

640000－1241－0001841　182/023
**說文逸字辨證二卷**　（清）鄭珍撰　（清）李楨辨證　清光緒十一年（1885）畹蘭室刻本　九行二十二字小字雙行同上下黑口四周雙邊　二冊

640000－1241－0001842　2711/004 部二
**疇人傳四十六卷續六卷**　（清）阮元撰　（清）羅士琳續編　清光緒八年（1882）海鹽張敬常惺齋刻本　十行二十字小字雙行同白口左右雙邊　十二冊

640000－1241－0001843　481/005－2
**名賢手札八卷**　（清）郭慶藩輯　清光緒二十五年（1899）上海文盛書局石印本　行數不等字數不等小字雙行不等白口四周花邊　四冊

640000－1241－0001844　285/005.1 部二
**約章成案匯覽甲篇十卷**　（清）北洋商務局纂輯　清光緒三十一年（1905）上海點石齋石印本　十行二十六字白口四周單邊　十冊

640000－1241－0001845　2711/004 部三
**疇人傳四十六卷續六卷**　（清）阮元撰　（清）羅士琳續編　清光緒八年（1882）海鹽張敬常惺齋刻本　十行二十字小字雙行同白口左右雙邊　十二冊

640000－1241－0001846　181/031
**匡謬正俗八卷**　（唐）顏師古撰　清雅雨堂刻本　十行二十一字白口左右雙邊　一冊

640000－1241－0001847　26/011
**讀史大略六十卷**　（清）沙張白著　**小沙子史略一卷**　（清）沙晉撰　清道光二十五年（1845）刻本　十二行二十二字白口四周雙邊　十二冊

640000－1241－0001848　212－39/008－2
**魏書一百十四卷附考證**　（北齊）魏收撰　清光緒二十九年（1903）五洲同文局石印本　十行二十一字小字雙行同上下黑口左右雙邊　二十四冊

640000－1241－0001849　181/022
**御製增訂清文鑑三十二卷**　（清）傅恒等編　清刻本　行數不等字數不等白口四周雙邊　四十八冊

640000－1241－0001850　49/009
**閱微草堂筆記二十四卷**　（清）紀昀撰　清嘉慶二十一年（1816）北平盛氏刻本　十行二十一字上下黑口四周雙邊　十冊

640000－1241－0001851　285/005.2 部二
**約章成案匯覽乙篇四十二卷**　（清）北洋商務局纂輯　清光緒三十一年（1905）上海點石齋石印本　十行二十六字白口四周單邊　二十六冊

640000－1241－0001852　182/038
**字類標韻六卷**　（清）華綱輯　（清）王庭楨重訂　清光緒八年（1882）刻本　九行十五字小字雙行三十字白口四周雙邊　二冊

640000－1241－0001853　26/005－2
**史通削繁四卷**　（唐）劉知幾撰　（清）紀昀削繁　（清）浦起龍注　清道光十三年（1833）兩

廣節署朱墨套印本　十行二十一字小字雙行同白口左右雙邊　四册

640000－1241－0001854　182/044
**增註字類標韻六卷**　(清)華綱鑒定　(清)范多玨重訂　清光緒二年(1876)刻本　九行十四字小字雙行二十八字白口四周雙邊　二册

640000－1241－0001855　285/005.1
**約章成案匯覽甲篇十卷**　(清)北洋商務局纂輯　清光緒三十一年(1905)上海點石齋石印本　十行二十六字白口四周單邊　十册

640000－1241－0001856　283/010
**莅政摘要二卷**　(清)陸隴其輯　清刻本　八行二十字白口左右雙邊　一册

640000－1241－0001857　26/005
**史通削繁四卷**　(唐)劉知幾撰　(清)紀昀削繁　(清)浦起龍注　清光緒元年(1875)湖北崇文書局刻本　十行二十一字小字雙行同白口左右雙邊　四册

640000－1241－0001858　182/003－2
**康熙字典十二集三十六卷凡例一卷總目一卷檢字一卷辨似一卷等韻一卷備考一卷補遺一卷**　(清)張玉書等纂　清光緒十六年(1890)上海鴻寶齋石印本　二十行二十九字小字雙行五十八字白口四周雙邊　六册

640000－1241－0001859　472/005
**牡丹亭還魂記二卷**　(明)湯顯祖撰　清光緒十二年(1886)上海同文書局石印本　十行二十二字小字雙行同白口四周單邊　四册

640000－1241－0001860　283/016
**樞垣記略二十八卷**　(清)梁章鉅撰　清光緒刻本　九行二十二字下黑口四周雙邊　六册

640000－1241－0001861　26/008
**讀史舉正八卷**　(清)張熷撰　清光緒十七年(1891)廣雅書局刻本　十一行二十四字小字雙行同上下黑口四周單邊　二册

640000－1241－0001862　285/005.2
**約章成案匯覽乙篇四十二卷**　(清)北洋商務局纂輯　清光緒三十一年(1905)上海點石齋石印本　十行二十六字白口四周單邊　二十六册

640000－1241－0001863　182/003
**康熙字典十二集三十六卷凡例一卷總目一卷檢字一卷辨似一卷等韻一卷備考一卷補遺一卷**　(清)張玉書等纂　清光緒三十二年(1906)上海商務印書館石印本　二十一行三十一字小字雙行六十二字白口四周雙邊　六册

640000－1241－0001864　472－1/001
**還魂記二卷**　(明)湯顯祖撰　明刻本　九行十九字白口左右雙邊　二册

640000－1241－0001865　283/008
**居官鏡一卷**　(清)剛毅纂輯　清光緒十八年(1892)刻本　八行二十字上下黑口左右雙邊　一册

640000－1241－0001866　284/046
**北洋海軍章程不分卷**　(清)總理海軍事務衙門編　清鉛印本　九行二十一字白口四周雙邊　六册

640000－1241－0001867　287/012
**江楚會奏變法摺三摺**　(清)劉坤一　(清)張之洞撰　清光緒二十七年(1901)兩湖書院刻本　十行二十三字小字雙行不等下黑口左右雙邊　一册

640000－1241－0001868　182/003－3
**康熙字典十二集三十六卷凡例一卷總目一卷檢字一卷辨似一卷等韻一卷備考一卷補遺一卷**　(清)張玉書等纂　清光緒三十年(1904)上海文盛堂書局石印本　二十一行三十一字小字雙行六十二字白口四周雙邊　六册

640000－1241－0001869　26/013－2
**讀通鑑論三十卷**　(清)王夫之撰　清光緒二十四年(1898)上海慎記書莊石印本　十七行三十八字白口四周雙邊　五册　存二十二卷(一至六、十一至二十六)

640000－1241－0001870　283/012

**入幕須知五種九卷附贅言十則** （清）張廷驤輯 清光緒十年（1884）元和張氏刻本 十行二十字白口四周雙邊 六册

640000－1241－0001871 26/015
**宋論十五卷** （清）王夫之撰 清光緒二十四年（1898）上海慎記書莊石印本 十七行三十八字白口四周雙邊 二册

640000－1241－0001872 287/018
**聖祖仁皇帝庭訓格言一卷** （清）世宗胤禛輯 清江蘇書局刻本 七行二十一字白口四周雙邊 二册

640000－1241－0001873 26/018
**通鑑論三卷附稽古錄論一卷** （宋）司馬光撰 （清）伍耀光輯錄 （清）梁式英校訂 清光緒二十四年（1898）上海箐華閣刻本 十行二十二字小字雙行同上下黑口左右雙邊 四册

640000－1241－0001874 471/006:3
**納書楹邯鄲記全譜二卷** （清）葉堂訂譜 （清）王文治參訂 清乾隆五十七年（1792）長洲葉氏納書楹刻本 六行十八字小字雙行不等白口四周雙邊 二册

640000－1241－0001875 284/049
**東粵藩儲考十二卷** （清）高崇基總纂 清光緒十三年（1887）刻本 十行二十六字白口四周單邊 六册

640000－1241－0001876 471/006:2
**納書楹紫釵記全譜二卷** （清）葉堂訂譜 （清）王文治參訂 清乾隆五十七年（1792）葉氏納書楹刻本 六行十八字小字雙行不等白口四周雙邊 二册

640000－1241－0001877 283/007
**皇朝詞林典故六十四卷首一卷** （清）朱珪等纂 清宣統元年（1909）石印本 八行二十二字小字雙行同白口四周雙邊 三十四册

640000－1241－0001878 26/012
**讀史札記一卷** （清）盧文弨著 清光緒刻本 十一行二十一字上下黑口左右雙邊 一册

640000－1241－0001879 285/010
**各國立約始末記三十卷首二卷** （清）陸元鼎編 清光緒三十二年（1906）上海商務印書館鉛印本 十行二十四字小字雙行三十一字上下黑口四周雙邊 二十二册

640000－1241－0001880 181/020
**經傳釋詞十卷** （清）王引之撰 清嘉慶二十四年（1819）刻本 十行二十一字小字雙行同白口四周雙邊 二册

640000－1241－0001881 181/018
**經籍籑詁一百六卷首一卷** （清）阮元撰 清嘉慶十七年（1812）刻本 八行二十字小字雙行同白口左右雙邊 四十八册

640000－1241－0001882 471/006
**納書楹南柯記全譜二卷** （清）葉堂訂譜 （清）王文治參訂 清乾隆五十七年（1792）納書楹刻本 六行十八字小字雙行不等白口四周雙邊 二册

640000－1241－0001883 285/014
**各國條款稅則不分卷** （□）□□輯 清刻本 九行字數不等白口四周雙邊 二十册

640000－1241－0001884 471/006:4
**納書楹牡丹亭全譜二卷** （清）葉堂訂譜 （清）王文治參訂 清乾隆五十七年（1792）長洲葉氏納書楹刻本 六行十八字小字雙行不等白口四周雙邊 一册 存一卷（下）

640000－1241－0001885 287/013
**胡文忠公遺集八十六卷首一卷** （清）胡林翼撰 （清）鄭敦謹 （清）曾國荃編 清同治六年（1867）黃鶴樓刻本 十行二十字上下黑口四周雙邊 三十六册

640000－1241－0001886 2711/001
**金陵通傳四十五卷補遺四卷姓名韻編一卷** 陳作霖纂述 清光緒三十年（1904）瑞華館刻本 十三行三十字小字雙行同白口左右雙邊 十册

640000－1241－0001887 285/008
**奉使金鑑六十卷續編四十卷** 呂海寰編 清

宣統元年(1909)無錫福壽堂刻本　十二行二十五字小字雙行同白口左右雙邊　四十二册

640000－1241－0001888　182/018
**說文解字校錄十五卷說文刊誤一卷說文玉篇校錄一卷**　(漢)許慎撰　(清)鈕樹玉校　清光緒十一年(1885)江蘇書局刻本　七行二十二字小字雙行同上下黑口左右雙邊　十四册

640000－1241－0001889　471/005
**衣鉢真傳古才子西厢記不分卷**　(清)□□抄　清抄本　行數不等字數不等白口　無版框　一册

640000－1241－0001890　2711/003
**吴郡名賢圖傳贊二十卷**　(清)顧沅輯　(清)孔繼堯繪　清道光九年(1829)長洲顧氏刻本　十二行二十六字白口左右雙邊　十册

640000－1241－0001891　182/019∶2
**說文釋例二十卷**　(清)王筠撰　清道光十七年(1837)刻本　九行二十二字小字雙行同上下黑口左右雙邊　十册

640000－1241－0001892　463/007
**詞林正韻三卷**　(清)戈載輯　清刻本　十行二十二字小字雙行同白口左右雙邊　一册　缺一卷(上)

640000－1241－0001893　284/048
**湖北武學六種十二卷**　(清)湖北武備學堂編　清光緒二十六年(1900)湖北官書處刻本　十行二十四字白口左右雙邊　八册

640000－1241－0001894　182/028－2 部二
**說文通檢十四卷首一卷末一卷**　(清)黎永椿撰　清光緒二年(1876)崇文書局刻本　十行二十二字小字雙行同白口左右雙邊　二册

640000－1241－0001895　221/002－2
**資治通鑑二百九十四卷通鑑釋文辯誤十二卷**　(宋)司馬光撰　(元)胡三省音註　清同治八年(1869)江蘇書局刻本　十行二十字小字雙行同上下黑口四周雙邊　一百册

640000－1241－0001896　182/019
**說文解字句讀三十卷**　(漢)許慎記　(清)王筠撰　清同治四年(1865)刻本　十行二十四字小字雙行同白口四周雙邊　十六册

640000－1241－0001897　182/018∶2
**段氏說文注訂八卷**　(清)鈕樹玉撰　清同治十三年(1874)湖北崇文書局刻本　九行二十二字小字雙行同白口四周雙邊　二册

640000－1241－0001898　2711/005
**歷代名臣言行錄二十四卷**　(清)朱桓編　(清)潘永季校定　(清)許時庚重校　清光緒二十八年(1902)鴻寶書局石印本　二十行四十四字小字雙行同白口四周單邊　十一册　缺二卷(十三至十四)

640000－1241－0001899　182/018∶3
**說文新附考六卷續考一卷**　(清)鈕樹玉撰　清同治十三年(1874)湖北崇文書局刻本　十行二十三字小字雙行同白口四周雙邊　二册

640000－1241－0001900　182/003－5
**康熙字典十二集三十六卷凡例一卷總目一卷檢字一卷辨似一卷等韻一卷備考一卷補遺一卷**　(清)張玉書等纂　清光緒十四年(1888)上海圖書集成書局鉛印本　十八行二十七字小字雙行五十四字白口四周雙邊　十二册

640000－1241－0001901　212－39/013－2
**南史八十卷**　(唐)李延壽撰　清同治十一年(1872)金陵書局刻本　十二行二十五字小字雙行不等白口左右雙邊　十二册

640000－1241－0001902　2711/005－2
**歷代名臣言行錄二十四卷首一卷**　(清)朱桓編　(清)潘永季校定　(清)許時庚重校　清光緒三十年(1904)上海商務印書館鉛印本　二十一行四十六字小字雙行同白口四周單邊　七册　缺三卷(三至五)

640000－1241－0001903　2711/006
**歷代名儒傳八卷首一卷**　(清)朱軾　(清)蔡世遠訂　(清)李清植分纂　清光緒二十一年(1895)南京江蘇書局刻本　九行二十二字白口左右雙邊　四册

640000－1241－0001904　285/011

**各國交涉公法論三集十六卷校勘記一卷**　(英國)費利摩羅巴德著　(英國)傅蘭雅口譯　(清)俞世爵筆述　清光緒二十四年(1898)江南機器製造總局鉛印本　十一行二十四字白口四周雙邊　十六册

640000－1241－0001905　182/019:4－2

**文字蒙求四卷**　(清)王筠撰　清上海鴻章書局石印本　七行字數不等小字雙行二十七字白口四周單邊　一册

640000－1241－0001906　49/004

**七家試帖輯注彙鈔七卷**　(清)王植桂輯注　(清)張熙宇輯評　清光緒十二年(1886)崇德書院刻本　九行二十二字小字雙行同上下黑口四周雙邊　六册　存五卷(澹香齋試帖、修竹齋試帖、西漚試帖、簡學齋試帖、桐雲閣試帖)

640000－1241－0001907　182/025 部二

**說文解字斠詮十四卷**　(清)錢坫撰　清光緒九年(1883)淮南書局刻本　七行字數不等小字雙行二十五字白口左右雙邊　六册

640000－1241－0001908　182/024－2

**說文管見三卷**　(清)胡秉虔撰　清光緒七年(1881)申江望益山房書局刻本　九行十九字小字雙行同上下黑口左右雙邊　一册

640000－1241－0001909　284/003－2

**荒政輯要九卷首一卷**　(清)汪志伊纂　清同治八年(1869)湖北崇文書局刻本　十行二十二字白口四周雙邊　二册

640000－1241－0001910　212－39/010

**西魏書二十四卷敘錄一卷附錄一卷**　(清)謝啟昆撰　清光緒廣雅書局刻本　十一行二十四字小字雙行同上下黑口四周單邊　六册

640000－1241－0001911　2711/007

**廉吏傳三卷續編一卷**　(清)張允掄撰　(清)張丙嘉校訂　清光緒二十二年(1896)蓮池書局刻本　十一行二十四字白口四周雙邊　四册

640000－1241－0001912　2711/022－2

**高士傳續編二卷**　(清)張允掄撰　(清)張丙嘉校訂　清光緒二十二年(1896)刻本　十一行二十四字白口四周雙邊　二册

640000－1241－0001913　182/051

**金壺精粹不分卷**　(清)楊慶麟編訂　清光緒二年(1876)京師松竹齋刻本　八行十四字小字雙行二十八字白口左右雙邊　二册

640000－1241－0001914　2712－34/001

**漢事會最人物志三卷**　(清)惠棟輯　清光緒二十一年(1895)元和江標湖南使院刻本　十一行二十三字小字雙行同上下黑口左右雙邊　二册

640000－1241－0001915　284/001

**學部奏咨輯要四卷**　(清)學部總務司案牘科編　清宣統元年(1909)鉛印本　十三行三十字下黑口四周雙邊　四册

640000－1241－0001916　284/005－2

**籌濟編三十二卷首一卷**　(清)楊景仁輯　清光緒九年(1883)武昌書局刻本　九行二十五字小字雙行同白口左右雙邊　八册

640000－1241－0001917　182/052

**班馬字類五卷**　(宋)婁機撰　清光緒十七年(1891)思賢書局刻本　六行十一字小字雙行二十二字白口左右雙邊　二册

640000－1241－0001918　289/041

**大清現行刑律案語不分卷**　沈家本等編　清宣統元年(1909)法律館鉛印本　十二行二十五字下黑口四周雙邊　二十册

640000－1241－0001919　182/022

**說文引經考證七卷附說文引經互異說一卷**　(清)陳瑑撰　清同治十三年(1874)湖北崇文書局刻本　十行二十三字白口四周雙邊　二册

640000－1241－0001920　2712－44/001

**宋名臣言行錄五種七十五卷**　(宋)□□輯　清刻本　十二行二十三字小字雙行同上下黑口左右雙邊　十二册

640000－1241－0001921　51/033
**觀自得齋叢書二十九種七十八卷**　(清)徐士愷輯　清光緒十八年(1892)刻本　十一行二十一字小字雙行同下黑口四周雙邊　二十册

640000－1241－0001922　182/014
**說文校議十五卷**　(清)姚文田　(清)嚴可均撰　清同治十三年(1874)歸安姚氏刻本　十行二十四字白口左右雙邊　六册

640000－1241－0001923　284/006
**保甲書輯要四卷**　(清)徐棟編　(清)丁日昌重校　清同治七年(1868)江蘇書局刻本　十一行二十一字小字雙行同白口左右雙邊　一册

640000－1241－0001924　2712－44/001－2
**宋名臣言行錄五種七十五卷**　(宋)□□輯　清同治七年(1868)臨川桂氏刻本　十二行二十三字小字雙行同上下黑口左右雙邊　十二册

640000－1241－0001925　284/007
**自疆芻議一卷**　(□)□□撰　清光緒二十七年(1901)刻本　十一行二十三字小字雙行同上黑口四周單邊　二册

640000－1241－0001926　182/028－2
**說文通檢十四卷首一卷末一卷**　(清)黎永椿撰　清光緒二年(1876)崇文書局刻本　十行二十二字小字雙行同白口左右雙邊　二册

640000－1241－0001927　212－39/011
**北齊書五十卷**　(唐)李百藥撰　清同治十三年(1874)金陵書局刻本　十二行二十五字小字雙行不等白口左右雙邊　四册

640000－1241－0001928　182/019－2
**說文解字句讀三十卷**　(漢)許慎記　(清)王筠撰　清同治四年(1865)刻本　十行二十四字小字雙行同白口四周雙邊　十四册

640000－1241－0001929　284/005
**籌濟編三十二卷首一卷**　(清)楊景仁輯　清光緒五年(1879)江蘇書局刻本　九行二十五字小字雙行同白口左右雙邊　八册

640000－1241－0001930　182/019:2 部二
**說文釋例二十卷**　(清)王筠撰　清同治四年(1865)刻本　九行二十二字小字雙行同白口四周雙邊　十二册

640000－1241－0001931　2712－49/002
**滿洲名臣傳四十八卷漢名臣傳三十二卷**　(清)國史館編　清京都琉璃廠榮錦書屋刻本　九行十七字小字雙行同白口四周單邊　八十册

640000－1241－0001932　212－39/012－2
**周書五十卷**　(唐)令狐德棻撰　清同治十三年(1874)金陵書局刻本　十二行二十五字小字雙行不等白口左右雙邊　四册

640000－1241－0001933　2712－48/003
**有明於越三不朽名賢圖贊不分卷**　(明)張岱撰　清光緒十四年(1888)山陰陳錦刻本　八行二十字白口四周雙邊　一册

640000－1241－0001934　182/021
**說文解字群經正字二十八卷目錄一卷**　(清)邵瑛撰　清嘉慶十七年(1812)餘姚邵氏桂隱書屋刻本　十一行二十二字白口左右雙邊　十册

640000－1241－0001935　182/024
**說文管見三卷**　(清)胡秉虔撰　清光緒刻本　十一行二十一字小字雙行同上下黑口左右雙邊　一册

640000－1241－0001936　49/014
**訥盦叢稿八種十二卷**　顧鳴鳳輯　清宣統三年(1911)刻本　十行二十四字上下黑口四周單邊　六册

640000－1241－0001937　2711/024
**涇川文載小傳一卷**　(清)鄭相如編　清道光十七年(1837)刻本　十行二十二字小字雙行同白口左右雙邊　一册

640000－1241－0001938　2711－1/027
**年華錄四卷**　(清)全祖望輯　清嘉慶二十年(1815)刻本　九行二十字小字雙行同白口四周雙邊　二册

640000 - 1241 - 0001939　212 - 39/014

**南朝史精語十卷**　(宋)洪邁撰　**札記一卷**　繆荃孫撰　清光緒黄岡陶子麟刻本　十行十八字小字雙行不等白口左右雙邊　二册

640000 - 1241 - 0001940　182/019:3 部二

**説文繫傳校録三十卷**　(清)王筠撰　清刻本　十行字數不等小字雙行二十四字白口四周雙邊　二册

640000 - 1241 - 0001941　182/019:4

**文字蒙求四卷**　(清)王筠撰　清刻本　六行字數不等小字雙行二十二字白口四周單邊　一册

640000 - 1241 - 0001942　2711/027

**桐城耆舊傳十二卷**　馬其昶撰　清宣統三年(1911)刻本　十行二十一字白口左右雙邊　六册

640000 - 1241 - 0001943　182/017

**説文解字三十二卷**　(漢)許慎撰　(清)段玉裁注　清同治十一年(1872)湖北崇文書局刻本　九行二十二字小字雙行同白口四周雙邊　十八册

640000 - 1241 - 0001944　283/025

**宦海指南五種八卷**　(清)許乃普輯　清咸豐九年(1859)刻本　八行二十一字白口四周雙邊　六册

640000 - 1241 - 0001945　49/013 - 2

**初唐四傑文集二十一卷**　(清)□□撰　清抄本　六行十八字　四册

640000 - 1241 - 0001946　2711/028

**歷代畫史彙傳七十二卷首一卷附録二卷目録三卷引證書目一卷**　(清)彭藴璨編　清光緒五年(1879)京都善成堂書舖刻本　八行二十字小字雙行同上下黑口四周雙邊　三十二册

640000 - 1241 - 0001947　182/017 - 3

**説文解字三十二卷**　(漢)許慎撰　(清)段玉裁注　清同治六年(1867)蘇州保息局刻本　九行二十二字小字雙行同白口左右雙邊　十六册

640000 - 1241 - 0001948　2712 - 48/004

**明儒學案六十二卷師説一卷**　(清)黄宗羲撰　清光緒十四年(1888)南昌縣學刻本　九行二十字小字雙行同下黑口左右雙邊　三十六册

640000 - 1241 - 0001949　283/026

**圖民録四卷**　(清)袁守定著　清咸豐七年(1857)錦官城刻本　九行二十一字下黑口四周雙邊　二册

640000 - 1241 - 0001950　289/041:2

**大清現行刑律三十六卷首一卷**　沈家本等編　清宣統二年(1910)鉛印本　十行二十字下黑口四周雙邊　十二册

640000 - 1241 - 0001951　51/034

**隨庵徐氏叢書十種五十二卷續編十種四十一卷**　徐乃昌輯　清光緒至民國南陵徐乃昌刻本　行數不等字數不等小字雙行不等黑白口兼有左右雙邊　二十四册

640000 - 1241 - 0001952　49/013

**初唐四傑文集二十一卷**　(清)項家達輯　清光緒五年(1879)淮南書局刻本　十二行二十二字白口左右雙邊　四册

640000 - 1241 - 0001953　49/012

**唐四家詩集三種十六卷**　(清)胡鳳丹輯　清光緒十三年(1887)湖北官書處刻本　十行十八字小字雙行同白口左右雙邊　四册

640000 - 1241 - 0001954　212 - 46/005 - 2

**金史詳校十卷首一卷附史論五答一卷**　(清)施國祁撰　清光緒六年(1880)會稽章氏刻本　十行二十二字小字雙行同上下黑口左右雙邊　十册

640000 - 1241 - 0001955　49/015

**明道文集五卷伊川文集八卷河南程氏遺書外書十二卷**　(宋)程顥　(宋)程頤撰　(宋)朱熹輯　清刻本　十二行二十二字上下黑口左右雙邊　六册

640000 - 1241 - 0001956　49/019

**雙梂景闇叢書十七種二十六卷**　葉德輝輯

清光緒、宣統間長沙葉氏郎園刻本　十一行二十二字小字雙行同上下黑口左右雙邊　五冊

640000－1241－0001957　2712－47/001 部二
**宋元學案一百卷首一卷考略一卷**　(清)黄宗羲纂　(清)黄百家輯　(清)全祖望修定　清光緒五年(1879)长沙寄廬刻本　十一行二十四字小字雙行同上下黑口左右雙邊　四十六冊

640000－1241－0001958　212－46/005
**金史詳校十卷首一卷末一卷**　(清)施國祁撰　清光緒二十年(1894)廣雅書局刻本　十一行二十四字小字雙行同上下黑口四周單邊　十冊

640000－1241－0001959　289/038
**秋審實緩比較成案二十四卷**　(清)英祥輯　(清)林恩綬增輯　清同治十二年(1873)四川臬署刻本　八行二十字小字雙行同白口四周雙邊　十六冊

640000－1241－0001960　2712－47/001
**宋元學案一百卷首一卷考略一卷**　(清)黄宗羲纂　(清)黄百家輯　(清)全祖望修定　清光緒五年(1879)长沙寄廬刻本　十一行二十四字小字雙行同上下黑口左右雙邊　三十六冊

640000－1241－0001961　2712－47/001 部三
**宋元學案一百卷首一卷考略一卷**　(清)黄宗羲纂　(清)黄百家輯　(清)全祖望修定　清光緒五年(1879)长沙寄廬刻本　十一行二十四字小字雙行同上下黑口左右雙邊　四十冊

640000－1241－0001962　182/020 部三
**說文解字義證五十卷**　(清)桂馥撰　清同治九年(1870)湖北崇文書局刻本　十行二十三字小字雙行同白口四周雙邊　三十二冊

640000－1241－0001963　287/006
**十朝聖訓九百二十二卷**　(清)□□輯　清光緒鉛印本　二十一行四十五字白口四周單邊　六十冊

640000－1241－0001964　182/045－2
**字典考證十二集三十六卷**　(清)奕繪等輯　清光緒二年(1876)湖北崇文書局刻本　十行二十一字白口四周雙邊　六冊

640000－1241－0001965　182/025
**說文解字斠詮十四卷**　(清)錢坫撰　清光緒九年(1883)淮南書局刻本　七行字數不等小字雙行二十五字白口左右雙邊　六冊

640000－1241－0001966　287/002
**皇朝道咸同光奏議六十四卷**　(清)王延熙等輯　清石印本　二十行四十八字白口四周雙邊　十二冊　存二十八卷(三十四至三十七、四十至五十一、五十三至六十四)

640000－1241－0001967　182/041
**十三經集字一卷**　(清)李鴻藻輯　清光緒八年(1882)京都琉璃廠善成堂刻本　十行十四字小字雙行同白口左右雙邊　一冊

640000－1241－0001968　212－42/002
**唐書二百二十五卷附考證**　(宋)歐陽修　(宋)宋祁撰　**釋音二十五卷**　(宋)董衝撰　清光緒二十九年(1903)五洲同文書局石印本　十行二十一字小字雙行同上下黑口左右雙邊　五十冊

640000－1241－0001969　49/025
**隨園二十六種一百八卷**　(清)袁枚撰　清光緒十九年(1893)倉山舊主石印本　二十四行五十八字白口左右雙邊　十冊　缺八卷(隨園詩話九至十六)

640000－1241－0001970　182/039－2
**倉頡篇三卷**　(秦)李斯撰　(清)孫星衍輯　**倉頡篇續本一卷**　(清)任大椿輯　**倉頡篇補本二卷**　(清)陶方琦輯　清光緒十六年(1890)江蘇書局刻本　十行二十二字小字雙行同白口左右雙邊　二冊

640000－1241－0001971　283/026－2
**圖民錄四卷**　(清)袁守定著　清刻本　九行二十字白口左右雙邊　二冊

640000－1241－0001972　182/042 部二

**字林考逸八卷附錄一卷** （清）任大椿撰 **字林考逸補本一卷** （清）陶方琦撰 **字林考逸補附錄一卷** （清）諸可寶撰 清光緒十六年(1890)江蘇書局刻本 十行二十二字小字雙行同白口左右雙邊 四冊

640000－1241－0001973 2712－49/006
**國朝先正事略六十卷** （清）李元度纂 清同治五年(1866)循陔草堂刻本 十行二十四字小字雙行同白口左右雙邊 二十四冊

640000－1241－0001974 182/042
**字林考逸八卷附錄一卷** （清）任大椿撰 **字林考逸補本一卷** （清）陶方琦撰 **字林考逸補附錄一卷** （清）諸可寶撰 清光緒十六年(1890)江蘇書局刻本 十行二十二字小字雙行同白口左右雙邊 四冊

640000－1241－0001975 285/018
**中俄約章會要三卷續編一卷** （清）總理各國通商事務衙門編 清光緒八年(1882)同文館鉛印本 八行二十字白口四周雙邊 四冊

640000－1241－0001976 182/048
**隸篇十五卷續十五卷再續十五卷** （清）翟雲升撰 清道光十八年(1838)刻本 十四行二十五字白口左右雙邊 十冊

640000－1241－0001977 2712－49/003
**貳臣傳十二卷** （清）國史館編 清道光都城琉璃廠半松居士木活字印本 九行二十字白口四周單邊 六冊

640000－1241－0001978 49/027
**陳太僕評選唐宋八家文讀本八卷** （清）陳兆崙輯 清光緒二十八年(1902)山東書局石印本 行數不等字數不等白口 無版框 六冊

640000－1241－0001979 283/027
**重刊張運青先生治鏡錄集解二卷** （清）隋人鵬集解 清道光十三年(1833)仕學齋刻本 九行二十一字白口四周雙邊 二冊

640000－1241－0001980 285/024
**星軺指掌三卷續一卷** （清）聯芳 （清）慶常譯 清光緒二年(1876)北京同文館鉛印本 九行二十字小字雙行三十三字白口四周雙邊 四冊

640000－1241－0001981 2712－49/004
**逆臣傳四卷** （清）國史館編 清道光都城琉璃廠半松居士木活字印本 九行二十字白口左右雙邊 二冊

640000－1241－0001982 2712－49/019
**國朝耆獻類徵初編七百二十卷** （清）李桓輯 清刻本 十行二十五字白口四周雙邊 七十七冊 存一百四十五卷(二十一至四十、一百四十九至一百五十六、一百六十九至一百七十二、一百七十五至一百七十六、一百八十五至一百八十六、二百七至二百八、二百十三至二百六十六、二百七十至二百七十六、二百八十五至三百、三百三十五至三百三十六、三百五十一至三百五十四、三百五十七至三百五十八、三百七十三至三百八十六、四百三十七至四百四十二、四百五十九至四百六十)

640000－1241－0001983 285/027
**國政貿易相關書二卷** （英國）法拉著 （英國）傅蘭雅口譯 （清）徐家寶筆述 清刻本 十行二十二字上下黑口左右雙邊 二冊

640000－1241－0001984 2712－49/006 部二
**國朝先正事略六十卷** （清）李元度纂 清同治五年(1866)循陔草堂刻本 十行二十四字小字雙行同白口左右雙邊 二十三冊 缺一卷(一)

640000－1241－0001985 182/034
**許氏說文解字雙聲疊韻譜一卷** （清）鄭廷禎撰 清光緒七年(1881)常州鮑氏後知不足齋刻本 九行二十字小字雙行同白口左右雙邊 一冊

640000－1241－0001986 283/028
**求治管見一卷續增一卷** （清）戴肇辰著 清咸豐刻本 六行二十字白口左右雙邊 一冊

640000－1241－0001987 182/045 部三
**字典考證十二集三十六卷** （清）奕繪等輯 清愛日堂刻本 十行二十一字小字雙行同白

口四周雙邊　四册

640000－1241－0001988　212－44/001－2
**宋史四百九十六卷目錄三卷**　(元)脫脫等修　清光緒元年(1875)浙江書局刻本　十二行二十五字小字雙行不等白口左右雙邊　一百册

640000－1241－0001989　49/021
**宋四名家詩鈔四卷**　(清)周之鱗　(清)柴升輯　清有文堂刻本　十行二十一字小字雙行同上下黑口左右雙邊　五册　缺一卷(黄山谷詩鈔一卷)

640000－1241－0001990　287/001－2
**御製資政要覽三卷附後序一卷**　(清)世祖福臨撰　清光緒孫家鼐刻本　九行二十一字小字雙行同白口四周雙邊　四册

640000－1241－0001991　182/054
**皇象本急就章一卷**　(漢)史游撰　(清)鈕樹玉校　**說文解字索隱一卷補例一卷**　(清)張度撰　清光緒元和江氏刻本　十一行二十三字小字雙行同上下黑口左右雙邊　一册

640000－1241－0001992　284/003－3
**荒政輯要九卷首一卷**　(清)汪志伊纂　清刻本　十行二十一字小字雙行同白口四周雙邊　六册

640000－1241－0001993　2712－49/013
**國朝御史題名不分卷**　(清)黄叔璥編輯　清光緒十三年(1887)京畿道刻本　八行四字白口四周雙邊　二册

640000－1241－0001994　2712－49/013.2
**國朝滿洲蒙古御史題名不分卷**　(清)黄叔璥編輯　(清)蘇芳阿續纂　清光緒十三年(1887)京畿道刻本　八行四字白口四周雙邊　二册

640000－1241－0001995　286/002
**補漢兵志一卷**　(宋)錢文子撰　清刻本　九行二十一字上下黑口左右雙邊　一册

640000－1241－0001996　286/003
**武備輯要續編十卷**　(清)許乃釗編輯　清道光二十九年(1849)刻本　十行二十一字白口四周雙邊　六册

640000－1241－0001997　182/035
**說文聲讀表七卷**　(清)苗夔撰　清道光二十二年(1842)福山王氏天壤閣刻本　九行二十字小字雙行同上下黑口四周單邊　二册

640000－1241－0001998　284/002
**鄉守輯要合鈔十卷**　(清)許乃釗輯　清咸豐三年(1853)武英殿刻本　十行二十四字白口四周雙邊　二册

640000－1241－0001999　2712－49/006 部三
**國朝先正事略六十卷**　(清)李元度纂　清同治五年(1866)循陔草堂刻本　十行二十四字小字雙行同白口左右雙邊　二十四册

640000－1241－0002000　285/026
**公法會通十卷**　(德國)步倫撰　(美國)丁韙良譯　清光緒六年(1880)同文館鉛印本　九行二十字小字雙行同白口四周雙邊　五册

640000－1241－0002001　182/054－2
**急救篇四卷**　(漢)史游撰　(唐)顔師古注　(宋)王應麟補注　清光緒六年(1880)福山王氏天壤閣刻本　十行二十一字小字雙行同上下黑口四周單邊　二册

640000－1241－0002002　212－47/001 部二
**元史二百十卷目錄二卷附考證**　(明)宋濂等修　清光緒二十九年(1903)五洲同文書局石印本　十行二十一字小字雙行同白口左右雙邊　五十一册

640000－1241－0002003　2712－49/005
**浙江忠義錄十卷**　(清)張景祁等纂　清同治六年(1867)浙江采訪忠義總局刻本　十行二十二字白口左右雙邊　四册

640000－1241－0002004　287/025
**諭摺彙存不分卷**　(清)□□編　清光緒二十八年(1902)木活字印本　十一行二十二字白口四周雙邊　三百三十三册

640000－1241－0002005　2712－49/014
**碑傳集一百六十卷首二卷末二卷**　（清）錢儀吉纂輯　清光緒十九年（1893）江蘇書局刻本　十六行二十七字上下黑口四周單邊　六十冊

640000－1241－0002006　182/045 部二
**字典考證十二集三十六卷**　（清）奕繪等輯　清愛日堂刻本　十行二十一字小字雙行同白口左右雙邊　八冊

640000－1241－0002007　182/045
**字典考證十二集三十六卷**　（清）奕繪等輯　清愛日堂刻本　十行二十一字小字雙行同白口左右雙邊　八冊

640000－1241－0002008　272－36/001
**忠武志十卷**　（清）張鵬翮輯　清刻本　九行十九字白口左右雙邊　四冊

640000－1241－0002009　272－48/001
**戚少保年譜節要六卷**　（明）戚祚國編　清光緒十七年（1891）山東書局刻本　十行二十一字小字雙行同下黑口左右雙邊　四冊

640000－1241－0002010　49/005
**貴池二妙集五十一卷**　劉世珩編　清光緒二十五年（1899）貴池劉氏刻本　十三行二十三字上下黑口左右雙邊　十二冊

640000－1241－0002011　283/022
**新編吏治懸鏡八卷**　（清）徐文弼編　清刻本　十行二十字小字雙行同白口四周單邊　八冊

640000－1241－0002012　212－47/001
**元史二百十卷目錄二卷附考證**　（明）宋濂等修　清光緒二十九年（1903）五洲同文書局石印本　十行二十一字小字雙行同上下黑口左右雙邊　五十一冊

640000－1241－0002013　283/021
**大清搢紳全書不分卷**　（清）□□撰　清宣統元年（1909）京都榮錄堂刻本　十四行三十二字小字雙行同白口四周雙邊　六冊

640000－1241－0002014　183/007
**佩文詩韻釋要五卷**　（清）周兆基撰　（清）朱蘭輯　清光緒元年（1875）湖北崇文書局刻本　九行字數不等小字雙行不等白口左右雙邊　一冊

640000－1241－0002015　49/011
**三蘇全集四種二百八卷**　（宋）蘇洵等著　（清）弓翊清等編　清道光十二年（1832）眉州三蘇祠刻本　九行二十五字上下黑口四周單邊　八十冊

640000－1241－0002016　272－25/001
**重纂三遷志十卷首一卷**　（清）孟廣均輯　（清）陳錦　（清）孫葆田重輯　清光緒十三年（1887）山東書局刻本　十行二十四字小字雙行同上下黑口四周雙邊　六冊

640000－1241－0002017　283/024
**學治臆說二卷續說一卷說贅一卷**　（清）汪輝祖撰　清同治七年（1868）湖北崇文書局刻本　十行二十一字白口四周雙邊　二冊

640000－1241－0002018　183/008
**韻岐五卷**　（清）江昱輯　清光緒七年（1881）刻本　九行字數不等小字雙行二十二字白口左右雙邊　二冊

640000－1241－0002019　2712－49/006－3
**國朝先正事略六十卷**　（清）李元度纂　清石印本　二十行四十字白口四周雙邊　八冊　缺三卷（一至三）

640000－1241－0002020　183/006
**古今詩韻釋義五卷**　（明）龔大器撰　清刻本　十行十五字小字雙行三十字白口四周雙邊　十冊

640000－1241－0002021　183/011
**古今韻準一卷行述一卷**　（清）朱駿聲撰　清道光二十八年（1848）刻本　八行二十字小字雙行同白口四周雙邊　一冊

640000－1241－0002022　54－49/027 部二
**曾文正公全集十五種一百七十九卷首一卷**　（清）曾國藩撰　（清）李瀚章輯　清同治、光

緒間傳忠書局刻本　十行二十四字小字雙行同上下黑口左右雙邊　一百六十冊

640000－1241－0002023　182/050
**正字略一卷**　(清)王筠撰　清道光十四年(1834)四友堂刻本　六行字數不等小字雙行不等白口四周雙邊　一冊

640000－1241－0002024　283/017
**牧令書輯要十卷**　(清)徐棟編　(清)丁日昌選評　清同治八年(1869)湖北崇文書局刻本　十一行二十一字小字雙行同白口四周雙邊　十冊

640000－1241－0002025　284/003
**荒政輯要九卷首一卷**　(清)汪志伊纂　清刻本　十行二十一字小字雙行同白口四周雙邊　二冊

640000－1241－0002026　2712－49/011
**國史儒林傳二卷循吏傳一卷文苑傳二卷賢良祠王大臣小傳二卷**　(清)阮元撰　清刻本　十二行二十四字白口四周單邊　四冊

640000－1241－0002027　2712－49/012
**文獻徵存錄十卷**　(清)錢林輯　(清)王藻編　清咸豐八年(1858)有嘉樹軒刻本　十一行二十一字小字雙行同白口左右雙邊　十冊

640000－1241－0002028　54－49/027
**曾文正公全集十四種一百七十一卷首一卷**　(清)曾國藩撰　(清)李瀚章輯　清同治、光緒間傳忠書局刻本　十行二十四字小字雙行同上下黑口左右雙邊　一百三十二冊

640000－1241－0002029　272－44/001
**先儒趙子言行錄二卷**　(清)陳廷鈞纂述　(清)陳廷儒校編　清同治九年(1870)湖北崇文書局刻本　十行二十二字小字雙行同白口四周雙邊　二冊

640000－1241－0002030　182/056
**復古編二卷**　(宋)張有撰　**校正一卷**　(清)葛鳴陽撰　**附錄一卷曾樂軒稿一卷**　(宋)張維撰　**安陸集一卷**　(宋)張先撰　清光緒八年(1882)淮南書局刻本　行數不等字數不等小字雙行不等上下黑口四周單邊　三冊

640000－1241－0002031　212－47/001－2
**元史二百十卷目錄二卷附考證**　(明)宋濂等修　清同治十三年(1874)江蘇書局刻本　十二行二十五字小字雙行同白口左右雙邊　四十冊

640000－1241－0002032　283/031
**麟臺故事五卷首一卷**　(宋)程俱撰　清刻本　九行二十一字小字雙行同白口四周雙邊　一冊

640000－1241－0002033　283/030
**庸吏庸言二卷庸吏餘談一卷**　(清)劉衡撰　清同治七年(1868)湖北崇文書局刻本　十行二十二字小字雙行同白口四周雙邊　二冊

640000－1241－0002034　283/002
**實政錄七卷**　(明)呂坤撰　清同治十一年(1872)浙江書局刻本　九行二十二字白口左右雙邊　六冊

640000－1241－0002035　2712－49/006.2
**國朝先正事略續編三十卷**　朱孔彰撰　清光緒二十六年(1900)石印本　二十三行五十字白口四周雙邊　四冊　存四卷(一至四)

640000－1241－0002036　2712－49/012 部二
**文獻徵存錄十卷**　(清)錢林輯　(清)王藻編　清咸豐八年(1858)有嘉樹軒刻本　十一行二十一字小字雙行同白口左右雙邊　十冊

640000－1241－0002037　183/003:2 部二
**四聲切韻表一卷附校刊記一卷**　(清)江永撰　清刻本　十行二十二字小字雙行同上下黑口四周雙邊　一冊

640000－1241－0002038　182/062
**廣金石韻府五卷附玉篇字略一卷**　(明)朱時望纂　(清)林尚葵增輯　清咸豐七年(1857)巴郡張鳳藻理董軒刻本　六行字數不等小字雙行不等上下黑口左右雙邊　五冊

640000－1241－0002039　283/005
**福惠全書三十二卷**　(清)黃六鴻撰　清光緒

十九年(1893)京都文昌會館刻本　九行二十二字小字雙行同白口四周單邊　八册

640000－1241－0002040　2712－49/010

**國朝學案小識十四卷首一卷末一卷**　(清)唐鑑撰　清光緒十年(1884)四砭齋刻本　十行二十一字小字雙行同上下黑口左右雙邊　十四册

640000－1241－0002041　182/060

**説文聲類十六卷**　(清)嚴可均撰　清光緒南菁書院刻本　十一行二十四字小字雙行同白口左右雙邊　二册

640000－1241－0002042　212－39/015

**北史一百卷附考證**　(唐)李延壽撰　清光緒二十九年(1903)五洲同文書局石印本　十行二十一字小字雙行同上下黑口左右雙邊　十八册　缺三十卷(七十一至一百)

640000－1241－0002043　182/061

**字學舉隅不分卷**　(清)龍啟瑞撰　清同治十一年(1872)刻本　行數不等字數不等小字雙行不等白口左右雙邊　一册

640000－1241－0002044　282/003

**大金集禮四十卷**　(金)張瑋等撰　**識語一卷**　(清)廖廷相撰　**校勘記一卷**　繆荃孫撰　清光緒二十一年(1895)廣州廣雅書局刻本　十一行二十四字上下黑口四周單邊　四册

640000－1241－0002045　182/056－2

**復古編二卷**　(宋)張有撰　**校正一卷**　(清)葛鳴陽撰　**附録一卷曾樂軒稿一卷**　(宋)張維撰　**安陸集一卷**　(宋)張先撰　清刻本　行數不等字數不等小字雙行不等上下黑口四周單邊　二册

640000－1241－0002046　182/003－7

**康熙字典十二集三十六卷總目一卷檢字一卷辨似一卷等韻一卷備考一卷補遺一卷**　(清)張玉書等纂　清光緒十三年(1887)上海積山書局石印本　十六行二十四字小字雙行四十八字白口四周雙邊　六册

640000－1241－0002047　182/003－8

**康熙字典十二集三十六卷總目一卷檢字一卷辨似一卷等韻一卷備考一卷補遺一卷**　(清)張玉書等纂　清石印本　二十一行三十一字小字雙行六十二字白口四周雙邊　三册

640000－1241－0002048　2712－49/015

**續良吏述一卷**　(清)錢儀吉撰　清光緒三年(1877)羊城刻本　九行二十一字小字雙行同白口四周雙邊　一册

640000－1241－0002049　282/002

**大清通禮五十四卷**　(清)李玉鳴纂修　(清)穆克登額等續修　(清)恒泰續纂　清光緒九年(1883)江蘇書局刻本　十三行二十一字白口左右雙邊　十二册

640000－1241－0002050　54－49/024

**用六集十二卷**　(清)刁包撰　清道光二十三年(1843)順積樓刻本　九行二十字白口左右雙邊　六册

640000－1241－0002051　276－49/004 部二

**國朝貢舉考略三卷明貢舉考略二卷**　(清)黄崇蘭輯　清道光五年(1825)刻本　行數不等字數不等小字雙行不等白口左右雙邊　四册

640000－1241－0002052　182/027

**説文古語補正二卷**　(清)程炎撰　(清)傅雲龍補正　清光緒十一年(1885)紅餘籀室刻本　十行十九字小字雙行同上下黑口四周單邊　一册　存一卷(一)

640000－1241－0002053　276－49/004

**國朝貢舉考略三卷明貢舉考略二卷**　(清)黄崇蘭輯　清道光五年(1825)刻本　行數不等字數不等小字雙行不等白口左右雙邊　四册

640000－1241－0002054　212－39/015 部二

**北史一百卷附考證**　(唐)李延壽撰　清光緒五洲同文書局石印本　十行二十一字小字雙行同上下黑口左右雙邊　六册　存二十二卷(三至二十四)

640000－1241－0002055　54－49/025

**盾墨拾餘十四卷四魂集四卷外集四卷**　易順鼎撰　清光緒二十二年(1896)慕皋廬刻本

十行二十二字白口左右雙邊　四册

640000－1241－0002056　282/004

**太常因革禮一百卷校識二卷**　（宋）歐陽修等撰　清光緒廣雅書局刻本　十一行二十四字上下黑口四周單邊　八册

640000－1241－0002057　182/028

**説文通檢十四卷首一卷末一卷**　（清）黎永椿撰　清光緒十四年（1888）上海蜚英館石印本　二十一行四十九字小字雙行同白口四周雙邊　一册

640000－1241－0002058　276－49/002

**國朝歷科題名碑録初集不分卷明洪武至崇禎各科不分卷**　（清）李周望編輯　清刻本　十行二十二字小字雙行同上下黑口左右雙邊　五册

640000－1241－0002059　285/025

**航海章程一卷初議紀録一卷**　（美國）費蘭克林撰　（清）鳳儀口譯　（清）徐家寶筆述　清江南機器製造總局刻本　十行二十二字上下黑口左右雙邊　一册

640000－1241－0002060　276－49/002 部二

**國朝歷科題名碑録初集不分卷明洪武至崇禎各科不分卷**　（清）李周望編輯　清刻本　十行二十二字小字雙行同上下黑口左右雙邊　六册

640000－1241－0002061　54－49/002

**震川先生集三十卷别集十卷附録一卷**　（明）歸有光撰　清光緒六年（1880）常熟歸氏刻本　十行二十字白口左右雙邊　十六册

640000－1241－0002062　212－39/011－2

**北齊書五十卷附考證**　（唐）李百藥撰　清光緒二十九年（1903）五洲同文書局石印本　十行二十一字小字雙行同上下黑口左右雙邊　八册

640000－1241－0002063　54－49/023：2

**顧亭林先生遺書六種十七卷補遺十一種十五卷**　（清）顧炎武撰　清光緒十一年（1885）上海埽葉山房刻本　十一行二十字白口左右雙邊　十六册

640000－1241－0002064　283/003

**佐雜譜二卷**　（清）李庚乾輯　清光緒十九年（1893）四川會文堂刻本　十行二十一字白口四周雙邊　一册

640000－1241－0002065　283/001：2

**學治臆説二卷續説一卷説贅一卷**　（清）汪輝祖撰　清光緒八年（1882）山東書局刻本　十行二十四字白口左右雙邊　一册

640000－1241－0002066　212－39/012 部二

**周書五十卷附考證**　（唐）令狐德棻等撰　清光緒二十九年（1903）五洲同文書局石印本　十行二十一字小字雙行同上下黑口左右雙邊　八册

640000－1241－0002067　54－49/023 部二

**亭林先生遺書彙輯二十三種六十三卷附録三種四卷**　（清）顧炎武撰　清光緒十四年（1888）吳縣朱氏校經山房刻本　十一行二十字白口左右雙邊　二十四册

640000－1241－0002068　282/010

**西陵趯程録一卷**　（清）傅雲龍撰　清光緒十一年（1885）紅餘籀室刻本　十行十九字上下黑口四周單邊　一册

640000－1241－0002069　182/020

**説文解字義證五十卷**　（清）桂馥撰　清同治九年（1870）湖北崇文書局刻本　十行二十三字小字雙行同白口四周雙邊　三十二册

640000－1241－0002070　282/008

**皇朝祭器樂舞録二卷**　（清）徐暢達輯　清同治十年（1871）湖北崇文書局刻本　九行二十二字白口四周雙邊　三册

640000－1241－0002071　182/003－4

**康熙字典十二集三十六卷總目一卷檢字一卷辨似一卷等韻一卷備考一卷補遺一卷**　（清）張玉書等纂　清光緒元年（1875）湖北崇文書局刻本　八行十二字小字雙行四十八字白口四周雙邊　四十册

640000－1241－0002072　212－39/011－2 部二

**北齊書五十卷附考證**　(唐)李百藥撰　清光緒二十九年(1903)五洲同文書局石印本　十行二十一字小字雙行同上下黑口左右雙邊　八册

640000－1241－0002073　283/002－2

**實政錄七卷**　(明)吕坤撰　清刻本　九行十八字白口四周雙邊　十册

640000－1241－0002074　182/020 部二

**説文解字義證五十卷**　(清)桂馥撰　清同治九年(1870)湖北崇文書局刻本　十行二十三字小字雙行同白口四周雙邊　三十二册

640000－1241－0002075　276－49/003

**國朝兩浙科名錄不分卷**　(清)黄安綬輯　清咸豐七年(1857)京師刻本　十行二十字小字雙行同白口四周雙邊　二册

640000－1241－0002076　282/001

**慶典成案內務府三卷禮部一卷工部一卷**　(清)內務府輯　清光緒鉛印本　十一行二十四字白口四周雙邊　五册

640000－1241－0002077　276－49/006

**清秘述聞十六卷**　(清)法式善編　清嘉慶四年(1799)刻本　十二行二十四字小字雙行同上下黑口四周單邊　六册

640000－1241－0002078　212－39/012

**周書五十卷附考證**　(唐)令狐德棻等撰　清光緒二十九年(1903)五洲同文書局石印本　十行二十一字小字雙行同上下黑口左右雙邊　八册

640000－1241－0002079　282/007

**文廟上丁禮樂備考四卷**　(清)吳祖昌等編　清同治九年(1870)江右乙藜齋刻本　九行二十二字小字雙行同白口四周雙邊　四册

640000－1241－0002080　282/005

**聖域述聞二十八卷**　(清)黄本驥編　清道光二十七年(1847)知敬學齋刻本　十行二十一字白口四周雙邊　六册

640000－1241－0002081　183/026

**詩韻集成十卷**　(清)余照輯　清刻本　九行字數不等小字雙行二十五字白口四周單邊　二册

640000－1241－0002082　25/002.2

**春秋世族輯略二卷列國輯略一卷**　(清)王文源撰　清道光二十五年(1845)紹林陳氏敏求軒刻本　十行二十五字小字雙行不等上下黑口左右雙邊　二册

640000－1241－0002083　183/024

**詩韻合璧五卷附汪立名論古韻通轉一卷**　(清)湯文潞編　清石印本　十一行十二字小字雙行二十四字白口四周雙邊　四册　缺一卷(四)

640000－1241－0002084　275/006

**春秋世族譜不分卷**　(清)陳厚耀撰　清光緒十二年(1886)邵武徐氏刻本　十行字數不等小字雙行不等白口左右雙邊　一册

640000－1241－0002085　212－39/013

**南史八十卷附考證**　(唐)李延壽撰　清光緒二十九年(1903)五洲同文書局石印本　十行二十一字小字雙行同上下黑口左右雙邊　二十册

640000－1241－0002086　275/007

**百家姓考略一卷**　(清)王相輯　清光緒李光明莊刻本　八行八字小字雙行十六字白口左右雙邊　一册

640000－1241－0002087　283/005－2

**福惠全書三十二卷**　(清)黄六鴻撰　清刻本　九行二十二字白口四周單邊　十二册

640000－1241－0002088　275/004

**清遠朱氏家傳一卷**　(清)朱汝珍撰　清光緒刻本　九行二十二字小字雙行同白口四周單邊　一册

640000－1241－0002089　274－49/005

**河海崑崙錄四卷**　(清)裴景福著　清光緒三十二年(1906)上海文明書局鉛印本　十二行三十二字小字雙行三十三字白口四周雙邊

四冊

640000－1241－0002090　183/012
**韻詁五卷**　(清)方濬頤輯　清刻本　八行十五字小字雙行三十字白口左右雙邊　五冊

640000－1241－0002091　182/059
**問奇典註六卷**　(清)唐英增釋　清嘉慶二十三年(1818)牧野張昞雄楚樓刻本　五行字數不等小字雙行不等白口四周雙邊　六冊

640000－1241－0002092　289/010
**剌字集四卷**　沈家本編　清光緒二十四年(1898)江蘇書局刻本　九行二十二字白口四周雙邊　一冊

640000－1241－0002093　183/013
**新刊校正增補圓機詩韻活法全書十四卷**　(清)王世貞增校　(清)蔣先庚重訂　清聚秀堂刻本　十一行三十一字小字雙行同白口四周單邊　八冊

640000－1241－0002094　274－49/007
**三洲日記八卷**　(清)張蔭桓撰　清光緒二十二年(1896)京都刻本　九行二十一字小字雙行同白口四周雙邊　八冊

640000－1241－0002095　273－49/002
**左文襄公[宗棠]年譜十卷**　(清)羅正鈞撰　清光緒二十三年(1897)湘陰左氏刻本　十行二十五字小字雙行同上下黑口左右雙邊　十冊

640000－1241－0002096　283/032
**槐廳載筆二十卷**　(清)法式善撰　清刻本　十二行二十四字小字雙行同上下黑口四周單邊　六冊

640000－1241－0002097　289/008
**東三省政略十二卷總目一卷**　徐世昌編　清宣統三年(1911)鉛印本　十三行三十五字上黑口四周單邊　四十冊

640000－1241－0002098　182/058
**說文古籀補十四卷附錄一卷**　(清)吳大澂撰　清光緒二十四年(1898)刻本　八行字數不等小字雙行不等白口四周單邊　二冊

640000－1241－0002099　283/029
**問心齋學治雜錄二卷續錄四卷**　(清)張聯桂撰　清光緒十一年(1885)刻本　九行二十一字小字雙行同白口左右雙邊　六冊

640000－1241－0002100　273－48/003
**黃忠端公[尊素]年譜二卷**　(清)黃炳垕編輯　清光緒元年(1875)餘姚黃氏留書種閣刻本　九行二十三字小字雙行同上下黑口四周雙邊　二冊

640000－1241－0002101　182/057
**說文通訓定聲十八卷古今韻準一卷分部柬韻一卷說雅一卷**　(清)朱駿聲撰　(清)朱鏡蓉參訂　清道光二十八年(1848)刻本　十行十五字小字雙行三十字白口四周雙邊　三十二冊

640000－1241－0002102　44/009－4
**文心雕龍十卷**　(南朝梁)劉勰撰　(清)黃叔琳輯注　清乾隆六年(1741)刻本　九行十九字小字雙行二十八字白口左右雙邊　一冊　存二卷(一至二)

640000－1241－0002103　273－48/001
**建文年譜四卷**　(清)趙士喆纂修　清咸豐四年(1854)古豳習勤堂刻本　九行二十字小字雙行同白口四周雙邊　四冊

640000－1241－0002104　283/018
**越中從政錄五種七卷**　(清)王鳳生撰　清刻本　九行二十四字白口左右雙邊　四冊

640000－1241－0002105　212－44/001－2 部二
**宋史四百九十六卷目錄三卷**　(元)脫脫等修　清光緒元年(1875)浙江書局刻本　十二行二十五字小字雙行不等白口左右雙邊　一百冊

640000－1241－0002106　19/006
**十三經註疏校勘記二百四十八卷**　(清)阮元撰　(清)盧宣旬摘錄　清光緒二十四年(1898)蘇州官書坊刻本　十行十八字小字雙

行二十四字上下黑口左右雙邊　五十六册

640000－1241－0002107　272－5/001
**李鴻章(中國四十年來大事記)不分卷**　梁啟超著　清光緒二十七年(1901)鉛印本　十六行三十六字白口四周雙邊　一册

640000－1241－0002108　44/009－2
**文心雕龍十卷**　(南朝梁)劉勰撰　(清)黄叔琳輯注　清刻本　九行十九字小字雙行二十八字白口左右雙邊　三册　缺二卷(一至二)

640000－1241－0002109　272－49/001
**文文忠公事略四卷**　(清)□□輯　清光緒八年(1882)刻本　九行二十二字白口四周雙邊　四册　存三卷(一至三)

640000－1241－0002110　274－49/006
**曾文正公手書日記不分卷**　(清)曾國藩撰　清宣統元年(1909)上海中國圖書公司石印本　十行字數不等　三十九册

640000－1241－0002111　273－49/006
**曾文正公[國藩]年譜十二卷**　(清)黎庶昌編輯　(清)李瀚章審定　清光緒二年(1876)傳忠書局刻本　十行二十四字小字雙行同上下黑口左右雙邊　四册

640000－1241－0002112　273－44/002
**朱子年譜四卷考異四卷附錄二卷校勘記三卷**　(清)王懋竑編　清光緒武昌書局刻本　八行二十字小字雙行同白口左右雙邊　四册

640000－1241－0002113　283/019
**司牧寶鑑一卷**　(清)李顒輯　清刻本　九行二十字小字雙行同白口四周雙邊　一册

640000－1241－0002114　2101/016
**籌鄂龜鑑七卷**　(英國)麥丁富得力編纂　(清)陳俠君輯　**俄事新書二卷**　(清)陳俠君輯　清光緒二十二年(1896)賜書堂石印本　十四行三十二字上黑口四周雙邊　八册

640000－1241－0002115　289/011
**欽定吏部處分則例四十七卷欽定吏部銓選漢官則例八卷欽定吏部銓選滿洲官員則例五卷欽定吏部銓選漢官品級考四卷欽定吏部銓選滿洲官員品級考三卷**　(清)吏部編　清刻本　九行二十字白口四周雙邊　四十一册　缺一卷(欽定吏部銓選滿洲官員則例一)

640000－1241－0002116　273/001
**豫章先賢九家年譜九種十五卷**　(清)楊希閔編　清光緒四年(1878)刻本　十一行二十三字小字雙行同白口四周雙邊　十二册

640000－1241－0002117　2101/020
**俄國新志八卷**　(英國)陔勒低撰　(英國)傅蘭雅　(清)潘松譯　清光緒二十七年(1901)上海書局石印本　十行二十二字上下黑口左右雙邊　四册

640000－1241－0002118　2101/019
**法國新志四卷**　(英國)該勒低撰　(英國)傅紹蘭口譯　(清)潘松笔述　清光緒二十七年(1901)上海書局石印本　十行二十二字上下黑口左右雙邊　四册

640000－1241－0002119　289/007 部二
**故唐律疏議三十卷**　(唐)長孫無忌等撰　清刻本　十行二十一字上下黑口四周雙邊　十册　缺二卷(一至二)

640000－1241－0002120　283/001:3
**學治續説一卷説贅一卷**　(清)汪輝祖撰　清同治七年(1868)湖北崇文書局刻本　十行二十一字白口四周雙邊　一册

640000－1241－0002121　283/020
**州縣提綱四卷**　(宋)陳襄撰　清光緒十年(1884)常熟鮑氏後知不足齋刻本　十一行二十三字上下黑口左右雙邊　一册

640000－1241－0002122　281/007.2－2
**欽定續文獻通考二百五十卷**　(清)嵇璜等撰　清光緒十三年(1887)浙江書局刻本　九行二十一字小字雙行同白口左右雙邊　一百二十册

640000－1241－0002123　281/008.2
**皇朝續文獻通考三百二十卷**　劉錦藻撰　清光緒三十一年(1905)劉氏堅匏盦鉛印本　十

行二十二字小字雙行同白口四周雙邊　八十八册

640000－1241－0002124　19/005－2
**十三經注疏附考證十一種三百十四卷**　（清）□□輯　清同治十年（1871）刻本　十行二十一字小字雙行同白口左右雙邊　一百六册

640000－1241－0002125　281/020
**欽定通典考證一卷**　（清）丁立誠等校　清光緒浙江書局刻本　九行二十一字小字雙行同白口左右雙邊　一册

640000－1241－0002126　281/020 部二
**欽定通典考證一卷**　（清）丁立誠等校　清光緒浙江書局刻本　九行二十一字小字雙行同白口左右雙邊　一册

640000－1241－0002127　2101/021
**俄國政俗通考三卷**　（清）印度廣學會編輯　（美國）林樂知　（清）任廷旭譯　清光緒二十六年（1900）上海廣學會鉛印本　十二行二十八字白口四周雙邊　二册

640000－1241－0002128　281/016
**欽定大清會典一百卷首一卷**　（清）崑岡等纂　清光緒二十五年（1899）石印本　十行二十字小字雙行同白口四周雙邊　三十六册

640000－1241－0002129　283/006
**自歷言不分卷**　（清）文海撰　清光緒三十二年（1906）刻本　八行二十字上下黑口四周雙邊　一册

640000－1241－0002130　2101/024
**重訂法國志略二十四卷**　（清）王韜輯　清光緒十五年（1889）弢園鉛印本　十三行二十三字白口四周雙邊　十册

640000－1241－0002131　289/007
**故唐律疏議三十卷**　（唐）長孫無忌等撰　清光緒十六年（1890）京師刻本　十行二十一字上下黑口四周雙邊　十二册

640000－1241－0002132　281/017
**井田圖考二卷**　（清）朱克己撰　清光緒十六年（1890）山東書局刻本　十一行二十二字小字雙行同白口左右雙邊　二册

640000－1241－0002133　281/016.2
**欽定大清會典圖一百三十二卷首一卷**　（清）崑岡等纂　清光緒二十五年（1899）石印本　十行二十字小字雙行同白口四周雙邊　七十四册

640000－1241－0002134　289/007－2
**故唐律疏議三十卷**　（唐）長孫無忌等撰　**律音義一卷**　（宋）孫奭撰　**洗冤錄五卷**　（宋）宋慈撰　清光緒十七年（1891）錢塘諸氏刻本　十二行字數不等上下黑口四周雙邊　八册

640000－1241－0002135　151－1/005
**春秋左傳二十卷**　（晉）杜預　（宋）林堯叟註釋　（唐）陸德明音義　清道光二十二年（1842）刻本　十行二十字小字雙行同白口左右雙邊　十二册

640000－1241－0002136　281/018
**古今法制表十六卷**　（清）孫榮編　清光緒三十二年（1906）刻本　十行二十七字小字雙行同白口四周雙邊　十册

640000－1241－0002137　2101/022
**印度史攬要三卷**　（英國）竇星亨德偉良撰　（清）任廷旭譯　清光緒二十七年（1901）廣學會上海美華書館鉛印本　十二行二十七字白口四周雙邊　三册

640000－1241－0002138　281/016.3
**欽定大清會典事例一千二百二十卷目錄八卷**　（清）崑岡等編纂　清光緒十二年（1886）石印本　十行二十字小字雙行同白口四周雙邊　三百八十四册

640000－1241－0002139　2101/022 部二
**印度史攬要三卷**　（英國）竇星亨德偉良撰　（清）任廷旭譯　清光緒二十七年（1901）廣學會上海美華書館鉛印本　十二行二十七字白口四周雙邊　三册

640000－1241－0002140　281/021
**欽定學政全書八十六卷首一卷**　（清）童璜纂

修　清嘉慶十七年(1812)刻本　九行二十字小字雙行同白口四周雙邊　二十册

640000－1241－0002141　2101/023
**日本國志四十卷首一卷**　(清)黄遵憲編纂　清光緒二十七年(1901)上海書局石印本　十八行四十字小字雙行同白口四周雙邊　八册

640000－1241－0002142　281/022
**大唐六典三十卷**　(唐)玄宗李隆基撰　(唐)李林甫注　清光緒二十一年(1895)廣雅書局刻本　十一行二十四字小字雙行同上下黑口四周單邊　四册

640000－1241－0002143　281/023 部二
**大元聖政國朝典章六十卷附新集至治條例不分卷**　(元)□□撰　清光緒三十四年(1908)刻本　十三行二十三字小字雙行同白口左右雙邊　二十四册

640000－1241－0002144　210.1/014
**列國陸軍制不分卷**　(美國)歐潑登撰　(美國)林樂知　(清)瞿昂來譯　清刻本　十行二十二字小字雙行同上下黑口左右雙邊　三册

640000－1241－0002145　251.1/007
**佐治藥言一卷**　(清)汪輝祖纂　清同治五年(1866)刻本　十行二十一字白口左右雙邊　一册

640000－1241－0002146　19/009
**皇清經解依經分訂十六卷**　(清)阮元等輯　清光緒十六年(1890)湖南船山書局刻本　十一行二十四字小字雙行同白口左右雙邊　四百册

640000－1241－0002147　2101/015
**埏紘外乘二十五卷補遺一卷**　(美國)林樂知　嚴良勳譯　清光緒二十七年(1901)上海江南製造局刻本　十行二十二字上下黑口左右雙邊　八册

640000－1241－0002148　212－42/002－2 部二
**唐書二百二十五卷**　(宋)歐陽修　(宋)宋祁撰　清刻本　十二行二十五字小字雙行三十七字白口左右雙邊　三十九册　缺三卷(一至三)

640000－1241－0002149　221/001
**竹書紀年校正十四卷**　(南朝梁)沈約附注　(清)郝懿行校正　清光緒五年(1879)東路廳署刻本　九行二十一字小字雙行同上下黑口左右雙邊　二册

640000－1241－0002150　212－49/002
**國朝事略六卷**　(清)金陵江楚編譯官書局編　清光緒三十四年(1908)長沙湖南中學堂木活字印本　九行二十四字小字雙行同下黑口四周雙邊　二册

640000－1241－0002151　2102/006－3
**瀛環志略十卷**　(清)徐繼畬撰　清同治五年(1866)總理衙門刻本　十行二十四字白口左右雙邊　六册

640000－1241－0002152　31/033－2
**小學集解六卷**　(宋)朱熹撰　(清)張伯行輯　清刻本　九行十九字小字雙行同白口四周雙邊　二册　存三卷(三至五)

640000－1241－0002153　221/002－2 部二
**資治通鑑二百九十四卷通鑑釋文辯誤十二卷**　(宋)司馬光撰　(元)胡三省音註　清同治八年(1869)江蘇書局刻本　十行二十字小字雙行同上下黑口四周雙邊　九十八册　缺六卷(資治通鑑二百三十八至二百四十三)

640000－1241－0002154　461/011
**小檀欒室彙刻閨秀詞十集一百三十一卷**　徐乃昌編　清光緒二十一年至二十二年(1895－1896)南陵徐乃昌刻本　十一行二十一字小字雙行同上下黑口左右雙邊　二十九册

640000－1241－0002155　211－1/001
**清嘉錄十二卷**　(清)顧禄撰　清道光十年(1830)刻本　九行二十二字上下黑口左右雙邊　五册

640000－1241－0002156　311.5/002
**二如亭群芳譜二十八卷首一卷**　(明)王象晉

輯 （明）毛鳳苞校正 清書業古講堂刻本 八行十八字小字雙行同白口左右雙邊 十五册

640000－1241－0002157 23－44/001 部三
**宋史紀事本末一百九卷** （明）馮琦編 （明）陳邦瞻增訂 （明）張溥論正 清廣雅書局刻本 十行二十字下黑口四周單邊 十册 缺六十三卷（一至四十九、六十八至七十一、七十九至八十八）

640000－1241－0002158 298/013
**［道光］欽定新疆識略十二卷首一卷** （清）松筠纂修 清光緒二十年（1894）上海積山書局石印本 十行二十一字小字雙行同白口四周雙邊 十六册

640000－1241－0002159 287/003
**雍正硃批諭旨不分卷** （清）世宗胤禛撰 （清）鄂爾泰等編 清光緒十三年（1887）上海點石齋朱墨石印本 十五行三十三字白口四周雙邊 六十册

640000－1241－0002160 2101/018
**西洋史要圖一卷** （清）□□撰 清金粟齋石印本 白口 無版框 一册

640000－1241－0002161 2810/004
**西招圖略一卷圖說一卷附路程二卷** （清）松筠撰 清道光二十七年（1847）王師道刻本 行數不等字數不等白口四周雙邊 二册

640000－1241－0002162 291/001 部三
**大清一統志五百卷** （清）和珅等纂修 清光緒二十八年（1902）上海寶善齋石印本 二十行四十二字小字雙行同白口左右雙邊 六十册

640000－1241－0002163 221/002：2 部三
**資治通鑑目錄三十卷** （宋）司馬光編 清同治八年（1869）江蘇書局刻本 行數不等字數不等小字雙行不等白口左右雙邊 十册

640000－1241－0002164 2101/019－3
**法國新志四卷** （英國）該勒低撰 （英國）傅紹蘭口譯 （清）潘松筆述 清光緒二十七年（1901）上海書局石印本 十行二十二字上下黑口左右雙邊 四册

640000－1241－0002165 2101/019－2
**法國新志四卷** （英國）該勒低撰 （英國）傅紹蘭口譯 （清）潘松筆述 清光緒二十四年（1898）上海製造總局刻本 十行二十二字上下黑口左右雙邊 二册

640000－1241－0002166 2810/002
**勉益齋偶存稿八卷續存稿十六卷** （清）裕謙撰 清光緒二年（1876）武昌勉益齋刻本 九行二十字白口四周雙邊 二十四册

640000－1241－0002167 2101/026
**俄史輯譯四卷** （英國）闞裴迪譯 （清）徐景羅重譯 清光緒二十四年（1898）上海富強齋鉛印本 二十行四十四字下黑口四周雙邊 二册

640000－1241－0002168 221/004
**資治通鑑後編校勘記十五卷** 夏震武撰 清光緒二十四年（1898）富陽夏氏刻本 十二行二十一字白口左右雙邊 四册

640000－1241－0002169 2101/010
**重訂法國志略二十四卷** （清）王韜輯 清光緒十五年（1889）弢園鉛印本 十三行二十三字白口四周雙邊 十册

640000－1241－0002170 221/006：3 部二
**資治通鑑外紀目錄五卷** （宋）劉恕撰 （清）胡克家注補 清嘉慶十六年（1811）刻本 八行十八字小字雙行三十六字上下黑口左右雙邊 四册

640000－1241－0002171 53/001
**項城袁氏家集六種六十六卷** 丁振鐸輯 清宣統三年（1911）清芬閣鉛印本 十行二十四字小字雙行同下黑口四周雙邊 五十六册

640000－1241－0002172 2101/025
**比較國法學四編** （日本）末岡精一撰 （清）商務印書館編譯所譯 清光緒三十二年（1906）上海商務印書館鉛印本 十七行三十七字上下黑口四周單邊 一册

640000－1241－0002173　2810/010

**盛世危言五卷**　鄭觀應輯著　清刻本　九行二十四字白口四周雙邊　五冊

640000－1241－0002174　2101/028

**美國水師考不分卷**　(英國)巴那比　(美國)克里撰　(英國)傅蘭雅　(清)鍾天緯譯　清光緒上海江南製造總局鉛印本　十行二十四字上黑口四周雙邊　一冊

640000－1241－0002175　2101/029

**世界近世史不分卷**　(日本)松平康國撰　(清)中國國民叢書社譯　清光緒二十八年(1902)上海商務印書館鉛印本　十五行三十二字上下黑口四周單邊　一冊

640000－1241－0002176　2101/030

**朝鮮近世史二卷**　(日本)北總林泰輔編　劉世珩譯　清光緒二十九年(1903)上海鴻寶書局石印本　十二行二十五字小字雙行同白口四周雙邊　二冊

640000－1241－0002177　291/001:2

**歷代地理志韻編今釋二十卷附皇朝輿地韻編二卷**　(清)李兆洛輯　清光緒十四年(1888)埽葉山房刻本　八行二十二字小字雙行同白口四周雙邊　九冊

640000－1241－0002178　2101/027

**歐羅巴通史四卷**　(日本)箕作元八　(日本)峰岸米造纂　(清)徐有成等譯　清光緒二十六年(1900)上海東亞譯書會鉛印本　十行二十五字小字雙行同白口四周雙邊　四冊

640000－1241－0002179　291/003

**歷代地理沿革圖一卷**　(清)六嚴撰　(清)馬徵麟輯　清同治十年(1871)金陵刻本　十二行二十四字白口左右雙邊　一冊

640000－1241－0002180　291/003 部二

**歷代地理沿革圖一卷**　(清)六嚴撰　(清)馬徵麟輯　清同治十年(1871)金陵刻本　十二行二十四字白口左右雙邊　一冊

640000－1241－0002181　291/003 部三

**歷代地理沿革圖一卷**　(清)六嚴撰　(清)馬徵麟輯　清同治十年(1871)金陵刻本　十二行二十四字白口左右雙邊　一冊

640000－1241－0002182　2102/012

**游歷古巴圖經二卷**　(清)傅雲龍撰　清光緒鉛印本　行數不等二十五字上下黑口四周單邊　一冊

640000－1241－0002183　291/002

**皇朝輿地韻編二卷**　(清)李兆洛輯　清光緒十四年(1888)埽葉山房刻本　八行二十二字小字雙行同白口四周雙邊　一冊

640000－1241－0002184　291/002 部二

**皇朝輿地韻編二卷**　(清)李兆洛輯　清光緒十四年(1888)埽葉山房刻本　八行二十二字小字雙行同白口四周雙邊　一冊

640000－1241－0002185　2810/003

**西學考略二卷**　(美國)丁韙良撰　清光緒九年(1883)同文館鉛印本　九行二十字白口四周雙邊　二冊

640000－1241－0002186　292－35/003－2

**[嘉慶]黑龍江外記八卷**　(清)西清纂修　清光緒二十六年(1900)廣州廣雅書局刻本　十一行二十四字上下黑口四周單邊　二冊

640000－1241－0002187　292－35/003

**[嘉慶]黑龍江外記八卷**　(清)西清纂修　清光緒二十年(1894)漸西村舍刻本　十行二十一字白口左右雙邊　二冊

640000－1241－0002188　212.1/004

**西清古鑑四十卷附錢錄十六卷**　(清)梁詩正等輯　清光緒三十四年(1908)集成圖書公司石印本　行數不等字數不等白口四周雙邊　二十四冊

640000－1241－0002189　212.1/004.2

**西清續鑑甲編二十卷附錄一卷**　(清)王杰等編　清宣統二年(1910)上海涵芬樓影印本　行數不等十八字白口四周雙邊　四十二冊

640000－1241－0002190　293/018

**歷代陵寢備考五十卷**　(清)朱孔陽輯　清光

緒三年(1877)申報館鉛印本　十二行二十四字白口四周雙邊　二册　存七卷(一至七)

640000－1241－0002191　294/004
**水經注箋刊誤十二卷**　(清)趙一清撰　清刻本　十行二十二字白口左右雙邊　六册

640000－1241－0002192　2102/003
**中外時務經濟統宗十八卷**　(清)□□編　清光緒二十八年(1902)石印本　十五行三十六字上黑口四周單邊　三册　存三卷(一至三)

640000－1241－0002193　2102/003 部二
**中外時務經濟統宗十八卷**　(清)□□編　清光緒二十八年(1902)石印本　十五行三十六字上黑口四周單邊　三册　存三卷(一至三)

640000－1241－0002194　292－554/003
**[嘉定]剡録十卷**　(宋)高似孫著　清道光八年(1828)嵊署刻本　九行二十二字小字雙行同白口左右雙邊　一册　存二卷(一至二)

640000－1241－0002195　2102/002
**海國圖志一百卷首一卷**　(清)魏源撰　**海國圖志續集二十五卷**　(英國)麥高爾撰　清光緒二十一年(1895)上海積山書局石印本　二十三行四十二字白口四周雙邊　十六册

640000－1241－0002196　292－554/005
**[至正]四明續志十二卷**　(宋)王元恭撰　清咸豐四年(1854)徐氏甬上煙嶼樓刻本　十行二十一字上下黑口左右雙邊　四册　缺五卷(八至十二)

640000－1241－0002197　2101/007
**采風記五卷附紀程感事詩一卷**　宋育仁編　清光緒二十二年(1896)袖海山房石印本　十二行二十五字小字雙行同白口四周雙邊　三册

640000－1241－0002198　2101/007 部二
**采風記五卷附紀程感事詩一卷**　宋育仁編　清光緒二十二年(1896)袖海山房石印本　十二行二十五字小字雙行同白口四周雙邊　三册

640000－1241－0002199　292－354/002
**[同治]鄞縣志七十五卷**　(清)戴枚修　(清)董沛纂　清刻本　十一行二十二字小字雙行同白口左右雙邊　三十册　缺十五卷(一至二、三十三至三十四、三十六至三十七、四十一至四十三、六十八至七十三)

640000－1241－0002200　292－75/001 部二
**[嘉慶]衛藏通志十六卷首一卷校字記一卷**　(清)和琳纂修　清光緒二十二年(1896)漸西村舍刻本　十行二十一字小字雙行同白口左右雙邊　八册

640000－1241－0002201　292－75/001 部三
**[嘉慶]衛藏通志十六卷首一卷校字記一卷**　(清)和琳纂修　清光緒二十二年(1896)漸西村舍刻本　十行二十一字小字雙行同白口左右雙邊　八册

640000－1241－0002202　292－75/001
**[嘉慶]衛藏通志十六卷首一卷校字記一卷**　(清)和琳纂修　清光緒二十二年(1896)漸西村舍刻本　十行二十一字小字雙行同白口左右雙邊　八册

640000－1241－0002203　2810/008
**洋務經濟通考十六卷**　(清)應祖錫纂　清光緒二十八年(1902)上海鴻寶齋石印本　二十行四十四字白口四周雙邊　十二册

640000－1241－0002204　2810/009
**新政真詮六編**　何啟　胡禮垣撰　清光緒二十七年(1901)格致新報館鉛印本　十三行二十八字白口四周雙邊　八册

640000－1241－0002205　2101/033
**埃及近世史不分卷**　(日本)柴四郎撰　(清)章起謂譯　清光緒二十九年(1903)上海商務印書館鉛印本　十五行三十二字小字雙行同上黑口四周單邊　一册

640000－1241－0002206　293/007
**兩浙防護陵寢祠墓録一卷**　(清)阮元輯　清刻本　九行二十一字白口四周單邊　二册

640000－1241－0002207　2810/005

**廣治平略三十六卷** (清)蔡方炳撰 清小瑯嬛館刻本 十二行三十字白口四周雙邊 八冊

640000－1241－0002208 292－75/003
**[光緒]西藏圖考八卷首一卷** (清)黄沛翹輯 清光緒二十三年(1897)刻本 十行二十二字小字雙行同下黑口左右雙邊 六冊

640000－1241－0002209 2810/008.2
**經濟通考續集十六卷** (清)應祖錫纂 清光緒二十九年(1903)上海鴻寶書局石印本 二十行四十四字白口四周雙邊 十二冊

640000－1241－0002210 2101/032
**節本泰西新史攬要八卷** (英國)馬墾西撰 (英國)李提摩太譯 周慶雲節錄 清光緒二十七年(1901)夢坡室刻本 十二行二十四字上下黑口左右雙邊 二冊

640000－1241－0002211 2810/007
**危言四卷** (清)湯震撰 清光緒二十四年(1898)文瀾堂刻本 十二行二十八字上下黑口四周雙邊 四冊

640000－1241－0002212 2101/034
**德國最近進步史三卷** (美國)林樂知譯 (清)吳禕述 清光緒三十年(1904)上海商務印書館鉛印本 十二行二十九字白口四周雙邊 一冊

640000－1241－0002213 292－75/003－2
**[光緒]西藏圖考八卷首一卷** (清)黄沛翹輯 清光緒二十年(1894)刻本 十行二十二字小字雙行同下黑口左右雙邊 四冊

640000－1241－0002214 2810/007－2
**危言四卷** (清)湯震撰 清光緒十六年(1890)上海刻本 九行二十五字白口四周雙邊 二冊

640000－1241－0002215 2810/010:3
**盛世危言五卷** 鄭觀應輯著 **續編四卷** (清)杞憂生撰 清光緒十八年(1892)宏道堂刻本 十行二十字白口左右雙邊 十冊

640000－1241－0002216 2102/004
**東埔治以北探路記十五卷** (法國)晃西士加尼撰 清光緒二十五年(1899)味經刊書處刻本 十行二十二字白口左右雙邊 十冊

640000－1241－0002217 292－75/002
**西藏通覽二編** (日本)山縣初男編 (清)四川西藏研究會編譯 清光緒三十四年(1908)鉛印本 十一行二十七字小字雙行同白口四周單邊 四冊

640000－1241－0002218 2101/001
**普法戰紀二十卷** (清)張宗良口譯 (清)王韜撰輯 清光緒二十一年(1895)長洲弢園王韜鉛印本 十一行二十三字小字雙行同上下黑口四周雙邊 十冊

640000－1241－0002219 2102/012:2
**遊歷日本圖經三十卷** (清)傅雲龍撰 清光緒十五年(1889)日本東京德清傅氏鉛印本 十二行二十五字上下黑口四周單邊 十六冊

640000－1241－0002220 2101/002
**俄史輯譯四卷** (英國)闞斐迪譯 (清)徐景羅重譯 清光緒十四年(1888)益智書會刻本 十行二十二字上下黑口四周雙邊 四冊

640000－1241－0002221 2102－2/003
**洋務新論六卷** (英國)李提摩太著 (清)仲英輯 清光緒二十四年(1898)上海書局石印本 十七行三十五字上下黑口四周雙邊 六冊

640000－1241－0002222 2102/006－2
**瀛環志略十卷** (清)徐繼畬撰 清同治十二年(1873)掞雲樓刻本 十行二十四字小字雙行同白口左右雙邊 六冊

640000－1241－0002223 282/009
**直省釋奠禮樂記六卷首一卷** (清)應寶時等輯 清同治十二年(1873)刻本 九行二十六字白口四周雙邊 四冊

640000－1241－0002224 2101/003
**泰西政治學者列傳一卷** (日本)杉山籐次郎編 (清)廣東青年述譯 清光緒二十八年

(1902)上海廣智書局鉛印本　十二行三十字白口四周雙邊　一册

640000－1241－0002225　2101/004
**拿破侖本紀四十二章**　(英國)洛加德撰　林紓　魏易譯　清光緒三十一年(1905)京師學務處官書局鉛印本　十三行三十一字下黑口四周單邊　四册

640000－1241－0002226　292－64/001
**[光緒]湖南通志二百八十八卷首八卷末十九卷**　(清)李瀚章修　(清)曾國荃等纂　清光緒十一年(1885)府學尊經閣刻本　十行二十四字白口左右雙邊　一百六十八册

640000－1241－0002227　54－36/001
**武侯全書二十卷首一卷**　(三國蜀)諸葛亮撰　(清)趙承恩編輯　(清)鍾體志校定　清光緒十年(1884)紅杏山房刻本　八行十七字小字雙行同下黑口四周雙邊　十册

640000－1241－0002228　221/006:2
**資治通鑑外紀十卷目錄五卷**　(宋)劉恕撰　(清)胡克家注補　清同治十年(1871)江蘇書局刻本　十行二十二字小字雙行同上下黑口左右雙邊　十册

640000－1241－0002229　221/007
**續資治通鑑長編拾補六十卷**　(清)黄以周等編　清光緒九年(1883)浙江書局刻本　十二行二十一字小字雙行同白口左右雙邊　十六册

640000－1241－0002230　54－44/001－2
**歐陽文忠公全集一百五十三卷附錄五卷**　(宋)歐陽修撰　清刻本　十行二十四字小字雙行同白口左右雙邊　二十四册　缺四十三卷(一至六、十四至五十)

640000－1241－0002231　221/006
**資治通鑑外紀十卷**　(宋)劉恕撰　(清)胡克家注補　清同治十年(1871)江蘇書局刻本　十行二十二字小字雙行同上下黑口左右雙邊　六册

640000－1241－0002232　221/003
**資治通鑑後編一百八十四卷**　(清)徐乾學編集　清刻本　十二行二十一字小字雙行同白口左右雙邊　四十八册

640000－1241－0002233　221/004 部二
**資治通鑑後編校勘記十五卷**　夏震武撰　清光緒二十四年(1898)富陽夏氏刻本　十二行二十一字白口左右雙邊　四册

640000－1241－0002234　221/002:2
**資治通鑑目錄三十卷**　(宋)司馬光編　清同治八年(1869)江蘇書局刻本　行數不等字數不等小字雙行不等白口左右雙邊　十册

640000－1241－0002235　221/006 部二
**資治通鑑外紀十卷目錄五卷**　(宋)劉恕撰　(清)胡克家注補　清同治十年(1871)江蘇書局刻本　十行二十二字小字雙行同上下黑口左右雙邊　十册

640000－1241－0002236　221/002:2 部二
**資治通鑑目錄三十卷**　(宋)司馬光編　清同治八年(1869)江蘇書局刻本　行數不等字數不等小字雙行不等白口左右雙邊　十册

640000－1241－0002237　291/001 部二
**大清一統志五百卷**　(清)和珅等纂修　清光緒二十八年(1902)上海寶善齋石印本　二十行四十二字小字雙行同白口左右雙邊　五十八册

640000－1241－0002238　292－45/002
**[宣統]新疆圖志一百十六卷首一卷**　袁大化修　王樹枏　王學曾纂　清宣統三年(1911)木活字印本　九行二十一字小字雙行同白口四周單邊　一百十六册

640000－1241－0002239　291/001
**大清一統志五百卷**　(清)和珅等纂修　清光緒二十八年(1902)上海寶善齋石印本　二十行四十二字小字雙行同白口左右雙邊　六十册

640000－1241－0002240　221/009
**續資治通鑑綱目二十七卷**　(明)商輅等撰　清光緒七年(1881)山東書局刻本　九行十八

字小字雙行同白口四周雙邊　二十八册

640000－1241－0002241　2810/011

**石渠餘紀六卷**　(清)王慶雲撰　清光緒十六年(1890)攸縣龍氏刻本　十行二十二字上下黑口左右雙邊　六册

640000－1241－0002242　2810/010:2

**盛世危言八卷**　鄭觀應著　清光緒二十六年(1900)待鶴齋鉛印本　十行二十五字白口四周雙邊　八册

640000－1241－0002243　291/026

**乾隆府廳州縣圖志五十卷**　(清)洪亮吉撰　清光緒二十三年(1897)新化三味書室刻本　十一行二十四字小字雙行同上下黑口左右雙邊　十六册

640000－1241－0002244　221/013

**歷代通鑑纂要九十二卷**　(明)李東陽等編　清光緒二十三年(1897)廣雅書局刻本　十行二十字小字雙行同白口左右雙邊　四十八册

640000－1241－0002245　221/008

**資治通鑑綱目五十九卷首一卷**　(宋)朱熹撰　清光緒五年(1879)山東書局刻本　九行十八字小字雙行同白口四周雙邊　七十八册

640000－1241－0002246　291/023

**大清中外壹統輿圖南十卷北二十卷首一卷**　(清)胡林翼等撰　(清)鄒世詒等編繪　清同治二年(1863)湖北撫署景桓樓刻本　下黑口四周雙邊　十册

640000－1241－0002247　221/005

**續資治通鑑長編五百二十卷目錄二卷**　(宋)李燾撰　清光緒七年(1881)浙江書局刻本　十二行二十一字小字雙行同白口左右雙邊　一百二十册

640000－1241－0002248　291/024

**禹貢指南四卷**　(宋)毛晃撰　清同治十三年(1874)江西書局刻本　九行二十一字白口四周雙邊　一册

640000－1241－0002249　291/026－2

**乾隆府廳州縣圖志五十卷**　(清)洪亮吉撰　清刻本　十二行二十四字小字雙行同上下黑口四周雙邊　一册　存三卷(二十四至二十六)

640000－1241－0002250　291/027

**歷代輿地沿革險要圖不分卷**　楊守敬　饒敦秩撰　清光緒三十二年(1906)觀海堂楊氏刻朱墨套印本　行數不等字數不等上下黑口白口兼有四周單邊　一册

640000－1241－0002251　221/010

**資治通鑑綱目前編十八卷首一卷舉要三卷**　(宋)金履祥撰　清光緒七年(1881)山東書局刻本　九行十八字小字雙行同白口四周雙邊　十六册

640000－1241－0002252　221/011－2

**御撰資治通鑑綱目三編四十卷**　(清)舒赫德等編　清光緒六年(1880)山東書局刻本　十一行二十二字白口四周單邊　十二册

640000－1241－0002253　291/027:2

**春秋列國地圖不分卷**　楊守敬編　清光緒三十二年(1906)刻朱墨套印本　行數不等字數不等白口四周雙邊　一册

640000－1241－0002254　54－48/001

**陸桴亭先生遺書二十二種四十一卷**　(清)陸世儀撰　清光緒二十五年(1899)京師刻本　十行二十字小字雙行同白口左右雙邊　二十册

640000－1241－0002255　291/027:3

**戰國疆域圖不分卷**　楊守敬編　清宣統元年(1909)楊氏鄂城刻朱墨套印本　行數不等字數不等白口四周雙邊　一册

640000－1241－0002256　291/027:4

**嬴秦郡縣圖不分卷**　楊守敬編　清宣統元年(1909)楊氏鄂城刻朱墨套印本　行數不等字數不等白口四周雙邊　一册

640000－1241－0002257　291/027:6

**後漢郡國圖不分卷**　楊守敬編　清宣統元年(1909)楊氏鄂城刻朱墨套印本　行數不等字

數不等白口四周雙邊　一冊

640000－1241－0002258　291/027:7
**三國疆域圖不分卷**　楊守敬編　清光緒三十三年(1907)楊氏鄂城刻朱墨套印本　行數不等字數不等白口左右雙邊　一冊

640000－1241－0002259　221/012－4
**御批歷代通鑑輯覽一百二十卷**　(清)傅恒等編纂　清同治八年(1869)石印本　十五行二十八字小字雙行四十二字白口四周單邊　二十四冊

640000－1241－0002260　291/027:8
**西晉地理圖不分卷**　楊守敬編　清宣統元年(1909)楊氏鄂城刻朱墨套印本　行數不等字數不等白口四周雙邊　一冊

640000－1241－0002261　291/027:9
**東晉疆域圖不分卷**　楊守敬編　清宣統元年(1909)楊氏鄂城刻朱墨套印本　行數不等字數不等白口四周雙邊　一冊

640000－1241－0002262　221/012－3
**御批歷代通鑑輯覽一百二十卷**　(清)傅恒等編纂　清朱墨套印本　十一行二十二字小字雙行同白口左右雙邊　五十八冊

640000－1241－0002263　291/027:10
**前趙疆域圖不分卷後趙疆域圖不分卷**　楊守敬編　清宣統元年至三年(1909－1911)楊氏鄂城刻朱墨套印本　行數不等字數不等下黑口白口兼有四周雙邊　一冊

640000－1241－0002264　291/027:11
**前燕疆域圖不分卷後燕疆域圖不分卷南燕疆域圖不分卷北燕疆域圖不分卷**　楊守敬編　清宣統三年(1911)楊氏鄂城刻朱墨套印本　行數不等字數不等下黑口白口兼有四周雙邊　一冊

640000－1241－0002265　291/027:12
**前秦疆域圖不分卷後秦疆域圖不分卷西秦疆域圖不分卷**　楊守敬編　清宣統三年(1911)楊氏鄂城刻朱墨套印本　行數不等字數不等下黑口白口兼有四周雙邊　一冊

640000－1241－0002266　291/027:13
**前涼疆域圖不分卷後涼疆域圖不分卷南涼疆域圖不分卷北涼疆域圖不分卷西涼疆域圖不分卷**　楊守敬編　清宣統三年(1911)楊氏鄂城刻朱墨套印本　行數不等字數不等下黑口白口兼有四周雙邊　一冊

640000－1241－0002267　291/027:14
**夏疆域圖不分卷後蜀疆域圖不分卷**　楊守敬編　清宣統二年(1910)楊氏鄂城刻朱墨套印本　行數不等字數不等下黑口白口兼有四周雙邊　一冊

640000－1241－0002268　291/027:15
**南宋州郡圖不分卷**　楊守敬編　清宣統元年(1909)楊氏鄂城刻朱墨套印本　行數不等字數不等白口四周雙邊　一冊

640000－1241－0002269　221/012－2
**御批歷代通鑑輯覽一百二十卷**　(清)傅恒等編纂　清同治十年(1871)浙江書局朱墨套印本　十一行二十二字小字雙行同白口四周雙邊　四十八冊

640000－1241－0002270　291/027:16
**南齊州郡圖不分卷**　楊守敬編　清宣統元年(1909)楊氏鄂城刻朱墨套印本　行數不等字數不等白口四周雙邊　一冊

640000－1241－0002271　291/027:17
**北齊疆域圖不分卷**　楊守敬編　清宣統二年(1910)滬上刻朱墨套印本　行數不等字數不等白口四周雙邊　一冊

640000－1241－0002272　291/027:18
**蕭梁疆域圖不分卷**　楊守敬編　清宣統三年(1911)楊氏鄂城刻朱墨套印本　行數不等字數不等白口四周雙邊　一冊

640000－1241－0002273　291/027:19
**陳疆域圖不分卷**　楊守敬編　清宣統三年(1911)上海刻朱墨套印本　行數不等字數不等白口四周雙邊　一冊

640000－1241－0002274　221/012
**御批歷代通鑑輯覽一百二十卷**　(清)傅恒等

編纂　清同治十年(1871)湖北崇文書局刻本　十一行二十二字小字雙行同白口四周雙邊　六十册

640000－1241－0002275　291/027:20
**後唐並七國圖不分卷**　楊守敬編　清宣統二年(1910)楊氏鄂城刻朱墨套印本　行數不等字數不等白口四周雙邊　一册

640000－1241－0002276　291/027:21
**遼地理志圖不分卷**　楊守敬編　清宣統三年(1911)楊氏鄂城刻朱墨套印本　行數不等字數不等白口四周雙邊　一册

640000－1241－0002277　291/025
**瀛環志略十卷**　(清)徐繼畬撰　清道光二十八年(1848)刻本　十行二十五字上黑口左右雙邊　六册

640000－1241－0002278　221/008:3
**資治通鑑綱目正編五十九卷**　(宋)朱熹撰　(明)陳仁錫評閱　清刻本　七行十八字小字雙行同白口四周單邊　二十册　存十七卷(十三至二十、五十一至五十九)

640000－1241－0002279　221/005 部二
**續資治通鑑長編五百二十卷目録二卷**　(宋)李燾撰　清光緒七年(1881)浙江書局刻本　十二行二十一字小字雙行同白口左右雙邊　六十六册　存二百六十五卷(一至四十六、二百六十至四百七十八)

640000－1241－0002280　293/002
**西湖志四十八卷**　(清)李衛　(清)傅王露纂　清光緒四年(1878)浙江書局刻本　九行二十一字小字雙行同白口左右雙邊　二十册

640000－1241－0002281　292－25/001
**[光緒]山西通志一百八十四卷首一卷**　(清)曾國荃等修　清光緒十八年(1892)刻本　十二行二十三字上下黑口左右雙邊　九十六册

640000－1241－0002282　2102/005
**英法義比志譯略四卷**　吴宗濂譯　(清)趙元益等述　清光緒二十五年(1899)上海石印本　十四行二十五字白口四周雙邊　二册

640000－1241－0002283　2102/005 部二
**英法義比志譯略四卷**　吴宗濂譯　(清)趙元益等述　清光緒二十五年(1899)上海石印本　十四行二十五字白口四周雙邊　二册

640000－1241－0002284　293/011
**蜀中名勝記三十卷**　(明)曹學佺撰　清宣統二年(1910)成都茹古書局刻本　十行二十字下黑口左右雙邊　十册

640000－1241－0002285　2102/011
**俄遊彙編八卷**　(清)繆祐孫纂　清光緒二十一年(1895)上海江左書林石印本　十六行四十三字上下黑口左右雙邊　四册

640000－1241－0002286　294/005－2
**水經注四十卷首一卷**　(漢)桑欽撰　(北魏)酈道元注　清光緒三年(1877)湖北崇文書局刻本　十二行二十四字小字雙行同上下黑口四周雙邊　十二册

640000－1241－0002287　2102/002－2
**海國圖志一百卷**　(清)魏源撰　清光緒六年(1880)邵陽急當務齋刻本　九行二十一字白口四周雙邊　二十四册

640000－1241－0002288　292－56/001
**[光緒]江西通志一百八十卷首五卷**　(清)劉坤一等修　(清)趙之謙纂　清光緒七年(1881)刻本　十二行二十三字上下黑口四周雙邊　一百二十册

640000－1241－0002289　221/008:2
**御批資治通鑑綱目正編五十九卷首一卷**　(宋)朱熹撰　**御批資治通鑑綱目前編十八卷舉要三卷**　(元)金履祥撰　**御批資治通鑑綱目前編外紀一卷**　(元)陳桱撰　**御批資治通鑑綱目續編二十七卷**　(明)商輅等撰　清光緒十三年(1887)上海同文書局石印本　十八行三十六字小字雙行同白口四周單邊　二十四册

640000－1241－0002290　2102/002－3
**海國圖志一百卷**　(清)魏源撰　清同治六年(1867)郴州陳氏刻本　九行二十一字白口四

周雙邊　二十四册

640000－1241－0002291　2101/009
**俄國水師考一卷**　(英國)百拉西撰　(英國)傅紹蘭　(清)李嶽蘅譯　清光緒江南製造總局鉛印本　十行二十四字白口四周雙邊　一册

640000－1241－0002292　2101/008
**日本各校紀略一卷**　(清)張大鏞撰　清光緒二十五年(1899)浙江書局刻本　十行二十一字小字雙行同白口左右雙邊　一册

640000－1241－0002293　2101/008 部二
**日本各校紀略一卷**　(清)張大鏞撰　清光緒二十五年(1899)浙江書局刻本　十行二十一字小字雙行同白口左右雙邊　一册

640000－1241－0002294　221/011
**御撰資治通鑑綱目三編四十卷**　(清)舒赫德等編　清同治十一年(1872)江西書局刻本　十一行二十二字小字雙行同白口四周雙邊　十二册

640000－1241－0002295　2102/009
**[乾隆]欽定皇輿西域圖志四十八卷首四卷**　(清)傅恒等修　(清)褚廷璋等纂　清光緒十九年(1893)杭州便益書局石印本　十六行三十六字小字雙行同白口左右雙邊　十二册

640000－1241－0002296　2102/006
**瀛環志略十卷**　(清)徐繼畬撰　清光緒二十八年(1902)上海日新書莊石印本　二十一行四十八字小字雙行同白口四周雙邊　六册

640000－1241－0002297　221/007 部三
**續資治通鑑長編拾補六十卷**　(清)黄以周等編　清光緒九年(1883)浙江書局刻本　十二行二十一字小字雙行同白口左右雙邊　十六册

640000－1241－0002298　221/007 部二
**續資治通鑑長編拾補六十卷**　(清)黄以周等編　清光緒九年(1883)浙江書局刻本　十二行二十一字小字雙行同白口左右雙邊　十六册

640000－1241－0002299　2102/007
**漢西域圖考七卷首一卷**　(清)李光庭撰　清同治九年(1870)刻本　九行二十一字小字雙行同白口四周雙邊　四册

640000－1241－0002300　54－49/009
**吴文節公遺集八十卷**　(清)吳文鎔撰　(清)吳養原編　清咸豐七年(1857)刻本　十行二十一字小字雙行同白口左右雙邊　十六册

640000－1241－0002301　222－48/003
**明通鑑九十卷首一卷前編四卷附編六卷**　(清)夏燮編輯　清光緒二十三年(1897)湖北官書處刻本　十行二十一字小字雙行同上下黑口四周雙邊　四十册

640000－1241－0002302　2102/008
**地理全志不分卷**　(英國)慕維廉撰　清光緒九年(1883)刻本　十行二十三字白口四周雙邊　二册

640000－1241－0002303　2101/011
**五大洲政治通考四十八卷**　(清)急先務齋主人輯　清光緒二十七年(1901)急先務齋石印本　十八行四十字下黑口四周雙邊　十二册

640000－1241－0002304　291/027:5
**前漢地理圖不分卷**　楊守敬編　清光緒三十年(1904)鄰蘇園刻朱墨套印本　行數不等字數不等白口四周雙邊　一册

640000－1241－0002305　2101/012
**萬國通鑑四卷首一卷**　(美國)謝衛樓撰　(清)趙如光譯　清光緒二十八年(1902)上海書局石印本　十八行三十八字小字雙行同下黑口四周雙邊　四册

640000－1241－0002306　2101/012 部二
**萬國通鑑四卷首一卷**　(美國)謝衛樓撰　(清)趙如光譯　清光緒二十八年(1902)上海書局石印本　十八行三十八字小字雙行同下黑口四周雙邊　四册

640000－1241－0002307　212.1/006
**曝書亭金石文字跋尾六卷**　(清)朱彝尊著　清光緒九年(1883)吳縣朱氏槐廬家塾刻本

九行二十字下黑口四周雙邊　二册

640000－1241－0002308　212.1/011
**金石索十二卷首一卷**　(清)馮雲鵬　(清)馮雲鵷輯　清道光元年(1821)滋陽縣署刻本　行數不等字數不等白口四周單邊　十二册

640000－1241－0002309　212.1/012 部二
**寰宇訪碑錄十二卷**　(清)孫星衍　(清)邢澍撰　清光緒九年(1883)江蘇書局刻本　十一行二十字小字雙行同白口左右雙邊　四册

640000－1241－0002310　295/007
**治河方略十卷首一卷**　(清)靳輔撰　清嘉慶十七年(1812)河庫道衙門刻本　八行二十字白口四周雙邊　八册

640000－1241－0002311　291/014
**輿地廣記三十八卷**　(宋)歐陽忞撰　**校勘輿地廣記札記二卷**　(清)黄丕烈撰　清光緒二十一年(1895)刻本　九行二十一字小字雙行同白口四周雙邊　七册

640000－1241－0002312　291/014－2
**輿地廣記三十八卷**　(宋)歐陽忞撰　**校勘輿地廣記札記二卷**　(清)黄丕烈撰　清光緒六年(1880)金陵書局刻本　十三行二十四字小字雙行同白口四周單邊　四册

640000－1241－0002313　294/009
**揚州水道記四卷圖一卷**　(清)劉文淇撰　清同治十一年(1872)淮南書局刻本　十行二十一字白口左右雙邊　二册

640000－1241－0002314　212.1/023
**二銘草堂金石聚十六卷**　(清)張德容輯　清同治十一年(1872)二銘草堂刻本　行數不等字數不等小字雙行不等白口四周雙邊　十六册

640000－1241－0002315　294/008
**海道圖說十五卷附長江圖說一卷**　(英國)金約翰輯　(英國)傅蘭雅口譯　(清)王德均筆述　清江南製造總局刻本　十行二十二字上下黑口四周單邊　十册

640000－1241－0002316　222－48/001 部二
**明紀六十卷**　(清)陳鶴撰　(清)陳克家參訂　清同治十年(1871)江蘇書局刻本　十一行二十四字小字雙行同上下黑口四周雙邊　二十册

640000－1241－0002317　212.1/008
**陶齋吉金錄八卷**　(清)端方輯　清光緒三十四年(1908)金陵石印本　行數不等字數不等白口四周單邊　八册

640000－1241－0002318　222－48/001 部三
**明紀六十卷**　(清)陳鶴撰　(清)陳克家參訂　清同治十年(1871)江蘇書局刻本　十一行二十四字小字雙行同上下黑口四周雙邊　二十册

640000－1241－0002319　292－644/002
**邵陽縣鄉土志四卷首一卷**　(清)陳吳萃等修　清光緒三十三年(1907)刻本　九行二十一字白口四周雙邊　四册

640000－1241－0002320　222－48/001
**明紀六十卷**　(清)陳鶴撰　(清)陳克家參訂　清同治十年(1871)江蘇書局刻本　十一行二十四字小字雙行同上下黑口四周雙邊　二十册

640000－1241－0002321　2101/013
**日本源流考二十二卷**　王先謙撰　清光緒二十八年(1902)思賢書局刻本　十二行二十五字小字雙行同白口左右雙邊　十册

640000－1241－0002322　294/005
**水經注四十卷首一卷附錄二卷**　(漢)桑欽撰　(北魏)酈道元注　王先謙校　清光緒十八年(1892)長沙王氏思賢講舍刻本　十一行二十四字小字雙行同上下黑口左右雙邊　十六册

640000－1241－0002323　291/017
**補梁疆域志四卷**　(清)洪齮孫撰　清光緒十七年(1891)廣雅書局刻本　十一行二十四字小字雙行同白口四周單邊　二册

640000－1241－0002324　212.1/025

**攈古錄金文三卷**　(清)吳式芬撰　清光緒二十一年(1895)吳氏刻本　行數不等字數不等白口四周單邊　九册

640000－1241－0002325　212.1/009
**吉金志存四卷**　(清)李光庭輯　清咸豐九年(1859)寶坻李氏刻本　十行二十一字白口左右雙邊　四册

640000－1241－0002326　292－674/001
**[同治]藤縣志二十二卷**　(清)邊其晉修　(清)胡毓璠纂　清光緒三十四年(1908)鉛印本　十二行三十二字白口　無版框　三册缺九卷(一至六、十七至十九)

640000－1241－0002327　222－49/001.3 部二
**光緒朝東華續錄二百二十卷**　朱壽朋編　潘鴻鼎校　清宣統元年(1909)上海圖書集成公司鉛印本　十三行四十字白口四周雙邊　五十四册　缺三十五卷(一至三十五)

640000－1241－0002328　291/019
**東晉疆域志四卷**　(清)洪亮吉撰　清光緒十七年(1891)廣雅書局刻本　十一行二十四字小字雙行同上下黑口四周單邊　二册

640000－1241－0002329　295/002
**荆楚修疏指要三卷首一卷**　(清)胡祖翮撰清同治十一年(1872)湖北崇文書局刻本　九行二十一字白口四周雙邊　二册

640000－1241－0002330　291/005
**太平寰宇記二百卷目錄二卷**　(宋)樂史撰清紅杏山房刻本　十行二十字小字雙行同白口左右雙邊　四十册

640000－1241－0002331　212.1/022
**金石萃編補目三卷元碑存目一卷**　(清)黄本驥編　清光緒貴池劉氏刻本　十一行二十一字小字雙行同上下黑口左右雙邊　一册

640000－1241－0002332　294/021
**西域水道記五卷**　(清)徐松撰　清光緒十九年(1893)寶善書局石印本　十行二十八字小字雙行同上下黑口左右雙邊　五册

640000－1241－0002333　294/008－2
**海道圖說十五卷附長江圖說一卷**　(英國)金約翰輯　(英國)傅蘭雅口譯　(清)王德均筆述　清光緒二十二年(1896)上海書局石印本　十七行四十字上下黑口四周雙邊　七册

640000－1241－0002334　212.1/021
**思古齋雙鉤漢碑篆額不分卷**　(清)何澂輯清光緒九年(1883)山陰何澂刻本　行數不等字數不等白口四周單邊　三册

640000－1241－0002335　294/002
**今水經一卷表一卷**　(清)黄宗羲撰　清刻本　十行二十字小字雙行同白口左右雙邊　一册

640000－1241－0002336　298/015
**元耶律文正西遊錄略注補一卷**　(清)李文田注　(清)范壽金補　清光緒貴池劉氏刻本　十一行二十一字小字雙行同上下黑口左右雙邊　一册

640000－1241－0002337　298/034
**歷代帝王宅京記二十卷**　(清)顧炎武撰　清光緒十四年(1888)吳縣朱氏槐廬刻本　十一行二十一字小字雙行同上下黑口左右雙邊　六册

640000－1241－0002338　54－48/004
**楊園先生全集五十四卷年譜一卷**　(清)張履祥撰　(清)姚璉原輯　(清)萬斛泉編次　清同治十年(1871)江蘇書局刻本　十行二十二字小字雙行同白口四周雙邊　十六册

640000－1241－0002339　294/001
**華嶽志八卷首一卷**　(清)李榕輯　清道光十一年(1831)華麓楊翼武清白别墅刻本　十行二十四字白口左右雙邊　四册

640000－1241－0002340　292－222/003
**[同治]深州風土記二十二卷**　(清)吳汝綸纂修　清光緒二十六年(1900)深州文瑞書院刻本　十行二十二字小字雙行三十三字白口四周雙邊　六册

640000－1241－0002341　298/014

**浙江沿海圖說一卷附海島表一卷**　(清)朱正元撰　清光緒二十五年(1899)上海鉛印本　十二行二十七字小字雙行同白口四周雙邊　一冊

640000－1241－0002342　222－49/001.2 部二

**十朝東華錄五百六十七卷**　王先謙編　(清)周潤蕃校　清光緒二十五年(1899)石印本　十四行四十字小字雙行同白口四周雙邊　一百三十八冊

640000－1241－0002343　298/008

**六朝事跡編類十四卷**　(宋)張敦頤撰　清光緒十三年(1887)寶章閣刻本　十二行十九字小字雙行同白口左右雙邊　二冊

640000－1241－0002344　222－49/001.2 部四

**十朝東華錄五百二十五卷附同治朝東華續錄一百卷**　王先謙編　(清)周潤蕃校　清光緒二十五年(1899)石印本　二十四行五十字白口四周雙邊　八十一冊　缺六十卷(道光朝一至六十)

640000－1241－0002345　298/020

**江蘇全省輿圖不分卷**　(清)鄧華熙修　(清)諸可寶撰　清光緒二十一年(1895)江蘇書局刻本　十行二十字上下黑口四周單邊　三冊

640000－1241－0002346　294/018

**洞庭源流考不分卷**　(清)榮錫勛集解　清刻本　九行二十四字下黑口四周雙邊　一冊

640000－1241－0002347　294/014

**泰山道里記一卷**　(清)聶鈫撰　清乾隆三十八年(1773)泰安聶鈫杏雨山堂刻本　十一行二十一字白口左右雙邊　一冊

640000－1241－0002348　294/019

**三省黃河全圖不分卷**　(清)吳大澂等編　清光緒十六年(1890)上海鴻文書局石印本　行數不等字數不等白口四周單邊雙邊兼有　五冊

640000－1241－0002349　294/012

**新疆山脈圖志六卷**　王樹枏撰　清宣統元年(1909)陶廬刻本　十行二十一字上下黑口左右雙邊　四冊

640000－1241－0002350　212.1/028

**關中金石文字存逸考十二卷首一卷附石刻書法源流考一卷**　(清)毛鳳枝撰　清光緒二十七年(1901)會稽顧氏刻本　十行二十字上下黑口左右雙邊　八冊

640000－1241－0002351　295/006

**浙西水利備考不分卷**　(清)王鳳生撰　清光緒四年(1878)浙江書局刻朱墨印本　九行二十三字小字雙行同白口四周單邊　四冊

640000－1241－0002352　212.1/027

**寶刻叢編二十卷**　(宋)陳思撰　清刻本　十行二十字小字雙行同上下黑口四周雙邊　八冊

640000－1241－0002353　295/004

**迴瀾紀要二卷**　(清)徐端撰　清道光二十三年(1843)刻本　九行二十字白口左右雙邊　二冊

640000－1241－0002354　295/004 部二

**迴瀾紀要二卷安瀾紀要二卷**　(清)徐端撰　清道光二十三年(1843)刻本　九行二十字白口左右雙邊　四冊

640000－1241－0002355　295/004－2

**迴瀾紀要二卷**　(清)徐端撰　清刻本　十行二十一字白口四周雙邊　二冊

640000－1241－0002356　295/004:2

**安瀾紀要二卷**　(清)徐端撰　清刻本　九行二十字白口左右雙邊　二冊

640000－1241－0002357　295/004:2－2

**安瀾紀要二卷**　(清)徐端撰　清刻本　十行二十一字白口四周雙邊　二冊

640000－1241－0002358　294/010

**皇朝輿地水道源流五卷**　(清)胡宣慶纂編　清光緒十七年(1891)長沙胡氏刻本　九行二十四字小字雙行同白口左右雙邊　二冊

640000－1241－0002359　295/003

**直隸五道成規五卷** (清)工部編 清乾隆八年(1743)刻本 十行二十字白口四周雙邊 五册

640000－1241－0002360 481/001
**惜褱先生尺牘八卷** (清)姚鼐撰 清宣統元年(1909)小萬柳堂刻本 九行十八字白口左右雙邊 四册

640000－1241－0002361 481/001 部二
**惜褱先生尺牘八卷** (清)姚鼐撰 清宣統元年(1909)小萬柳堂刻本 九行十八字白口左右雙邊 四册

640000－1241－0002362 212.1/069
**金石苑六卷** (清)劉喜海輯 清道光二十六年(1846)劉氏來鳳堂刻本 行數不等字數不等白口四周單邊 二册

640000－1241－0002363 212.4/002
**封泥考略十卷** (清)吳式芬 (清)陳介祺輯 清光緒三十年(1904)石印本 九行二十四字白口四周單邊 十册

640000－1241－0002364 291/004
**天下郡國利病書一百二十卷** (清)顧炎武輯 清光緒五年(1879)蜀南桐華書屋薛氏家塾刻本 十行二十一字小字雙行同白口左右雙邊 五十册

640000－1241－0002365 54－49/021
**寶樹堂遺書三種七卷** (清)郭夢星著 清光緒二十一年(1895)刻本 十二行二十三字小字雙行同白口左右雙邊 四册

640000－1241－0002366 291/011
**宋州郡志校勘記一卷** (清)成孺撰 **尚書申孔篇一卷** (清)焦廷琥撰 清光緒十四年(1888)廣雅書局刻本 十一行二十四字小字雙行同上下黑口四周單邊 一册

640000－1241－0002367 212.1/059
**金石一跋四卷二跋四卷三跋二卷** (清)武億撰 **附錄二卷** (清)武穆淳撰 清道光二十三年(1843)偃師武氏授堂刻本 十一行二十四字小字雙行同白口左右雙邊 三册

640000－1241－0002368 291/007－2
**讀史方輿紀要一百三十卷輿圖要覽四卷** (清)顧祖禹輯著 (清)彭元瑞校定 清光緒五年(1879)蜀南書屋薛氏家塾刻本 十行二十一字小字雙行同白口四周雙邊 七十七册

640000－1241－0002369 291/012
**光緒增改郡縣表一卷** 吳廷燮編 清光緒二十二年(1896)涇陽刻本 行數不等字數不等白口四周雙邊 一册

640000－1241－0002370 54－48/003 部二
**王文成公全書七種三十八卷** (明)王守仁撰 清刻本 九行二十一字小字雙行同白口左右雙邊 十九册 缺八卷(一至八)

640000－1241－0002371 212.1/059.2
**授堂金石文字續跋十四卷** (清)武億撰 清道光二十三年(1843)偃師武氏授堂刻本 十一行二十三字小字雙行同白口左右雙邊 三册

640000－1241－0002372 212.1/043
**兩浙金石志十八卷** (清)阮元輯 **補遺一卷** (清)阮福輯 清道光四年(1824)刻本 十一行二十二字白口左右雙邊 十八册

640000－1241－0002373 291/020
**皇朝内府輿地圖縮摹本一卷附皇朝輿地韻編一卷** (清)六嚴繪 清光緒十年(1884)湖北官書處刻本 行數不等字數不等白口四周單邊雙邊兼有 一册

640000－1241－0002374 292－1/001
**[光緒]順天府志一百三十卷附錄一卷** (清)萬青黎等修 (清)張之洞等纂 清光緒十年至十二年(1884－1886)刻本 十二行二十五字小字雙行同上下黑口四周單邊 六十四册

640000－1241－0002375 291/015－2
**括地志八卷** (唐)李泰撰 (清)孫星衍輯 清嘉慶三年(1798)蘭陵孫氏刻本 十二行二十四字小字雙行同上下黑口左右雙邊 二册

640000－1241－0002376 291/016
**歷代輿地沿革險要圖不分卷** 楊守敬 饒敦

秩撰　清光緒五年(1879)東湖饒氏朱墨套印本　行數不等字數不等白口四周單邊　一册

640000－1241－0002377　2101/006－2
**萬國分類時務大成續集四十四卷**　(清)雙管閣主人輯　清光緒二十九年(1903)上海書局石印本　二十行四十二字白口四周雙邊　二十四册

640000－1241－0002378　222－49/001.2
**同治朝東華續錄一百卷**　王先謙編　張式恭校　清光緒二十四年(1898)文瀾書局石印本　二十二行四十八字白口四周雙邊　二十四册

640000－1241－0002379　214/032 部二
**皇朝藩屬輿地叢書六集十七種九十七卷**　(清)文瑞樓主人輯　清光緒二十九年(1903)金匱浦氏靜寄東軒石印本　十行二十二字小字雙行同下黑口左右雙邊　三十二册

640000－1241－0002380　212.1/066
**漢石例六卷**　(清)劉寶楠錄　清道光二十九年(1849)靈石楊氏刻本　十行二十三字小字雙行同白口四周單邊　二册

640000－1241－0002381　292－532/001
**[同治]蘇州府志一百五十卷首三卷**　(清)李銘皖等修　(清)馮桂芬纂　清光緒九年(1883)江蘇書局刻本　十行二十四字小字雙行同白口左右雙邊　八十册

640000－1241－0002382　212.1/056
**秦篆殘石題跋一卷**　(清)葉志詵輯　清嘉慶二十二年(1817)刻本　八行二十字白口四周單邊　一册

640000－1241－0002383　297/003
**遊歷圖經餘紀十五卷**　(清)傅雲龍撰　清光緒十五年(1889)鉛印本　十五行二十六字小字雙行同上下黑口四周單邊　四册

640000－1241－0002384　212.1/046
**長安獲古編二卷補一卷**　(清)劉喜海撰　清光緒三十一年(1905)東武劉氏刻本　行數不等字數不等白口四周單邊　二册

640000－1241－0002385　296/008
**新疆國界圖志八卷**　王樹枏撰　清宣統元年(1909)刻本　十行二十一字小字雙行三十一字上下黑口左右雙邊　四册

640000－1241－0002386　296/010
**籌藏芻議不分卷**　姚錫光撰　清光緒三十四年(1908)京師寓齋鉛印本　九行二十二字白口四周雙邊　一册

640000－1241－0002387　54－49/008
**船山遺書六十四種三百一卷**　(清)王夫之撰　清同治四年(1865)湘鄉曾氏金陵節署刻本　十行二十二字小字雙行同上下黑口左右雙邊　一百册

640000－1241－0002388　212.1/047
**墨妙亭碑目考二卷附考一卷**　(清)張鑑撰　清光緒十年(1884)江蘇書局刻本　十行二十三字小字雙行同上下黑口左右雙邊　二册

640000－1241－0002389　34/455－3
**則古昔齋算學十三種二十四卷**　(清)李善蘭撰　清光緒二十二年(1896)上海積山書局石印本　十八行三十八字白口四周雙邊　二册　存十三卷(一至十三)

640000－1241－0002390　296/011
**中俄界記二卷**　(清)鄒代鈞撰　清宣統三年(1911)湖北武昌亞新地學社鉛印本　十一行二十三字小字雙行二十四字白口四周雙邊　二册

640000－1241－0002391　297/008
**西輶瑣記四卷**　宋伯魯撰　清光緒三十三年(1907)海棠仙館刻本　十行二十四字上下黑口四周單邊　一册　存二卷(一至二)

640000－1241－0002392　212.1/031
**隨軒金石文字九種十一卷**　(清)徐渭仁撰　清同治七年(1868)徐氏刻本　行數不等字數不等白口四周單邊　四册

640000－1241－0002393　212.1/032
**吉金志存四卷**　(清)李光庭輯　清咸豐九年(1859)寶坻李氏刻本　十行二十一字白口左

右雙邊　四冊

640000－1241－0002394　297/004
**西行紀程二卷**　（清）孟傳鑄撰　清宣統二年（1910）綠野堂鉛印本　十行二十二字小字雙行同白口四周雙邊　一冊

640000－1241－0002395　297/005
**辛卯侍行記六卷**　陶保廉撰　清光緒二十三年（1897）養樹山房刻本　十行二十二字小字雙行同上下黑口左右雙邊　六冊

640000－1241－0002396　212.1/045
**安陽縣金石錄十二卷**　（清）武億撰　（清）貴泰校梓　清鐵嶺貴泰刻本　十行二十三字上下黑口左右雙邊　四冊

640000－1241－0002397　296/003－2
**三省邊防備覽十八卷**　（清）嚴如熤輯　清道光十年（1830）來鹿堂刻本　十行二十四字小字雙行同白口四周雙邊　十冊

640000－1241－0002398　212.1/042
**積古齋鐘鼎彝器款識十卷**　（清）阮元編　清上海鴻文書局石印本　行數不等字數不等白口四周單邊　五冊

640000－1241－0002399　31/11.1
**歷科刁氏闈墨一卷**　（清）刁包著　清刻本　九行二十二字小字雙行二十六字白口左右雙邊　一冊

640000－1241－0002400　292－67/001
**［嘉慶］廣西通志二百七十九卷首一卷**　（清）謝啟昆修　（清）胡虔纂　清嘉慶六年（1801）刻本　十一行二十一字上下黑口四周雙邊　一百二十冊

640000－1241－0002401　212－46/005－2 部三
**金史詳校十卷**　（清）施國祁撰　清會稽章氏刻本　十行二十二字小字雙行同上下黑口左右雙邊　九冊　缺二卷（一至二）

640000－1241－0002402　214/032
**皇朝藩屬輿地叢書六集二十八種一百四十六卷**　（清）文瑞樓主人輯　清光緒二十九年（1903）金匱浦氏靜寄東軒石印本　十行二十二字小字雙行同下黑口左右雙邊　四十八冊

640000－1241－0002403　296/003
**三省邊防備覽十四卷**　（清）嚴如熤輯　清刻本　十行二十四字小字雙行同白口四周雙邊　六冊

640000－1241－0002404　31/11.2
**崇祀鄉賢錄一卷**　（清）□□輯　清刻本　九行二十字白口左右雙邊　一冊

640000－1241－0002405　296/005
**延吉邊務報告不分卷**　吳祿貞等編　清光緒三十四年（1908）奉天學務公所印刷處鉛印本　十行二十一字小字雙行同上黑口四周單邊　四冊

640000－1241－0002406　212.1/034
**金石契不分卷**　（清）張燕昌撰　清嘉慶元年（1796）刻本　行數不等字數不等白口四周單邊　一冊

640000－1241－0002407　213.1/006
**藏書紀事詩七卷**　葉昌熾撰　清宣統二年（1910）刻本　十一行二十三字上下黑口左右雙邊　六冊

640000－1241－0002408　296/006
**籌海初集四卷**　（清）關天培編輯　清道光十六年（1836）刻本　九行二十字白口四周雙邊　四冊

640000－1241－0002409　298/003
**春明夢餘錄七十卷**　（清）孫承澤撰　清刻本　九行二十二字白口四周雙邊　二十四冊

640000－1241－0002410　212.1/012
**寰宇訪碑錄十二卷**　（清）孫星衍　（清）邢澍撰　清光緒九年（1883）江蘇書局刻本　十一行二十字小字雙行同白口左右雙邊　四冊

640000－1241－0002411　251.1/008
**考空氣炮工記不分卷**　（清）傅雲龍撰　清光緒二十一年（1895）石印本　十四行二十八字

上下黑口四周雙邊　一册

640000－1241－0002412　212.1/010
**江寧金石記八卷**　(清)嚴觀撰　清嘉慶九年(1804)刻本　十二行二十四字上下黑口左右雙邊　四册

640000－1241－0002413　293/012
**兩京新記一卷**　(唐)韋述撰　**李嶠雜詠二卷**　(唐)李嶠撰　清光緒七年(1881)刻本　九行十八字白口左右雙邊　一册

640000－1241－0002414　213.2/006
**欽定天禄琳瑯書目十卷**　(清)于敏中等編　**續編二十卷**　(清)彭元瑞撰　清光緒十年(1884)長沙王氏刻本　九行二十一字小字雙行同上下黑口左右雙邊　十册

640000－1241－0002415　298/009
**啟東錄六卷**　(清)林壽圖撰　清光緒二十八年(1902)刻本　十行二十一字小字雙行同下黑口四周雙邊　二册

640000－1241－0002416　213.2/002
**鐵琴銅劍樓藏書目錄二十四卷**　(清)瞿鏞藏並編　清光緒二十四年(1898)常熟瞿氏刻本　十行二十二字上下黑口左右雙邊　十二册

640000－1241－0002417　292－71/001
**[嘉慶]四川通志二百四卷首二十二卷**　(清)常明等修　清嘉慶二十一年(1816)刻本　九行二十一字白口四周雙邊　一百二十册

640000－1241－0002418　291/006
**歷代地理沿革表四十七卷**　(清)陳芳績撰　清光緒二十一年(1895)廣雅書局刻本　行數不等字數不等上下黑口四周單邊　二十二册

640000－1241－0002419　212.2/001
**浙江磚錄四卷**　(清)馮登府輯　清道光十六年(1836)刻本　十行二十字下黑口左右雙邊　四册

640000－1241－0002420　291/006 部二
**歷代地理沿革表四十七卷**　(清)陳芳績撰　清光緒二十一年(1895)廣雅書局刻本　行數不等字數不等上下黑口四周單邊　十七册

640000－1241－0002421　283/025－2
**宦海指南五種八卷**　(清)許乃普輯　清光緒十二年(1886)榮錄堂刻本　八行二十一字白口四周雙邊　五册

640000－1241－0002422　292－57/001
**[道光]福建通志二百七十八卷首六卷附列女志一卷**　(清)孫爾準等修　(清)陳壽祺等纂　清同治七年(1868)福建正誼書院刻本　十一行二十七字白口四周雙邊　一百七十九册

640000－1241－0002423　212.3/001 部二
**泉布統志九卷首一卷附一卷**　(清)孟逸岡輯　清道光十三年(1833)會稽孟氏刻本　十行二十三字白口四周雙邊　三十二册

640000－1241－0002424　298/006
**欽定日下舊聞考一百六十卷**　(清)竇光鼐等纂　清刻本　九行二十一字小字雙行同白口四周雙邊　四十册

640000－1241－0002425　298/004
**廣東圖說九十二卷首一卷**　(清)毛鴻賓等修　清刻本　十行二十四字小字雙行同上下黑口左右雙邊　十八册

640000－1241－0002426　02/1－60－2
**續資治通鑑二百二十卷**　(清)畢沅編集　清德裕堂刻本　十行二十一字小字雙行同白口四周雙邊　六十五册　缺二十卷(一百七十四至一百九十三)

640000－1241－0002427　212.3/001
**泉布統志九卷首一卷附一卷**　(清)孟逸岡輯　清道光十三年(1833)會稽孟氏刻本　十行二十三字白口四周雙邊　十六册

640000－1241－0002428　213.2/006 部二
**欽定天禄琳瑯書目十卷**　(清)于敏中等編　**續編二十卷**　(清)彭元瑞撰　清光緒十年(1884)長沙王氏刻本　九行二十一字小字雙行同上下黑口左右雙邊　十册

640000－1241－0002429　298/016

**蒙古遊牧記十六卷** （清）張穆撰　清同治六年（1867）壽陽祁寯藻刻本　十行二十二字小字雙行同白口左右雙邊　四冊

640000－1241－0002430　213.2/084
**直齋書録解題二十二卷** （清）陳振孫撰　清同治十三年（1874）江西書局刻本　九行二十一字小字雙行同白口四周雙邊　八冊

640000－1241－0002431　212.3/003
**制錢通考三卷** （清）唐與崑纂輯　清咸豐刻本　十行二十一字小字雙行同上下黑口左右雙邊　一冊

640000－1241－0002432　212.3/002
**古泉匯首集四卷元集十四卷亨集十四卷利集十八卷貞集十四卷首一卷** （清）李佐賢編輯　清同治三年（1864）利津李氏石泉書屋刻本　九行二十四字小字雙行同白口四周雙邊　十冊

640000－1241－0002433　292－54/001
**［光緒］重修安徽通志三百五十卷補遺十卷** （清）吳坤修等修　（清）何紹基等纂　清光緒三年（1877）刻本　十二行二十六字小字雙行同白口四周雙邊　一百二十冊

640000－1241－0002434　395/001
**寶藏興焉十二卷** （英國）費而奔撰　（英國）傅蘭雅口譯　（清）徐壽筆述　清刻本　十行二十二字上下黑口左右雙邊　八冊　缺五卷（一至五）

640000－1241－0002435　213.2/004
**書目答問不分卷** （清）張之洞撰　清光緒十四年（1888）上海蜚英館石印本　十三行字數不等白口左右雙邊　二冊

640000－1241－0002436　212.3/002－2
**續泉匯首集一卷元集三卷亨集三卷利集三卷貞集五卷補遺二卷** （清）鮑康　（清）李佐賢編　清光緒元年（1875）刻本　九行二十四字小字雙行同白口左右雙邊　四冊

640000－1241－0002437　213.2/035
**昭德先生郡齋讀書志二十卷** （宋）晁公武撰　（宋）姚應績編　**附志二卷** （宋）趙希弁撰　清光緒十年（1884）長沙王氏刻本　八行二十四字小字雙行同白口四周雙邊　九冊

640000－1241－0002438　395/002
**算學啟蒙述義三卷總括一卷** （元）朱世傑撰　（清）王鑒述義　清光緒十年（1884）刻本　十行十九字小字雙行同白口左右雙邊　三冊

640000－1241－0002439　291/007－3
**讀史方輿紀要一百三十卷** （清）顧祖禹輯著　（清）彭元瑞校定　清敷文閣刻本　十行二十一字小字雙行同白口四周雙邊　六十四冊

640000－1241－0002440　2101/005
**列國政要一百三十二卷首一卷** （清）戴鴻慈　（清）端方輯　清光緒三十三年（1907）商務印書館上海石印本　十行二十八字小字雙行同白口四周雙邊　三十二冊

640000－1241－0002441　37/008－2
**婦科不分卷** （美國）湯麥斯著　舒高第　（清）鄭昌棪譯　清光緒二十六年（1900）江南製造局鉛印本　十行二十四字上黑口四周雙邊　六冊

640000－1241－0002442　213.2/032
**崇文總目五卷** （宋）王堯臣等編　（清）錢東垣輯釋　清嘉慶四年（1799）嘉定秦氏刻本　十行二十字小字雙行同白口左右雙邊　五冊

640000－1241－0002443　2101/005 部二
**列國政要一百三十二卷首一卷** （清）戴鴻慈　（清）端方輯　清光緒三十三年（1907）商務印書館上海石印本　十行二十八字小字雙行同白口四周雙邊　三十二冊

640000－1241－0002444　292－61/001－2
**［雍正］河南通志八十卷** （清）田文鏡等修　（清）孫灝等纂　清道光六年（1826）補刻本　十一行二十二字白口四周雙邊　四十冊

640000－1241－0002445　54－49/008 部二
**船山遺書六十四種三百一卷** （清）王夫之撰　清同治四年（1865）湘鄉曾氏金陵節署刻本　十行二十二字小字雙行同上下黑口左右雙

邊　一百十九册　缺四卷(楚辭通釋九至十二)

640000－1241－0002446　213.2/008
**欽定四庫全書總目二百卷首一卷**　(清)紀昀等編　清同治七年(1868)廣東書局刻本　九行二十一字小字雙行同白口左右雙邊　一百十三册

640000－1241－0002447　2101/020－2
**俄國新志八卷**　(英國)陔勒低撰　(英國)傅蘭雅　(清)潘松譯　清光緒二十四年(1898)上海製造總局刻本　十行二十二字上下黑口左右雙邊　三册

640000－1241－0002448　298/035
**浙江全省輿圖並水陸道里記不分卷**　(清)宗源瀚編　清石印本　十四行三十六字小字雙行同白口左右雙邊　十八册

640000－1241－0002449　213.2/049
**彙刻書目二十卷**　(清)顧修輯　(清)上海福瀛書局重編　清光緒十二年至十五年(1886－1889)上海福瀛書局刻本　十一行字數不等小字雙行不等上下黑口左右雙邊　二十册

640000－1241－0002450　292－254/003
**[乾隆]渾源州志十卷**　(清)桂敬順纂修　清刻本　九行二十字白口左右雙邊　一册　存二卷(一至二)

640000－1241－0002451　2712－48/004－3
**明儒學案六十二卷**　(清)黃宗羲撰　清刻本　十一行二十字小字雙行同上下黑口四周單邊　十四册　存四十一卷(二十二至六十二)

640000－1241－0002452　298/007
**楚寶四十卷附外編五卷**　(明)周聖楷輯　清道光九年(1829)刻本　十行二十二字白口左右雙邊　二十六册

640000－1241－0002453　291/007
**讀史方輿紀要一百三十卷**　(清)顧祖禹輯著　(清)彭元瑞校定　清敷文閣刻本　十行二十一字小字雙行同白口四周雙邊　九十六册

640000－1241－0002454　292－254/004
**[嘉慶]介休縣志十四卷圖考一卷**　(清)徐品山纂　(清)陸元鏸纂　清嘉慶二十四年(1819)刻本　十行二十一字白口四周雙邊　六册　缺四卷(二至五)

640000－1241－0002455　213.3/003
**藏書十約一卷遊藝巵言二卷**　葉德輝撰　清宣統三年(1911)長沙葉氏觀古堂刻本　十一行二十二字小字雙行同上下黑口左右雙邊　一册

640000－1241－0002456　214/024
**李氏五種合刊二十八卷**　(清)李兆洛撰　清光緒二十四年(1898)上海埽葉山房石印本　八行二十二字小字雙行同白口四周雙邊　十册

640000－1241－0002457　292－73/002
**[乾隆]黔南識略三十二卷**　(清)愛必達撰　清刻本　十行二十字上下黑口左右雙邊　六册　存九卷(一至九)

640000－1241－0002458　292－34/001－2
**吉林外記十卷**　(清)薩英額纂修　**寧古塔記略一卷**　(清)吳桭臣纂修　清光緒二十一年(1895)漸西村舍刻本　十行二十一字小字雙行同白口左右雙邊　二册

640000－1241－0002459　214/017
**金石三例十五卷**　(清)盧見曾輯　(清)王芑孫等評　清光緒四年(1878)南海馮氏讀有用書齋刻朱墨套印本　十行二十二字小字雙行三十二字白口左右雙邊　四册

640000－1241－0002460　315/008－2
**翠微山房數學十二種三十八卷**　(清)張作楠撰　清光緒二十三年(1897)上海鴻寶齋石印本　十八行四十四字小字雙行同白口四周雙邊　八册

640000－1241－0002461　214./021
**西學啟蒙十六種**　(英國)赫德輯　(英國)艾約瑟譯　清光緒二十四年(1898)石印本　十四行四十字白口四周單邊　十六册

640000－1241－0002462　292－254/001

**[光緒]孟縣志二十二卷** (清)張嵐奇等修 (清)武纘緒等纂 清光緒七年(1881)刻本 十行二十三字白口左右雙邊 十册 缺一卷(一)

640000－1241－0002463 292－34/001
**吉林外記十卷** (清)薩英額撰 清光緒二十六年(1900)廣雅書局刻本 十一行二十四字小字雙行同上下黑口四周單邊 二册

640000－1241－0002464 292－31/002
**[乾隆]盛京通志四十八卷圖一卷** (清)呂耀曾等修 (清)魏樞等纂 清刻本 十行二十一字白口四周雙邊 二十册

640000－1241－0002465 214./002
**荆駝逸史四十四種七十五卷** (清)陳湖逸士輯 清道光古槐山房木活字印本 八行十七字白口四周雙邊 三十九册

640000－1241－0002466 292－27/001
**[光緒]綏遠志十卷首一卷** (清)貽穀修 清光緒三十四年(1908)刻本 十行二十二字小字雙行同白口四周雙邊 六册

640000－1241－0002467 315/008－3
**翠微山房數學十二種三十八卷** (清)張作楠撰 清光緒二十三年(1897)上海鴻寶齋石印本 十八行四十四字小字雙行同白口四周雙邊 八册

640000－1241－0002468 315/008－4
**翠微山房數學十二種三十八卷** (清)張作楠撰 清光緒二十三年(1897)上海鴻寶齋石印本 十八行四十四字小字雙行同白口四周雙邊 八册

640000－1241－0002469 281/023 部三
**大元聖政國朝典章六十卷新集至治條例不分卷** (元)□□撰 清光緒三十四年(1908)刻本 十三行二十三字小字雙行同白口左右雙邊 八册 缺四十一卷(二十至六十)

640000－1241－0002470 213.2/049 部二
**彙刻書目二十卷** (清)顧修輯 (清)上海福瀛書局重編 清光緒十二年至十五年(1886－1889)上海福瀛書局刻本 十一行字數不等小字雙行不等上下黑口左右雙邊 二十册

640000－1241－0002471 213.2/043
**觀古堂書目叢刊十六種五十四卷** 葉德輝輯 清光緒至民國湘潭葉氏刻本 十一行二十二字上下黑口左右雙邊 十五册

640000－1241－0002472 214./027
**經世齋時務叢書六種二十六卷** (清)賜書堂輯 清光緒二十一年至二十二年(1895－1896)上海書局石印本 行數不等字數不等白口四周單邊 六册 缺六卷(各國時事類編十三至十八)

640000－1241－0002473 54－49/014
**胡文忠公遺集八十六卷首一卷** (清)胡林翼撰 (清)鄭敦謹 (清)曾國荃纂輯 (清)胡鳳丹重編 清光緒元年(1875)湖北崇文書局刻本 十行二十字小字雙行同上下黑口四周雙邊 三十二册

640000－1241－0002474 214./039
**談邊要刪十二卷** (清)黄壽衮輯 清光緒二十七年(1901)石印本 十三行二十八字下黑口四周雙邊 一册 存三卷(四、八、十)

640000－1241－0002475 213.1/011
**校讎通義三卷** (清)章學誠撰 清刻本 十行二十一字上下黑口左右雙邊 一册

640000－1241－0002476 03/1－99－2
**資治通鑑二百九十四卷釋文辨誤十二卷** (宋)司馬光撰 (元)胡三省音註 清鄱陽胡氏刻本 十行二十字小字雙行同上下黑口四周雙邊 一百二十册

640000－1241－0002477 214./034
**自強齋時務叢書十六種三十九卷** (清)□□輯 清光緒新學書局刻本 十行字數不等白口左右雙邊 二十七册 缺一卷(勸學篇內篇)

640000－1241－0002478 54－49/014 部二
**胡文忠公遺集八十六卷首一卷** (清)胡林翼撰 (清)鄭敦謹 (清)曾國荃纂輯 (清)

胡鳳丹重編　清光緒元年(1875)湖北崇文書局刻本　十行二十字小字雙行同上下黑口四周雙邊　三十二冊

640000－1241－0002479　214/016
**小方壺齋輿地叢鈔十二帙**　(清)王錫祺輯　清光緒十七年至二十三年(1891－1897)上海著易堂鉛印本　十八行四十字白口四周雙邊　六十四冊

640000－1241－0002480　54－49/012
**學詁齋文集二卷**　(清)薛壽撰　清光緒十五年(1889)廣雅書局刻本　十一行二十四字小字雙行同上下黑口四周單邊　一冊

640000－1241－0002481　54－49/015
**攀古小廬文一卷**　(清)許瀚撰　(清)高伯平輯　**悔過齋文一卷**　(清)顧廣譽撰　清刻本　十二行二十字小字雙行同上下黑口左右雙邊　一冊

640000－1241－0002482　54－49/011
**惜抱軒全集十四種八十八卷**　(清)姚鼐撰　清同治五年(1866)省心閣刻本　十行二十一字小字雙行同白口左右雙邊　二十四冊

640000－1241－0002483　54－49/011－2
**惜抱軒全集十四種八十八卷**　(清)姚鼐撰　清光緒三十三年(1907)上海校經山房刻本　十行二十一字小字雙行同白口左右雙邊　十六冊

640000－1241－0002484　54－49/022
**清芬閣集十二卷**　(清)朱采撰　(清)趙濱彥校刊　清光緒三十四年(1908)上海商務印書館鉛印本　十行二十四字小字雙行不等下黑口四周雙邊　八冊

640000－1241－0002485　54－49/013
**倭文端公遺書十一卷首二卷**　(清)倭仁撰　清光緒二十年(1894)山東書局刻本　十行二十一字小字雙行同白口四周雙邊　八冊

640000－1241－0002486　54－49/020
**章氏遺書十三種二十四卷**　(清)章學誠撰　(清)王宗炎編次　(清)劉承幹校訂　清吳興劉氏嘉業堂刻本　十一行二十一字小字雙行同上下黑口左右雙邊　十五冊

640000－1241－0002487　32/002－2
**莊子集釋十卷**　(戰國)莊周撰　(清)郭慶藩輯　清光緒二十年(1894)思賢講舍刻本　十一行二十四字小字雙行同上下黑口左右雙邊　八冊

640000－1241－0002488　54－49/023
**亭林先生遺書彙輯二十三種六十三卷附錄三種四卷**　(清)顧炎武撰　清光緒十四年(1888)吴縣朱氏校經山房刻本　十一行二十字白口左右雙邊　二十四冊

640000－1241－0002489　52/003
**湖北叢書二十九種二百二十一卷**　(清)趙尚輔輯　清光緒十七年(1891)三餘草堂刻本　十行十八字小字雙行二十四字上下黑口四周單邊　八十一冊

640000－1241－0002490　52/003部二
**湖北叢書三十二種二百九十六卷**　(清)趙尚輔輯　清光緒十七年(1891)三餘草堂刻本　十行十八字小字雙行二十四字上下黑口四周單邊　一百冊

640000－1241－0002491　54－48/006
**顧端文公遺書六種三十卷**　(明)顧憲成著　清光緒三年(1877)涇里宗祠刻本　十行二十字下黑口左右雙邊　八冊

640000－1241－0002492　214./018－2
**得一齋雜著四種八卷**　(清)黃楙材撰　清光緒十二年(1886)刻本　八行二十五字白口左右雙邊　四冊

640000－1241－0002493　214./033
**教育叢書初集不分卷**　羅振玉編　清光緒二十七年(1901)教育世界出版所刻本　十三行二十六字上下黑口左右雙邊　八冊

640000－1241－0002494　143－2/007
**禮記六十一卷尚書顧命解一卷**　(清)孫希旦集解　清咸豐十年(1860)瑞安孫氏盤谷草堂刻本　十三行二十二字小字雙行同上下黑口

左右雙邊　二十册　缺六卷(二十一至二十六)

640000－1241－0002495　214./025
**問影樓輿地叢書第一集十五種四十四卷**　胡思敬輯　清光緒三十四年(1908)新昌胡思敬鉛印本　十二行三十字上下黑口四周雙邊　十册

640000－1241－0002496　298/017.2
**續山東考古錄三十二卷首一卷**　(清)葉圭綬撰　清咸豐元年(1851)蝸角尖廬刻本　十行二十四字白口左右雙邊　八册

640000－1241－0002497　52/006
**永嘉叢書九種一百四十卷**　(清)孫衣言輯　清同治、光緒間瑞安孫氏詒善祠塾刻本　十三行二十二字小字雙行同上下黑口左右雙邊　四十四册

640000－1241－0002498　285/005.2 部三
**約章成案匯覽乙篇四十二卷**　(清)北洋商務局纂輯　清光緒三十一年(1905)上海點石齋石印本　十行二十六字白口四周單邊　二十六册　缺十二卷(十一至二十二)

640000－1241－0002499　411/005－5
**御選唐宋文醇五十八卷**　(清)高宗弘曆選　清刻本　九行二十二字白口左右雙邊　十册　存二十七卷(一至二十七)

640000－1241－0002500　285/005.1 部三
**約章成案匯覽甲篇十卷**　(清)北洋商務局纂輯　清光緒三十一年(1905)上海點石齋石印本　十行二十六字白口四周單邊　十册

640000－1241－0002501　285/005.2 部四
**約章成案匯覽乙篇四十二卷**　(清)北洋商務局纂輯　清光緒三十一年(1905)上海點石齋石印本　十行二十六字白口四周單邊　三十六册

640000－1241－0002502　395/006－3
**新編算學啟蒙三卷**　(元)朱世傑撰　**識誤一卷**　(清)羅士琳撰　清光緒二十四年(1898)兩儀堂刻本　十行十九字白口左右雙邊　三册

640000－1241－0002503　395/006－2
**新編算學啟蒙三卷**　(元)朱世傑撰　**識誤一卷**　(清)羅士琳撰　清光緒二十四年(1898)兩儀堂刻本　十行十九字白口左右雙邊　三册

640000－1241－0002504　395/006－4
**新編算學啟蒙三卷**　(元)朱世傑撰　**識誤一卷**　(清)羅士琳撰　清光緒二十四年(1898)兩儀堂刻本　十行十九字白口左右雙邊　三册

640000－1241－0002505　395/006
**新編算學啟蒙三卷**　(元)朱世傑撰　**識誤一卷**　(清)羅士琳撰　清江南機器製造總局刻本　十行十九字白口左右雙邊　二册

640000－1241－0002506　395/008
**算式解法十四卷**　(美國)好敦司等撰　(英國)傅蘭雅口譯　(清)華蘅芳筆述　清光緒二十五年(1899)江南製造局刻本　十行二十二字上下黑口左右雙邊　二册

640000－1241－0002507　281/025－2
**時務通考三十一卷**　(清)杞廬主人輯　清光緒二十三年(1897)上海點石齋石印本　二十行四十五字小字雙行同下黑口四周雙邊　二十四册

640000－1241－0002508　395/007
**交食引蒙不分卷**　(清)賈步緯撰　清江南製造總局刻本　十行二十二字小字雙行同上下黑口左右雙邊　一册

640000－1241－0002509　395/005
**簡易庵算稿四卷**　(清)劉彝程撰　清光緒二十六年(1900)江南機器製造總局刻本　十行二十五字上下黑口左右雙邊　四册

640000－1241－0002510　34/455
**則古昔齋算學九種二十卷**　(清)李善蘭撰　清同治六年(1867)獨山莫友芝刻本　十行二十二字小字雙行同上下黑口左右雙邊　五册

640000－1241－0002511　53/001 部二
**項城袁氏家集六種六十六卷**　丁振鐸輯　清

宣統三年(1911)清芬閣鉛印本　十行二十四字小字雙行同下黑口四周雙邊　五十六册

640000－1241－0002512　195/001
**左繡三十卷首一卷**　(清)馮李驊　(清)陸浩評輯　清刻本　八行二十字小字雙行同白口左右雙邊　八册　缺十五卷(十六至三十)

640000－1241－0002513　488.1/001
**經史百家簡編二卷**　(清)曾國藩纂　清光緒十三年(1887)蔣氏求實齋刻本　十行二十四字小字雙行同下黑口左右雙邊　二册

640000－1241－0002514　395/009
**筆算便覽五卷**　(清)紀大奎編　清光緒二十二年(1896)上海六先書局石印本　十二行二十八字白口四周雙邊　二册

640000－1241－0002515　283/017－2
**牧令書輯要十卷**　(清)徐棟編　(清)丁日昌選評　**欽頒州縣事宜一卷**　(清)田文鏡撰　清同治七年(1868)江蘇書局刻本　十一行二十一字白口左右雙邊　十一册

640000－1241－0002516　289/023－2
**秋讞輯要六卷首一卷**　(清)剛毅輯　清光緒十五年(1889)江蘇書局刻本　十三行二十四字小字雙行同白口左右雙邊　八册

640000－1241－0002517　395/004
**算法大成上編十卷首一卷**　(清)陳杰著　清光緒二十四年(1898)浙江官書局刻本　十二行二十四字白口左右雙邊　十册

640000－1241－0002518　2102/003 部三
**中外時務經濟統宗十八卷**　(清)□□撰　清光緒二十八年(1902)石印本　十五行三十六字上黑口四周單邊　三册　存三卷(一至三)

640000－1241－0002519　284/014－3
**富國策三卷**　(英國)法思德著　汪鳳藻譯　清光緒二十四年(1898)鉛印本　十一行三十字白口四周雙邊　三册

640000－1241－0002520　284/014－4
**富國策三卷**　(英國)法思德著　汪鳳藻譯　清光緒二十四年(1898)鉛印本　十一行三十字白口四周雙邊　三册

640000－1241－0002521　474/001－2
**新刻玉釧緣全傳三十二卷**　(清)西湖居士撰　清大文堂刻本　十行二十二字白口四周單邊　八册　存四卷(一至四)

640000－1241－0002522　395/010
**群學肄言十六卷**　(英國)斯賓塞爾造論　嚴復譯　清光緒二十九年(1903)上海文明編譯書局鉛印本　十一行二十七字白口四周雙邊　四册

640000－1241－0002523　395/010－2
**群學肄言十六卷**　(英國)斯賓塞爾造論　嚴復譯　清光緒二十九年(1903)上海文明編譯書局鉛印本　十一行二十七字白口四周雙邊　四册

640000－1241－0002524　395/003
**筆算數學三卷**　(美國)狄考文輯　(清)鄒立文述　清光緒二十九年(1903)上海美華書館鉛印本　十五行三十二字白口四周雙邊　三册

640000－1241－0002525　51/037
**質學叢書初集三十種八十一卷**　(清)武昌質學會輯　清光緒二十二年至二十三年(1896－1897)武昌質學會刻本　十一行二十三字小字雙行同上下黑口四周單邊　四十二册

640000－1241－0002526　395/003－2
**筆算數學三卷**　(美國)狄考文輯　(清)鄒立文述　清光緒二十九年(1903)上海美華書館鉛印本　十五行三十二字白口四周雙邊　一册　存六章(一至六)

640000－1241－0002527　26/010 部三
**讀史兵略四十六卷**　(清)胡林翼纂　清刻本　十二行二十四字小字雙行同白口四周雙邊　十一册　缺十四卷(一至十四)

640000－1241－0002528　284/005－4
**籌濟編三十二卷首一卷**　(清)楊景仁輯　清光緒五年(1879)山東書局刻本　九行二十五

字小字雙行同白口左右雙邊　八册

640000－1241－0002529　284/005－3

**籌濟編三十二卷首一卷**　(清)楊景仁輯　清光緒六年(1880)刻本　九行二十五字白口四周雙邊　八册

640000－1241－0002530　315/010－2

**五種遺規十四卷**　(清)陳宏謀編輯　清道光十年(1830)培遠堂刻本　十一行二十四字白口四周單邊　十二册

640000－1241－0002531　212.1/002

**金石萃編一百六十卷**　(清)王昶撰　**金石續編二十一卷首一卷**　(清)陸耀遹撰　清光緒十九年(1893)上海寶善書局石印本　二十二行四十二字小字雙行同下黑口四周單邊　十二册　缺九十四卷(金石萃編一至九、二十五、五十七至八十六、一百十九至一百六十，續編四至七、十四至二十一)

640000－1241－0002532　213.42/002－2

**舊唐書二百卷**　(五代)劉昫等撰　(清)岑建功校　清道光二十三年(1843)懼盈齋刻本　十二行二十五字白口左右雙邊　二十册　缺六十三卷(一至三十九、一百七十七至二百)

640000－1241－0002533　12/015－2

**欽定書經圖説五十卷**　(清)孫家鼐等輯　清光緒三十一年(1905)石印本　十行二十四字小字雙行同白口四周雙邊　八册　存二十卷(一至二十)

640000－1241－0002534　289/039－2

**大清律例彙輯便覽四十卷督捕則例二卷五軍道里表不分卷三流道里表不分卷**　(清)刑部制訂　清同治十一年(1872)湖北讞局刻本　九行二十字小字雙行同白口四周雙邊　二十册　缺十七卷(二十至三十六)

640000－1241－0002535　251.1/009

**水道提綱二十八卷**　(清)齊召南編錄　清光緒四年(1878)津門徐士鑾霞城精舍刻本　九行二十二字小字雙行同白口左右雙邊　八册

640000－1241－0002536　28/001－1

**淵鑑類函四百五十卷**　(清)張英等撰　清光緒九年(1883)上海點石齋石印本　三十行六十三字小字雙行同白口四周單邊　十册

640000－1241－0002537　2712－34/002

**二酉堂叢書二十一種三十一卷**　(清)張澍輯　清道光元年(1821)武威張氏二酉堂刻本　十行二十四字小字雙行同白口左右雙邊　八册

640000－1241－0002538　49/010

**古今説海一百三十五種一百四十二卷**　(明)陸楫等輯　清道光元年(1821)苕溪邵氏酉山堂刻本　八行十六字白口左右雙邊　四十册

640000－1241－0002539　251.1/010

**墨林今話十八卷**　(清)蔣寶齡撰　**墨林今話續編一卷**　(清)蔣茝生撰　清咸豐二年(1852)刻本　十行二十一字小字雙行同白口四周單邊　六册

640000－1241－0002540　51/038

**功順堂叢書十八種八十一卷**　(清)潘祖蔭輯　清光緒吴縣潘氏刻本　九行二十二字小字雙行同上下黑口左右雙邊　二十四册

640000－1241－0002541　＊314/001

**格致鏡原一百卷**　(清)陳元龍撰　清雍正十三年(1735)刻本　十一行二十一字小字雙行同上下黑口左右雙邊　二十八册

640000－1241－0002542　51/042

**別下齋叢書二十八種九十卷**　(清)蔣光煦編　清道光海昌蔣氏刻本　十一行二十一字小字雙行同上下黑口左右雙邊　二十四册

640000－1241－0002543　23－45/001－3

**西夏紀事本末三十六卷年表一卷**　(清)張鑑著　清光緒十年(1884)江蘇書局刻本　十二行二十五字白口左右雙邊　三册

640000－1241－0002544　222－34/001

**前漢紀三十卷**　(漢)荀悦撰　**兩漢紀校記二卷**　(清)陳璞撰　清光緒二年(1876)嶺南學海堂刻本　十行二十字白口左右雙邊　七册

640000－1241－0002545　＊292－45/001 部二
**［乾隆］欽定皇輿西域圖志四十八卷首四卷**　（清）傅恒等修　（清）褚廷璋等纂　清乾隆四十七年（1782）木活字印本　九行二十字小字雙行同白口四周雙邊　二十四册

640000－1241－0002546　49/010 部二
**古今説海一百三十五種一百四十二卷**　（明）陸楫等輯　清道光元年（1821）苕溪邵氏酉山堂刻本　八行十六字白口左右雙邊　二十四册

640000－1241－0002547　51/048
**觀古堂彙刻書十三種二十七卷**　葉德輝輯　清光緒二十八年（1902）湘潭葉氏刻本　十一行二十二字小字雙行同上下黑口左右雙邊　八册

640000－1241－0002548　451/021
**古今説海一百二種一百七卷**　（明）陸楫等輯　清道光元年（1821）苕溪邵氏酉山堂刻本　八行十六字白口左右雙邊　十三册

640000－1241－0002549　49/018
**唐代叢書六集一百六十四種一百七十卷**　（清）王文誥輯　清嘉慶十一年（1806）刻本　九行二十一字白口左右雙邊　三十六册

640000－1241－0002550　19/009－2
**皇清經解一千四百八卷**　（清）阮元輯　清道光九年（1829）廣東學海堂刻咸豐十一年（1861）增刻本　十一行二十四字小字雙行同白口左右雙邊　二百三十五册　缺七十六卷（二百九十三至三百三十九、一千一百五十一至一千一百七十九）

640000－1241－0002551　59.9/001
**二十二子二十二種三百三十五卷**　（清）鴻文書局輯　清光緒十九年（1893）上海鴻文書局石印本　二十四行五十八字小字雙行同上下黑口左右雙邊　十六册

640000－1241－0002552　54－49/030
**李文忠公全集一百六十五卷首一卷**　（清）李鴻章撰　清光緒三十四年（1908）金陵書局刻本　十二行二十五字白口左右雙邊　一百册

640000－1241－0002553　222.4/001－2
**續資治通鑑二百二十卷**　（清）畢沅編集　清同治八年（1869）江蘇書局刻本　十行二十一字小字雙行同白口四周雙邊　六十册

640000－1241－0002554　54－49/016
**陶文毅公全集六十四卷首一卷末一卷**　（清）陶澍撰　清道光二十年（1840）淮北士民公刻本　十行二十一字白口四周雙邊　二十册

640000－1241－0002555　51/049
**積學齋叢書二十種六十四卷**　徐乃昌輯　清光緒十九年（1893）南陵徐氏刻本　十一行二十一字小字雙行同上下黑口左右雙邊　十六册

640000－1241－0002556　54－49/007
**東海褰冥氏三十以前舊學四種八卷**　（清）譚嗣同撰　清光緒二十三年（1897）金陵刻本　十六行二十八字白口四周雙邊　一册

640000－1241－0002557　54－49/010
**鹿州全集八種四十三卷**　（清）藍鼎元撰　清光緒五年（1879）刻本　九行二十字白口左右雙邊　二十册

640000－1241－0002558　54－49/028
**洪北江全集二十三種二百二十二卷**　（清）洪亮吉撰　清光緒三年至五年（1877－1879）陽湖洪用懃授經堂刻本　十一行二十二字小字雙行同上下黑口左右雙邊　八十四册

640000－1241－0002559　54－49/027－2
**曾文正公全集十八種一百八十二卷**　（清）曾國藩撰　清光緒十四年（1888）鴻文書局鉛印本　十七行四十一字白口四周雙邊　四十四册

640000－1241－0002560　23－45/001－2 部二
**西夏紀事本末三十六卷首二卷**　（清）張鑑著　清光緒十四年（1888）上洋書業公所崇德堂鉛印本　十五行四十字小字雙行同白口四周

雙邊　一册　缺十九卷(十八至三十六)

640000－1241－0002561　23－45/001.2
**西夏紀事本末三十六卷**　(清)張鑑著　清刻本　十二行二十五字白口左右雙邊　二册　存二十卷(十七至三十六)

640000－1241－0002562　51/051
**玉函山房輯佚書一百三十八種一百七十九卷**　(清)馬國瀚輯　清光緒十年(1884)楚南湘遠堂刻本　九行二十字上下黑口四周雙邊　二十六册

640000－1241－0002563　51/061－2
**竹柏山房十五種**　(清)林春溥撰　清嘉慶、咸豐間刻本　十二行二十二字小字雙行同上下黑口四周單邊　十八册　存八種四十一卷(古史紀年十四卷、孔門師弟年表一卷後説一卷孟子時事年表一卷後説一卷、孔子世家補訂一卷、孟子列傳纂一卷、孟子外書補證一卷、四書拾遺六卷、古書拾遺四卷、開卷偶得十卷)

640000－1241－0002564　51/057
**岱南閣叢書八種一百二十一卷**　(清)孫星衍輯　清乾隆、嘉慶間蘭陵孫氏刻本　九行二十一字小字雙行同白口四周雙邊　三十六册　缺九卷(故唐律疏議二十二至三十)

640000－1241－0002565　51/056
**校經山房叢書二十六種九十九卷**　(清)朱記榮輯　清光緒三十年(1904)孫溪朱記榮槐廬刻本　行數不等字數不等上下黑口四周單邊　三十一册

640000－1241－0002566　54－48/003
**王文成公全書七種三十八卷**　(明)王守仁撰　清刻本　九行二十一字小字雙行同白口左右雙邊　二十四册

640000－1241－0002567　51/050
**靈鶼閣叢書三十九種五十二卷**　(清)江標輯　清光緒元和江氏湖南使院刻本　十一行二十三字小字雙行同上下黑口左右雙邊　十七册　缺二卷(聽圖西疆雜述詩一至二)

640000－1241－0002568　51/061
**竹柏山房十五種**　(清)林春溥撰　清嘉慶、咸豐間刻本　十二行二十二字小字雙行同上下黑口四周單邊　十八册　存八種四十一卷(古史紀年十四卷、孔門師弟年表一卷後説一卷孟子時事年表一卷後説一卷、孔子世家補訂一卷、孟子列傳纂一卷、孟子外書補證一卷、四書拾遺六卷、古書拾遺四卷、開卷偶得十卷)

640000－1241－0002569　51/060
**函海二十二種九十八卷**　(清)李調元輯　清刻本　十行二十字白口四周雙邊　十六册　缺十九卷(童山文集一至三、五至二十)

640000－1241－0002570　32/013
**莊子解三十三卷**　(清)王夫之撰　清同治四年(1865)湘鄉曾國荃金陵刻本　十行二十二字小字雙行同上下黑口左右雙邊　四册

640000－1241－0002571　32/015－2
**文子纘義十二卷**　(元)杜道堅撰　清光緒三年(1877)浙江書局刻本　九行二十一字小字雙行同白口左右雙邊　一册　存六卷(一至六)

640000－1241－0002572　212.1/019
**湖北金石志十四卷**　楊守敬撰　清朱印本　十二行二十五字小字雙行同上下朱口左右雙邊　十四册

640000－1241－0002573　＊51/006－2
**平津館叢書四種七卷**　(清)孫星衍輯　清光緒十一年(1885)吳縣朱氏槐廬家塾刻本　十一行二十字小字雙行同白口左右雙邊　一册　缺二卷(華氏中藏經中、下)

640000－1241－0002574　39.9/001
**蘭亭考十二卷附群公帖跋一卷**　(宋)桑世昌輯　**蘭亭續考二卷**　(宋)俞松輯　清乾隆、道光間長塘鮑氏刊本　九行十八字上下黑口左右雙邊　四册

640000－1241－0002575　183/019
**重斠唐韻考五卷**　(清)紀容舒撰　(清)錢熙

祚斠　（清）錢恂重斠　清光緒五年（1879）定州王氏謙德堂刻本　十行二十二字小字雙行同上下黑口左右雙邊　二冊

640000－1241－0002576　183/009
**唐韻四聲正一卷**　（清）江有誥撰　清抄本　行數不等字數不等白口　無版框　一冊

640000－1241－0002577　141/003 部三
**附釋音周禮注疏四十二卷**　（漢）鄭玄注　（唐）賈公彥疏　（唐）陸德明釋文　清同治十二年（1873）江西書局刻本　十行十七字小字雙行二十三字上下黑口左右雙邊　十二冊　缺十三卷（三十至四十二）

640000－1241－0002578　212.1/058
**瘞鶴銘考補一卷**　（清）翁方綱撰　**山樵書外紀一卷**　（清）張開福撰　清光緒三十四年（1908）浭陽端方刻本　十一行二十八字小字雙行同白口四周雙邊　一冊

640000－1241－0002579　2102/002－4
**海國圖志一百卷**　（清）魏源撰　清光緒二年（1876）平慶涇固道署刻本　九行二十一字白口四周雙邊　二十四冊

640000－1241－0002580　412－49/009 部三
**八旗文經五十六卷作者考三卷敘錄一卷**　（清）盛昱　楊鍾義編　清光緒二十七年（1901）武昌刻本　十二行二十三字上下黑口左右雙邊　十冊　存四十九卷（一至四十九）

640000－1241－0002581　54－48/003 部三
**王文成公全書七種三十八卷**　（明）王守仁撰　清刻本　九行二十一字小字雙行同白口左右雙邊　十二冊　缺十八卷（一至十八）

640000－1241－0002582　51.9/001
**魏稼孫先生全集三種四卷**　（清）魏錫曾撰　清光緒九年（1883）羊城刻本　十行二十一字小字雙行同白口左右雙邊　六冊

640000－1241－0002583　461/003
**宋六十名家詞六十一種九十一卷**　（明）毛晉輯　清光緒十四年（1888）錢塘汪氏刻本　十一行二十字小字雙行同上下黑口左右雙邊　三十冊

640000－1241－0002584　183/023
**詩聲類十二卷**　（清）孔廣森撰　清光緒十四年（1888）江陰南菁書院刻本　十一行二十四字白口左右雙邊　一冊

640000－1241－0002585　392/009－2
**學算筆談十二卷**　（清）華蘅芳學　清光緒二十二年（1896）上海文瑞樓石印本　二十行二十二字白口四周雙邊　四冊

640000－1241－0002586　392/009－3
**學算筆談十二卷**　（清）華蘅芳學　清光緒二十二年（1896）上海文瑞樓石印本　二十行二十二字白口四周雙邊　四冊

640000－1241－0002587　291/007－3
**讀史方輿紀要一百三十卷**　（清）顧祖禹輯著　（清）彭元瑞校定　清敷文閣刻本　十行二十一字小字雙行同白口四周雙邊　二十六冊　存七十六卷（四十六至八十二、九十二至一百三十）

640000－1241－0002588　212－42/002 部二
**唐書二百二十五卷附考證**　（宋）歐陽修　（宋）宋祁撰　**附釋音二十五卷**　（宋）董衝撰　清光緒二十九年（1903）五洲同文局石印本　十行二十一字小字雙行同上下黑口左右雙邊　四十三冊　缺三十五卷（唐書七至四十一）

640000－1241－0002589　212－34/006 部三
**漢書注校補五十六卷**　（清）周壽昌撰　清光緒十年（1884）長沙周壽昌小對竹軒刻本　十二行二十三字小字雙行同白口左右雙邊　十冊　缺十三卷（二十六至三十八）

640000－1241－0002590　411/005－3 部二
**御選唐宋詩醇四十七卷目錄二卷**　（清）高宗弘曆選　（清）梁詩正等校刊　清光緒十八年（1892）學庫山房刻本　九行十九字白口左右雙邊　十四冊　缺六卷（四十二至四十七）

640000－1241－0002591　437/155 部二
**于湖小集六卷**　（清）袁昶撰　清光緒二十年

(1894)袁氏水明樓刻本　十行二十二字小字雙行同上黑口左右雙邊　一册　存三卷(詩一至三)

640000－1241－0002592　37/005－2
**西政叢鈔六種不分卷**　(清)養春堂主人輯　清光緒二十八年(1902)石印本　二十二行四十八字上下黑口四周雙邊　七册

640000－1241－0002593　33/001－3 部二
**墨子十六卷**　(戰國)墨翟撰　(清)畢沅校注　清光緒二年(1876)浙江書局刻本　九行二十一字小字雙行同白口左右雙邊　三册　缺四卷(十三至十六)

640000－1241－0002594　2712－48/004－3 部二
**明儒學案六十二卷**　(清)黄宗羲撰　清刻本　九行二十字小字雙行同下黑口左右雙邊　二十三册　存三十二卷(三十一至六十二)

640000－1241－0002595　398.1/002
**原富五部附中西年表**　(英國)斯密亞丹撰　嚴復譯　清光緒二十七年(1901)鉛印本　十二行三十二字上黑口左右雙邊　七册

640000－1241－0002596　395/005 部二
**簡易庵算稿四卷**　(清)劉彝程撰　清光緒二十六年(1900)江南機器製造總局刻本　十行二十五字上下黑口左右雙邊　四册

640000－1241－0002597　411/005－6
**御選唐宋文醇五十八卷**　(清)高宗弘曆選　清刻本　九行二十二字白口左右雙邊　八册　存二十四卷(九至二十九、五十六至五十八)

640000－1241－0002598　488.1/002
**絶妙好詞箋七卷續鈔一卷**　(宋)周密編　(清)查為仁　(清)厲鶚箋　清刻本　九行二十一字小字雙行同白口四周單邊　二册　缺二卷(一至二)

640000－1241－0002599　251.1/011
**蜀故二十七卷**　(清)彭遵泗纂輯　清刻本　九行二十二字上下黑口上下雙邊　五册　缺五卷(一至五)

640000－1241－0002600　292－222/003－2
**[同治]深州風土記二十二卷**　(清)吳汝綸纂修　清光緒二十六年(1900)深州文瑞書院刻本　十行二十二字小字雙行三十三字上下黑口四周雙邊　三册　缺七卷(一至七)

640000－1241－0002601　251.1/012
**五大洲志三卷**　(日本)辻武雄撰　清光緒二十八年(1902)東京泰東同文局鉛印本　十二行三十字白口四周雙邊　二册　缺一卷(上)

640000－1241－0002602　398.1/003
**形學備旨十卷開端一卷**　(美國)狄考文選譯　(清)鄒立文筆述　清光緒二十九年(1903)上海美華書館鉛印本　十二行三十四字白口四周雙邊　二册

640000－1241－0002603　398.1/003－2
**形學備旨十卷開端一卷**　(美國)狄考文選譯　(清)鄒立文筆述　清光緒二十九年(1903)上海美華書館鉛印本　十二行三十四字白口四周雙邊　二册

640000－1241－0002604　398.1/003－3
**形學備旨十卷開端一卷**　(美國)狄考文選譯　(清)鄒立文筆述　清光緒二十九年(1903)上海美華書館鉛印本　十二行三十四字白口四周雙邊　二册

640000－1241－0002605　34/001－2 部二
**管子二十四卷**　(春秋)管仲撰　(唐)房玄齡注　清光緒二年(1876)浙江書局刻本　九行二十一字小字雙行同白口左右雙邊　四册　缺八卷(九至十六)

640000－1241－0002606　283/012－2
**入幕須知五種九卷附贅言十則**　(清)張廷驤輯　清光緒十年(1884)元和張氏刻本　十行二十字白口四周雙邊　六册

640000－1241－0002607　33/002－2 部三
**墨子閒詁十五卷**　(清)孫詒讓撰　清刻本　十二行二十字小字雙行同白口左右雙邊　四册　存十卷(四至十三)

640000－1241－0002608　54－49/011－3

**惜抱軒全集十三種七十二卷**　（清）姚鼐撰　清刻本　十行二十一字小字雙行同白口左右雙邊　十二册　缺八卷（詩集一至二、九經説七至十二）

640000－1241－0002609　34/010 部三

**晏子春秋七卷**　（春秋）晏嬰撰　**音義二卷**　（清）孫星衍撰　**校勘記二卷**　（清）黄以周撰　清光緒元年（1875）浙江書局刻本　九行二十一字小字雙行同白口左右雙邊　四册

640000－1241－0002610　281/005.2－3

**欽定續通志六百四十卷**　（清）嵇璜纂　清光緒二十七年（1901）上海圖書集成局鉛印本　十六行四十三字小字雙行同白口四周單邊　五十四册　缺五十六卷（一至五十六）

640000－1241－0002611　398.1/004

**穆勒名學甲部八篇乙部七篇丙部十三篇**　（英國）穆勒約翰著　嚴復譯　清光緒三十一年（1905）金粟齋鉛印本　十行二十五字上下黑口左右雙邊　八册

640000－1241－0002612　285/005.2 部五

**約章成案匯覽乙篇四十二卷**　（清）北洋商務局纂輯　清光緒三十一年（1905）上海點石齋石印本　十行二十六字白口四周單邊　二十七册　存十七卷（二十六至四十二）

640000－1241－0002613　251.1/013

**[光緒]通州直隸州志十六卷首一卷末一卷**　（清）梁悦馨等纂修　清光緒元年（1875）通州州署刻本　十一行二十三字小字雙行同下黑口左右雙邊　三册　存四卷（一、十四至十五，首一卷）

640000－1241－0002614　488.1/003

**桐城吴先生文集四卷尺牘五卷**　（清）吴汝綸撰　清光緒三十年（1904）刻本　九行二十一字白口左右雙邊　四册　缺四卷（文集一，尺牘一、四至五）

640000－1241－0002615　2101/031－2

**西國近事彙編二十四卷**　（美國）金楷理口譯（清）蔡錫齡筆述　清光緒四年（1878）上海機器製造局鉛印本　十行二十四字上黑口四周雙邊　二十册　缺四卷（丙申一，甲申二、四，乙酉四）

640000－1241－0002616　488.1/004

**唐宋十大家全集錄三種十七卷**　（清）儲欣輯　清光緒八年（1882）江蘇書局刻本　九行二十五字上下黑口四周單邊　六册

640000－1241－0002617　54－48/006－2

**顧端文公遺書四種二十八卷**　（明）顧憲成著　清光緒三年（1877）涇里宗祠刻本　十行二十字下黑口左右雙邊　八册

640000－1241－0002618　488.1/005

**香樹齋詩續集三十六卷**　（清）錢陳群撰　清刻本　十行十九字白口左右雙邊　九册　存二十一卷（十至二十八、三十一至三十二）

640000－1241－0002619　488.1/006

**少鶴内集十卷**　（清）李憲喬撰　清刻本　十行二十二字白口左右雙邊　三册　缺二卷（一至二）

640000－1241－0002620　181/018－3

**經籍籑詁一百六卷補遺一百六卷首一卷**　（清）阮元撰　清光緒六年（1880）淮南書局補刻本　八行二十字小字雙行同白口左右雙邊　二十四册　存五十三卷（一至十、三十八至五十三、六十三、六十八至七十、七十五至九十、九十九至一百、一百三至一百六，首一卷）

640000－1241－0002621　251.1/014

**核定現行刑律不分卷**　（清）奕劻等核定　清宣統元年（1909）鉛印本　十二行二十五字小字雙行同下黑口四周雙邊　二册

640000－1241－0002622　2101/008 部五

**日本各校紀略一卷**　（清）張大鏞撰　清光緒二十五年（1899）浙江書局刻本　十行二十一字小字雙行同白口左右雙邊　一册

640000－1241－0002623　251.1/015

**西學輯存六種六卷**　（英國）偉烈亞力口譯（清）王韜輯　清光緒十六年（1890）鉛印本

十三行二十四字白口四周雙邊　六冊

640000－1241－0002624　212－34/001－5
**前漢書一百卷**　（漢）班固撰　（唐）顔師古注　清光緒十三年（1887）金陵書局刻本　十二行二十五字小字雙行三十七字白口左右雙邊　八冊　存六十八卷（三十三至一百）

640000－1241－0002625　289/007－3
**故唐律疏議三十卷**　（唐）長孫無忌等撰　**律音義一卷**　（宋）孫奭撰　**洗冤録五卷**　（宋）宋慈撰　清光緒十七年（1891）錢塘諸氏刻本　十二行字數不等上下黑口四周雙邊　六冊　缺十卷（故唐律疏議二至十一）

640000－1241－0002626　24－49/023－2
**東方兵事紀略六卷**　姚錫光撰　清光緒二十三年（1897）武昌刻本　九行二十二字小字雙行同上下黑口左右雙邊　三冊　存三卷（一至三）

640000－1241－0002627　34/455－2
**則古昔齋算學十三種二十四卷**　（清）李善蘭撰　清同治六年（1867）獨山莫友芝刻本　十行二十二字小字雙行同上下黑口左右雙邊　六冊

640000－1241－0002628　221/005 部三
**續資治通鑑長編五百二十卷目録二卷**　（宋）李燾撰　清光緒刻本　十二行二十一字小字雙行同白口左右雙邊　三十四冊　存一百五十六卷（三至四十六、三百三十至三百五十四、三百九十二至四百七十八）

640000－1241－0002629　212－34/009－4
**後漢書一百二十卷目録一卷**　（南朝宋）范曄撰　（唐）李賢注　清同治十年（1871）成都書局刻本　十行二十一字小字雙行同白口左右雙邊　七冊　缺八十一卷（四十至一百二十）

640000－1241－0002630　381/015－3
**淮南子二十一卷**　（漢）劉安撰　（漢）高誘注　清光緒刻本　九行二十一字小字雙行同白口左右雙邊　四冊　缺七卷（一至七）

640000－1241－0002631　381/015－4
**淮南子二十一卷**　（漢）劉安撰　（漢）高誘注　清光緒刻本　九行二十一字小字雙行同白口左右雙邊　一冊　存三卷（十八至二十）

640000－1241－0002632　251.1/016
**沈文肅公政書七卷**　（清）沈葆楨撰　清光緒刻本　十行二十四字白口四周雙邊　二冊　存一卷（七）

640000－1241－0002633　411/006 部四
**古文淵鑒六十四卷**　（清）徐乾學等編注　清同治刻本　九行二十字小字雙行同上下黑口四周單邊　六冊　存十三卷（十至十六、二十一至二十二、二十七至三十）

640000－1241－0002634　51/027－2
**守山閣叢書五十一種二百七十四卷**　（清）錢熙祚輯　清光緒十五年（1889）上海鴻文書局石印本　十一行二十三字小字雙行同上下黑口左右雙邊　四十冊

640000－1241－0002635　182/003－9
**康熙字典十二集三十六卷總目一卷檢字一卷辨似一卷等韻一卷備考一卷補遺一卷**　（清）張玉書等纂　清道光七年（1827）刻本　八行十二字小字雙行二十四字白口四周雙邊　四十冊

640000－1241－0002636　398.1/005
**代數通藝録十六卷**　（清）方愷撰　清光緒二十五年（1899）上海書局石印本　十二行二十六字白口四周單邊　四冊　缺三卷（十至十二）

640000－1241－0002637　398.1/005－2
**代數通藝録十六卷**　（清）方愷撰　清光緒二十五年（1899）上海書局石印本　十二行二十六字白口四周單邊　五冊

640000－1241－0002638　398.1/005－3
**代數通藝録十六卷**　（清）方愷撰　清光緒二十五年（1899）上海書局石印本　十二行二十六字白口四周單邊　五冊

640000－1241－0002639　398.1/006
**紫柏老人集二十九卷**　（明）釋真可撰　（明）

釋德清閱　清刻本　十行二十字上下黑口左右雙邊　五冊　存十五卷(十五至二十九)

640000－1241－0002640　296/011－2
**中俄界記二卷**　(清)鄒代鈞撰　清宣統三年(1911)湖北武昌亞新地學社鉛印本　十一行二十三字小字雙行二十四字白口四周雙邊　一冊　存一卷(上)

640000－1241－0002641　398.1/007
**養蒙正軌一卷**　(英國)秀耀春　(清)汪振聲譯　清鉛印本　十行二十四字上黑口四周雙邊　一冊

640000－1241－0002642　289/026－3
**三流道里表不分卷**　(清)唐紹祖輯　清同治十一年(1872)江蘇書局刻本　行數不等字數不等白口左右雙邊　二冊

640000－1241－0002643　2101/015－2
**垣絃外乘二十五卷補遺一卷**　(美國)林樂知　嚴良勳譯　清光緒二十七年(1901)上海江南製造局刻本　十行二十二字上下黑口左右雙邊　五冊　缺八卷(十八至二十五)

640000－1241－0002644　251.1/017
**日本訪書志十六卷**　楊守敬撰　清光緒刻本　九行二十字上下黑口左右雙邊　三冊　存六卷(十一至十六)

640000－1241－0002645　1/002－3
**經典釋文三十卷**　(唐)陸德明撰　**經典釋文考證三十卷**　(清)盧文弨撰　清同治八年(1869)湖北崇文書局刻本　十一行二十二字小字雙行同上下黑口四周雙邊　七冊　缺十三卷(經典釋文一至十三)

640000－1241－0002646　1/002－4
**經典釋文三十卷**　(唐)陸德明撰　**經典釋文考證三十卷**　(清)盧文弨撰　清同治八年(1869)湖北崇文書局刻本　十一行二十二字小字雙行同上下黑口四周雙邊　五冊　存三十卷(經典釋文十八至三十、考證十四至三十)

640000－1241－0002647　1/002－5
**經典釋文考證三十卷**　(清)盧文弨撰　清同治八年(1869)湖北崇文書局刻本　十一行二十二字小字雙行同上下黑口四周雙邊　一冊　存十七卷(十四至三十)

640000－1241－0002648　183.1/003
**群經義證八卷**　(清)武億撰　清道光二十三年(1843)授堂刻本　十一行二十三字上下黑口左右雙邊　一冊

640000－1241－0002649　398.1/008
**等不等觀雜錄八卷**　(清)楊文會撰　清刻本　十行二十字上下黑口左右雙邊　三冊　缺二卷(一至二)

640000－1241－0002650　398.1/009
**御製揀魔辨異錄八卷**　(清)世宗胤禛撰　清刻本　十行二十字白口四周單邊　三冊　缺二卷(一至二)

640000－1241－0002651　222－48/001 部四
**明紀六十卷**　(清)陳鶴撰　(清)陳克家參訂　清同治十年(1871)江蘇書局刻本　十一行二十四字小字雙行同上下黑口四周雙邊　八冊　存二十四卷(三十七至六十)

640000－1241－0002652　212－34/001－5
**前漢書一百卷**　(漢)班固撰　(唐)顏師古注　清石印本　十行二十一字小字雙行同白口左右雙邊　八冊　存二十五卷(七十六至一百)

640000－1241－0002653　23－3/001 部四
**通鑑紀事本末二百三十九卷**　(宋)袁樞撰　(明)張溥論正　清同治十二年(1873)江西書局刻本　十行二十字小字雙行同下黑口左右雙邊　二十冊　存六十七卷(一至三十二、九十九至一百三十三)

640000－1241－0002654　221/012－5
**御批歷代通鑑輯覽一百二十卷**　(清)傅恒等編纂　清朱墨套印本　十一行二十二字小字雙行同白口四周雙邊　七冊　存十四卷(六十一至七十四)

640000－1241－0002655　383/003 部三

**讀書雜志八十二卷餘編二卷** （清）王念孫撰 清刻本 十行二十一字小字雙行同白口四周雙邊 九册 存三十三卷（荀子三至八、補遺一，淮南内篇一至二十二、補遺一，漢隸拾遺一、馀編一至二）

640000－1241－0002656 15/008 部三
**春秋屬辭辨例編六十卷** （清）張應昌撰 清刻本 十二行二十六字小字雙行同下黑口左右雙邊 九册 存十七卷（二十至三十六）

640000－1241－0002657 54－49/027 部三
**曾文正公全集三種三十八卷** （清）曾國藩撰 （清）李瀚章輯 清同治、光緒間傳忠書局刻本 十行二十四字小字雙行同上下黑口左右雙邊 十五册 缺九卷（書札一至四、二十三至二十七）

640000－1241－0002658 54－49/008 部三
**船山遺書五十五種一百八十九卷** （清）王夫之撰 清同治四年（1865）湘鄉曾國荃金陵節署刻本 十行二十二字小字雙行同上下黑口左右雙邊 五十二册 缺三十五卷（周易内傳一至四、讀四書大全說七、讀通鑑論一至二十八、張子正蒙注一至二）

640000－1241－0002659 54－49/008 部四
**船山遺書九種八十九卷** （清）王夫之撰 清同治四年（1865）湘鄉曾國荃金陵節署刻本 十行二十二字小字雙行同上下黑口左右雙邊 十七册 缺五十卷（禮記章句七至四十九、楚辭通釋九至十四、春秋家說一）

640000－1241－0002660 54－49/008 部五
**船山遺書十六種九十八卷** （清）王夫之撰 清同治四年（1865）湘鄉曾國荃金陵節署刻本 十行二十二字小字雙行同上下黑口左右雙邊 二十七册 缺三十五卷（詩經稗疏二至四、尚書引義一至二、莊子解四至三十三）

640000－1241－0002661 212－39/015 部三
**北史一百卷** （唐）李延壽撰 明萬曆二十一年（1593）刻本 九行十八字小字雙行二十一字白口四周雙邊 七册 存二十二卷（一至九、十六至二十一、二十八至三十、九十四至九十七）

640000－1241－0002662 212－46/004－3
**金史一百三十五卷** （元）脱脱等修 明嘉靖八年（1529）國子監刻清康熙三十九年（1700）遞修本 十行二十二字小字雙行二十五字白口左右雙邊 四册 存二十六卷（六至十二、四十至五十八）

640000－1241－0002663 212－41/001－4
**隋書八十五卷** （唐）魏徵等撰 明萬曆二十二年至二十三年（1594－1595）國子監刻明清遞修本 九行十八字白口四周雙邊 二册 存十卷（一至四、四十二至四十七）

640000－1241－0002664 212－39/008－4
**魏書一百十四卷** （北齊）魏收撰 明萬曆二十四年（1596）刻明清遞修本 十行十九字白口四周雙邊 十二册 存六十六卷（十三至十八、二十八至七十二、八十七至九十八、一百十二至一百十四）

640000－1241－0002665 212－39/003－3
**宋書一百卷** （南朝梁）沈約撰 明萬曆二十二年（1594）國子監刻清順治、康熙遞修本 九行十八字小字雙行不等白口四周雙邊 十三册 存五十三卷（六至十七、二十五至三十四、四十五至五十七、六十四至七十二、七十七至八十、九十六至一百）

640000－1241－0002666 212－37/001－3
**晉書一百三十卷** （唐）房玄齡等撰 **晉書音義三卷** （唐）何超撰 明嘉靖三十七年（1558）國子監刻清康熙三十九年（1700）遞修本 十行二十字小字雙行同白口左右雙邊 二十一册 缺六十一卷（晉書一至十二、十六至三十四、六十九至七十一、八十三至九十一、九十三至一百、一百七至一百十一、一百十五至一百十九）

640000－1241－0002667 212－44/001－2 部四
**宋史四百九十六卷** （元）脱脱等修 明嘉靖刻明清遞修本 十行二十字白口四周雙邊 四十四册 存二百六卷（六至二十、二十六至

三十、三十五至四十七、五十二至五十五、六十一至七十五、八十至八十七、九十四至一百、一百四十八至一百五十四、一百六十四至一百八十六、一百九十三至二百九、二百十四至二百三十四、二百三十八至二百四十一、二百四十七至二百九十三、二百九十九至三百八、三百十四至三百十八、三百四十至三百四十四)

640000－1241－0002668　212－47/001－3
**元史二百十卷**　(明)宋濂等修　明天啟刻明清遞修本　十行二十字白口四周雙邊　十五冊　存六十五卷(九至十三、三十六至四十一、五十一至五十八、六十七至六十九、七十八至八十一、一百十四至一百二十三、一百三十三至一百六十一)

640000－1241－0002669　212－39/006－3
**梁書五十六卷**　(唐)姚思廉撰　明萬曆三年(1575)南京國子監刻清順治、康熙遞修本　十行二十字白口四周雙邊　六冊　存三十一卷(一至五、十六至二十四、三十四至四十一、四十五至五十三)

640000－1241－0002670　212－39/007－3
**陳書三十六卷**　(唐)姚思廉撰　明萬曆十六年(1588)國子監刻清順治、康熙遞修本　九行十八字白口四周雙邊　二冊　存十四卷(十一至十七、二十九至三十五)

640000－1241－0002671　488.1/007
**孫淵如先生全集十種十五卷**　(清)孫星衍撰　清光緒十一年(1885)長沙王氏刻本　十行二十字上下黑口左右雙邊　五冊　缺一卷(平津館文稿上)

640000－1241－0002672　294/005－3
**水經注四十卷**　(漢)桑欽撰　(北魏)酈道元注　清刻本　十一行二十一字小字雙行同上下黑口四周單邊　四冊　存十八卷(八至十、十五至十九、二十七至三十六)

640000－1241－0002673　398.1/010
**性理大全書七十卷**　(明)胡廣等撰　明萬曆刻本　十行二十字白口左右雙邊　三冊　存十二卷(二十八至三十九)

640000－1241－0002674　213.2/008－2
**欽定四庫全書總目二百卷**　(清)紀昀等編　清刻本　九行二十一字白口四周雙邊　五冊　存十二卷(六十八至七十九)

640000－1241－0002675　213.2/008－3
**欽定四庫全書總目二百卷**　(清)紀昀等編　清同治七年(1868)廣東書局刻本　九行二十一字小字雙行同白口左右雙邊　三十八冊　存六十六卷(一至二十九、三十六至四十二、一百四十三至一百七十二)

640000－1241－0002676　55.1/002
**粵十三家集七種一百二十四卷**　(清)伍元薇輯　清道光二十年(1840)南海伍氏詩雪軒刻本　九行二十一字上下黑口左右雙邊　二十五冊　缺十二卷(蓮鬚閣十一至十三,六瑩堂二集一至二,中洲草堂遺集一至六、首一卷)

640000－1241－0002677　182/003－11
**康熙字典十二集三十六卷備考一卷補遺一卷**　(清)張玉書等纂　清鉛印本　十六行二十四字小字雙行四十八字白口四周雙邊　五冊　缺六卷(子上中下、丑上中下)

640000－1241－0002678　432/009:3
**昌黎先生集四十卷**　(唐)韓愈撰　(宋)廖瑩中校正　清同治八年(1869)江蘇書局刻本　九行十七字小字雙行同白口四周雙邊　六冊　存十七卷(一至四、九至二十一)

640000－1241－0002679　251.1/018
**[同治]新昌縣志三十二卷首一卷末一卷**　(清)朱慶萼纂修　清同治十一年(1872)木活字印本　九行二十二字白口四周單邊　六冊　存九卷(十三至二十一)

640000－1241－0002680　398.1/002－2
**原富五部**　(英國)斯密亞丹撰　嚴復譯　清光緒二十七年(1901)南洋公學譯書院鉛印本　十五行三十二字上黑口四周單邊　三冊　缺二集(丁、戊)

640000－1241－0002681　214./021－2

**西學啟蒙十六種**　（英國）赫德輯　（英國）艾約瑟譯　清光緒二十四年（1898）石印本　十四行四十字白口四周單邊　十六冊

640000－1241－0002682　212.1/004.2－2
**西清續鑑甲編二十卷附錄一卷**　（清）王杰等編　清宣統影印本　行數不等十八字白口四周雙邊　四冊　缺十八卷（一至十八）

640000－1241－0002683　2101/031－3
**西國近事彙編三十二卷**　（美國）金楷理口譯（清）蔡錫齡筆述　清同治十三年（1874）鉛印本　二十四行四十五字上黑口四周雙邊　十二冊

640000－1241－0002684　284/014：1
**續富國策四卷**　（清）陳熾撰　清光緒二十四年（1898）慎記書莊石印本　十行二十三字白口左右雙邊　三冊　缺一卷（四）

640000－1241－0002685　381－49/001 部三
**鬻子一卷補一卷**　（西周）鬻熊撰　（唐）逄行珪注　**計倪子一卷**　（春秋）計然撰　**於陵子一卷**　（戰國）田仲撰　**子華子二卷**　（春秋）程本撰　清光緒元年（1875）湖北崇文書局刻本　十二行二十四字上下黑口四周雙邊　一冊

640000－1241－0002686　211.4/001－2
**山海經箋疏十八卷**　（晉）郭璞傳　（清）郝懿行箋疏　清光緒十八年（1892）上海五彩公司石印本　十行二十四字小字雙行同白口左右雙邊　一冊　存二卷（一至二）

640000－1241－0002687　292－254/001－2
**[乾隆]孟縣志十卷**　（清）馮敏昌修　（清）仇汝瑚纂　清刻本　十一行二十一字上下黑口左右雙邊　六冊　存六卷（五至十）

640000－1241－0002688　315/010－3
**訓俗遺規四卷**　（清）陳宏謀編　清同治七年（1868）湖北崇文書局刻本　十行二十二字白口四周雙邊　一冊　存二卷（一至二）

640000－1241－0002689　398.1/011
**數學理九卷附錄一卷**　（英國）棣麼甘撰　（英國）傅蘭雅口譯　（清）趙元益筆述　清光緒二十三年（1897）上海積山書局石印本　十行二十二字上下黑口左右雙邊　四冊

640000－1241－0002690　488.1/008
**念堂詩草一卷**　（清）崔旭撰　**夢游仙館集一卷**　（清）吳長卿撰　**東郡趨庭集一卷**　（清）邊浴禮撰　**子壽詩鈔一卷**　（清）王柏心撰　**利于不息齋集一卷**　（清）孔昭焜撰　**樹君詩鈔一卷**　（清）梅成棟撰　清刻本　九行十九字下黑口四周雙邊　二冊

640000－1241－0002691　222－49/001－2
**咸豐朝東華續錄六十九卷**　（清）潘頤福撰（清）盧秉政校　清光緒二十五年（1899）上海書局石印本　十三行四十字白口四周單邊　二冊　存二十七卷（一至二十七）

640000－1241－0002692　251.1/019
**漢藝文志考證十卷**　（宋）王應麟撰　清光緒九年（1883）浙江書局刻本　十行二十字小字雙行同白口左右雙邊　一冊　存五卷（一至五）

640000－1241－0002693　54－49/035－2
**春在堂全書五十五種七十九卷**　（清）俞樾撰　清光緒二十五年（1899）刻本　十行二十一字上下黑口左右雙邊　二十四冊　缺一卷（春秋左傳平議一）

640000－1241－0002694　34－1/455
**火器真訣一卷對數尖錐變法釋一卷級數回求一卷天算疑惑一卷**　（清）李善蘭撰　清同治六年（1867）刻本　十行二十二字上下黑口左右雙邊　一冊

640000－1241－0002695　31/08－2
**思辨錄輯要二十二卷**　（清）陸世儀著　清光緒三年（1877）江蘇書局刻本　十二行二十三字小字雙行同白口四周雙邊　一冊　存二卷（一至二）

640000－1241－0002696　222－49/001－3
**乾隆朝東華續錄一百二十卷**　王先謙編（清）周潤蕃　（清）周淪蕃校　清光緒十七年

(1891)上海廣百宋齋鉛印本　十四行四十字白口四周雙邊　二十冊　缺三十五卷(四十四至四十六、五十一至五十八、六十五至七十二、八十二至八十六、一百十至一百二十)

640000－1241－0002697　251.1/020
**書林揚觶二卷**　(清)方東樹撰　清刻本　十行二十三字上下黑口左右雙邊　一冊　存一卷(上)

640000－1241－0002698　222－49/001－4
**道光朝東華續錄六十卷**　王先謙編　(清)周潤蕃　(清)周瀹蕃校　清光緒十七年(1891)上海廣百宋齋鉛印本　十四行四十字白口四周雙邊　六冊　缺十四卷(十九至二十五、五十四至六十)

640000－1241－0002699　488.1/009
**列朝詩集丙集十六卷**　(清)錢謙益輯　清刻本　十五行二十八字白口四周雙邊　二冊　存四卷(十三至十六)

640000－1241－0002700　251.1/021
**奉使朝鮮日記不分卷**　(清)崇禮撰　清光緒十九年(1893)鉛印本　八行二十字小字雙行同白口四周雙邊　一冊

640000－1241－0002701　488.1/010
**詞律校勘記二十卷**　(清)杜文瀾撰　清咸豐十一年(1861)曼陀羅華閣刻本　九行二十一字小字雙行同白口左右雙邊　一冊　存十卷(一至十)

640000－1241－0002702　251.1/022
**[康熙]衢州府志四十卷**　(清)楊廷望纂修　(清)劉國光重纂　清光緒安陸劉國光刻本　九行二十二字小字雙行同上下黑口左右雙邊　二冊　存九卷(三十至三十八)

640000－1241－0002703　488.1/011
**御選妙覺普度和聖寒山大士詩一卷**　(唐)釋寒山等撰　**御選大慈圓通禪仙紫陽真人張平叔語錄一卷**　(宋)張伯端撰　**御選圓覺慈度合聖拾得大士詩一卷**　(唐)釋拾得撰　**栯堂山居詩一卷**　(元)釋栯堂撰　清光緒十一年(1885)金陵刻經處刻本　十行二十一字白口左右雙邊　一冊

640000－1241－0002704　183.1/004
**急就篇四卷**　(漢)史游撰　(唐)顔師古注　(宋)王應麟校　清刻本　十行二十一字白口左右雙邊　一冊　存二卷(一至二)

640000－1241－0002705　183.1/005
**先秦韻讀不分卷**　(清)江有誥撰　清刻本　十行二十一字白口左右雙邊　一冊

640000－1241－0002706　172/003－4
**孟子十四卷**　(漢)趙岐注　(明)金蟠訂　清同治八年(1869)永懷堂刻本　九行二十五字小字雙行同白口四周單邊　二冊

640000－1241－0002707　291/001:3
**歷代地理志韻編今釋二十卷**　(清)李兆洛輯　清刻本　八行二十二字小字雙行同白口四周雙邊　二冊　存八卷(十三至二十)

640000－1241－0002708　488.1/012
**樂志堂詩集十二卷**　(清)譚瑩撰　清刻本　十行二十一字上下黑口左右雙邊　一冊　存三卷(十至十二)

640000－1241－0002709　398.1/012
**楞伽阿跋多羅寶經註解四卷**　(南朝宋)釋求那跋多羅譯　(明)釋宗泐　(明)釋如玘注　清光緒四年(1878)長沙刻經處刻本　十行二十字小字雙行同白口左右雙邊　一冊　存二卷(三至四)

640000－1241－0002710　289/025－2
**蜀僚問答二卷讀律心得三卷**　(清)劉衡撰　清道光十六年(1836)刻本　八行二十字白口四周雙邊　一冊

640000－1241－0002711　2101/031－4
**西國近事彙編甲戌四卷**　(美國)金楷理口譯　(清)蔡錫齡筆述　清刻本　十二行二十一字小字雙行同上下黑口左右雙邊　二冊　存二卷(三至四)

640000－1241－0002712　55.1/003

**宋元名家詞七種八卷**　(清)江標輯　清光緒二十一年(1895)湖南思賢書局刻本　十一行二十字小字雙行同上下黑口左右雙邊　二冊

640000－1241－0002713　488.1/013
**陳嚴野先生集三卷**　(明)陳邦彦撰　**張閣學文集二卷**　(明)張煌言撰　**黄忠端公集三卷**　(明)黄尊素撰　清道光二十八年(1848)涇陽潘氏袁江節署刊同治五年(1866)新建吳坤修皖江印本　十二行二十五字白口左右雙邊　二冊　缺一卷(陳嚴野先生集一)

640000－1241－0002714　34－1/001
**刪定管子一卷離騷經正義一卷**　(清)方苞著　清刻本　十行二十字小字雙行同下黑口四周單邊　三冊

640000－1241－0002715　55.2/001
**教育世界十八卷**　羅振玉撰　清光緒二十七年(1901)刻本　十三行二十六字小字雙行同上下黑口左右雙邊　三冊　缺五卷(十四至十八)

640000－1241－0002716　488.1/014
**魏興士文集六卷**　(清)魏世傑著　清易堂刻本　九行二十字白口左右雙邊　一冊

640000－1241－0002717　55.2/002
**英國水師考不分卷**　(英國)巴那比　(美國)克理撰　(英國)傅蘭雅　(清)鍾天緯譯　清鉛印本　十行二十四字上黑口四周雙邊　一冊

640000－1241－0002718　251.1/023
**湖山便覽十二卷**　(清)翟灝　(清)翟瀚輯　清光緒刻本　九行二十二字小字雙行同上下黑口左右雙邊　二冊　存四卷(九至十二)

640000－1241－0002719　251.1/024
**史鑑年表彙編十四卷**　(清)蕭承笏編　清光緒十年(1884)江右養雲書屋刻本　十行二十四字小字雙行同白口左右雙邊　一冊　存二卷(一至二)

640000－1241－0002720　251.1/025
**增訂南詔野史二卷**　(明)楊慎撰　(清)胡蔚訂正　清刻本　九行二十二字小字雙行同白口四周雙邊　一冊　存一卷(下)

640000－1241－0002721　31/069－2
**孔子集語十七卷**　(清)孫星衍撰　清光緒三年(1877)浙江書局刻本　九行二十一字小字雙行同白口左右雙邊　一冊　存五卷(一至五)

640000－1241－0002722　398.1/013
**傅子一卷**　(晉)傅玄撰　**續孟子二卷**　(唐)林慎思撰　清光緒元年(1875)湖北崇文書局刻本　十二行二十四字上下黑口四周雙邊　一冊

640000－1241－0002723　315/002
**魏志三十卷**　(晉)陳壽撰　(南朝宋)裴松之注　清刻本　十行二十一字小字雙行同白口左右雙邊　六冊　缺十四卷(一、七至八、十四至十六、二十至二十二、二十六至三十)

640000－1241－0002724　34/2271
**學海堂二集二十二卷**　(清)吳蘭修編　清刻本　十行二十字白口四周單邊　一冊　存二卷(二十一至二十二)

640000－1241－0002725　2711/019－2
**三續疑年錄十卷**　(清)陸心源編　**補疑年錄四卷**　(清)錢椒編　清光緒刻本　九行二十字小字雙行同白口四周雙邊　二冊　存三卷(三續疑年錄九至十、補疑年錄一)

640000－1241－0002726　412－42/003－3
**唐文粹補遺二十六卷**　(清)郭麐輯　清刻本　十四行二十五字白口左右雙邊　一冊　存七卷(二十至二十六)

640000－1241－0002727　291/023－2
**大清中外壹統輿圖南十卷北二十卷首一卷**　(清)胡林翼等撰　(清)鄒世詒等編繪　清同治二年(1863)湖北撫署景桓樓刻本　下黑口四周雙邊　十四冊　存十三卷(南八至九、北十一至二十,首一卷)

640000－1241－0002728　281/016.4
**欽定大清會典事例一千二百二十卷**　(清)崑

岡等編纂修　清刻本　十行二十字小字雙行同白口四周雙邊　六册　存十二卷(二百二十一至二百三十二)

640000－1241－0002729　392/003－2
**御製數理精蘊上編五卷**　(清)何國宗　(清)梅瑴成彙編　清光緒十九年(1893)江南製造局鉛印本　九行二十字白口四周雙邊　三册　缺一卷(五)

640000－1241－0002730　32/035－2
**乾隆朝東華續録一百二十卷嘉慶朝東華續録五十卷**　王先謙編　清光緒五年(1879)鉛印本　十四行三十九字白口四周單邊　十二册　存五十六卷(乾隆朝七十三至一百二十、嘉慶朝一至八)

640000－1241－0002731　281/007.2 部三
**欽定續文獻通考二百五十卷**　(清)嵇璜等撰　清光緒二十七年(1901)上海圖書集成局鉛印本　十六行四十三字白口四周單邊　二十七册　存一百八十九卷(一至一百八十九)

640000－1241－0002732　316/23
**毛詩詁訓傳三十卷**　(漢)鄭玄箋　(唐)孔穎達疏　(唐)陸德明音義　清光緒刻本　十二行二十四字白口左右雙邊　十二册　存十四卷(十七至三十)

640000－1241－0002733　151/007 部三
**附釋音春秋左傳注疏六十卷**　(晉)杜預注　(唐)孔穎達疏　(唐)陸德明音義　**校勘記六十卷**　(清)阮元撰　(清)盧宣旬摘録　清刻本　十行十七字小字雙行二十三字上下黑口左右雙邊　十四册　存六十卷(附釋音春秋左傳注疏三十一至六十、校勘記三十一至六十)

640000－1241－0002734　31/027－3
**孔子家語十卷**　(三國魏)王肅注　清光緒元年(1875)湖北崇文書局刻本　十二行二十四字上下黑口四周雙邊　一册　存五卷(一至五)

640000－1241－0002735　26/003－3
**廿二史劄記三十六卷**　(清)趙翼撰　清光緒鉛印本　十六行三十六字上下黑口四周雙邊　三册　存十八卷(一至十八)

640000－1241－0002736　251.1/026
**昭代名人尺牘小傳二十四卷**　(清)吴修編　清藏修書屋刻本　九行二十字上下黑口左右雙邊　一册　缺十卷(一至十)

640000－1241－0002737　183.1/006
**孔經新義四種不分卷**　劉次源著　清宣統元年(1909)鉛印本　十三行三十二字小字雙行同白口四周雙邊　二册　存二種(大學發微、禮運發微))

640000－1241－0002738　251.1/027
**隋經籍志考證十三卷**　(清)章宗源撰　清光緒湖北崇文書局刻本　十二行二十四字小字雙行同上下黑口四周雙邊　一册　存二卷(五至六)

640000－1241－0002739　398.1/014
**癸巳類稿十五卷**　(清)俞正燮撰　清道光十三年(1833)求日益齋刻本　十二行二十四字白口四周雙邊　五册　存九卷(一至二、五至十、十五)

640000－1241－0002740　55.1/004
**懺華盦叢書三種五卷**　(清)宋澤元輯　清光緒十三年(1887)山陰宋氏刻本　十行二十一字白口左右雙邊　一册

640000－1241－0002741　398.1/015
**衍元筆算今式二卷**　(清)汪香祖撰　清光緒二十三年(1897)江蘇書局刻本　十一行二十五字小字雙行同下黑口左右雙邊　二册

640000－1241－0002742　398.1/015－2
**衍元筆算今式二卷**　(清)汪香祖撰　清光緒二十三年(1897)江蘇書局刻本　十一行二十五字小字雙行同下黑口左右雙邊　二册

640000－1241－0002743　398.1/016
**數學理九卷附録一卷**　(英國)棣麽甘撰　(英國)傅蘭雅口譯　(清)趙元益筆述　清刻本　十行二十二字小字雙行同上下黑口左右

雙邊　四冊

640000－1241－0002744　11/008－2
**周易九卷**　（三國魏）王弼註　（明）金蟠訂　清永懷堂刻本　九行二十五字小字雙行同白口左右雙邊　二冊　缺二卷（一至二）

640000－1241－0002745　391/002－2
**天文算學纂要二十卷推測易知四卷**　（清）陳松編　清光緒十三年（1887）永新陳松樹德堂刻本　九行二十字小字雙行同上下黑口四周雙邊　五冊　缺十八卷（天文算學纂要一至五、九至二十，推測易知四）

640000－1241－0002746　393/001－2
**地學淺釋三十八卷**　（英國）雷俠兒撰　（美國）瑪高溫口譯　（清）華蘅芳筆述　清江南機器製造總局刻本　十行二十二字上下黑口左右雙邊　四冊　存二十卷（一至二十）

640000－1241－0002747　488.1/015
**湘中草六卷**　（明）湯傳楹撰　清刻本　十行二十一字小字雙行同白口四周單邊　一冊　存四卷（三至六）

640000－1241－0002748　2101/005 部三
**列國政要續編九十四卷**　（清）戴鴻慈　（清）端方輯　清宣統三年（1911）商務印書館石印本　十行二十八字白口四周雙邊　八冊　存二十五卷（七十至九十四）

640000－1241－0002749　212－34/001－6
**前漢書一百卷**　（漢）班固撰　（唐）顏師古注　清光緒十三年（1887）金陵書局刻本　十二行二十五字小字雙行三十七字白口左右雙邊　十二冊　缺十八卷（一至十八）

640000－1241－0002750　2712－49/014－2
**碑傳集一百六十卷末二卷**　（清）錢儀吉纂輯　清刻本　十六行二十七字上下黑口四周單邊　二十八冊　缺八十五卷（一至八十一、一百二十三至一百二十六）

640000－1241－0002751　217/20
**十四經通考四種七卷**　（清）式楹日撰　清刻本　十行二十字小字雙行同下黑口四周雙邊　四冊

640000－1241－0002752　142/007－3
**欽定儀禮義疏四十八卷**　（清）允祿等纂　清刻本　十一行二十四字小字雙行同白口左右雙邊　十八冊　缺十八卷（一至十八）

640000－1241－0002753　54－49/028－2
**洪北江全集十三種一百二十六卷**　（清）洪亮吉撰　清光緒三年至五年（1877－1879）陽湖洪用懃授經堂刻本　十一行二十二字小字雙行同上下黑口左右雙邊　二十八冊　缺五十四卷（更生齋詩一至二，詩續三至四，六書轉註四至六，春秋左傳詁三至八、十九至二十，乾隆府廳州縣圖誌八至九、十四至五十）

640000－1241－0002754　54－49/028－3
**洪北江全集五種八十五卷**　（清）洪亮吉撰　清光緒三年至五年（1877－1879）陽湖洪用懃授經堂刻本　十一行二十二字小字雙行同上下黑口左右雙邊　二十冊　缺三十四卷（乾隆府廳州縣圖誌十七至五十）

640000－1241－0002755　2101/031－5
**西國近事彙編三十二卷**　（美國）金楷理口譯　（清）蔡錫齡筆述　清光緒二十三年（1897）慎記書莊石印本　二十四行四十四字白口四周雙邊　二冊　存四卷（乙亥一至二、丙子三至四）

640000－1241－0002756　251.1/028
**新纂約章大全七十三卷**　（清）陸鳳石編　清宣統元年（1909）石印本　十六行三十六字白口四周雙邊　二十三冊　存二十三卷（二至三、五至七、九至十、十二至十三、六十至七十三）

640000－1241－0002757　182－1/17
**說文解字注三十二卷**　（清）段玉裁撰　**說文通檢十四卷首一卷末一卷**　（明）黎永椿編　清光緒十四年（1888）上海蜚英館石印本　十八行四十四字小字雙行同白口四周雙邊　六冊

640000－1241－0002758　289/032－2

**律例便覽八卷諸圖一卷** （清）蔡嵩年編 **處分則例圖要六卷** （清）蔡逢年編 清同治九年（1870）江蘇書局刻本 十一行二十一字小字雙行同白口左右雙邊 六册

640000－1241－0002759 289/028－2
**欽定科場條例六十卷** （清）杜受田等纂修 清刻本 九行二十字小字雙行同白口四周雙邊 六册 存二十六卷（三十五至六十）

640000－1241－0002760 289/028－3
**欽定科場條例六十卷** （清）杜受田等纂修 清刻本 九行二十字小字雙行同白口四周雙邊 七册 存二十二卷（四至十五、五十一至六十）

640000－1241－0002761 2810/001 部三
**佐治芻言一卷** （英國）傅蘭雅口譯 （清）應祖錫筆述 清光緒江南製造總局鉛印本 十行二十二字白口四周雙邊 三册

640000－1241－0002762 283/17－3
**牧令書二十三卷** （清）徐棟輯 清刻本 十行二十五字小字雙行同白口左右雙邊 十六册 缺一卷（一）

640000－1241－0002763 292－75/001 部四
**［嘉慶］衛藏通志十六卷校字記一卷** （清）和琳纂修 清漸西村舍刻本 十行二十一字小字雙行同白口左右雙邊 二册 缺十二卷（一至四、八至十五）

640000－1241－0002764 11/001－4
**御纂周易折中二十二卷** （清）李光地等撰 清刻本 八行十八字小字雙行二十二字白口無版框 六册 存十二卷（十一至二十二）

640000－1241－0002765 23－49/001－3
**聖武記十四卷** （清）魏源撰 清道光邵陽魏源古微堂刻本 十行二十一字小字雙行同白口四周雙邊 八册 缺四卷（二至四、十四）

640000－1241－0002766 251.1/029
**［康熙］内鄉縣志十二卷** （清）寶鼎望原本 （清）張福永續增修 清刻本 九行二十字小字雙行同白口四周雙邊 二册 存六卷（四至九）

640000－1241－0002767 289/001－4
**五軍道里表不分卷** （清）兵部修訂 清同治十一年（1872）湖北讞局刻本 十行字數不等白口四周雙邊 二册

640000－1241－0002768 13/007－4
**欽定詩經傳說彙纂二十一卷首二卷詩序二卷** （清）王鴻緒等撰 清同治十年（1871）湖北崇文書局刻本 八行二十二字小字雙行同白口四周雙邊 六册 缺十七卷（欽定詩經傳說彙纂五至二十一）

640000－1241－0002769 2101/020－3
**俄國新志八卷** （英國）孩勒低撰 （英國）傅蘭雅 （清）潘松譯 清光緒二十七年（1901）上海書局石印本 十行二十二字上下黑口左右雙邊 三册 缺三卷（三至五）

640000－1241－0002770 214./021－3
**西學啟蒙十六種** （英國）赫德輯 （英國）艾約瑟譯 清光緒二十四年（1898）石印本 十四行四十字白口四周單邊 十六册

640000－1241－0002771 2101/008 部三
**日本各校紀略一卷** （清）張大鏞撰 清光緒二十五年（1899）浙江書局刻本 十行二十一字小字雙行同白口左右雙邊 一册

640000－1241－0002772 2101/008 部四
**日本各校紀略一卷** （清）張大鏞撰 清光緒二十五年（1899）浙江書局刻本 十行二十一字小字雙行同白口左右雙邊 一册

640000－1241－0002773 2101/008 部六
**日本各校紀略一卷** （清）張大鏞撰 清光緒二十五年（1899）浙江書局刻本 十行二十一字小字雙行同白口左右雙邊 一册

640000－1241－0002774 488.1/016
**朱子集一百四卷** （宋）朱熹撰 清刻本 十二行二十四字小字雙行同下黑口四周雙邊 八册 存二十六卷（七十九至一百四）

640000－1241－0002775 2101/019－4

**法國新志四卷** （英國）該勒低撰 （英國）傅紹蘭口譯 （清）潘松筆述 清光緒二十七年(1901)上海書局石印本 十行二十二字上下黑口左右雙邊 四冊

640000－1241－0002776 398.1/017

**數學精詳十一卷首一卷末一卷** （清）屈曾發輯 清光緒十六年(1890)刻本 十二行二十四字小字雙行同白口左右雙邊 五冊

640000－1241－0002777 182/020 部四

**説文解字義證五十卷** （清）桂馥撰 清刻本 十行二十三字小字雙行同白口四周雙邊 十一冊 存十七卷(三至四、二十二至三十、三十五至四十)

640000－1241－0002778 398.1/017－2

**數學精詳十一卷首一卷末一卷** （清）屈曾發輯 清光緒十六年(1890)刻本 十二行二十四字小字雙行同白口左右雙邊 五冊

640000－1241－0002779 398.1/017－3

**數學精詳十一卷首一卷末一卷** （清）屈曾發輯 清光緒十六年(1890)刻本 十二行二十四字小字雙行同白口左右雙邊 五冊

640000－1241－0002780 398.1/017－4

**數學精詳十一卷末一卷** （清）屈曾發輯 清刻本 十二行二十四字小字雙行同白口左右雙邊 三冊 缺三卷(一、五至六)

640000－1241－0002781 398.1/017－5

**數學精詳十一卷首一卷末一卷** （清）屈曾發輯 清光緒十六年(1890)刻本 十二行二十四字小字雙行同白口左右雙邊 五冊

640000－1241－0002782 398.1/017－6

**數學精詳十一卷末一卷** （清）屈曾發輯 清刻本 十二行二十四字小字雙行同白口左右雙邊 四冊 缺一卷(一)

640000－1241－0002783 285/011－2

**各國交涉公法論三集十六卷校勘記一卷** （英國）費利摩羅巴德著 （英國）傅蘭雅口譯 （清）俞世爵筆述 清光緒二十四年(1898)江南機器製造總局鉛印本 十一行二十四字白口四周雙邊 十六冊

640000－1241－0002784 411/007－4

**古文辭類纂七十四卷** （清）姚鼐纂集 清光緒三十三年(1907)上海商務印書館鉛印本 十六行三十三字白口左右雙邊 七冊

640000－1241－0002785 251.1/030

**邸鈔彙錄不分卷** （清）□□編 清光緒三十一年(1905)鉛印本 十三行二十八字白口四周雙邊 二冊

640000－1241－0002786 411/007－5

**續古文辭類纂三十四卷** 王先謙纂 清光緒三十三年(1907)上海商務印書館鉛印本 十六行三十三字白口四周雙邊 一冊 存七卷(一至七)

640000－1241－0002787 488.1/017

**增評加批金玉緣圖說十六卷首一卷一百二十回** （清）曹霑撰 （清）高鶚續撰 （清）蝶薌仙史評訂 清光緒三十二年(1906)上海桐蔭軒石印本 二十行四十字白口四周單邊 十六冊

640000－1241－0002788 411/043 部三

**十八家詩鈔二十八卷** （清）曾國藩撰 （清）李鴻章審訂 （清）王定安校 清刻本 十行二十四字小字雙行同下黑口左右雙邊 六冊 存六卷(二十一至二十六)

640000－1241－0002789 411/043 部四

**十八家詩鈔二十八卷** （清）曾國藩撰 （清）李鴻章審訂 （清）王定安校 清同治十三年(1874)傳忠書局刻本 十行二十四字小字雙行同下黑口左右雙邊 九冊 存十卷(一至三、二十二至二十八)

640000－1241－0002790 451/004 部三

**唐語林八卷** （宋）王讜撰 **校勘記一卷** （清）錢熙祚撰 清光緒十九年(1893)湖北官書處刻本 十二行二十四字小字雙行同上下黑口四周雙邊 二冊 缺四卷(三至六)

640000－1241－0002791 2712－47/001 部四

**宋元學案一百卷** （清）黄宗羲纂 （清）黄百

家輯　(清)全祖望修定　清刻本　十一行二十四字小字雙行同上下黑口左右雙邊　二十六册　存六十七卷(二至四、八至十、十四至十六、十八至二十、三十至三十二、四十至四十七、五十一至五十三、五十五至六十三、六十六至六十九、七十三至一百)

640000－1241－0002792　2712－47/001 部五
**宋元學案一百卷**　(清)黄宗羲纂　(清)黄百家輯　(清)全祖望修定　清刻本　十一行二十四字小字雙行同上下黑口左右雙邊　十册　存二十四卷(一至二十四)

640000－1241－0002793　312－1/007 部二
**成唯識論述記六十卷**　(唐)釋窺基撰　清光緒二十七年(1901)金陵刻經處刻本　十行二十字上下黑口左右雙邊　八册　存二十四卷(三十七至六十)

640000－1241－0002794　2712－48/004－4
**明儒學案六十二卷**　(清)黄宗羲撰　清刻本　十一行二十字小字雙行同下黑口四周單邊　十三册　存四十四卷(十九至六十二)

640000－1241－0002795　151/005－4
**春秋繁露十七卷首一卷**　(漢)董仲舒撰　清光緒三年(1877)湖北崇文書局刻本　十二行二十四字小字雙行同上下黑口左右雙邊　一册　缺九卷(九至十七)

640000－1241－0002796　289/041－2
**大清現行刑律案語不分卷**　沈家本等編　清宣統元年(1909)法律館鉛印本　十二行二十五字下黑口四周雙邊　二十册

640000－1241－0002797　26/003－4
**廿二史劄記三十六卷**　(清)趙翼撰　清刻本　十一行二十一字白口左右雙邊　八册　缺十八卷(一至十八)

640000－1241－0002798　251.1/031
**荆楚修疏指要修防事宜二卷首一卷**　(清)胡祖翮撰　清同治十一年(1872)湖北崇文書局刻本　九行二十一字小字雙行同白口四周雙邊　一册

640000－1241－0002799　212－39/008－4
**魏書一百十四卷**　(北齊)魏收撰　清金陵書局刻本　十二行二十五字小字雙行三十七字白口左右雙邊　十册　存四十四卷(七十一至一百十四)

640000－1241－0002800　251.1/031－2
**荆楚修疏指要修防事宜二卷首一卷**　(清)胡祖翮撰　清同治十一年(1872)湖北崇文書局刻本　九行二十一字小字雙行同白口四周雙邊　一册

640000－1241－0002801　32/004－4 部三
**莊子南華真經三卷**　(戰國)莊周撰　**莊子闕誤一卷**　(明)楊慎撰　清光緒元年(1875)湖北崇文書局刻本　十二行二十四字上下黑口四周雙邊　二册

640000－1241－0002802　411/009 部三
**全上古三代秦漢三國六朝文七百四十一卷**　(清)嚴可均輯　清刻本　十三行二十五字小字雙行同上下黑口四周單邊　二十二册　存一百七十五卷(全上古三代文六至十一,全漢文三十九至四十六,全後漢文五十五至六十二、八十一至一百六,全三國文一至二十二、二十四至七十五,全梁文六十二至六十八,全陳文一至六、十三至十八,全後魏文十七至二十六,全隋文八至十五,全宋文一至八、二十五至三十二)

640000－1241－0002803　488.1/018
**荻芬書屋試帖二卷**　(清)董醇撰　清咸豐八年(1858)刻本　九行二十五字小字雙行同白口四周雙邊　一册

640000－1241－0002804　284/006－2
**保甲書輯要四卷**　(清)徐棟編　(清)丁日昌重校　清刻本　十行二十五字小字雙行同白口左右雙邊　二册　缺一卷(一)

640000－1241－0002805　251.1/032
**日本維新慷慨史二卷**　(日本)西村三郎編輯　趙必振譯　清光緒二十八年(1902)上海廣智書局鉛印本　十二行三十一字白口四周雙邊　一册　存一卷(二)

640000－1241－0002806　55.1/005
**鄭氏遺書三種四卷**　(漢)鄭玄撰　清光緒十年(1884)常熟鮑氏刻本　十二行二十四字小字雙行同上下黑口左右雙邊　一册

640000－1241－0002807　183.1/007
**今古學考二卷分撰兩戴記章句凡例一卷**　廖平撰　清光緒十二年(1886)成都四益館刻本　十行二十字小字雙行同上下黑口左右雙邊　一册

640000－1241－0002808　398.1/018
**鄭君粹言三卷說文粹言疏證二卷**　(清)潘任撰　清光緒二十年(1894)虞山潘氏木活字印本　十行二十四字小字雙行同上黑口左右雙邊　一册

640000－1241－0002809　451/017 部三
**博物志十卷**　(晉)張華撰　**西京雜記六卷**　(晉)葛洪撰　清刻本　九行二十字小字雙行同白口四周雙邊　一册

640000－1241－0002810　412－49/004－4
**皇朝經世文續編一百二十卷**　(清)葛士濬輯　清刻本　十一行二十四字白口四周雙邊　五十四册　缺三十九卷(一至十三、二十六、三十七至四十七、六十一至六十三、六十六至六十九、九十四、一百一至一百五、一百九)

640000－1241－0002811　23－48/001－3
**明史紀事本末八十卷**　(清)谷應泰編輯　清刻本　十行二十二字上下黑口四周單邊　八册　存三十九卷(十六至五十四)

640000－1241－0002812　142/006－2
**儀禮章句十七卷**　(清)吳廷華撰　清光緒二十三年(1897)蘇州書局刻本　十行二十一字小字雙行同下黑口四周單邊　一册　存五卷(一至五)

640000－1241－0002813　488.1/019
**忠雅堂詩集二十七卷詞集二卷補遺二卷**　(清)蔣士銓撰　清刻本　十二行二十四字上下黑口左右雙邊　五册　缺十二卷(詩集一至十二)

640000－1241－0002814　412－49/004－5
**皇朝經世文續編一百二十卷**　(清)葛士濬輯　清光緒二十七年(1901)上海久敬齋鉛印本　十七行四十二字白口四周雙邊　二十二册　缺二十二卷(六至九、四十九至六十一、一百十六至一百二十)

640000－1241－0002815　437/175－2
**梅村詩集箋注十八卷**　(清)吳偉業撰　(清)吳翌鳳箋注　清嚴榮滄浪吟榭刻本　十行二十一字小字雙行同白口左右雙邊　三册　存六卷(一至二、八至十一)

640000－1241－0002816　398.1/019
**衍元筆算今式二卷**　(清)汪香祖撰　清光緒二十三年(1897)江蘇書局刻本　十一行二十五字小字雙行同下黑口左右雙邊　二册

640000－1241－0002817　382/005－2
**消暑隨筆子目二卷**　(清)黄奭撰　清刻本　九行十九字小字雙行同上下黑口四周單邊　二册

640000－1241－0002818　398.1/020
**政治汎論四卷**　(美國)威爾遜撰　商務印書館譯　清光緒二十九年(1903)上海商務印書館鉛印本　十七行三十七字小字雙行同上黑口四周單邊　二册

640000－1241－0002819　173/001－2
**大學衍義補輯要十二卷首一卷**　(明)邱濬撰　(清)陳宏謀纂輯　清宣統元年(1909)大學堂鉛印本　十一行二十五字小字雙行同白口四周雙邊　十册

640000－1241－0002820　11－1/008
**周易廓二十四卷**　(清)陳世鎔撰　清咸豐元年(1851)獨秀山莊刻本　九行二十一字白口左右雙邊　六册

640000－1241－0002821　398.1/021
**婦科精蘊圖說五卷**　(美國)妥瑪氏撰　(清)孔慶高筆譯　清刻本　十行二十四字小字雙行同白口四周雙邊　四册　缺一卷(一)

640000－1241－0002822　2712－49/019－2

**國朝耆獻類徵初編七百二十卷**　(清)李桓輯　清刻本　十行二十五字白口四周雙邊　十三册　存二十四卷(二十五至三十、二百三十三至二百四十八、二百六十一至二百六十二)

640000－1241－0002823　2101/023－2

**日本國志四十卷首一卷**　(清)黄遵憲編纂　清光緒十六年(1890)羊城富文齋刻本　十二行二十四字小字雙行同白口四周雙邊　十三册　缺三卷(十五至十七)

640000－1241－0002824　251.1/033

**[光緒]平定州志十六卷首一卷**　(清)賴昌期　(清)張彬纂修　清光緒八年(1882)刻本　九行二十一字小字雙行同白口四周雙邊　六册　存六卷(十一至十六)

640000－1241－0002825　251.1/034

**遊歷加納大圖經八卷**　(清)傅雲龍撰　清光緒二十八年(1902)石印本　十四行二十八字上下黑口四周單邊　二册

640000－1241－0002826　2101/021－2

**俄國政俗通考三卷**　(清)印度廣學會編輯　(美國)林樂知　(清)任廷旭譯　清光緒二十六年(1900)上海廣學會鉛印本　十二行二十八字白口四周雙邊　二册

640000－1241－0002827　398.1/022

**戒禮須知不分卷**　(英國)傅蘭雅輯　清光緒十二年(1886)刻本　十行二十二字白口四周雙邊　一册

640000－1241－0002828　398.1/023

**戒禮須知不分卷**　(英國)傅蘭雅輯　清光緒十二年(1886)刻本　十行二十二字白口四周雙邊　一册

640000－1241－0002829　212－39/015－3

**北史一百卷**　(唐)李延壽撰　清刻本　十三行二十一字小字雙行同上下黑口四周雙邊　十二册　缺四十六卷(一至四十六)

640000－1241－0002830　398.1/024

**校訂困學紀聞集證二十卷**　(宋)王應麟撰　(清)閻潛邱等輯注　(清)屠繼序校補　(清)萬希槐集證　清刻本　十一行二十五字小字雙行同白口左右雙邊　五册　存十卷(七至十六)

640000－1241－0002831　31/028－3

**新書十卷**　(漢)賈誼撰　清光緒元年(1875)浙江書局刻本　九行二十一字小字雙行同白口左右雙邊　一册　存五卷(一至五)

# 寧夏師範學院圖書館古籍普查登記目録

全國古籍普查登記目録

國家圖書館出版社
National Library of China Publishing House

640000－1242－0000001　K204/22:1

**尚書離句六卷**　(清)錢在培輯　(清)劉梅垞鑒定　清光緒十二年(1886)刻本　十行二十四字小字雙行同白口四周單邊　四冊

640000－1242－0000002　K204/21:1

**書經體注大全合參六卷**　(清)錢希祥纂輯　(清)范翔鑒定　**書經集傳一卷**　(宋)蔡沈撰　清光緒十年(1884)刻本　上欄十行小字雙行二十五字下欄九行十七字小字雙行同白口左右雙邊　四冊

640000－1242－0000003　K204/28:1

**古文喈鳳新編八卷**　(清)汪基輯　清刻本　十行二十二字小字雙行同白口四周單邊　四冊

640000－1242－0000004　K204/27:1

**潄芳軒合纂禮記體注四卷**　(清)范翔參訂　清刻本　上欄九行小字雙行二十三字下欄十行十九字小字雙行同白口左右雙邊　四冊

640000－1242－0000005　K204.24:1－K204.24:16

**春秋左傳五十卷**　(晉)杜預　(宋)林堯叟注釋　(唐)陸德明音義　清光緒八年(1882)刻本　十行二十字小字雙行同白口四周雙邊　十六冊

640000－1242－0000006　K204.26:1－4

**說文解字十五卷**　(漢)許慎撰　(宋)徐鉉校定　**說文通檢十五卷首一卷**　(清)黎永椿編　清同治掃葉山房刻本　十行二十二字小字雙行同白口左右雙邊　五冊　缺三卷(說文解字七至九)

# 寧夏醫科大學圖書館古籍普查登記目録

全國古籍普查登記目録

國家圖書館出版社
National Library of China Publishing House

640000－1243－0000001　子醫家0001
**醫宗備要三卷**　(清)曾鼎輯　清光緒三十三年(1907)蕭氏趣園刻本　九行二十字小字雙行同下黑口左右雙邊　一册

640000－1243－0000002　史政書
**補注洗冤録集證四卷檢骨圖格一卷**　(宋)宋慈撰　(清)王又槐集證　(清)阮其新補注
**作吏要言一卷**　(清)葉玉屏撰　清道光三色套印本　十行十八字小字雙行同白口左右雙邊　八册

640000－1243－0000003　子醫家0002
**幼科鐵鏡六卷**　(清)夏鼎撰　清嘉慶二十三年(1818)刻本　九行二十四字小字雙行同白口四周雙邊　一册

640000－1243－0000004　子醫家0003
**善成堂增訂士材三書八卷**　(明)李中梓撰　(清)尤乘增補　清康熙善成堂刻本　十二行二十四字小字雙行同白口四周雙邊　四册

640000－1243－0000005　子醫家0004
**婦嬰至寶六卷**　(清)亟齋居士原編　(清)徐忭忓輯　(清)拜松居士增訂　(清)三農老人附註　清同治五年(1866)刻本　九行二十一字小字雙行同白口左右雙邊　二册

640000－1243－0000006　子醫家0005
**嬰童百問十卷附産寶百問五卷**　(明)魯伯嗣撰　(明)王肯堂重訂　明刻本　十一行二十四字小字雙行同白口四周單邊　十二册

640000－1243－0000007　子醫家0006
**醫林枕秘保赤存真十卷**　(清)余含棻輯　清光緒二年(1876)婺源余氏刻本　十行二十三字小字雙行同白口四周雙邊　五册

640000－1243－0000008　子醫家0007
**石室秘錄六卷**　(清)陳士鐸撰　清康熙三讓堂刻本　十一行二十五字小字雙行同白口四周單邊　六册

640000－1243－0000009　子醫家0008
**男科二卷附女科産後一卷**　(清)傅山撰　清光緒九年(1883)刻本　十行二十一字小字雙行同白口四周雙邊　二册

640000－1243－0000010　子醫家0009
**保嬰撮要二十卷**　(明)薛鎧集　(明)薛己增補　明嘉靖三十五年(1556)薛氏刻本　十行二十字小字雙行同白口左右雙邊　十册

640000－1243－0000011　子醫家0010
**辨證奇聞十卷**　(清)錢松撰　清道光三年(1823)醉吟草堂刻本　十行二十二字小字雙行同白口左右雙邊　十册

640000－1243－0000012　子醫家0011
**陳修園醫書三十八種一百十七卷**　(清)陳念祖撰　清光緒三十一年(1905)上海商務印書館鉛印本　十六行三十三字小字雙行同白口四周雙邊　二十三册

640000－1243－0000013　子醫家0012
**赤水玄珠三十卷醫旨緒餘二卷醫案五卷**　(明)孫一奎編輯　清康熙刻本　九行十九字小字雙行同白口四周單邊　三十二册

640000－1243－0000014　子醫家0013
**馮氏錦囊秘錄八種五十卷**　(清)馮兆張撰　清嘉慶十八年(1813)會成堂刻本　九行二十二字小字雙行同白口四周單邊　三十二册

640000－1243－0000015　子醫家0014
**馮氏錦囊秘錄八種五十卷**　(清)馮兆張撰　清咸豐八年(1858)嘉應翼經堂刻本　九行二十二字小字雙行同白口四周單邊　二十八册

640000－1243－0000016　子醫家0015
**易簡方論六卷**　(清)程履新撰　清刻本　九行二十字小字雙行同白口四周雙邊　六册

640000－1243－0000017　子醫家0016
**增删喉科心法一卷**　(清)劉序鵷撰　(清)潘誠增訂　清宣統元年(1909)朱雲谷堂鉛印本　九行十九字小字雙行同白口四周雙邊　一册

640000－1243－0000018　子醫家0017
**集驗良方六卷**　(清)梁文科編　(清)年希堯輯　清咸豐元年(1851)天元堂刻本　九行二

十字小字雙行同白口左右雙邊　三冊

640000－1243－0000019　子醫家 0018

**江陰柳氏醫學叢書三種七卷**　（清）柳寶詒選評　清光緒三十年（1904）上海文瑞樓石印本　十六行三十四字白口四周雙邊　四冊

640000－1243－0000020　子醫家 0019

**救偏瑣言十卷備用良方一卷**　（清）費啟泰撰　（清）費度等訂　清康熙二十七年（1688）文盛堂刻本　九行二十字小字雙行同白口四周單邊　六冊

640000－1243－0000021　子醫家 0020

**類經三十二卷圖翼十一卷附翼四卷**　（明）張介賓類註　明天啟四年（1624）會稽謝應魁刻本　八行十八字小字雙行同白口四周單邊　六十冊

640000－1243－0000022　子醫家 0021

**鍼灸大成十卷**　（明）楊繼洲撰　（清）章廷珪重修　清乾隆五十九年（1794）晉祁書業堂刻本　十行二十二字小字雙行同白口左右雙邊　八冊　缺二卷（九至十）

640000－1243－0000023　子醫家 0022

**劉河間傷寒三書二種五卷**　（金）劉完素撰（明）吳勉學校　清刻本　十行二十字小字雙行同白口四周單邊　四冊

640000－1243－0000024　子醫家 0023

**劉河間傷寒三書三種二十卷**　（金）劉完素撰　（明）吳勉學校　清宣統元年（1909）上海千傾堂石印本　二十行三十八字小字雙行同白口四周雙邊　四冊

640000－1243－0000025　子醫家 0024

**脈訣刊誤集解二卷**　（元）戴起宗撰　（明）朱升節抄　（明）汪機補訂　**附録二卷**　（明）汪機輯　清宣統元年（1909）刻本　十一行二十一字小字雙行同白口左右雙邊　二冊

640000－1243－0000026　子醫家 0025

**脈理存真三卷**　（元）滑壽撰　（清）余顯廷校訂　清光緒二年（1876）刻本　十行二十三字白口四周雙邊　一冊

640000－1243－0000027　子醫家 0026

**名醫類案十二卷**　（明）江瓘集　清乾隆三十五年（1770）長塘鮑廷博知不足齋刻本　十行二十三字小字雙行同白口左右雙邊　十二冊

640000－1243－0000028　子醫家 0027

**孫真人千金方衍義三十卷**　（唐）孫思邈撰（清）張璐衍義　（清）席世臣校　清嘉慶六年（1801）埽葉山房刻本　十行二十字小字雙行同白口左右雙邊　二十四冊

640000－1243－0000029　子醫家 0028

**御纂醫宗金鑑外科十六卷**　（清）吳謙等輯　清刻本　十一行十九字小字雙行同白口四周單邊　十二冊

640000－1243－0000030　子醫家 0029

**傷寒真方歌括六卷**　（清）陳念祖撰　（清）林壽萱校　**十藥神書註解一卷**　（元）葛可久撰　清光緒二十七年（1901）新化三味書局刻本　十行二十六字小字雙行同白口左右雙邊　二冊

640000－1243－0000031　子醫家 0030

**醫門法律六卷尚論篇四卷首一卷尚論篇後篇四卷寓意草一卷**　（清）喻昌撰　（清）陳守誠重梓　清刻本　十行二十字白口左右雙邊　十四冊

640000－1243－0000032　子醫家 0031

**醫門法律六卷尚論篇二卷首一卷尚論篇後篇四卷寓意草一卷**　（清）喻昌撰　清乾隆四年（1739）善成堂刻本　十一行二十二字小字雙行同白口四周單邊　十八冊

640000－1243－0000033　子醫家 0032

**沈氏尊生書五種七十二卷**　（清）沈金鰲撰　清道光二十四年（1844）粵東省城雙門底古香樓書坊刻本　十二行二十五字小字雙行同白口左右雙邊　二十八冊

640000－1243－0000034　子醫家 0033

**沈氏尊生書三十二卷**　（清）沈金鰲撰　清宣統元年（1909）石印本　二十行四十字小字雙行同白口四周雙邊　十冊

640000－1243－0000035　子醫家 0034

**沈氏尊生書五種七十二卷**　（清）沈金鰲撰　清同治十三年(1874)湖北崇文書局刻本　十二行二十五字小字雙行同白口左右雙邊　二十六册

640000－1243－0000036　子醫家 0035

**世補齋醫書前集六種三十三卷後集四種十九卷附五種六卷**　（清）陸懋修撰　清光緒十二年(1886)山左書局刻本　十行二十三字白口四周雙邊　十八册

640000－1243－0000037　子醫家 0036

**四科簡效方四卷**　（清）王士雄選　清光緒十一年(1885)會稽徐樹蘭刻本　九行二十字小字雙行同白口左右雙邊　四册

640000－1243－0000038　子醫家 0037

**胎產心法三卷**　（清）閻純璽撰　（清）李廷璋編訂　清光緒九年(1883)敬慎堂刻本　九行二十二字小字雙行同白口四周雙邊　六册

640000－1243－0000039　子醫家 0038

**圖註八十一難經四卷**　（戰國）秦越人述　（明）張世賢註　清刻本　十行二十四字白口四周雙邊　二册

640000－1243－0000040　子醫家 0039

**新刊增補萬病回春原本八卷**　（明）龔廷賢編　（清）周亮登校　清道光八年(1828)文淵堂刻本　十四行二十八字小字雙行同白口四周單邊　四册

640000－1243－0000041　子醫家 0040

**韓園醫學六種二十四卷**　（清）潘霨輯　清光緒九年(1883)江西書局刻本　八行十三字小字雙行同白口四周雙邊　十二册

640000－1243－0000042　子醫家 0041

**徐靈胎醫學全書前集八種十八卷後集八種十三卷**　（清）徐大椿撰　清光緒三十三年(1907)上海六藝書局石印本　十六行四十字小字雙行同白口四周單邊　十四册

640000－1243－0000043　子醫家 0042

**醫林改錯二卷**　（清）王清任著　清光緒二十二年(1896)刻本　九行二十字小字雙行同白口四周雙邊　一册

640000－1243－0000044　子醫家 0043

**續名醫類案三十六卷**　（清）魏之琇編集　（清）李定源　（清）完瓀重校　清光緒十一年(1885)信述堂刻本　十行二十三字小字雙行同上下黑口左右雙邊　三十六册

640000－1243－0000045　子醫家 0044

**葉氏醫案存真三卷**　（清）葉桂撰　（清）葉萬青校　清石印本　十六行三十四字白口四周雙邊　一册

640000－1243－0000046　子醫家 0045

**醫門棒喝四卷**　（清）章楠撰　（清）孫廷鉦參訂　（清）田晉元評點　**醫門棒喝二集傷寒論本旨九卷**　（清）章楠編注　清同治六年(1867)聚文堂刻本　八行二十字白口左右雙邊　十二册

640000－1243－0000047　子醫家 0046

**醫家四要四卷**　（清）程曦等纂　清光緒十二年(1886)豫章鄧燦堂刻本　八行二十字小字雙行同白口左右雙邊　三册

640000－1243－0000048　子醫家 0047

**張氏醫書七種**　（清）張璐　（清）張登撰　清光緒二十五年(1899)浙江書局刻本　十二行二十三字小字雙行同白口四周雙邊　二十一册　存三種二十一卷(張氏醫通十六卷、本經逢原四卷、診宗三昧一卷)

640000－1243－0000049　子醫家 0048

**重樓玉鑰二卷**　（清）鄭梅澗撰　清道光十八年(1838)蘇城喜墨齋刻本　十行二十二字小字雙行不等白口左右雙邊　二册

640000－1243－0000050　子醫家 0049

**重訂外科正宗十二卷**　（明）陳實功撰　（清）張鷟翼重訂　清乾隆致盛堂刻本　十二行二十六字小字雙行同白口四周雙邊　二册

640000－1243－0000051　子醫家 0050

**傅氏眼科審視瑤函六卷首一卷前賢醫案一卷**　（明）傅仁宇纂輯　（清）林長生校補

（清）傅維藩編集　清桂林堂刻本　十行二十四字小字雙行同白口四周單邊　四冊

640000－1243－0000052　子醫家 0051

**回生集二卷**　（清）陳傑輯　清咸豐十年（1860）刻本　十行二十字小字雙行同白口左右雙邊　二冊

640000－1243－0000053　子醫家 0052

**新編救急奇方二卷**　（清）徐文弼輯　清咸豐十年（1860）刻本　十行二十字小字雙行同白口左右雙邊　二冊

640000－1243－0000054　經小學

**説文解字注十五卷六書音韻表二卷**　（清）段玉裁注　清光緒三十四年（1908）上海江左書林石印本　十八行四十四字小字雙行同白口四周雙邊　六冊

640000－1243－0000055　子醫家 0053

**醫學輯要四卷**　（清）吳燡編　清道光五年（1825）抱經軒刻本　九行二十字小字雙行同白口四周雙邊　二冊

640000－1243－0000056　子醫家 0054

**喉科杓指四卷附集驗良方**　（清）包永泰著（清）包福成校　清道光三年（1823）文英堂刻本　九行二十二字小字雙行同白口四周單邊　二冊

640000－1243－0000057　子醫家 0055

**瘟疫明辨四卷附方一卷**　（清）戴天章撰（清）鄭奠一編　清光緒十五年（1889）埽葉山房刻本　九行二十一字白口四周雙邊　二冊

640000－1243－0000058　子醫家 0056

**吳醫彙講十一卷**　（清）唐大烈纂輯　（清）沈文爕校訂　清乾隆五十七年（1792）校經山房刻本　九行二十字小字雙行同下黑口四周雙邊　四冊

640000－1243－0000059　子醫家 0057

**幼科鐵鏡六卷**　（清）夏鼎撰　清光緒二十二年（1896）廣雅書局刻本　九行二十四字小字雙行同白口左右雙邊　二冊

640000－1243－0000060　子醫家 0058

**訂補明醫指掌十卷**　（明）皇甫中撰　（明）王肯堂訂補　**診家樞要一卷**　（清）滑壽編纂　清宣統三年（1911）上海埽葉山房石印本　十五行三十八字小字雙行同白口四周雙邊　四冊

640000－1243－0000061　子醫家 0059

**陶節庵傷寒全生集四卷**　（明）陶華著　（清）葉天士評　清眉壽堂刻本　九行二十字小字雙行三十字白口左右雙邊　四冊

640000－1243－0000062　子醫家 0060

**藥性賦直解九卷首一卷**　（明）羅必煒參訂　清光緒三十年（1904）刻本　上欄十一行十字下欄十一行十八字小字雙行同白口四周單邊　四冊

640000－1243－0000063　子醫家 0061

**三家醫案合刻三卷**　（清）吳金壽纂　清道光十一年（1831）刻本　八行二十一字小字雙行同白口左右雙邊　二冊

640000－1243－0000064　子醫家 0062

**痘疹活幼心法不分卷**　（明）聶尚恒著　清大文堂刻本　十行十九字小字雙行同白口左右雙邊　二冊

640000－1243－0000065　子醫家 0063

**痘疹世醫心法十二卷附毓麟芝室玉髓摘要二卷**　（明）萬全集　（明）趙燁校　清咸豐七年（1857）容齋覺羅恒保刻本　九行二十字小字雙行同白口左右雙邊　六冊

640000－1243－0000066　子醫家 0064

**增訂本草備要醫方集解合編二種十卷**　（清）汪昂輯　清光緒刻本　上欄十一行十七字小字雙行同下欄十一行二十一字小字雙行同白口四周雙邊　六冊

640000－1243－0000067　子醫家 0065

**時病論八卷**　（清）雷豐撰　清光緒十年（1884）柯城雷慎修堂刻本　八行二十字白口左右雙邊　四冊　存四卷（一至四）

640000－1243－0000068　子醫家 0066

**麻科保赤金丹四卷附邵氏痘科一卷**　（清）謝玉瓊　（清）劉齊珍撰　清光緒十七年（1891）刻本　十行二十字小字雙行同白口四周雙邊　四册

640000－1243－0000069　子醫家 0067

**成方切用十二卷首一卷末一卷**　（清）吴儀洛輯　清乾隆二十六年（1761）武原吴氏利濟堂刻本　九行十九字小字雙行同白口左右雙邊　十二册

640000－1243－0000070　子醫家 0068

**外科理例七卷附方一卷**　（明）汪機撰　明嘉靖刻本　十二行二十三字小字雙行同上下黑口四周單邊　八册

640000－1243－0000071　子醫家 0069

**信驗方四卷續四卷**　（清）盧蔭長撰　清抄本　九行字數不等　無版框　二册

640000－1243－0000072　子醫家 0070

**醫方易簡新編六卷**　（清）龔自璋　（清）黄統輯　清同治五年（1866）刻本　上欄十五行十五字下欄十五行二十五字小字雙行同白口左右雙邊　四册

640000－1243－0000073　子醫家 0071

**醫學指歸二卷首一卷**　（清）趙術堂編輯　清同治元年（1862）高郵趙氏旌孝堂刻本　十行二十字小字雙行同上下黑口左右雙邊　二册

640000－1243－0000074　子醫家 0072

**類證普濟本事方十卷**　（宋）許叔微撰　（清）葉桂釋義　清嘉慶十九年（1814）刻本　十行二十一字小字雙行同下黑口左右雙邊　六册

640000－1243－0000075　子醫家 0073

**丹臺玉案六卷**　（明）孫文胤撰　清刻本　九行二十字白口四周單邊　六册

640000－1243－0000076　子醫家 0074

**刪補頤生微論二十四卷**　（明）李中梓撰　（明）沈頲校　明崇禎十五年（1642）華亭李氏飛映閣刻本　十行二十字小字雙行同白口四周單邊　八册

640000－1243－0000077　子醫家 0075

**王氏醫存十七卷**　（清）王燕昌撰　清同治十三年（1874）皖城黄竹友齋刻本　十行二十字白口四周雙邊　四册

640000－1243－0000078　子醫家 0076

**鼎鍥幼幼集成六卷**　（清）陳復正輯訂　（清）劉勷校正　（清）周宗頤參定　清刻本　十一行二十八字小字雙行同白口左右雙邊　六册

640000－1243－0000079　子醫家 0077

**絳雪園古方選注不分卷**　（清）王子接注　清緑蔭堂刻本　十行二十二字小字雙行同白口左右雙邊　四册

640000－1243－0000080　子醫家 0078

**圖註八十一難經四卷**　（戰國）秦越人述　（明）張世賢註　清刻本　十行二十四字白口四周雙邊　二册

640000－1243－0000081　子醫家 0079

**東垣十書十二種二十二卷**　（明）□□輯　清文奎堂刻本　十行二十字小字雙行同白口左右雙邊　十二册

640000－1243－0000082　子醫家 0080

**醫宗説約五卷**　（清）蔣示吉輯　清刻本　十行二十四字小字雙行同白口左右雙邊　四册

640000－1243－0000083　子醫家 0081

**痘疹會通五卷**　（清）曾鼎撰　清光緒三十年（1904）南豐天心堂蘇州三吴廣告公司鉛印本　十一行三十二字小字雙行同下黑口四周雙邊　二册

640000－1243－0000084　子醫家 0082

**外證醫案彙編四卷**　（清）余景和輯　清光緒二十年（1894）蘇州緑蔭堂刻本　十行二十五字小字雙行同下黑口左右雙邊　四册

640000－1243－0000085　子醫家 0083

**痧症全書三卷**　（清）林森傳授　（清）王凱編　清道光五年（1825）刻本　九行二十二字小字雙行同白口四周雙邊　一册

640000－1243－0000086　子醫家 0084

**醫宗備要三卷**　(清)曾鼎輯　清同治八年(1869)湖北崇文書局刻本　十二行二十一字小字雙行同白口四周雙邊　三册

640000－1243－0000087　子醫家0085
**儒門醫學三卷附一卷**　(英國)海得蘭撰(英國)傅蘭雅口譯　(清)趙元益筆述　清光緒江南製造總局刻本　十行二十二字上下黑口左右雙邊　四册

640000－1243－0000088　子醫家0086
**黄帝内經素問註證發微九卷**　(明)馬蒔註證　清光緒十四年(1888)廣陵邱氏刻本　十行二十二字小字雙行同白口四周單邊　十四册

640000－1243－0000089　子醫家0087
**黄帝内經素問九卷**　(明)馬元臺撰　(清)張志聰集註　清刻本　九行二十字小字雙行同白口左右雙邊　十册

640000－1243－0000090　子醫家0088
**增補秘傳痘疹玉髓金鏡録四卷圖像一卷**(明)翁仲仁撰　清道光二十年(1840)埽葉山房刻本　十行二十四字白口左右雙邊　二册

640000－1243－0000091　子醫家0089
**齊氏醫案崇正辨訛六卷**　(清)齊秉慧著(清)齊高録　(清)齊瑞參訂　清刻本　九行二十字小字雙行同白口左右雙邊　六册

640000－1243－0000092　子醫家0090
**靈樞經九卷**　(清)張志聰集註　(清)張文啟參訂　清刻本　九行二十二字小字雙行同白口左右雙邊　十册

640000－1243－0000093　子醫家0091
**靈素提要淺註十二卷**　(清)陳念祖集註　清五福堂刻本　八行十八字小字雙行同白口四周雙邊　六册

640000－1243－0000094　子醫家0092
**張氏醫通十六卷**　(清)張璐纂述　(清)張登(清)張倬參訂　清嘉慶六年(1801)刻本　九行二十字白口四周雙邊　二十六册

640000－1243－0000095　子醫家0093
**松峰説疫七卷**　(清)劉奎輯　(清)劉秉錦校　清刻本　九行二十二字小字雙行同白口四周單邊　四册

640000－1243－0000096　子醫家0094
**增注類證活人書二十二卷**　(宋)朱肱著(明)吴勉學校　清光緒二十三年(1897)廣州拾芥園刻本　十行二十字小字雙行同上下黑口左右雙邊　四册

640000－1243－0000097　子醫家0095
**醫林纂要探源十卷附録一卷**　(清)汪紱輯清光緒二十三年(1897)江蘇書局刻本　十行二十二字小字雙行同白口四周雙邊　十册

640000－1243－0000098　子醫家0096
**删注脈訣規正二卷**　(清)沈鏡删注　清宣統元年(1909)成都同文公會刻本　十行二十四字小字雙行同白口左右雙邊　二册

640000－1243－0000099　子醫家0097
**證治彙補八卷**　(清)李用粹著　清光緒九年(1883)萬卷樓刻本　十行二十字小字雙行同白口左右雙邊　八册

640000－1243－0000100　子醫家0098
**醫學五則五卷**　(清)廖雲溪撰　清光緒十三年(1887)興發堂刻本　十行二十二字小字雙行同白口四周單邊　五册

640000－1243－0000101　子醫家0099
**傷寒瘟疫條辯六卷**　(清)楊璿撰　(清)郭善鄰　(清)孫宏智校　清光緒二十二年(1896)刻本　九行二十字小字雙行同白口四周雙邊　四册　缺一卷(二)

640000－1243－0000102　子醫家0100
**中西匯通醫書五種二十九卷**　(清)唐宗海撰　清光緒三十四年(1908)上海千頃堂書局石印本　十三行字數不等白口四周雙邊　十二册

640000－1243－0000103　子醫家0101
**痢證匯參十卷**　(清)吴道源纂輯　清三讓堂刻本　八行二十字白口四周單邊　四册

640000－1243－0000104　子醫家 0102
**外科正宗十二卷**　(明)陳實功撰　(清)徐大椿評　清咸豐十年(1860)刻本　九行二十一字小字雙行同上下黑口左右雙邊　六冊

640000－1243－0000105　子醫家 0103
**證治百问四卷**　(清)劉默撰　(清)石楷校訂　清康熙十二年(1673)頤志堂刻本　十行二十字小字雙行同白口四周單邊　二冊

640000－1243－0000106　子醫家 0104
**古今名醫萬方類編三十二卷**　(清)曹繩彥輯　清光緒三十年(1904)南洋中西醫學會社刻本　九行二十字白口左右雙邊　三十冊　缺二卷(七、二十二)

640000－1243－0000107　子醫家 0105
**陳修園醫書八種四十九卷**　(清)陳念祖撰　清光緒二十七年(1901)新化三味書局刻本　十行二十六字小字雙行同白口左右雙邊　十九冊　缺五卷(金匱要略淺註六至十)

640000－1243－0000108　子醫家 0106
**重廣補注黄帝内經素問二十四卷靈樞十二卷**　(唐)王冰注　(宋)林億等校正　清光緒十年(1884)京口文成堂刻本　十行二十字小字雙行三十字白口左右雙邊　八冊

640000－1243－0000109　子醫家 0107
**聿修堂醫學叢書十二種六十四卷**　(日本)丹波元簡等撰　楊守敬輯　清光緒飛青閣刻本　十行二十三字小字雙行同白口四周單邊　四十一冊

640000－1243－0000110　子醫家 0108
**臨證指南醫案十卷種福堂續選醫案四卷**　(清)葉桂著　(清)徐大椿評　清光緒十二年(1886)成都培元堂刻本　十行二十二字小字雙行同白口左右雙邊　十二冊

640000－1243－0000111　子醫家 0109
**醫林改錯二卷**　(清)王清任著　清道光二十九年(1849)宏道堂刻本　九行二十字小字雙行同白口左右雙邊　二冊

640000－1243－0000112　子醫家 0110
**痘疹正宗二卷**　(清)宋麟祥著　(清)林鴻勲校　清抄本　八行二十字白口　二冊

640000－1243－0000113　子醫家 0111
**醫經原旨六卷**　(清)薛雪集註　清乾隆刻本　十行二十一字小字雙行同白口左右雙邊　六冊

640000－1243－0000114　子醫家 0112
**簡易醫訣四卷**　周雲章撰　清宣統元年(1909)成都志古堂刻本　九行二十五字白口左右雙邊　四冊

640000－1243－0000115　子醫家 0113
**外科證治全書五卷末一卷**　(清)許克昌　(清)畢法輯　清同治六年(1867)刻本　十行二十二字小字雙行同白口左右雙邊　五冊

640000－1243－0000116　子醫家 0114
**景岳全書十六種六十四卷**　(明)張介賓撰　清乾隆三十三年(1768)越郡藜照樓刻本　十三行二十四字白口左右雙邊　三十二冊

640000－1243－0000117　子醫家 0115
**傷寒大白四卷總論一卷**　(清)秦之楨纂　清康熙五十三年(1714)博古堂刻本　十行二十字白口左右雙邊　四冊

640000－1243－0000118　子醫家 0116
**黄氏醫書六種六十八卷**　(清)黄元御撰　清同治七年(1868)成都刻本　九行二十三字小字雙行同白口左右雙邊　七冊

640000－1243－0000119　子醫家 0117
**醫理真傳四卷**　(清)鄭壽全撰　清同治八年(1869)刻本　九行二十一字小字雙行同白口四周單邊　四冊

640000－1243－0000120　子醫家 0118
**婦嬰至寶六卷**　(清)亟齋居士原編　(清)徐忕忊輯　(清)拜松居士增訂　(清)三農老人附註　清同治十三年(1874)刻本　十行二十二字小字雙行同白口四周單邊　一冊

640000－1243－0000121　子醫家 0119
**張仲景傷寒論原文淺注六卷長沙方歌括六卷**

（清）陳念祖集註　清光緒二十四年（1898）刻本　八行十八字小字雙行同白口四周雙邊　四冊

640000－1243－0000122　子醫家0120
**傷寒懸解十四卷首一卷末一卷**　（清）黄元御撰　清同治刻本　九行二十三字小字雙行同白口左右雙邊　六冊

640000－1243－0000123　子醫家0121
**疫痧草三卷**　（清）陳耕道撰　清道光二十二年（1842）刻本　八行二十一字白口左右雙邊　一冊

640000－1243－0000124　子醫家0122
**痘疹會通五卷**　（清）曾鼎撰　清乾隆五十一年（1786）曾氏忠恕堂刻本　九行二十字白口左右雙邊　八冊

640000－1243－0000125　子醫家0123
**御纂醫宗金鑑九十卷首一卷**　（清）吳謙等纂　清光緒二年（1876）江西書局刻本　九行十九字白口四周雙邊　五十二冊　缺十三卷（十六至二十、二十六至二十九、四十至四十一、八十一至八十二）

640000－1243－0000126　子醫家0124
**丹溪朱氏脈因證治二卷**　（元）朱震亨撰　清乾隆四十年（1775）刻本　十行二十字白口左右雙邊　四冊

640000－1243－0000127　子醫家0125
**保赤要言五卷首一卷**　王德森編輯　清宣統二年（1910）蘇城笪錦和刻本　九行二十二字小字雙行同白口四周雙邊　一冊

640000－1243－0000128　子醫家0126
**本草三家合注六卷**　（清）郭汝驄集注　**神農本草經百種錄一卷**　（清）徐大椿撰　清刻本　十行二十字白口四周雙邊　四冊

640000－1243－0000129　子醫家0127
**東垣十書十二種二十二卷**　（明）□□輯　清文奎堂刻本　十行二十字小字雙行同白口左右雙邊　十六冊

640000－1243－0000130　子醫家0128
**溫瘟痲疹辨證不分卷**　（清）許汝楫著　清光緒十四年（1888）刻本　五行十八字白口四周雙邊　一冊

640000－1243－0000131　子醫家0129
**女科輯要八卷附單養賢胎產全書一卷**　（清）周紀常纂輯　清同治四年（1865）奎照樓刻本　九行二十字小字雙行同下黑口左右雙邊　四冊

640000－1243－0000132　子醫家0130
**醫學讀書記三卷續記一卷**　（清）尤怡著　清光緒十四年（1888）行素草堂刻本　八行二十字上下黑口左右雙邊　二冊

640000－1243－0000133　子醫家0131
**本草綱目五十二卷**　（明）李時珍撰　清本立堂刻本　九行二十字小字雙行同白口四周單邊　二十四冊　缺八卷（一至八）

640000－1243－0000134　子醫家0132
**婦科精蘊五卷**　（美國）妥瑪氏撰　（清）孔慶高筆譯　清光緒十五年（1889）羊城博濟醫局刻本　十行二十四字小字雙行同白口四周雙邊　五冊

640000－1243－0000135　子醫家0133
**金匱懸解二十二卷**　（清）黄元御撰　清刻本　九行二十三字小字雙行同白口左右雙邊　四冊

640000－1243－0000136　子醫家0134
**劉河間傷寒六書五種十卷附二種二卷**　（金）劉完素撰　（明）吳勉學校　清宣統元年（1909）上海千頃堂石印本　二十行三十八字小字雙行同白口四周雙邊　四冊

640000－1243－0000137　子醫家0135
**新刊良朋彙集五卷**　（清）孫偉輯　清康熙世榮堂刻本　十行二十字小字雙行同白口四周單邊　四冊　缺一卷（五）

640000－1243－0000138　子醫家0136
**御纂醫宗金鑑內科七十四卷首一卷外科十六卷**　（清）吳謙等纂　清光緒三十二年（1906）

有益齋石印本　十九行四十字小字雙行同白口四周雙邊　二十冊

640000－1243－0000139　子醫家 0137
**劉河間傷寒六書六種二十五卷附二種二卷**　(金)劉完素撰　(明)吳勉學校　清刻本　十行二十字小字雙行同白口左右雙邊　八冊

640000－1243－0000140　子醫家 0138
**醫痘金丹二卷**　(清)曹珣編　(清)劉衡輯　清刻本　十行二十一字小字雙行同白口左右雙邊　一冊

640000－1243－0000141　子醫家 0139
**中西匯通醫書五種二十九卷**　(清)唐宗海撰　清光緒三十四年(1908)上海千頃堂書局石印本　十三行字數不等白口四周雙邊　十二冊

640000－1243－0000142　子醫家 0140
**胎產心法三卷**　(清)閻純璽撰　(清)李廷璋編訂　清刻本　九行二十二字小字雙行同白口四周雙邊　二冊

640000－1243－0000143　子醫家 0141
**名醫類案十二卷**　(明)江瓘集　清乾隆三十五年(1770)長塘鮑廷博知不足齋刻本　十行二十三字小字雙行同白口左右雙邊　六冊

640000－1243－0000144　子醫家 0142
**類經三十二卷**　(明)張介賓類註　明天啟四年(1624)會稽謝應魁刻本　八行十八字小字雙行同白口四周單邊　二十二冊

640000－1243－0000145　子醫家 0143
**救偏瑣言十卷備用良方一卷**　(清)費啟泰撰　(清)費度等訂　清康熙二十七年(1688)文盛堂刻本　九行二十二字小字雙行同白口四周單邊　六冊

640000－1243－0000146　子醫家 0144
**儒門醫學三卷附一卷**　(英國)海得蘭撰　(英國)傅蘭雅口譯　(清)趙元益筆述　清光緒江南製造總局刻本　十行二十二字上下黑口左右雙邊　四冊

# 寧夏民族職業技術學院古籍普查登記目録

全國古籍普查登記目録

國家圖書館出版社
National Library of China Publishing House

640000－1244－0000001　Z126/43
**盛世危言六卷**　鄭觀應著　**續編四卷**　（清）杞憂生撰　清光緒二十四年(1898)巴蜀善成堂石印本　十二行二十八字白口四周雙邊　十冊

640000－1244－0000002　Z126/47
**杜詩鏡銓二十卷年譜一卷附錄一卷**　（唐）杜甫撰　（清）楊倫輯　**讀書堂杜工部文集注釋二卷**　（清）張溍評註　清同治十一年(1872)望三益齋刻本　九行二十字小字雙行三十字白口左右雙邊　十二冊

640000－1244－0000003　Z126/48
**樂府詩集一百卷目錄二卷**　（宋）郭茂倩編　清刻本　十一行二十一字上下黑口四周雙邊　十六冊

640000－1244－0000004　I222/63
**古文淵鑒六十四卷**　（清）徐乾學等編注　清同治十二年(1873)浙江書局刻本　九行二十字小字雙行同上下黑口四周單邊　三十二冊

640000－1244－0000005　Z126/49
**佩文韻府一百六卷**　（清）張玉書等編　**韻府拾遺一百六卷**　（清）張廷玉等編　清石印本　二十四行五十字小字雙行同白口四周雙邊　四十三冊　存一百六十一卷(佩文韻府一至十二、二十二至五十四、六十七至一百六，韻府拾遺三十一至一百六)

640000－1244－0000006　Z126/50
**重訂古文釋義新編八卷**　（清）余誠評註　清刻本　上欄二十行六字下欄十行二十二字小字雙行同白口四周單邊　一冊　存一卷(八)

640000－1244－0000007　I222/64
**四大奇書第一種十九卷首一卷一百二十回**　（明）羅本撰　（清）金聖歎書　（清）毛宗崗評　清經國堂刻本　十二行二十八字小字雙行同白口四周單邊　二十冊

640000－1244－0000008　Z126/51
**蔡中郎集十卷外紀一卷外集四卷**　（漢）蔡邕撰　（清）高均儒輯　清光緒十六年(1890)番禺陶氏愛廬刻本　九行十八字小字雙行同白口左右雙邊　五冊

640000－1244－0000009　Z126/37：1－24
**御批歷代通鑑輯覽一百二十卷**　（清）傅恒等編纂　清光緒三十年(1904)上海商務印書館鉛印本　十五行二十八字小字雙行四十一字白口四周單邊　二十四冊

640000－1244－0000010　Z126/46
**歷代畫史彙傳七十二卷首一卷目錄三卷附錄二卷**　（清）彭蘊燦編　清道光五年(1825)吳門尚志堂彭氏刻本　八行二十字上下黑口四周雙邊　二十三冊　缺三卷(四十八至五十)

640000－1244－0000011　Z126/31
**宋六十一家詞選十二卷**　（清）馮煦編　清光緒十三年(1887)冶城山館刻本　九行二十一字上下黑口左右雙邊　四冊

640000－1244－0000012　Z126/44
**大文堂重訂古文釋義新編八卷**　（清）余誠評註　清刻本　十一行二十二字小字雙行同白口四周單邊　七冊　缺一卷(一)

# 中國共産黨寧夏回族自治區委員會黨校圖書館

# 古籍普查登記目録

全國古籍普查登記目録

國家圖書館出版社
National Library of China Publishing House

640000－1245－0000001　Z12/6:2:1－24
**皇朝經世文續編一百二十卷**　(清)葛士濬輯　清光緒十七年(1891)上海廣百宋齋鉛印本　十七行四十二字白口四周雙邊　二十四册

640000－1245－0000002　K225.1/1
**春秋三傳十六卷首一卷**　(春秋)左丘明等撰　(晉)杜預等注　**陸氏三傳釋文音義十六卷**　(唐)陸德明撰　清同治十年(1871)刻本　九行十七字小字雙行同白口四周雙邊　十四册

640000－1245－0000003　Z12/6:1－20
**皇朝經世文編一百二十卷姓名總目二卷**　(清)賀長齡輯　清光緒二十八年(1902)上海詞源閣石印本　十二行五十字小字雙行同白口四周雙邊　二十册

640000－1245－0000004　H16/1:1－6
**康熙字典十二集三十六卷總目一卷檢字一卷辨似一卷等韻一卷**　(清)張玉書等纂　清刻本　二十一行三十字小字雙行六十字白口四周雙邊　六册

640000－1245－0000005　I22:3:1－10
**杜工部集二十卷首一卷**　(唐)杜甫撰　清光緒二年(1876)粵東翰墨園六色套印本　八行二十字小字雙行同上下黑口左右雙邊　十册

640000－1245－0000006　Z12/1－2
**幼學句解四卷**　(清)程允升撰　清礙眉書屋刻本　十行十九字小字雙行同白口左右雙邊　二册

640000－1245－0000007　B2/20:1－12
**御纂周易折中二十二卷首一卷**　(清)李光地等撰　清康熙五十四年(1715)刻本　八行十八字小字雙行二十二字白口四周雙邊　十二册

640000－1245－0000008　K92:1:1－10
**徐霞客遊記十卷**　(明)徐宏祖撰　**補編一卷**　(清)葉廷甲輯　清乾隆四十一年(1776)刻本　十行二十三字小字雙行同上下黑口左右雙邊　十册

640000－1245－0000009　K204/8:1－60
**御批歷代通鑑輯覽一百二十卷**　(清)傅恒等編纂　清光緒二十四年(1898)湖北書局刻本　十一行二十二字小字雙行同白口四周單邊　六十册

640000－1245－0000010　K234/2
**漢書辨疑二十二卷**　(清)錢大昭撰　清光緒十三年(1887)廣雅書局刻本　十一行二十四字小字雙行同上下黑口四周雙邊　五册

640000－1245－0000011　K225/2
**春秋大旨提綱表四卷**　劉爾炘撰　清光緒三十四年(1908)甘肅高等學堂刻本　行數不等四十三字小字雙行同白口左右雙邊　二册

640000－1245－0000012　K225/:1－4
**國語二十一卷**　(春秋)左丘明撰　(三國吴)韋昭注　**國語明道本考異四卷**　(清)汪遠孫撰　清光緒三年(1877)永康胡氏退補齋刻本　十一行二十字小字雙行不等白口四周單邊　四册

640000－1245－0000013　K234:3:1－8
**前漢書一百卷**　(漢)班固撰　(唐)顔師古注　清石印本　十五行三十二字小字雙行同白口左右雙邊　八册　存六十卷(四十一至一百)

640000－1245－0000014　I266/1:1－4
**孔氏家語十卷**　(三國魏)王肅注　清文彬閣刻本　九行十七字小字雙行不等白口四周雙邊　四册

640000－1245－0000015　B2:1:(1－2)
**周易四卷筮儀一卷圖説一卷卦歌一卷**　(宋)朱熹本義　清同治十年(1871)刻本　九行十七字小字雙行同白口四周雙邊　二册

640000－1245－0000016　B2/18
**周禮節訓六卷**　(清)黄叔琳原本　(清)姚培謙重訂　清嘉慶十七年(1812)書業堂刻本　九行十九字小字雙行二十八字白口左右雙邊　二册

640000－1245－0000017　B2/3:1－4

**四書反身録八卷** （清）李顒撰　清光緒二年（1876）刻本　九行二十字白口左右雙邊　四冊

640000－1245－0000018　B2/4：24：1－66

**御纂朱子全書六十六卷** （宋）朱熹撰　（清）李光地等編　清康熙五十二年（1713）内府刻本　九行二十字小字雙行同白口四周單邊　二十三冊

640000－1245－0000019　Z12/4：1－10

**二十二子十五種二百二十六卷** （清）鴻文書局輯　清光緒十九年（1893）上海鴻文書局石印本　二十四行五十八字小字雙行同上下黑口左右雙邊　十冊

# 寧夏社會科學院古籍普查登記目録

全國古籍普查登記目録

國家圖書館出版社
National Library of China Publishing House

640000－1261－0000001　00012
**欽定書經傳説彙纂二十一卷**　(清)王頊齡等撰　清同治十年(1871)湖北崇文書局刻本　八行二十一字小字雙行同白口四周雙邊　十二册

640000－1261－0000002　00008
**十三經注疏十三種三百四十六卷附考證**　(清)阮元輯　清同治十年(1871)廣東書局刻本　十行二十字小字雙行同白口左右雙邊　一百二十册

640000－1261－0000003　00026
**皇朝五經彙解二百七十卷**　(清)抉經心室主人編　清石印本　十九行四十字小字雙行八十字白口四周雙邊　二十七册　存二百四十七卷(五至四十、四十五至九十二、九十七至一百六十八、一百七十四至二百十九、二百二十六至二百七十)

640000－1261－0000004　00016
**欽定詩經傳説彙纂二十一卷**　(清)王鴻緒等撰　清同治十年(1871)湖北崇文書局刻本　八行二十二字小字雙行同白口四周雙邊　十八册

640000－1261－0000005　00011
**御纂周易折中二十二卷首一卷**　(清)李光地等撰　清同治十年(1871)湖北崇文書局刻本　十一行二十字白口四周雙邊　十二册

640000－1261－0000006　00017
**欽定儀禮義疏四十八卷首二卷**　(清)允祿等纂　清同治十年(1871)湖北崇文書局刻本　八行二十二字白口四周雙邊　三十二册

640000－1261－0000007　00654
**欽定周官義疏四十八卷首一卷**　(清)允祿等撰　清同治十年(1871)湖北崇文書局刻本　八行二十二字小字雙行同白口四周雙邊　二十八册

640000－1261－0000008　00019
**欽定禮記義疏八十二卷首一卷**　(清)允祿等撰　清同治十年(1871)湖北崇文書局刻本　八行二十二字白口四周雙邊　四十八册

640000－1261－0000009　00020
**欽定春秋傳説彙纂三十八卷首二卷**　(清)王掞等纂　清同治十年(1871)湖北崇文書局刻本　十一行二十二字小字雙行同白口四周雙邊　二十册

640000－1261－0000010　00021
**春秋左傳三十卷首一卷**　(晉)杜預注　清光緒十二年(1886)湖北官書處刻本　九行十七字小字雙行同白口四周雙邊　十二册

640000－1261－0000011　00033
**廿二史考異一百卷**　(清)錢大昕撰　清光緒二十年(1894)廣雅書局刻本　十一行二十四字小字雙行同上下黑口四周雙邊　十八册

640000－1261－0000012　00037
**元史類編四十二卷**　(清)邵遠平撰　清乾隆六十年(1795)埽葉山房刻本　十二行二十五字小字雙行三十七字白口四周單邊　十三册

640000－1261－0000013　00038
**唐書二百二十五卷**　(宋)歐陽修　(宋)宋祁撰　清刻本　十行二十一字白口左右雙邊　四十四册　存一百五十卷(一至一百五十)

640000－1261－0000014　00039
**元書一百二卷首一卷**　曾廉撰　清宣統三年(1911)層漪堂刻本　十二行二十五字小字雙行不等白口左右雙邊　二十册

640000－1261－0000015　00036
**三國志六十五卷**　(晉)陳壽撰　(南朝宋)裴松之注　清同治十年(1871)成都書局刻本　十行二十一字小字雙行四十二字白口左右雙邊　十五册

640000－1261－0000016　00040
**資治通鑑綱目前編二十五卷**　(明)陳仁錫評　**續資治通鑑綱目二十七卷**　(明)商輅等撰　清嘉慶九年(1804)姑蘇聚文堂刻本　七行字數不等小字雙行三十四字白口四周單邊　一百二十册

640000－1261－0000017　00042
**續資治通鑑二百二十卷**　(清)畢沅編集　清同治八年(1869)江蘇書局刻本　十行二十一字小字雙行同白口四周雙邊　六十册　缺二十三卷(一百九十八至至二百二十)

640000－1261－0000018　00043
**資治通鑑地理今釋十六卷**　(清)吳熙戴撰　清光緒八年(1882)江蘇書局刻本　十行二十字小字雙行同上下黑口四周雙邊　三册

640000－1261－0000019　00044
**資治通鑑考異三十卷**　(宋)司馬光撰　清光緒十九年(1893)廣雅書局刻本　十一行二十四字白口四周單邊　十册

640000－1261－0000020　00045
**資治通鑑補二百九十四卷**　(宋)司馬光編　(元)胡三省音注　(明)嚴衍補　清光緒二年(1876)盛氏思補樓木活字印本　十一行二十五字小字雙行同白口左右雙邊　八十册

640000－1261－0000021　00046
**御批歷代通鑑輯覽一百二十卷**　(清)傅恒等編纂　清光緒三十年(1904)上海通元書局刻本　十八行四十字白口四周雙邊　二十四册

640000－1261－0000022　00047
**綱鑑正史約三十六卷**　(明)顧錫疇撰　(清)陳宏謀增訂　清同治八年(1869)浙江書局刻本　十一行二十字小字雙行同白口左右雙邊　二十册

640000－1261－0000023　00048
**御撰資治通鑑綱目三編二十卷**　(清)張廷玉等編　清乾隆十一年(1746)刻本　十一行二十八字小字雙行同白口四周單邊　五册

640000－1261－0000024　00049
**增補綱鑑補四十卷首一卷**　(明)袁黄輯　清刻本　十一行二十八字小字雙行同白口左右雙邊　四十二册　缺一卷(六)

640000－1261－0000025　00050
**司馬溫公稽古錄二十卷**　(宋)司馬光撰　清光緒五年(1879)江蘇書局刻本　十行二十一字小字雙行同上下黑口四周雙邊　四册

640000－1261－0000026　00051
**新刊趙田了凡袁先生編纂古本歷史大方綱鑑補三十九卷**　(明)袁黄編纂　清刻本　十一行二十五字小字雙行同白口左右雙邊　五册　存十三卷(二十七至三十九)

640000－1261－0000027　00052
**欽定平定雲南回匪方略五十卷**　(清)奕訢等撰　清光緒二十二年(1896)鉛印本　七行二十字上下黑口四周雙邊　五十一册

640000－1261－0000028　00057
**十一朝東華錄五百九十四卷**　王先謙等撰　清宣統三年(1911)存古齋鉛印本　十四行四十字小字雙行不等白口四周雙邊　六十四册

640000－1261－0000029　00058
**十一朝東華錄六百三十六卷**　王先謙等撰　清光緒十七年(1891)上海廣百宋齋石印本　十四行四十字白口四周雙邊　七十六册

640000－1261－0000030　00053
**欽定平定陝甘新疆回匪方略三百二十卷**　(清)奕訢等撰　清光緒鉛印本　七行二十字上下黑口四周雙邊　三百二十三册　缺十五卷(一至十五)

640000－1261－0000031　00060
**歷朝紀事本末九種六百五十八卷**　(清)陳如升　(清)朱記榮編　捷記主人增輯　清光緒二十五年(1899)上海慎記書莊石印本　十八行字數不等白口四周單邊　三十册

640000－1261－0000032　00061
**中東戰紀本末八卷續編四卷文學興國策二卷**　(美國)林樂知著譯　蔡爾康輯　清光緒二十三年(1897)上海圖書集成局鉛印本　十三行四十字小字雙行同白口四周單邊　十二册

640000－1261－0000033　00062
**左傳紀事本末五十三卷**　(清)高士奇撰　清光緒二十六年(1900)廣雅書局刻本　十行二十字小字雙行同下黑口四周單邊　十二册

640000－1261－0000034　00063

**通鑑紀事本末二百三十九卷**　（宋）袁樞撰　（明）張溥論正　清光緒十三年（1887）廣雅書局刻本　十行二十字小字雙行同下黑口四周單邊　四十八册

640000－1261－0000035　00064

**宋史紀事本末一百九卷**　（明）馮琦編　（明）陳邦瞻增訂　（明）張溥論正　清光緒十三年（1887）廣雅書局刻本　十行二十字白口四周單邊　十七册

640000－1261－0000036　00065

**宋史紀事本末一百九卷**　（明）馮琦編　（明）陳邦瞻增訂　（明）張溥論正　清光緒二十四年（1898）湖南思賢書局刻本　十一行二十字白口左右雙邊　二十册

640000－1261－0000037　00066

**西夏紀事本末三十六卷首二卷**　（清）張鑑著　清光緒十一年（1885）金陵刻本　十二行二十五字上下黑口左右雙邊　四册

640000－1261－0000038　00068

**遼史紀事本末四十卷首一卷**　（清）李有棠撰　清光緒二十六年（1900）廣雅書局刻本　十行二十字小字雙行同下黑口四周單邊　四册

640000－1261－0000039　00069

**金史紀事本末五十二卷首一卷**　（清）李有棠編纂　清光緒二十七年（1901）廣雅書局刻本　十行二十字小字雙行同下黑口四周單邊　六册

640000－1261－0000040　00070

**元史紀事本末二十七卷**　（清）陳邦瞻編輯　（明）張溥論正　清光緒十三年（1887）廣雅書局刻本　十行二十字下黑口四周單邊　三册

640000－1261－0000041　00071

**明史紀事本末八十卷**　（清）谷應泰編輯　清光緒二十四年（1898）湖南思賢書局刻本　十一行二十字上下黑口左右雙邊　二十册

640000－1261－0000042　00072

**明史紀事本末八十卷**　（清）谷應泰編輯　清光緒十三年（1887）廣雅書局刻本　十行二十字下黑口四周單邊　十六册

640000－1261－0000043　00076

**國朝事略八卷**　（清）金陵江楚編譯官書局編　清光緒三十二年（1906）金陵江楚編譯官書局石印本　十四行二十九字白口四周雙邊　四册

640000－1261－0000044　00077

**平定粵匪紀略十八卷附記四卷**　（清）杜文瀾撰　清同治八年（1869）群玉齋木活字印本　九行二十二字白口四周單邊　十册

640000－1261－0000045　00078

**綏寇紀略十二卷補遺三卷**　（清）吳偉業纂輯　（清）鄒漪訂　（清）張海鵬重校　清嘉慶照曠閣刻本　九行二十一字小字雙行同白口左右雙邊　八册

640000－1261－0000046　00079

**三藩紀事本末四卷**　（清）楊陸榮編　清康熙五十六年（1717）刻本　九行二十字白口左右雙邊　二册

640000－1261－0000047　00080

**朔方備乘六十八卷首十二卷**　（清）何秋濤撰　清咸豐十年（1860）刻本　十六行三十九字小字雙行同白口四周雙邊　八册

640000－1261－0000048　00082

**教務紀略四卷首一卷**　李剛已撰　魏家驊等修訂　清光緒三十一年（1905）南洋官報局刻本　十行二十五字白口左右雙邊　四册

640000－1261－0000049　00084

**平浙紀略十六卷**　（清）秦緗業　（清）陳鍾英撰　清同治十二年（1873）浙江書局刻本　十行二十三字白口四周雙邊　四册

640000－1261－0000050　00085

**西域聞見錄八卷首一卷**　（清）椿園著　清乾隆四十二年（1777）刻本　九行二十一字上下黑口左右雙邊　二册

640000－1261－0000051　00087

**中西紀事二十四卷首一卷**　(清)夏燮撰　清光緒二十四年(1898)藜照書屋刻本　十行二十二字白口四周單邊　六册

640000－1261－0000052　00090
**蒙古史二卷**　(日本)河野元三撰　歐陽瑞驊譯　清宣統三年(1911)江南圖書館鉛印本　十一行三十字小字雙行同上下黑口四周雙邊　一册　存一卷(一)

640000－1261－0000053　00091
**東都事略一百三十卷**　(宋)王偁撰　清乾隆六十年(1795)南沙席氏埽葉山房刻本　十二行二十五字小字雙行同白口左右雙邊　十一册

640000－1261－0000054　00097
**蒙古史二卷**　(日本)河野元三撰　歐陽瑞驊譯　清宣統三年(1911)江南圖書館鉛印本　十一行三十字小字雙行同上下黑口四周雙邊　二册

640000－1261－0000055　00041
**御批歷代通鑑輯覽一百二十卷**　(清)傅恒等編纂　清刻本　十一行二十二字小字雙行同白口四周雙邊　四十八册

640000－1261－0000056　00102
**東亞史要不分卷**　(日本)開成館編　(清)陸鋆譯　清光緒直隸學校司排印局鉛印本　十一行二十八字小字雙行同白口四周雙邊　二册

640000－1261－0000057　00137
**校正元親征錄一卷**　(清)何秋濤校正　清光緒二十年(1894)小漚巢刻本　十行二十二字白口左右雙邊　一册

640000－1261－0000058　00108
**聖安皇帝本紀二卷**　(清)顧炎武撰　清刻本　九行十九字小字雙行同白口左右雙邊　一册

640000－1261－0000059　00139
**史外八卷**　(清)汪有典著　清同治六年(1867)玉德堂刻本　九行二十字白口四周雙邊　八册

640000－1261－0000060　00111
**增訂南詔野史二卷**　(明)楊慎編　(清)胡蔚訂正　清光緒六年(1880)雲南書局刻本　九行二十二字小字雙行同白口四周單邊　二册

640000－1261－0000061　00140
**春秋大事表五十卷**　(清)顧棟高輯　清光緒十四年(1888)陝西求友齋刻本　十一行二十五字小字雙行四十字白口四周單邊　二十一册

640000－1261－0000062　00155
**史姓韻編六十四卷**　(清)汪輝祖撰　(清)馮祖憲重校　清木活字印本　十四行字數不等小字雙行不等白口四周單邊　七册　存三十一卷(四至三十四)

640000－1261－0000063　00113
**明季南略十八卷**　(清)計六奇編　清都城琉璃廠半松居士木活字印本　九行二十字白口左右雙邊　十六册

640000－1261－0000064　00658
**涑水記聞十六卷**　(宋)司馬光撰　清刻本　九行二十一字白口四周雙邊　三册

640000－1261－0000065　00141
**左文襄公[宗棠]年譜十卷**　(清)羅正鈞撰　清光緒二十三年(1897)湘陰左氏刻本　十行二十五字小字雙行同上下黑口左右雙邊　十册

640000－1261－0000066　00142
**阿文成公[桂]年譜三十四卷**　(清)那彦成纂　(清)王昶勘定　(清)盧蔭溥增修　清嘉慶十八年(1813)刻本　十行二十二字白口四周雙邊　三十二册

640000－1261－0000067　00146
**歷代史表五十九卷首一卷**　(清)萬斯同撰　清光緒十五年(1889)廣雅書局刻本　行數不等字數不等小字雙行不等上下黑口四周單邊　六册

640000－1261－0000068　00149

**泰西各國名人言行錄十六卷**　(清)張兆蓉纂修　清光緒三十年(1904)蜀東善成堂石印本　十八行三十九字小字雙行不等白口四周雙邊　四冊

640000－1261－0000069　00159

**異聞錄十二卷**　(清)孫洙輯　清道光十八年(1838)刻本　九行二十字白口四周單邊　六冊

640000－1261－0000070　00173

**欽定大清會典一百卷首一卷**　(清)崑岡等纂　清光緒三十四年(1908)商務印書館石印本　十二行二十字小字雙行同白口四周雙邊　十冊

640000－1261－0000071　00166

**十七史商榷一百卷**　(清)王鳴盛撰　清乾隆五十二年(1787)洞涇草堂刻本　十行二十字白口四周雙邊　二十冊

640000－1261－0000072　00171

**皇朝續文獻通考三百二十卷**　劉錦藻撰　清光緒三十一年(1905)劉氏堅匏盦鉛印本　十行二十二字小字雙行同白口四周雙邊　八十八冊

640000－1261－0000073　00174

**欽定大清會典事例一千二百二十卷**　(清)崑岡等編纂　清光緒三十四年(1908)商務印書館石印本　二十行二十字白口四周雙邊　一百五十冊

640000－1261－0000074　00122

**崇禎五十宰相傳不分卷**　(清)曹溶撰　清宣統三年(1911)上海國學扶輪社鉛印本　十一行二十九字上下黑口四周雙邊　一冊

640000－1261－0000075　00128

**史略八十七卷**　(清)朱堃輯　清光緒二十五年(1899)萬本書局刻朱墨套印本　十三行二十八字白口左右雙邊　十六冊

640000－1261－0000076　00123

**姑蘇名賢小記二卷**　(明)文震孟撰　清光緒八年(1882)長洲蔣氏心矩齋刻本　十一行二十一字白口左右雙邊　一冊

640000－1261－0000077　00129

**甘州明季成仁錄四卷**　(清)胡秉虔輯　清道光績溪胡氏授經堂刻本　九行二十一字白口左右雙邊　一冊

640000－1261－0000078　00124

**滿洲名臣傳四十八卷漢名臣傳三十二卷**　(清)國史館編　清京都琉璃廠榮錦書屋刻本　九行十七字小字雙行同白口四周單邊　八十冊

640000－1261－0000079　00181

**大清搢紳全書一卷**　(清)□□編　清光緒十五年(1889)京都榮祿堂刻本　十四行三十二字小字雙行同白口四周雙邊　四冊

640000－1261－0000080　00183

**列國政要一百三十二卷首一卷**　(清)戴鴻慈　(清)端方輯　清光緒三十三年(1907)商務印書館上海石印本　十行二十八字小字雙行同白口四周雙邊　三十二冊

640000－1261－0000081　00185

**硃批諭旨三百六十卷**　(清)世宗胤禛撰　(清)鄂爾泰等編　清朱墨套印本　十行二十一字白口四周雙邊　一百十二冊

640000－1261－0000082　00186

**林文忠公政書三十七卷**　(清)林則徐撰　清刻本　九行二十字小字雙行同下黑口四周雙邊　八冊

640000－1261－0000083　00197

**萬國公法四卷**　(美國)惠頓撰　(美國)丁韙良譯　清同治三年(1864)京都崇實館刻本　十行二十一字白口四周雙邊　四冊

640000－1261－0000084　00196

**嘯亭雜錄十卷續錄三卷**　(清)昭槤撰　清宣統元年(1909)中國圖書公司鉛印本　十行二十五字小字雙行同白口四周單邊　四冊

640000－1261－0000085　00207

**瀛環志略十卷**　(清)徐繼畬撰　清同治五年(1866)總理衙門刻本　十行二十四字白口左右雙邊　六冊

640000－1261－0000086　00190
**沈文肅公政書七卷首一卷**　(清)沈葆楨撰　清光緒六年(1880)吳門節署刻本　十行二十四字白口四周雙邊　十二冊

640000－1261－0000087　00220
**讀史方輿紀要一百三十卷**　(清)顧祖禹輯　(清)彭元瑞校定　清光緒五年(1879)蜀南桐華書屋薛氏家塾刻本　十行二十一字小字雙行同白口四周雙邊　六十冊

640000－1261－0000088　00189
**劉中丞奏議二十卷**　(清)劉蓉撰　清光緒十一年(1885)思賢講舍刻本　十行二十四字小字雙行同上下黑口左右雙邊　六冊

640000－1261－0000089　00188
**張中丞奏議四卷**　(清)張聯桂撰　清光緒二十五年(1899)揚州刻本　九行二十一字小字雙行同白口左右雙邊　四冊

640000－1261－0000090　00209
**大清中外壹統輿圖南十卷北二十卷中一卷首一卷**　(清)胡林翼等撰　(清)鄒世詒等編繪　清同治二年(1863)湖北撫署景桓樓刻本　下黑口四周雙邊　十二冊

640000－1261－0000091　00222
**[正德]武功縣志三卷首一卷**　(明)康海撰　(清)孫景烈評註　清同治十二年(1873)湖北崇文書局刻本　九行二十一字小字雙行同白口四周雙邊　一冊

640000－1261－0000092　00212
**天下郡國利病書一百二十卷**　(清)顧炎武輯　清光緒五年(1879)蜀南桐華書屋薛氏家塾刻本　十行二十一字小字雙行同白口左右雙邊　六十冊

640000－1261－0000093　00224
**[光緒]三原縣新志八卷**　(清)焦雲龍重修　(清)賀瑞麟纂　清光緒六年(1880)刻本　十二行二十四字小字雙行同上下黑口四周單邊　四冊

640000－1261－0000094　00214
**中外地輿圖說集成一百三十卷**　(清)同康廬主人編　清光緒二十年(1894)上海積山書局石印本　行數不等字數不等白口四周單邊　三十二冊

640000－1261－0000095　00250
**[乾隆]欽定皇輿西域圖志四十八卷首四卷**　(清)傅恒修　(清)褚廷璋等纂　清光緒十九年(1893)杭州便益書局石印本　十六行三十六字小字雙行同白口左右雙邊　十二冊

640000－1261－0000096　00232
**[宣統]新修固原直隸州志十一卷**　王學伊修　錫麒纂　**[宣統]新修硝河城志一卷**　楊修德纂　清宣統元年(1909)官報書局鉛印本　十行二十四字小字雙行同白口四周雙邊　十二冊

640000－1261－0000097　00215
**小方壺齋輿地叢鈔十二帙**　(清)王錫祺輯　清光緒十七年至二十三年(1891－1897)上海著易堂鉛印本　十八行四十字白口四周雙邊　六十四冊

640000－1261－0000098　00269
**[光緒]全滇紀要不分卷**　(清)雲南課吏館編　清光緒三十一年(1905)雲南課吏館鉛印本　十行二十五字白口四周單邊　二十冊

640000－1261－0000099　00234
**[乾隆]寧夏府志二十二卷首一卷**　(清)張金城修　(清)楊浣雨纂　清乾隆四十五年(1780)刻本　九行二十一字小字雙行同白口四周雙邊　十冊

640000－1261－0000100　00270
**蠻書十卷**　(唐)樊綽撰　清光緒漸西村舍刻本　十行二十二字小字雙行同白口左右雙邊　一冊

640000－1261－0000101　00272
**[光緒]西藏圖考八卷首一卷**　(清)黃沛翹輯

清光緒十七年(1891)讀我書齋刻本　十行二十二字小字雙行同下黑口左右雙邊　六册

640000－1261－0000102　00277
**漢書西域傳補注二卷**　(清)徐松撰　清光緒二十年(1894)廣雅書局刻本　十一行二十四字小字雙行同上下黑口四周單邊　一册

640000－1261－0000103　00280
**春秋輿圖十三卷**　(清)顧棟高撰　清陝西求友齋朱墨套印本　十一行二十五字小字雙行不等白口左右雙邊　一册

640000－1261－0000104　00282
**漢西域圖考七卷**　(清)李光廷撰　清光緒八年(1882)陽湖趙氏壽諼草堂石印本　九行二十一字小字雙行同白口四周單邊　四册

640000－1261－0000105　00285
**莫愁湖志六卷首一卷**　(清)馬士圖輯　清光緒八年(1882)刻本　九行十九字小字雙行同上下黑口左右雙邊　三册

640000－1261－0000106　00287
**西域水道記五卷漢書西域傳補注二卷新疆賦一卷**　(清)徐松撰　清道光三年(1823)刻本　十一行二十八字小字雙行同上下黑口左右雙邊　五册

640000－1261－0000107　00288
**西域水道記五卷漢書西域傳補注二卷新疆賦一卷**　(清)徐松撰　清道光三年(1823)刻本　十一行二十八字小字雙行同上下黑口左右雙邊　五册

640000－1261－0000108　00291
**水道提綱二十八卷**　(清)齊召南編錄　清乾隆四十一年(1776)傳經書屋刻本　九行二十二字小字雙行同白口左右雙邊　八册

640000－1261－0000109　00292
**西陲要略四卷**　(清)祁韻士撰　清光緒四年(1878)同文館鉛印本　九行二十一字白口四周雙邊　二册

640000－1261－0000110　00295
**徐霞客遊記十卷外編一卷補編一卷**　(明)徐宏祖撰　(清)葉廷甲補　清嘉慶十三年(1808)刻本　十行二十三字上下黑口四周單邊　十册

640000－1261－0000111　00299
**初使泰西記四卷**　(清)志剛　(清)避熱主人(宜垕)編　清光緒三年(1877)避熱窩刻本　九行二十字白口四周雙邊　四册

640000－1261－0000112　00301
**河海崑崙錄四卷**　(清)裴景福著　清光緒三十二年(1906)上海文明書局鉛印本　十二行三十二字小字雙行三十三字白口四周雙邊　四册

640000－1261－0000113　00302
**遣戍伊犁日記一卷附天山客話一卷外家紀聞一卷**　(清)洪亮吉撰　清光緒三年(1877)授經堂刻本　十一行二十二字小字雙行同上下黑口四周單邊　一册

640000－1261－0000114　00323
**甘肅清理財政說明書初編二卷**　(清)傅秉鑒編　清宣統石印本　行數不等字數不等白口四周雙邊　八册　存一卷(一)

640000－1261－0000115　00345
**孔子集語十七卷**　(清)孫星衍撰　清光緒三年(1877)浙江書局刻本　九行二十一字小字雙行同白口左右雙邊　四册

640000－1261－0000116　00332
**欽定四庫全書總目二百卷首四卷**　(清)紀昀等編　清乾隆武英殿刻本　九行二十一字白口四周雙邊　九十六册

640000－1261－0000117　00346
**文子纘義十二卷**　(元)杜道堅撰　清光緒三年(1877)浙江書局刻本　九行二十一小字雙行同白口左右雙邊　二册

640000－1261－0000118　00351
**老子道德經二卷**　(春秋)李耳撰　(三國魏)王弼注　清光緒元年(1875)浙江書局刻本　九行二十一字小字雙行同白口四周單邊　一册

640000－1261－0000119　00352

**莊子十卷**　（戰國）莊周撰　（晉）郭象注　（唐）陸德明音義　清光緒二年（1876）浙江書局刻本　九行二十一字小字雙行同白口左右雙邊　四冊

640000－1261－0000120　00347

**新書十卷**　（漢）賈誼撰　清光緒元年（1875）浙江書局刻本　九行二十一字小字雙行同白口左右雙邊　二冊

640000－1261－0000121　00348

**春秋繁露十七卷**　（漢）董仲舒撰　清光緒二年（1876）浙江書局刻本　九行二十一字小字雙行同白口左右雙邊　二冊

640000－1261－0000122　00353

**列子八卷**　（戰國）列禦寇撰　（晉）張湛注　清光緒二年（1876）浙江書局刻本　九行二十一字小字雙行同白口左右雙邊　二冊

640000－1261－0000123　00349

**荀子二十卷**　（唐）楊倞注　清光緒二年（1876）浙江書局刻本　九行二十一字小字雙行同白口左右雙邊　二冊

640000－1261－0000124　00350

**文中子中說十卷**　（隋）王通撰　（宋）阮逸注　清光緒二年（1876）浙江書局刻本　九行二十一字小字雙行同白口左右雙邊　二冊

640000－1261－0000125　00354

**淮南子二十一卷敘目一卷**　（漢）劉安撰　（漢）高誘注　清光緒二年（1876）浙江書局刻本　九行二十一字小字雙行同白口左右雙邊　六冊

640000－1261－0000126　00355

**揚子法言十三卷附音義一卷**　（漢）揚雄撰　（唐）李軌注　清光緒二年（1876）浙江書局刻本　九行二十一字小字雙行同白口左右雙邊　一冊

640000－1261－0000127　00356

**管子二十四卷**　（春秋）管仲撰　（唐）房玄齡注　清光緒二年（1876）浙江書局刻本　九行二十一字小字雙行同白口左右雙邊　六冊　缺一卷（十二）

640000－1261－0000128　00357

**商君書五卷附考一卷**　（戰國）商鞅撰　（清）嚴可均校　清光緒二年（1876）浙江書局刻本　九行二十一字小字雙行同白口左右雙邊　一冊

640000－1261－0000129　00358

**韓非子二十卷**　（戰國）韓非撰　**識誤三卷**　（清）顧廣圻撰　清光緒元年（1875）浙江書局刻本　九行二十一字小字雙行同白口左右雙邊　六冊

640000－1261－0000130　00376

**天方性理五卷首一卷**　（清）劉智纂　清同治二年（1863）刻本　九行二十一字上下黑口四周雙邊　三冊

640000－1261－0000131　00359

**墨子十六卷**　（戰國）墨翟撰　（清）畢沅校注　清光緒二年（1876）浙江書局刻本　九行二十一字小字雙行同白口左右雙邊　四冊

640000－1261－0000132　00361

**孫子十家注十三卷**　（春秋）孫武撰　（漢）曹操等注　（宋）吉天保輯　（清）孫星衍　（清）吳人驥校　**敘錄一卷**　（清）畢以珣撰　**遺說一卷**　（宋）鄭友賢撰　清光緒三年（1877）浙江書局刻本　九行二十字小字雙行同白口左右雙邊　六冊

640000－1261－0000133　00379

**日知錄集釋三十二卷**　（清）顧炎武撰　（清）黃汝成集釋　清道光十四年（1834）嘉定黃氏西溪草廬刻本　十一行二十二字小字雙行同上下黑口四周雙邊　十六冊

640000－1261－0000134　00363

**黃帝內經靈樞十二卷補注黃帝內經素問二十四卷**　（唐）王冰注　清光緒三年（1877）浙江書局刻本　九行二十一字白口左右雙邊　十冊

640000－1261－0000135　00381

**晏子春秋七卷** (春秋)晏嬰撰 **音義二卷** (清)孫星衍撰 **校勘記二卷** (清)黄以周撰 清光緒元年(1875)浙江書局刻本 九行二十一字小字雙行同白口左右雙邊 四册

640000－1261－0000136 00364

**本草綱目五十二卷首一卷總目一卷圖三卷** (明)李時珍撰 **本草萬方針線八卷** (清)蔡烈先輯 **本草綱目拾遺十卷** (清)趙學敏輯 清光緒十一年(1885)合肥張紹棠味古齋刻本 九行二十字小字雙行同白口四周單邊 四十册

640000－1261－0000137 00382

**吕氏春秋二十六卷** (秦)吕不韋撰 (漢)高誘注 清光緒元年(1875)浙江書局刻本 九行二十一字小字雙行同白口左右雙邊 六册

640000－1261－0000138 00383

**尸子二卷** (戰國)尸佼撰 (清)汪繼培輯 清光緒三年(1877)浙江書局刻本 九行二十一字小字雙行同白口左右雙邊 一册

640000－1261－0000139 00385

**繪圖安邦志八卷繪圖定國志八卷** (清)□□撰 清宣統二年(1910)上海章福記書局石印本 二十行四十二字白口四周雙邊 十六册

640000－1261－0000140 00386

**古今志異六卷** (清)□□撰 清光緒十八年(1892)桐花書屋刻本 九行二十二字白口左右雙邊 六册

640000－1261－0000141 00389

**日知録集釋三十二卷** (清)顧炎武撰 (清)黄汝成集釋 清刻本 十一行二十二字小字雙行同上下黑口左右雙邊 十一册

640000－1261－0000142 00387

**山海經十八卷** (晉)郭璞傳 (清)畢沅校正 清光緒三年(1877)浙江書局刻本 九行二十一字白口左右雙邊 三册

640000－1261－0000143 00401

**觀禮堂三教真傳六十章** (清)觀禮堂編 清宣統三年(1911)天津觀禮堂刻本 八行二十字白口四周雙邊 一册 存九章(道教十二至二十)

640000－1261－0000144 00402

**教欵捷要不分卷** (清)馬伯良撰 清道光十九年(1839)刻本 八行十八字白口四周單邊 一册

640000－1261－0000145 00431

**竹書紀年統箋十二卷** (南朝梁)沈約附注 (清)徐文靖統箋 清光緒三年(1877)浙江書局刻本 九行二十一字小字雙行同白口左右雙邊 一册 存三卷(一至三)

640000－1261－0000146 00403

**清真釋疑補輯不分卷** (清)金天柱撰 清光緒九年(1883)刻本 九行二十五字白口四周雙邊 一册

640000－1261－0000147 00437

**元文類七十卷目録三卷** (元)蘇天爵輯 清光緒十五年(1889)江蘇書局刻本 十四行二十五字小字雙行同白口左右雙邊 十册

640000－1261－0000148 00404

**禮法啟愛不分卷** (清)馬復初纂 (清)馬安禮譯 清同治元年(1862)刻本 白口四周雙邊 一册

640000－1261－0000149 00438

**全唐詩九百卷目録十二卷** (清)聖祖玄燁敕編 (清)曹寅輯 清康熙四十六年(1707)揚州詩局刻本 十一行二十一字小字雙行三十二字白口左右雙邊 一百二十册

640000－1261－0000150 00459

**十駕齋養新録二十卷餘録三卷** (清)錢大昕撰 清光緒二年(1876)浙江書局刻本 十行二十三字小字雙行同白口左右雙邊 八册

640000－1261－0000151 00451

**湛然居士文集十四卷** (元)耶律楚材撰 清光緒二十一年(1895)漸西村舍刻本 十行二十一字小字雙行同白口左右雙邊 四册

640000－1261－0000152 00405

**教欵捷要不分卷**　(清)馬伯良撰　清道光十九年(1839)刻本　八行十八字白口四周單邊　二册

640000－1261－0000153　00460

**樊謝山房集十卷續十卷文集八卷**　(清)厲鶚撰　清光緒十年(1884)汪氏振綺堂刻本　十一行二十一字上下黑口左右雙邊　十册

640000－1261－0000154　00452

**湛然居士文集十四卷**　(元)耶律楚材撰　清光緒二十一年(1895)漸西村舍刻本　十行二十一字小字雙行同白口左右雙邊　二册　存七卷(一至七)

640000－1261－0000155　00453

**苑洛集二十二卷**　(明)韓邦奇撰　清嘉慶七年(1802)刻本　十行二十字白口四周雙邊　十册

640000－1261－0000156　00463

**李二曲先生全集二十六卷**　(清)李顒撰　清道光八年(1828)雲蔭堂刻本　九行二十字下黑口四周雙邊　八册

640000－1261－0000157　00406

**教欵捷要不分卷**　(清)馬伯良撰　(清)馬聯元述　清光緒二十年(1894)刻本　行數不等字數不等四周雙邊　二册

640000－1261－0000158　00407

**四典要會四卷**　(清)馬德新撰　清光緒二十四年(1898)錦城荆德茂厚堂刻本　九行十八字白口四周雙邊　四册

640000－1261－0000159　00456

**楊忠烈公文集五卷**　(明)楊漣撰　清石印本　十四行三十二字白口四周雙邊　四册　存四卷(二至五)

640000－1261－0000160　00457

**蟣蝨集五卷**　(明)盧柟撰　清光緒二十年(1894)刻本　九行十八字白口四周雙邊　五册

640000－1261－0000161　00409

**至聖寶諭二卷**　(清)馬聯元撰　清光緒二十年(1894)刻本　行數不等字數不等　二册

640000－1261－0000162　00470

**恪靖侯盾鼻餘瀋不分卷**　(清)左宗棠撰　(清)柳葆元　(清)易策謙録刊　清光緒七年(1881)刻本　十行二十字白口四周雙邊　一册

640000－1261－0000163　00501

**西陲竹枝詞不分卷**　(清)松筠鑒定　(清)祁韻士撰　清嘉慶十六年(1811)刻本　十行二十二字小字雙行同白口四周雙邊　一册

640000－1261－0000164　00522

**翻刻第七才子書六卷**　(元)高明撰　清咸豐八年(1858)隆文堂刻本　九行二十四字上下黑口左右雙邊　六册

640000－1261－0000165　00524

**來生福彈詞三十六回**　(清)橘中逸叟撰　清刻本　八行十九字上下黑口四周單邊　十二册　存二十五回(十二至三十六)

640000－1261－0000166　00529

**閲微草堂筆記二十四卷**　(清)紀昀撰　清道光十三年(1833)刻本　十行二十一字上下黑口四周雙邊　十册

640000－1261－0000167　00530

**異説後唐傳三集薛丁山征西樊梨花全傳十卷八十八回**　(清)如蓮居士撰　清刻本　十二行二十七字白口四周單邊　四册　缺二卷(一至二)

640000－1261－0000168　00532

**繡像芙蓉洞全傳十卷四十回**　(清)陳遇乾撰　清道光十六年(1836)刻本　十行二十字白口四周單邊　十册

640000－1261－0000169　00533

**東西晉全傳十二卷**　(明)陳氏尺蠖齋評釋　清英德堂刻本　十四行二十四字白口四周單邊　一册　存一卷(一)

640000－1261－0000170　00534

**西遊真詮一百回**　(明)吳承恩撰　(清)陳士斌詮解　清道光二十九年(1849)松盛堂刻本　十二行二十八字白口四周單邊　六冊

640000－1261－0000171　00535

**新刻鍾伯敬先生批評封神演義十九卷一百回**　(明)許仲琳撰　(明)鍾惺評注　清刻本　十一行二十四字白口四周單邊　二十冊

640000－1261－0000172　00537

**東周列國全志二十三卷一百八回**　(清)蔡界評點　清朱墨套印本　十二行二十六字白口四周單邊　十三冊　缺十卷(一至六、十二至十五)

640000－1261－0000173　00538

**餘墨偶談初集八卷續集八卷**　(清)孫橒編　清同治十二年(1873)雙峰書屋刻本　八行十六字下黑口左右雙邊　十二冊

640000－1261－0000174　00540

**文學興國策二卷**　(美國)林樂知譯　清光緒二十二年(1896)上海廣學會圖書集成局鉛印本　十三行四十字白口四周單邊　一冊

640000－1261－0000175　00467

**曾文正公全集十五種一百八十五卷首一卷**　(清)曾國藩撰　(清)李瀚章編錄　清光緒二年(1876)傳忠書局刻本　十行二十四字小字雙行同上下黑口左右雙邊　一百二十八冊

640000－1261－0000176　00415

**明德實語二卷**　(清)馬安義撰　清光緒三十一年(1905)廣濟堂刻本　行數不等字數不等白口四周雙邊　二冊

640000－1261－0000177　00469

**胡文忠公遺集八十六卷首一卷**　(清)胡林翼撰　(清)鄭敦謹　(清)曾國荃輯　清同治六年(1867)黃鶴樓刻本　十行二十字小字雙行同上下黑口四周雙邊　三十二冊

640000－1261－0000178　00465

**李文忠公全集一百六十五卷首一卷**　(清)李鴻章撰　清光緒三十四年(1908)金陵書局刻本　十二行二十五字白口左右雙邊　一百冊

640000－1261－0000179　00468

**胡文忠公遺集八十六卷**　(清)胡林翼撰　(清)鄭敦謹　(清)曾國荃輯　清同治六年(1867)黃鶴樓刻本　十行二十字小字雙行同上下黑口四周雙邊　三十二冊

640000－1261－0000180　00466

**左文襄公全集七種一百十九卷首一卷附二種十四卷**　(清)左宗棠撰　清光緒十六年(1890)刻本　十行二十五字上下黑口左右雙邊　一百二十八冊

640000－1261－0000181　00418

**正教真詮二卷**　(清)王岱輿撰　清清真堂刻本　八行十八字白口四周單邊　四冊

640000－1261－0000182　00369

**西嶽華山廟碑不分卷**　(漢)郭香察書　清拓本　一冊

640000－1261－0000183　00545

**涇川叢書五十一種八十四卷**　(清)趙紹祖　(清)趙繩祖輯　清道光十二年(1832)涇縣趙氏古墨齋刻本　九行二十字下黑口左右雙邊　二十四冊

640000－1261－0000184　00546

**藕香零拾三十九種一百二卷**　繆荃孫輯　清光緒二十二年至宣統二年(1896－1910)江陰繆荃孫刻本　十四行二十一字小字雙行同上下黑口左右雙邊　三十二冊

640000－1261－0000185　00563

**粵雅堂叢書三編五集二十種二百四十三卷**　(清)伍崇曜輯　清咸豐三年(1853)南海伍氏刻本　九行二十一字小字雙行同上下黑口左右雙邊　六十八冊

640000－1261－0000186　00560

**史學叢書三十五種二百三十一卷**　(清)□□輯　清光緒二十八年(1902)上海煥文書局點石齋石印本　二十三行四十七字白口四周單邊　三十二冊

640000－1261－0000187　00556

**正誼堂全書六十二種四百七十四卷**　(清)張

伯行輯　清同治五年(1866)福州正誼書院刻本　十行二十二字白口左右雙邊　一百六十冊

640000－1261－0000188　00547

**龍威秘書一百六十三種二百八十卷**　(清)馬俊良輯　清乾隆五十九年(1794)石門馬氏大酉山房刻本　九行二十字小字雙行同白口左右雙邊　七十二冊

640000－1261－0000189　00555

**玉函山房輯佚書五百七十四種六百九十一卷補遺二十種二十一卷附一種三十一卷**　(清)馬國翰撰　清光緒九年(1883)長沙嫏嬛館刻本　九行二十字白口四周雙邊　一百冊

640000－1261－0000190　00562

**粵雅堂叢書初編十集六十三種三百八十一卷**　(清)伍崇曜輯　清道光、光緒間南海伍氏刻本　九行二十一字上下黑口左右雙邊　三百二十二冊

640000－1261－0000191　00103

**明季稗史彙編十五種二十五卷**　(清)留雲居士輯　清都城琉璃廠留雲居士木活字印本　十行十九字白口四周雙邊　七冊

640000－1261－0000192　00264

**[嘉慶]衛藏通志十六卷首一卷**　(清)和琳纂修　清光緒二十二年(1896)漸西村舍刻本　十行二十一字小字雙行同白口左右雙邊　八冊

640000－1261－0000193　00225

**[嘉慶]長安縣志三十六卷**　(清)張聰賢修　(清)董曾臣纂　清嘉慶二十年(1815)刻本　九行二十二字小字雙行不等白口四周單邊　六冊

640000－1261－0000194　00210

**海國圖志一百卷首一卷**　(清)魏源撰　清光緒刻本　九行二十一字白口四周雙邊　十六冊

# 寧夏回族自治區文物考古研究所古籍普查登記目録

全國古籍普查登記目録

國家圖書館出版社
National Library of China Publishing House

640000－1262－0000001　F042－1～44
**吉祥上樂輪略文等虛空本續不分卷**　（西夏）□□撰　西夏時期寫本　行數不等字數不等　無版框　四十四葉

640000－1262－0000002　F041－1～14
**修持儀軌不分卷**　（西夏）□□撰　西夏時期寫本　八行字數不等四周單邊　十四葉

640000－1262－0000003　F039
**異本救諸衆生一切苦難經不分卷**　（西夏）□□撰　西夏時期寫本　三十八行字數不等　三葉

640000－1262－0000004　F040－1～10
**衆經集要不分卷**　（西夏）□□撰　西夏時期寫本　八行十六至十七字上下單邊　十葉

640000－1262－0000005　F038
**圓覺道場礼口□本不分卷**　（西夏）□□撰　西夏時期寫本　二十四行字數不等　一葉

640000－1262－0000006　F051－1～18
**漢文詩集不分卷**　（西夏）□□撰　西夏時期寫本　行數不等字數不等　無版框　十六葉

640000－1262－0000007　K2：12
**占察善惡業報經不分卷**　（西夏）□□撰　西夏時期木活字印本　六行十六字上下雙邊　二葉

640000－1262－0000008　F027
**西夏文佛經長卷一卷**　（西夏）□□撰　西夏文寫本　三百二十四行七千三百字　一軸

640000－1262－0000009　F17、F18、F19
**吉祥遍至口和本續□□卷**　（西夏）□□撰　西夏文木活字印本　十行字數不等四周雙邊　三冊　存三卷(三至五)

640000－1262－0000010　F20
**吉祥遍至口和本續之要文一卷**　（西夏）□□撰　西夏文木活字印本　十行字數不等四周雙邊　一冊

640000－1262－0000011　F20
**吉祥遍至口和本續之解生喜補□□卷**　（西夏）□□撰　西夏文木活字印本　十行二十二字四周雙邊　四冊　存三卷(二至三、五)

640000－1262－0000012　F021
**吉祥遍至口和本續之廣義文不分卷**　（西夏）□□撰　西夏文木活字印本　十行二十二字四周雙邊　一冊

640000－1262－0000013　K2：121
**金剛般若經解集一卷**　（西夏）□□撰　西夏時期刻本　五行字數不等上下雙邊　六葉

640000－1262－0000014　K2：137
**妙法蓮華經集要義鏡注□□卷**　（西夏）□□撰　西夏時期泥活字印本　十行字數不等四周雙邊　六十八葉　存四卷(一、五、八、十二)

640000－1262－0000015　K2：129
**圓覺注之略疏第一上半**　（西夏）□□撰　西夏時期泥活字印本　十行二十一字四周雙邊　十四葉

# 寧夏回族自治區博物館古籍普查登記目録

全國古籍普查登記目録

國家圖書館出版社
National Library of China Publishing House

640000－1281－0000001　00001
**［同治］畿輔通志三百卷首一卷**　（清）李鴻章　（清）張樹聲修　（清）黄彭年纂　清光緒十年（1884）刻本　十二行二十五字小字雙行同白口四周雙邊　二百四十册

640000－1281－0000002　00015
**辛卯侍行記六卷**　陶保廉撰　清光緒二十三年（1897）養樹山房刻本　十行二十二字小字雙行同上下黑口四周單邊　一册　存一卷（一）

640000－1281－0000003　00016
**天下郡國利病書一百二十卷**　（清）顧炎武撰　清光緒二十七年（1901）圖書集成局鉛印本　十四行四十二字小字雙行同白口四周單邊　二十六册　缺六卷（七十三至七十八）

640000－1281－0000004　00008
**漢西域圖考七卷首一卷**　（清）李光廷撰　清光緒八年（1882）陽湖趙氏壽諼草堂石印本　九行二十一字小字雙行同白口四周單邊　四册

640000－1281－0000005　00002
**［雍正］陝西通志一百卷首一卷**　（清）劉於義等修　（清）沈青崖纂　清雍正十三年（1735）刻本　十二行二十六字小字雙行同白口四周雙邊　一百册

640000－1281－0000006　00014
**國朝柔遠記二十卷**　（清）王之春編　（清）彭玉麟定　清光緒十七年（1891）廣雅書局刻本　十一行二十二字小字雙行同上下黑口左右雙邊　六册

640000－1281－0000007　00017
**水經注釋四十卷首一卷附錄二卷刊誤十二卷**　（漢）桑欽撰　（北魏）酈道元注　（清）趙一清錄　清光緒六年（1880）蛟川張壽榮華雨樓刻本　十行二十二字小字雙行同白口左右雙邊　二十册

640000－1281－0000008　00020
**大清中外壹統輿圖南十卷北二十卷中一卷首一卷**　（清）胡林翼等撰　（清）鄒世詒等編繪　清同治二年（1863）湖北撫署景桓樓刻本　下黑口四周雙邊　十二册

640000－1281－0000009　00012
**水道提綱二十八卷**　（清）齊召南編錄　清光緒五年（1879）宏達堂刻本　十三行二十二字小字雙行同上下黑口四周雙邊　六册

640000－1281－0000010　00019
**大清一統志四百二十四卷**　（清）和珅等纂修　清光緒二十三年（1897）杭州竹簡齋石印本　二十行四十二字小字雙行同白口左右雙邊　四十册　缺一百四十七卷（一百四十八至二百十四、三百四十五至四百二十四）

640000－1281－0000011　00009
**元豐九域志十卷**　（宋）王存等撰　清刻本　九行二十一字白口四周雙邊　八册

640000－1281－0000012　00005
**乾隆府廳州縣圖志五十卷**　（清）洪亮吉撰　清光緒二十三年（1897）新化三味書室刻本　十一行二十四字小字雙行同上下黑口左右雙邊　二十六册

640000－1281－0000013　00011
**郡縣分韻考十卷**　（清）黄本驥編輯　清道光二十七年（1847）刻本　十行二十一字小字雙行同白口四周雙邊　三册

640000－1281－0000014　00018
**［宣統］甘肅新通志一百卷首五卷**　昇允　長庚修　安維峻撰　清宣統元年（1909）石印本　十二行二十六字白口四周雙邊　八十册

640000－1281－0000015　00006
**［光緒］重纂秦州直隸州新志二十四卷首一卷**　（清）余澤春等修　（清）王權等編次　清光緒十五年（1889）刻本　九行二十一字小字雙行同白口四周雙邊　十六册

640000－1281－0000016　00013
**［乾隆］涇州志二卷**　（清）張延福修　（清）李瑾纂　清乾隆十九年（1754）刻本　九行二十三字白口四周雙邊　二册

640000－1281－0000017　00004

**［宣統］新修固原直隸州志十一卷**　王學伊修　錫麒纂　**［宣統］硝河城志一卷**　楊修德纂　清宣統元年(1909)官報書局鉛印本　十行二十四字小字雙行同白口四周雙邊　十二册

640000－1281－0000018　00157

**元豐九域志十卷**　(宋)王存等撰　清光緒八年(1882)金陵書局刻本　十二行二十一字小字雙行同白口左右雙邊　四册

640000－1281－0000019　00062

**東都事略一百三十卷**　(宋)王偁撰　清乾隆、嘉慶間南沙席氏掃葉山房刻本　十二行二十五字白口左右雙邊　十四册

640000－1281－0000020　00024

**御批歷代通鑑輯覽一百二十卷**　(清)傅恒等編纂　清光緒三十一年(1905)上海商務印書館鉛印本　十五行二十八字小字雙行不等白口四周單邊　四十册

640000－1281－0000021　00023

**御批資治通鑑綱目正編五十九卷首一卷**　(宋)朱熹撰　**御批資治通鑑綱目前編十八卷舉要三卷**　(元)金履祥撰　**御批資治通鑑綱目前編外紀一卷**　(元)陳桱撰　**御批資治通鑑綱目續編二十七卷**　(明)商輅等撰　清光緒十三年(1887)上海同文書局石印本　十八行三十六字小字雙行同白口四周單邊　二十四册

640000－1281－0000022　00007

**輿地廣記三十八卷**　(宋)歐陽忞撰　**校勘輿地廣記札記二卷**　(清)黄丕烈撰　清光緒六年(1880)金陵書局刻本　十三行二十四字小字雙行同白口四周單邊　四册

640000－1281－0000023　00025

**明通鑑九十卷首一卷目錄二十卷前編四卷附編六卷**　(清)夏燮編輯　清同治十二年(1873)宜黄官廨刻本　十行二十一字小字雙行同白口四周雙邊　四十七册

640000－1281－0000024　00029

**通鑑論三卷附稽古録論一卷**　(宋)司馬光撰　(清)伍耀光輯録　(清)梁式英校訂　清光緒二十四年(1898)上海箐華閣刻本　十行二十二字小字雙行同上下黑口四周單邊　一册　缺二卷(通鑑論二至三)

640000－1281－0000025　00021

**通鑑紀事本末二百三十九卷**　(宋)袁樞撰　(明)張溥論正　清同治十二年(1873)江西書局刻本　十行二十字小字雙行同下黑口左右雙邊　八十册

640000－1281－0000026　00028

**資治通鑑補正二百九十四卷首一卷**　(宋)司馬光編集　(元)胡三省音註　(明)嚴衍補正　清光緒二十八年(1902)上海益智書局石印本　十八行四十四字小字雙行同白口四周雙邊　四十八册

640000－1281－0000027　00030

**文獻通考二十四卷首一卷**　(元)馬端臨著　清光緒十一年(1885)上海點石齋石印本　二十二行四十二字白口四周單邊　二十册

640000－1281－0000028　00031－54

**二十四史三千二百四十一卷**　清光緒二十九年(1903)上海五洲同文書局石印本　十行二十一字小字雙行同上下黑口左右雙邊　七百九册　缺一百九卷(舊唐書一百九十八至二百、宋史三百八十五至四百九十)

640000－1281－0000029　00022

**紀事本末彙刻六種三百六十一卷**　(清)廣雅書局輯　清光緒廣雅書局刻本　十行二十字小字雙行同下黑口四周單邊　五十七册

640000－1281－0000030　00026

**資治通鑑地理今釋十六卷**　(清)吴熙載撰　清光緒八年(1882)江蘇書局刻本　十行二十字小字雙行同上下黑口四周雙邊　二册

640000－1281－0000031　00055

**帝王世紀纂要四卷**　(清)游昌灼輯　清嘉慶十七年(1812)刻本　八行二十二字小字雙行同白口四周雙邊　四册

640000－1281－0000032　00057
**元史譯文證補三十卷**　(清)洪鈞撰　清光緒二十三年(1897)刻本　十二行二十五字小字雙行三十七字白口左右雙邊　四册

640000－1281－0000033　00074
**金石索十二卷首一卷**　(清)馮雲鵬　(清)馮雲鵷輯　清光緒三十三年(1907)上海文新書局石印本　行數不等字數不等白口四周單邊　二十四册

640000－1281－0000034　00100
**墨林今話十八卷**　(清)蔣寶齡撰　**墨林今話續編一卷**　(清)蔣茝生撰　清同治十一年(1872)映雪草廬刻本　十行二十一字上下黑口左右雙邊　六册

640000－1281－0000035　00061
**元朝秘史十五卷首一卷**　(元)□□撰　(清)李文田注　清光緒二十九年(1903)石印書局石印本　十行二十一字小字雙行同白口左右雙邊　八册

640000－1281－0000036　00077
**關中金石記八卷**　(清)畢沅撰　清光緒三十四年(1908)渭南嚴氏刻本　十一行二十一字上下黑口左右雙邊　四册

640000－1281－0000037　00058
**南北史捃華八卷**　(清)周嘉猷輯　清光緒二年(1876)退補齋刻本　九行二十一字白口四周雙邊　四册

640000－1281－0000038　00158
**遼史拾遺二十四卷**　(清)厲鶚撰　清道光元年(1821)錢塘汪氏刻本　十行二十一字小字雙行同白口左右雙邊　六册

640000－1281－0000039　00094
**文史通義八卷**　(清)章學誠撰　清道光十二年(1832)會稽章華紱刻本　十二行二十五字小字雙行同白口四周單邊　四册

640000－1281－0000040　00102
**宋淳熙敕編古玉圖譜一百卷**　(宋)龍大淵等纂　清同治八年(1869)刻本　八行十七字白口四周單邊　三十二册

640000－1281－0000041　00068
**李氏五種合刊二十八卷**　(清)李兆洛撰　清光緒十四年(1888)上海掃葉山房刻本　八行二十二字小字雙行同白口四周雙邊　十二册

640000－1281－0000042　00056
**遼史拾遺補五卷**　(清)楊復吉撰　清道光五年(1825)錢塘汪氏刻本　十行二十一字小字雙行同白口左右雙邊　二册

640000－1281－0000043　00083
**金石萃編一百六十卷**　(清)王昶撰　清光緒十九年(1893)上海醉六堂石印本　二十行二十一字白口四周單邊　二十四册

640000－1281－0000044　00059
**聖武記十四卷**　(清)魏源撰　清道光二十六年(1846)刻本　十行二十一字小字雙行同白口四周雙邊　十二册

640000－1281－0000045　00070
**律表三十七卷首一卷**　(清)曾恒德編　清刻本　行數不等字數不等白口四周單邊　五册

640000－1281－0000046　00069
**支那疆域沿革略説不分卷**　(日本)重野安繹　(日本)河田羆著　清光緒興地學會刻本　十一行二十四字小字雙行同下黑口左右雙邊　一册

640000－1281－0000047　00060
**聖武記十四卷**　(清)魏源撰　清道光邵陽魏源古微堂刻本　十行二十一字小字雙行同白口四周雙邊　八册

640000－1281－0000048　00067
**大金國志四十卷**　(宋)宇文懋昭撰　(清)埽葉山房校刊　清埽葉山房刻本　十二行二十五字小字雙行不等白口左右雙邊　四册

640000－1281－0000049　00089
**史姓韻編六十四卷**　(清)汪輝祖輯　(清)馮祖憲重校　清光緒十年(1884)馮祖憲耕餘樓鉛印本　十二行三十二字小字雙行同白口四

周單邊　十六冊

640000－1281－0000050　00075

**潛研堂金石文跋尾六卷續七卷又續六卷**　(清)錢大昕撰　清乾隆、嘉慶間刻本　十二行二十四字上下黑口左右雙邊　三冊

640000－1281－0000051　00076

**秦漢瓦當文字二卷續一卷**　(清)程敦著　清乾隆五十二年(1787)橫渠書院刻本　十一行二十五字上下黑口四周單邊　三冊

640000－1281－0000052　00090

**元和姓纂十卷**　(唐)林寶撰　(清)孫星衍校　(清)洪瑩校補　清光緒六年(1880)金陵書局刻本　十二行二十四字小字雙行同上下黑口左右雙邊　四冊

640000－1281－0000053　00064

**東觀漢記二十四卷**　(漢)劉珍等撰　清乾隆六十年(1795)埽葉山房刻本　十二行二十五字小字雙行三十七字白口左右雙邊　四冊

640000－1281－0000054　00103

**古玉圖考不分卷**　(清)吳大澂編　清光緒十五年(1889)上海同文書局石印本　行數不等字數不等小字雙行不等白口四周單邊　二冊

640000－1281－0000055　00066

**十國春秋一百十六卷**　(清)吳任臣撰　清乾隆五十八年(1793)昭文周氏刻本　十行二十一字小字雙行同白口左右雙邊　二十冊

640000－1281－0000056　00086

**嘯堂集古錄考異二卷**　(清)張蓉鏡編　清嘉慶十七年(1812)鴛湖張氏醉經堂刻本　行數不等字數不等白口左右雙邊　二冊

640000－1281－0000057　00092

**左文襄公奏稿初編三十八卷續編七十六卷三編六卷**　(清)左宗棠撰　清光緒二十八年(1902)上海古香閣石印本　二十行四十字白口四周雙邊　十二冊

640000－1281－0000058　00156

**明史稿三百十卷目錄三卷**　(清)王鴻緒撰　清敬慎堂刻本　十一行二十三字小字雙行同白口左右雙邊　七十四冊

640000－1281－0000059　00065

**十六國春秋一百卷**　(北魏)崔鴻撰　清乾隆四十六年(1781)仁和汪氏刻本　九行十八字白口左右雙邊　二十冊

640000－1281－0000060　00088

**隸釋二十七卷隸續二十一卷**　(宋)洪适撰　**汪本隸釋刊誤一卷**　(清)黄丕烈撰　清同治十一年(1872)皖南洪氏晦木齋刻本　九行二十字小字雙行同白口四周單邊　八冊

640000－1281－0000061　00080

**金文雅十六卷**　(清)莊仲方編　清光緒十七年(1891)江蘇書局刻本　十四行二十五字白口左右雙邊　四冊

640000－1281－0000062　00081

**省軒考古類編十二卷**　(清)柴紹炳纂　(清)姚培謙評　清乾隆二十三年(1758)刻本　十行二十一字上下黑口左右雙邊　六冊

640000－1281－0000063　00078

**語石十卷**　葉昌熾著　清宣統元年(1909)刻本　十一行二十三字小字雙行同上下黑口左右雙邊　四冊

640000－1281－0000064　00071

**古泉匯首集四卷元集十四卷亨集十四卷利集十八卷貞集十四卷**　(清)李佐賢編　清同治三年(1864)利津李氏石泉書屋刻本　九行二十四字小字雙行同白口四周雙邊　十六冊

640000－1281－0000065　00072

**續泉匯首集一卷元集三卷亨集三卷利集三卷貞集五卷補遺二卷**　(清)鮑康　(清)李佐賢編　清光緒元年(1875)刻本　九行二十四字小字雙行同白口左右雙邊　四冊

640000－1281－0000066　00084

**封泥考略十卷**　(清)吳式芬　(清)陳介祺輯　清光緒三十年(1904)石印本　九行二十四字白口四周單邊　十冊

640000－1281－0000067　00085
**十二硯齋金石過眼録十八卷**　(清)汪鋆輯　清光緒元年(1875)刻本　十行二十一字小字雙行同白口左右雙邊　四册

640000－1281－0000068　00095
**太平御覽一千卷目録十五卷**　(宋)李昉纂　清嘉慶十七年(1812)歙縣鮑氏刻本　十三行二十二字小字雙行同白口左右雙邊　一百册

640000－1281－0000069　00087
**積古齋鐘鼎彝器款識十卷**　(清)阮元編　清嘉慶九年(1804)刻本　十行二十四字白口四周單邊　三册　缺二卷(五至六)

640000－1281－0000070　00082
**行素草堂金石叢書十六種一百五十四卷**　(清)朱記榮輯　清光緒十四年(1888)行素草堂刻本　十一行二十一字上下黑口左右雙邊　四十册

640000－1281－0000071　00097
**太平寰宇記二百卷目録二卷**　(宋)樂史撰　清光緒八年(1882)金陵書局刻本　十行二十字小字雙行同白口左右雙邊　二十四册　缺六十八卷(四、二十四至五十、一百三十一至一百七十)

640000－1281－0000072　00101
**國朝畫識十七卷墨香居畫識十卷**　(清)馮金伯輯　清江左書林刻本　九行二十字上下黑口左右雙邊　四册　缺十卷(四至七、十二至十七)

640000－1281－0000073　00098
**校訂困學紀聞集證二十卷**　(宋)王應麟撰　(清)閻潛邱等輯注　(清)屠繼序校補　(清)萬希槐集證　清嘉慶十八年(1813)刻本　十一行二十五字小字雙行同下黑口左右雙邊　八册

640000－1281－0000074　00099
**太平寰宇記補闕六卷**　(宋)樂史輯　清光緒九年(1883)遵義黎氏刻古逸叢書本　十一行二十字小字雙行同白口左右雙邊　一册

640000－1281－0000075　00113
**讀史方輿紀要一百三十卷輿圖要覽四卷**　(清)顧祖禹輯　清光緒二十五年(1899)上海二林齋石印本　十四行四十二字小字雙行同白口四周單邊　三十一册　缺四卷(讀史方輿紀要一至四)

640000－1281－0000076　00107
**六書通十卷**　(明)閔齊伋撰　(清)畢弘述篆訂　清刻本　八行十二字小字雙行二十四字白口四周單邊　十册

640000－1281－0000077　00105
**日知録三十二卷**　(清)顧炎武撰　清康熙三十四年(1695)吳江潘氏刻本　十一行二十二字白口左右雙邊　十六册

640000－1281－0000078　00111
**容齋隨筆十六卷**　(宋)洪邁撰　清刻本　九行十八字小字雙行同白口左右雙邊　三册

640000－1281－0000079　00115
**歐陽文忠公全集一百五十三卷首一卷附録五卷**　(宋)歐陽修撰　清乾隆五十七年(1792)刻本　九行二十字小字雙行同白口左右雙邊　二十四册

640000－1281－0000080　00114
**陸象山先生全集三十六卷**　(宋)陸九淵撰　(清)周毓齡重刊　清宣統二年(1910)江左書林鉛印本　十四行四十二字白口四周雙邊　八册

640000－1281－0000081　00133
**虞文靖公道園全集六十卷**　(元)虞集撰　清光緒元年(1875)陵陽書局刻本　十一行二十一字白口四周雙邊　十五册　缺十六卷(四十五至六十)

640000－1281－0000082　00116
**元遺山先生集四十卷首一卷年譜三種四卷附録一卷補載一卷新樂府四卷續夷堅志四卷**　(金)元好問撰　(元)張德輝類次　(元)張穆校梓　清光緒八年(1882)京都翰文齋書坊刻本　十二行二十三字小字雙行同白口左右

雙邊　十六册

640000－1281－0000083　00106
**齊民要術十卷**　(北魏)賈思勰撰　清光緒二十二年(1896)中江榷署刻本　九行二十一字小字雙行同白口四周雙邊　四册

640000－1281－0000084　00118
**讀書紀數略五十四卷**　(清)宫夢仁纂　清刻本　十一行二十一字小字雙行同下黑口四周雙邊　十册

640000－1281－0000085　00073
**錢志新編二十卷**　(清)張崇懿輯　清道光十年(1830)古婁尹氏酌春堂刻本　九行二十一字白口左右雙邊　六册

640000－1281－0000086　00117
**中州集十卷首一卷中州樂府一卷**　(金)元好問輯　清刻本　八行十九字白口左右雙邊　十二册

640000－1281－0000087　00134
**宋文鑑一百五十卷目録三卷**　(宋)吕祖謙輯　清光緒十二年(1886)江蘇書局刻本　十四行二十五字小字雙行同白口左右雙邊　二十四册

640000－1281－0000088　00109
**潛研堂文集五十卷詩集十卷續集十卷**　(清)錢大昕撰　清嘉慶十一年(1806)刻本　十行二十一字小字雙行同白口四周單邊　十六册

640000－1281－0000089　00137
**清容居士集五十卷**　(元)袁桷撰　**札記一卷**　(清)郁松年撰　清道光二十年(1840)上海郁松年刻本　十一行二十二字小字雙行同上下黑口左右雙邊　十六册

640000－1281－0000090　00112
**容齋隨筆十六卷續筆十六卷三筆十六卷四筆十六卷五筆十卷**　(宋)洪邁撰　清刻本　九行十八字白口左右雙邊　十八册

640000－1281－0000091　00108
**安陽集五十卷**　(宋)韓琦撰　**忠獻韓魏王家傳十卷**　(宋)韓忠彦撰　**忠獻韓魏王遺事一卷**　(宋)強至編　**忠獻韓魏王别録三卷**　(宋)王巖叟撰　清刻本　十行二十一字白口左右雙邊　十册

640000－1281－0000092　00110
**新刻臨川王介甫先生詩集一百卷**　(宋)王安石撰　清刻本　十行二十字白口四周單邊　十六册

640000－1281－0000093　00125
**牧齋全集初學集一百十卷有學集五十卷補遺二卷**　(清)錢謙益撰　清宣統二年(1910)吳江薛氏邃漢齋鉛印本　十二行三十字小字雙行同白口四周單邊　四十册

640000－1281－0000094　00130
**宋稗類鈔八卷**　(清)潘永因輯　清刻本　十行二十四字小字雙行不等白口四周單邊　十二册

640000－1281－0000095　00123
**宋宗忠簡公集七卷**　(宋)宗澤撰　清同治四年(1865)鳩江刻本　十一行二十二字小字雙行同上黑口四周雙邊　二册

640000－1281－0000096　00096
**初學記三十卷補遺一卷**　(唐)徐堅等撰　清刻本　九行十八字小字雙行同上下黑口四周單邊　十六册

640000－1281－0000097　00131
**司馬文正公集八十二卷首一卷目録二卷**　(宋)司馬光撰　(清)喬人傑等重訂　清乾隆五十五年(1790)刻本　九行二十二字小字雙行同白口左右雙邊　二十册

640000－1281－0000098　00127
**宛陵先生文集六十卷**　(宋)梅堯臣撰　清宣統二年(1910)石印本　十一行二十一字白口左右雙邊　十册

640000－1281－0000099　00079
**金石録目録十卷跋尾二十卷**　(宋)趙明誠編　(清)黄本驥　(清)蔣壞校刊　清光緒四年(1878)古香書閣刻本　十行二十一字小字雙

行同白口左右雙邊　六册

640000－1281－0000100　00128
**宛陵先生文集六十卷**　（宋）梅堯臣撰　清宣統二年（1910）石印本　十一行二十一字白口左右雙邊　十册

640000－1281－0000101　00139
**漢魏叢書七種四十五卷**　（明）程榮輯　清刻本　九行二十字小字雙行同白口左右雙邊　四册

640000－1281－0000102　00132
**古文淵鑒六十四卷**　（清）徐乾學等編注　清康熙四十九年（1710）五色套印本　九行二十字小字雙行同上下黑口四周單邊　十六册　存三十二卷（一至十六、三十三至四十八）

640000－1281－0000103　00122
**許魯齋先生集六卷**　（元）許衡撰　（清）張伯行輯訂　清同治五年（1866）福州正誼書院刻本　十行二十二字白口四周單邊　一册

640000－1281－0000104　00141
**十六國疆域志十六卷**　（清）洪亮吉撰　清光緒四年（1878）授經堂刻本　十二行二十四字小字雙行同上下黑口四周單邊　四册

640000－1281－0000105　00121
**鄂國金佗稡編二十八卷續編三十卷**　（宋）岳珂編　清光緒九年（1883）浙江書局刻本　九行二十一字白口左右雙邊　十二册

640000－1281－0000106　00124
**元豐類稿五十卷**　（宋）曾鞏撰　清康熙四十九年（1710）長嶺西爽堂刻本　十行二十字小字雙行同白口左右雙邊　十六册

640000－1281－0000107　00140
**大清帝國全圖**　（清）商務印書館輯　清光緒三十四年（1908）上海商務印書館五色彩印本　二册

640000－1281－0000108　00136
**宋李忠定公文集選四十四卷首四卷目錄二卷**　（宋）李綱撰　（明）左光先選　清刻本　十行二十字白口四周單邊　十二册

640000－1281－0000109　00120
**宋岳忠武王集八卷末一卷**　（宋）岳飛撰　清同治四年（1865）吳氏半畝園刻本　十一行二十二字小字雙行同上黑口四周雙邊　二册

640000－1281－0000110　00135
**三蘇全集五種二百五卷**　（宋）蘇洵等著　（清）弓翊清等編　清道光十二年（1832）眉州三蘇祠刻本　九行二十五字上下黑口四周單邊　六十四册

640000－1281－0000111　00119
**岳忠武王文集八卷首一卷末一卷**　（清）岳飛撰　（清）黄邦寧纂　清刻本　九行二十字白口四周雙邊　四册

640000－1281－0000112　00129
**元文類七十卷目錄三卷**　（元）蘇天爵輯　清光緒十五年（1889）江蘇書局刻本　十四行二十五字小字雙行同白口左右雙邊　十册

640000－1281－0000113　00138
**全唐詩三十二卷**　（清）［彭定求］等編　清光緒十三年（1887）上海同文書局石印本　二十二行四十二字小字雙行不等白口左右雙邊　十六册　缺十六卷（一至十六）

640000－1281－0000114　00126
**初譚集三十卷**　（明）李贄撰　清刻本　九行二十字白口四周單邊　六册

640000－1281－0000115　00104
**匋雅三卷**　（清）陳瀏撰　清宣統二年（1910）鉛印本　十行二十五字小字雙行不等白口四周雙邊　一册　缺一卷（三）

640000－1281－0000116　00091
**寰宇訪碑錄十二卷附刊謬一卷**　（清）孫星衍　（清）邢澍撰　清光緒十一年（1885）吳縣朱氏槐廬家塾刻本　十一行二十字小字雙行同白口左右雙邊　六册

640000－1281－0000117　00063
**東都事略一百三十卷**　（宋）王偁撰　清乾

隆、嘉慶間南沙席氏掃葉山房刻本　十二行二十五字白口左右雙邊　九册　缺十二卷(一百十九至一百三十)

640000－1281－0000118　00010

**契丹國志二十七卷**　(宋)葉隆禮撰　清乾隆、嘉慶間南沙席氏掃葉山房刻本　十二行二十五字小字雙行同白口左右雙邊　二册

640000－1281－0000119　NKVI:3

**爾雅註疏十一卷**　(晉)郭璞註　(宋)邢昺疏　清乾隆五十一年(1786)金閶書業堂刻本　九行二十一字小字雙行同白口左右雙邊　四册

640000－1281－0000120　NKVI:1

**應製五經題解八卷**　(清)劉廷琨纂　清雍正五年(1727)積秀堂刻本　白口四周單邊　八册

640000－1281－0000121　NKVI:4

**四書朱子本義匯參四十三卷首四卷**　(清)王步青輯　清乾隆十年(1745)敦復堂刻本　十行二十五字小字雙行同白口四周單邊　二十四册　缺十卷(論語十一至二十)

640000－1281－0000122　NKVI:2

**四書釋義十九卷**　(清)李沛霖撰　清雍正二年(1724)三槐堂刻本　九行十七字小字雙行同白口四周雙邊　六册　存九卷(一至九)

640000－1281－0000123　NKVI:5

**奎壁四書十九卷**　(宋)朱熹集注　清宣統元年(1909)三義堂刻本　九行十七字小字雙行同白口左右雙邊　六册

640000－1281－0000124　NKVI:8

**康熙字典十二集三十六卷備考一卷**　(清)張玉書等纂　清刻本　八行十二字小字雙行同白口四周雙邊　三十七册

640000－1281－0000125　NCVI:7

**滿漢對照家訓不分卷**　(清)□□撰　清抄本　九行二十字　一册

640000－1281－0000126　NCVI:9

**滿漢對照故事集**　(清)□□撰　清抄本　十一行字數不等　一册

640000－1281－0000127　NCVI:19

**滿漢成語對照不分卷**　(清)□□撰　清抄本　八行字數不等上下黑口四周雙邊　八册

640000－1281－0000128　NCVI:23

**文館詞林五卷**　(唐)許敬宗等輯　清光緒十九年(1893)刻本　九行二十字小字雙行不等白口左右雙邊　一册

640000－1281－0000129　NCVI:20

**聖諭廣訓十六卷**　(清)聖祖玄燁撰　(清)世宗胤禛廣訓　清抄本　八行字數不等上下黑口四周雙邊　十六册　缺一卷(九)

640000－1281－0000130　NCVI:21

**滿漢對照中庸三十二章**　(清)□□撰　清抄本　八行字數不等上下朱口四周雙邊　二册

640000－1281－0000131　00142

**大金國志四十卷金國九主年譜一卷**　(宋)宇文懋昭撰　(清)埽葉山房校刊　清埽葉山房刻本　十二行二十五字小字雙行不等白口左右雙邊　四册

640000－1281－0000132　NCVI:22

**滿漢成語四卷**　(清)□□撰　清抄本　八行字數不等上下朱口四周雙邊　四册

640000－1281－0000133　NCVI:25

**御製增訂清文鑑三十二卷**　(清)傅恒等撰　清抄本　十行字數不等白口四周雙邊　十册

640000－1281－0000134　NCIVI:28

**酬世錦囊四集十七卷**　(清)鄒景揚輯　清光緒二年(1876)勤思堂刻本　九行二十四字白口四周單邊　六册

640000－1281－0000135　NCVI:26

**清文補彙八卷**　(清)宜興撰　清嘉慶七年(1802)刻本　八行字數不等小字雙行不等白口四周雙邊　八册

640000－1281－0000136　NCVI:24

**御製增訂清文鑑三十二卷補編四卷**　(清)傅

恒等撰　清乾隆三十六年(1771)抄本　三十四冊　缺十三卷(四、二十二至三十二,補編二)

640000－1281－0000137　NCVI:29
**慎思堂印譜二卷**　(清)黄鷁篆　(清)張學宗輯　清咸豐五年(1855)鈐印本　白口四周雙邊　二冊

640000－1281－0000138　NCVI:27
**甘肅寧夏寧靈廳民欠徵信冊不分卷**　(□)□□撰　清光緒十五年(1889)木活字印本　十行字數不等上黑口四周雙邊　六冊

640000－1281－0000139　00027
**資治通鑑地理今釋十六卷**　(清)吳熙載撰　清光緒八年(1882)江蘇書局刻本　十行二十字小字雙行同上下黑口四周雙邊　三冊

640000－1281－0000140　VCVI:254
**女四書集註四卷**　(明)王相箋註　清聚秀堂刻本　十行二十字小字雙行同白口四周單邊　一冊

640000－1281－0000141　NCVI:250
**二十一史論贊輯要三十六卷**　(明)彭以明輯　明上庸歐陽照刻本　九行十八字白口四周單邊　八冊

640000－1281－0000142　NCVI:255
**養蒙書二種二卷**　(清)賀瑞麟輯　清同治十二年(1873)刻本　九行十七字小字雙行同上下黑口左右雙邊　一冊

640000－1281－0000143　NCVI:256
**程朱二先生行狀二卷**　(清)賀瑞麟輯　清同治六年(1867)劉氏傳經堂刻本　九行二十字白口左右雙邊　一冊

640000－1281－0000144　NCVI:256
**程朱二先生行狀二卷**　(清)賀瑞麟輯　清同治六年(1867)劉氏傳經堂刻本　九行二十字白口左右雙邊　一冊

640000－1281－0000145　VCVI:257
**吾學錄初編二十四卷**　(清)吳榮光撰　清光緒七年(1881)三原李氏桐蔭軒刻本　九行二十一字小字雙行同白口左右雙邊　六冊

640000－1281－0000146　NCVI:251
**類林新咏三十六卷**　(清)姚之駰撰　清康熙四十七年(1708)錢塘姚之駰刻本　十行二十字小字雙行同白口左右雙邊　十四冊　缺二卷(六至七)

640000－1281－0000147　NCVI:258
**小學句讀記六卷**　(明)陳選點　(清)王建常記　清同治十二年(1873)刻本　十行二十五字小字雙行同上下黑口四周雙邊　五冊

640000－1281－0000148　IV:259
**學算筆談十二卷**　(清)華蘅芳學　清光緒八年(1882)石印本　二十行二十二字白口四周雙邊　四冊

640000－1281－0000149　NCVI:261
**新增詩經補註附考備旨八卷**　(清)鄒聖脈輯　清乾隆二十八年(1763)崇順堂刻本　行數不等字數不等小字雙行不等白口四周單邊　四冊

640000－1281－0000150　NCVI:262
**芹宮新譜二卷**　(清)鄭一鵬著　清光緒樹本堂刻本　八行十八字白口四周單邊　四冊

640000－1281－0000151　NCVI:263
**禮記易讀四卷**　(清)志遠堂主人輯　清光緒十五年(1889)文海堂刻本　七行二十字小字雙行不等白口四周單邊　一冊

640000－1281－0000152　NCVI:270
**新訂四書補註備旨十卷**　(明)鄧林撰　(清)鄧煜編次　清乾隆松盛堂刻本　十一行三十二字小字雙行同白口四周單邊　六冊

640000－1281－0000153　NCVI:264
**周禮易讀六卷**　(清)司徒修訂　清光緒三年(1877)刻本　十二行二十五字小字雙行同白口上下雙邊　二冊

640000－1281－0000154　NCVI:266
**三字經訓詁不分卷**　(宋)王伯厚纂　(清)王

相注　清康熙五年(1666)刻本　八行十六字白口四周單邊　一册

640000－1281－0000155　NCVI:269
**四書述要十九卷**　(清)楊玉緒著　清永順堂刻本　二十三行三十二字白口四周單邊　二册　存五卷(孟子一至五)

640000－1281－0000156　NCVI:267
**試律淺說易知集四卷**　(清)任兆松評選　清合盛堂刻本　八行二十字小字雙行同白口四周單邊　四册

640000－1281－0000157　NCVI:265
**養雲山館試帖四卷**　(清)許球著　(清)王榮紱注釋　清光緒六年(1880)經元堂刻本　十行二十五字小字雙行同白口四周單邊　四册

640000－1281－0000158　NCVI:272
**寄傲山房塾課纂輯書經備旨蔡註捷錄七卷**　(清)鄒聖脈纂輯　(清)鄒廷猷編　清刻本　十行二十字小字雙行同白口四周單邊　三册　缺一卷(一)

640000－1281－0000159　NCVI:275
**登瀛社稿不分卷**　(清)曾之撰等撰　清同治六年(1867)刻本　九行二十五字白口左右雙邊　一册

640000－1281－0000160　NCVI:273
**孟子七卷序說一卷**　(宋)朱熹集註　清刻本　九行十七字小字雙行同下黑口左右雙邊　一册　缺四卷(孟子集註四至七)

640000－1281－0000161　NCVI:273
**孟子七卷**　(宋)朱熹集註　清刻本　九行十七字小字雙行同白口左右雙邊　一册　存三卷(一至三)

640000－1281－0000162　NCVI:273
**孟子七卷**　(宋)朱熹集註　清刻本　九行十七字小字雙行同白口四周單邊　二册　缺三卷(一至三)

640000－1281－0000163　NCVI:271
**大清律例通纂四十卷**　(清)胡肇楷　(清)周孟鄰編　清道光二年(1822)刻本　行數不等字數不等小字雙行不等白口四周單邊　八册　存九卷(一至九)

640000－1281－0000164　NCVI:280
**胡文忠公遺集八十六卷首一卷**　(清)胡林翼撰　(清)曾國荃輯　(清)胡鳳丹重編　清光緒二十七年(1901)上海圖書集成印書局鉛印本　十四行四十二字白口四周單邊　八册

640000－1281－0000165　NCVI:278
**小學韻語一卷**　(清)羅澤南著　清光緒十六年(1890)劉傳經堂刻本　八行十九字小字雙行同上下黑口四周雙邊　一册

640000－1281－0000166　NCVI:281
**皇朝經世文續編一百二十卷**　(清)葛士濬輯　清光緒十七年(1891)石印本　十七行四十二字白口四周雙邊　七册　存三十三卷(一至八、十五至三十三、三十八至四十三)

640000－1281－0000167　NCVI:279
**關聖帝君聖蹟圖誌全集五卷**　(清)盧湛輯　清嘉慶二年(1797)刻本　十行二十一字白口四周雙邊　五册

640000－1281－0000168　NCVI:277
**韻對五七言千家詩輯鈔四卷内附敬避字樣廿四詩品**　(清)□□輯　清光緒十七年(1891)吉慶堂刻本　十行二十字小字雙行同白口四周單邊　一册

640000－1281－0000169　NCVI:281
**皇朝經世文編一百二十卷**　(清)賀長齡輯　清光緒石印本　十六行四十二字白口四周雙邊　十册　缺五十五卷(一至五、十一至五十、一百一至一百十)

640000－1281－0000170　NCVI:283
**二程全書四種四十八卷**　(宋)程顥　(宋)程頤撰　(宋)朱熹輯　清光緒三十四年(1908)澹雅局刻本　十二行二十二字小字雙行同上下黑口左右雙邊　九册

640000－1281－0000171　NCVI:276
**書經六卷**　(宋)蔡沈集傳　清中和堂刻本

九行十七字小字雙行同白口四周單邊　一冊　缺五卷(二至六)

640000－1281－0000172　NCVI:282
**康熙字典十二集三十六卷總目一卷檢字一卷辨似一卷備考一卷**　(清)張玉書等纂　清刻本　八行十二字小字雙行二十四字白口左右雙邊　四十二冊　缺三卷(子集上、卯集下、辰集上)

640000－1281－0000173　NCVI:285
**歷朝詩要選六卷**　(清)李元春評選　清道光三十年(1850)刻本　九行二十字白口四周單邊　六冊

640000－1281－0000174　NCVI:284
**清麓文集二十三卷附賀復齋先生行狀一卷**　(清)賀瑞麟著　清劉嗣曾傳經堂刻本　十行二十字下黑口四周雙邊　十九冊

640000－1281－0000175　NCVI:287
**硃批七家詩選箋註七卷**　(清)王廷紹等著　(清)張昶註釋　(清)張熙宇輯評　清道光十二年(1832)朱墨套印本　九行二十字小字雙行同白口四周雙邊　二冊

640000－1281－0000176　NCVI:285
**古律賦要四卷**　(清)李元春評選　清道光三十年(1850)刻本　八行二十字白口四周單邊　四冊

640000－1281－0000177　NCVI:294
**梵炁先天斗姥延齡謝罪寶懺不分卷**　(清)明珠室覺羅識　清康熙二十一年(1682)刻本　五行十五字白口四周雙邊　一冊

640000－1281－0000178　NCVI:301
**山法全書十九卷**　(清)葉泰撰　清刻本　九行二十一字白口四周單邊　一冊　存三卷(十五至十七)

640000－1281－0000179　00143
**[乾隆]新修慶陽府志四十二卷**　(清)趙本植纂修　清刻本　九行二十一字白口四周雙邊　一冊　存九卷(十一至十九)

640000－1281－0000180　NCVI:303
**地理五訣八卷**　(清)趙廷棟撰　清刻本　九行二十一字白口四周單邊　一冊　存二卷(七至八)

640000－1281－0000181　NCVI:300
**太史慈悲九幽拔罪懺法不分卷**　(清)葉其蔚書　清康熙十五年(1676)刻本　四行十三字四周雙邊　一冊

640000－1281－0000182　NCVI:307
**救命書一卷**　(明)呂坤著　明萬曆四十二年(1614)刻本　八行二十字白口四周單邊　一冊

640000－1281－0000183　NCVI:305
**三元總錄三卷**　(明)柳洪泉纂輯　清刻本　十行二十四字小字雙行同白口四周單邊　一冊　存一卷(柳氏家藏塋元秘訣)

640000－1281－0000184　NCVI:309
**欽定協紀辨方書三十六卷**　(清)允祿等纂　清朱墨套印本　九行二十字白口四周雙邊　四冊　存八卷(十七至十八、二十至二十五)

640000－1281－0000185　00144
**歷代輿地沿革險要圖說不分卷**　楊守敬　饒敦秩撰　王尚德重繪　清光緒二十四年(1898)江南王氏石印本　行數不等字數不等白口四周雙邊　一冊

640000－1281－0000186　NCVI:315
**太上洞玄靈寶無量度人上品妙經一卷**　(清)□□撰　清光緒三十四年(1908)抄本　四行十四字　一冊

640000－1281－0000187　NCVI:342
**左傳易讀六卷**　(清)司徒修輯注　清光緒二十年(1894)刻本　十行二十五字白口四周單邊　一冊　存一卷(一)

640000－1281－0000188　NCVI:343
**新鐫曆法便覽象吉備要通書大全二十九卷**　(清)魏鑑彙述　清刻本　行數不等字數不等白口四周單邊　二冊　存四卷(一至二、九至十)

640000－1281－0000189　NCVI:344

**欽定協紀辨方書三十六卷**　(清)允祿等纂　清朱墨套印本　九行二十字白口四周雙邊　四册　存五卷(十一至十三、十八至十九)

640000－1281－0000190　NCVI:359

**康熙字典十二集三十六卷總目一卷檢字一卷辨似一卷等韻一卷備考一卷補遺一卷**　(清)張玉書等纂　清光緒三十年(1904)上海錦章書局石印本　二十三行三十四字小字雙行六十八字白口四周雙邊　四十册　缺一卷(丑集下)

640000－1281－0000191　00145

**廿二史劄記三十六卷補遺一卷**　(清)趙翼撰　清光緒二十七年(1901)上海文盛書局石印本　十九行四十六字上下黑口四周雙邊　八册

640000－1281－0000192　NCVI:356

**三元總錄三卷**　(明)柳洪泉纂輯　清道光二十三年(1843)四和堂刻本　十行二十四字小字雙行同白口四周單邊　一册

640000－1281－0000193　NCVI:361

**增批溫熱經緯五卷**　(清)王士雄纂　(清)葉霖增批　清上海世界書局石印本　行數不等字數不等白口四周單邊　五册　存二卷(一至二)

640000－1281－0000194　NCVI:353

**太上清醮玄靈北斗本命延生真經不分卷**　(清)馮正忠抄　清光緒十三年(1887)抄本　四行字數不等　一册

640000－1281－0000195　NCVI:348

**上清靈寶文檢十卷**　(明)金體原編輯　清道光二十年(1840)刻本　十一行二十四字小字雙行同白口四周雙邊　五册　存五卷(一至五)

640000－1281－0000196　NCVI:346

**新刻三十六虎靈符神咒秘書三卷**　(清)袁天罡著　清福德堂木活字印本　九行二十字白口四周單邊　一册

640000－1281－0000197　NCVI:350

**靈寶黃籙祖師傳授天壇玉格不分卷**　(清)薛理炯抄　清光緒三十三年(1907)抄本　一册

640000－1281－0000198　NCVI:347

**新刻陰陽護救三教千鎮厭法經四卷**　(清)云石道人校梓　清協濟堂木活字印本　九行二十一字白口四周單邊　二册　存三卷(一至二、四)

640000－1281－0000199　NCVI:352

**路太史文稿不分卷**　(清)路談著　清刻本　九行二十五字白口左右雙邊　一册

640000－1281－0000200　00146

**東華錄一百九十五卷續錄二百三十卷**　王先謙編　清光緒十三年(1887)上海圖書集成書局鉛印本　十三行四十字白口四周單邊　六十四册

640000－1281－0000201　00003

**朔方備乘六十八卷首十二卷**　(清)何秋濤撰　(清)黃彭年補校　清光緒七年(1881)刻本　十六行三十九字小字雙行同白口四周單邊　六册

640000－1281－0000202　00154

**朔方備乘六十八卷首十二卷**　(清)何秋濤撰　(清)黃彭年補校　清光緒七年(1881)刻本　十六行三十九字小字雙行同白口四周單邊　八册

640000－1281－0000203　00155

**元史氏族表三卷**　(清)錢大昕撰　清光緒十年(1884)長沙龍氏刻本　上下黑口左右雙邊　二册

640000－1281－0000204　00153

**欽定佩文韻府一百六卷**　(清)張玉書等編　**拾遺一百六卷**　(清)張廷玉等編　清光緒二十一年(1895)上海鴻寶齋石印本　三十六行二十五字小字雙行同白口四周單邊　二十四册

640000－1281－0000205　00149

**讀通鑑論十六卷宋論十五卷**　(清)王夫之撰

清光緒三十年(1904)上海商務印書館鉛印本　十六行三十三字白口四周雙邊　十冊

640000－1281－0000206　00148

**兩罍軒彝器圖釋十二卷**　(清)吳雲撰　清同治十二年(1873)歸安吳氏刻本　十行二十二字白口左右雙邊　六冊

640000－1281－0000207　00150

**黃山谷全集內集二十卷外集十七卷別集二卷**　(宋)黃庭堅撰　清光緒二十一年至二十五年(1895－1899)上海著易堂書局刻本　十行十七字上下黑口左右雙邊　二十一冊

640000－1281－0000208　00151

**大方廣佛華嚴經八十卷**　(唐)釋實叉難陀譯　元木活字印本　六行十七字上下雙邊　一冊　存一卷(七十六)

# 寧夏回族自治區石嘴山市平羅縣文物管理所

# 古籍普查登記目録

全國古籍普查登記目録

國家圖書館出版社
National Library of China Publishing House

640000－1283－0000001　經易

**像象管見九卷**　(明)錢一本撰　明萬曆刻本　九行十九字白口四周單邊　二冊　存二卷(一至二)

640000－1283－0000002　史傳記

**宣統己酉科簡易明經通譜不分卷附各行省優貢全錄**　(清)□□撰　清宣統二年(1910)北京琉璃廠刻本　行數不等字數不等白口四周單邊　五冊

# 寧夏回族自治區吴忠市同心縣文物管理所古籍普查登記目録

全國古籍普查登記目録

國家圖書館出版社
National Library of China Publishing House

640000－1285－0000001　子部/宗教 001
**禪宗頌古聯珠通集四十卷**　(宋)釋法應集　(元)釋普會續集　(元)釋净戒重校　明刻本　六行十七字小字雙行同上下單邊　一冊　存一卷(十二)

640000－1285－0000002　子部/宗教 002
**金剛般若波羅蜜經一卷**　(後秦)釋鳩摩羅什譯　明刻本　五行十五字上下單邊　一冊

640000－1285－0000003　子部/宗教 003
**金剛般若波羅蜜經一卷**　(後秦)釋鳩摩羅什譯　明刻本　四行十一字上下雙邊　一冊

640000－1285－0000004　子部/宗教 004
**金剛般若波羅蜜經一卷**　(後秦)釋鳩摩羅什譯　明泥金寫本　六行十三字　一冊

640000－1285－0000005　子部/宗教 005
**真武說報父母恩經一卷**　(□)□□撰　明刻本　六行十六字上下雙邊　一冊

640000－1285－0000006　子部/宗教 006
**三千諸佛名經三卷**　(南朝宋)釋畺良耶舍等譯　明刻本　六行字數不等上下雙邊　三冊

640000－1285－0000007　子部/宗教 007
**大顛庵主注解般若心經一卷**　(□)□□撰　明刻本　四行八字小字雙行十七字上下單邊　一冊

640000－1285－0000008　子部/宗教 008
**太上三元賜福赦罪解厄延生經一卷**　(□)□□撰　明刻本　五行十五字小字雙行不等上下雙邊　一冊

640000－1285－0000009　子部/宗教 009
**太上靈寶補謝竈神經一卷**　(□)□□撰　明刻本　五行十五字上下單邊　一冊

640000－1285－0000010　子部/宗教 010
**佛說大乘聖無量壽决定光明王如來陀羅尼經一卷**　(宋)釋法天譯　明手抄本　行數不等字數不等　無版框　一冊

640000－1285－0000011　子部/宗教 011
**佛說大乘聖無量壽决定光明王如來陀羅尼經一卷**　(宋)釋法天譯　明刻本　五行十五字上下雙邊　一冊

640000－1285－0000012　子部/宗教 012
**佛說大乘聖無量壽决定光明王如來陀羅尼經一卷**　(宋)釋法天譯　明刻本　五行十五字上下雙邊　一冊

# 寧夏回族自治區固原市西吉錢幣博物館古籍普查登記目録

全國古籍普查登記目録

國家圖書館出版社
National Library of China Publishing House

640000－1287－0000001　經書

**書經六卷**　(宋)蔡沈集傳　清魁成堂刻本　九行十七字小字雙行同白口四周單邊　四册

640000－1287－0000002　經四書

**論語十卷**　(宋)朱熹集注　清海清樓刻本　上欄二十三行三十一字下欄九行十七字小字雙行同白口左右雙邊　二册

640000－1287－0000003　經詩

**詩經八卷**　(宋)朱熹集傳　清世順堂刻本　上欄十九行二十六字下欄九行十七字小字雙行同白口四周單邊　四册

640000－1287－0000004　經禮記

**禮記十卷**　(元)陳澔集說　清乾隆三十一年(1766)善成堂刻本　九行十七字小字雙行同白口四周單邊　八册　存八卷(一至八)

640000－1287－0000005　集總集

**詩律淺說易知集四卷**　(清)任兆松編　清刻本　上欄行數不等四字下欄八行二十字小字雙行同白口四周單邊　三册　存三卷(一至二、四)

640000－1287－0000006　集總集

**七家詩選七卷**　(清)張熙宇輯評　清光緒十八年(1892)刻本　上欄十行十字小字雙行同下欄十行二十字小字雙行不等白口左右雙邊　一册　存二卷(一至二)

640000－1287－0000007　集别集

**樫華館試帖彙鈔輯注十卷**　(清)路德編　清道光十四年(1834)刻本　九行二十二字小字雙行同上下黑口四周雙邊　十册

640000－1287－0000008　集總集

**古文喈鳳新編八卷**　(清)汪基輯　清刻本　十行二十二字小字雙行同白口四周單邊　八册

640000－1287－0000009　經禮記

**潄芳軒合纂禮記體注四卷**　(清)范翔参訂　清文成堂刻本　上欄九行小字雙行二十三字下欄十行十九字小字雙行同白口左右雙邊　一册　存一卷(一)

640000－1287－0000010　史傳記

**宋名臣言行錄五種七十五卷**　(宋)□□輯　清道光元年(1821)歙縣績學堂洪氏刻本　十二行二十三字上下黑口左右雙邊　十二册　缺一卷(後集十四)

# 寧夏回族自治區固原市隆德縣文物管理所
# 古籍普查登記目録

全國古籍普查登記目録

國家圖書館出版社
National Library of China Publishing House

640000－1288－0000001　經部/小學類

**四音釋義十二集**　(清)鄭長庚輯　(清)鄭謙(清)鄭蒙校對　清嘉慶學德堂刻本　六行十二字小字雙行二十四字白口四周雙邊　三冊

640000－1288－0000002　經部/小學類

**新繪圖形雜字全書不分卷**　(清)□□撰　清宣統二年(1910)全義堂刻本　行數不等字數不等小字雙行不等白口四周單邊　一冊

640000－1288－0000003　經部/小學類

**字彙十二卷**　(明)梅膺祚音釋　清英德堂刻本　十行十二字小字雙行二十四字白口四周單邊　四冊

# 寧夏回族自治區固原博物館古籍普查登記目録

全國古籍普查登記目録

國家圖書館出版社
National Library of China Publishing House

640000－1292－0000001　000025
**寰宇訪碑錄十二卷**　(清)孫星衍　(清)邢澍撰　清光緒九年(1883)江蘇書局刻本　十一行二十字小字雙行同白口左右雙邊　四册

640000－1292－0000002　000025
**寰宇訪碑錄十二卷**　(清)孫星衍　(清)邢澍撰　清光緒九年(1883)江蘇書局刻本　十一行二十字小字雙行同白口左右雙邊　四册

640000－1292－0000003　000026
**日知錄三十二卷之餘四卷**　(清)顧炎武撰　清乾隆六十年(1795)刻本　九行二十二字白口左右雙邊　二十四册

640000－1292－0000004　000015
**兩浙金石志十八卷**　(清)阮元輯　**補遺一卷**　(清)阮福輯　清光緒十六年(1890)浙江書局刻本　十一行二十二字白口左右雙邊　十二册

640000－1292－0000005　000027
**左傳易讀六卷**　(清)司徒修輯注　清宣統三年(1911)北京龍文閣書莊石印本　十四行三十二字白口四周雙邊　六册

640000－1292－0000006　000002
**後漢書九十卷**　(南朝宋)范曄撰　(唐)李賢注　**後漢書志三十卷**　(晉)司馬彪撰　(南朝梁)劉昭注補　清光緒十三年(1887)金陵書局刻本　十二行二十五字小字雙行三十七字白口左右雙邊　十六册

640000－1292－0000007　000018
**日知薈說四卷**　(清)高宗弘曆撰　清乾隆元年(1736)内府刻本　七行十八字白口四周雙邊　四册

640000－1292－0000008　000007
**水經注四十卷**　(漢)桑欽撰　(北魏)酈道元注　清乾隆十八年(1753)天都黄晟槐蔭草堂刻本　十一行二十一字小字雙行同白口四周單邊　十四册

640000－1292－0000009　000013
**船山遺書六十一種二百九十九卷**　(清)王夫之撰　清同治四年(1865)湘鄉曾國荃金陵節署刻本　十行二十二字小字雙行同上下黑口左右雙邊　一百册

640000－1292－0000010　000001
**欽定續文獻通考二百五十卷**　(清)嵇璜等撰　清光緒二十七年(1901)上海圖書集成局鉛印本　十六行四十三字白口四周單邊　三十六册

640000－1292－0000011　000014
**金石萃編一百六十卷**　(清)王昶撰　清同治十一年(1872)經訓堂刻本　十行二十一字小字雙行同上下黑口左右雙邊　六十四册

640000－1292－0000012　000050
**搜神記二十卷**　(晉)干寶撰　清光緒元年(1875)湖北崇文書局刻本　十二行二十四字上下黑口四周雙邊　二册

640000－1292－0000013　000038
**[正德]武功縣志三卷**　(明)康海撰　(清)孫景烈評註　清刻本　九行二十一字小字雙行同白口四周雙邊　三册

640000－1292－0000014　000036
**練兵實紀九卷雜集六卷**　(明)戚繼光撰　清咸豐四年(1854)刻本　九行二十一字小字雙行同白口左右雙邊　五册

640000－1292－0000015　000012
**廿二史劄記三十六卷補遺一卷**　(清)趙翼撰　清刻本　十一行二十一字小字雙行三十一字白口左右雙邊　十册

640000－1292－0000016　000052
**金石訂例四卷**　(清)鮑振方學　清光緒十年(1884)常熟後知不足齋刻本　十行二十一字小字雙行同白口左右雙邊　一册

640000－1292－0000017　000016
**栝蒼金石志十二卷續四卷**　(清)李遇孫輯　清光緒元年(1875)浙江處州府署刻本　十行二十一字小字雙行同白口左右雙邊　六册

640000－1292－0000018　000045

**廣金石韻府五卷附玉篇字略一卷**　(明)朱時望撰　(清)林尚葵增輯　清咸豐七年(1857)巴郡張鳳藻理董軒刻本　六行字數不等小字雙行不等上下黑口左右雙邊　四册

640000－1292－0000019　000041

**文字蒙求四卷**　(清)王筠撰　清道光刻本　六行字數不等小字雙行二十二字白口四周雙邊　一册

640000－1292－0000020　000040

**元和郡縣圖志四十卷**　(唐)李吉甫撰　清光緒六年(1880)金陵書局刻本　十二行二十四字小字雙行同上下黑口左右雙邊　一册　存四卷(一至四)

640000－1292－0000021　000047

**山海經十八卷圖讃一卷訂譌一卷敘錄一卷**　(晉)郭璞傳　(清)郝懿行箋疏　清光緒七年(1881)刻本　十行二十四字小字雙行同白口左右雙邊　四册

640000－1292－0000022　000048

**欽定周官義疏四十八卷首一卷**　(清)允祿等撰　清同治十年(1871)湖北崇文書局刻本　八行二十二字小字雙行同白口四周雙邊　二十八册

640000－1292－0000023　000054

**潛研堂金石文跋尾二十卷**　(清)錢大昕撰　清光緒十年(1884)長沙龍氏刻本　十行二十二字白口左右雙邊　三册　存十一卷(一至十一)

640000－1292－0000024　000032

**歷代鐘鼎彝器款識法帖二十卷**　(宋)薛尚功輯　清嘉慶二年(1797)阮元刻本　十二行二十一字白口四周單邊　四册

640000－1292－0000025　000046

**山海經十八卷**　(晉)郭璞傳　(清)畢沅校正　清光緒三年(1877)浙江書局刻本　九行二十一字小字雙行同白口左右雙邊　三册

640000－1292－0000026　000043

**歷代職官表六卷**　(清)黄本驥撰　(清)王廷學校　清光緒八年(1882)上海王氏刻本　九行二十一字小字雙行同上下黑口四周雙邊　四册

640000－1292－0000027　000035

**四書釋地一卷續一卷又續一卷三續一卷**　(清)閻若璩撰　清乾隆五十二年(1787)南城吴氏聽雨齋刻本　九行二十字白口左右雙邊　三册

640000－1292－0000028　000009

**天水冰山錄不分卷**　(明)□□撰　**鈐山堂書畫記一卷**　(明)文嘉撰　清長塘鮑氏刻知不足齋叢書本　九行二十一字小字雙行同上下黑口左右雙邊　五册

640000－1292－0000029　000044

**古文四象四卷**　(清)曾國藩纂　(清)趙衡勘定　清光緒三十四年(1908)京師北新書局鉛印本　十二行三十字上下黑口四周雙邊　三册　存三卷(一、三至四)

640000－1292－0000030　000023

**陶齋吉金續錄二卷**　(清)端方輯　清宣統元年(1909)金陵石印本　行數不等字數不等白口四周單邊　四册

640000－1292－0000031　000010

**石墨鐫華八卷**　(明)趙崡撰　清乾隆、道光間長塘鮑氏刻本　九行二十字小字雙行同上下黑口左右雙邊　四册

640000－1292－0000032　000042

**十三經心畬十三種三十一卷**　(清)陶起庠纂　清聚秀堂刻本　十一行二十八字小字雙行同白口四周單邊　一册

640000－1292－0000033　000017

**三魚堂文集十二卷外集六卷附錄一卷**　(清)陸隴其撰　清康熙四十年(1701)琴川書屋刻本　九行二十字白口左右雙邊　八册

640000－1292－0000034　000006

**洴澼百金方十四卷**　(清)袁宫桂編　(清)玉巵居士重訂　清咸豐五年(1855)刻本　九行二十四字白口四周單邊　六册

640000－1292－0000035　000008

**癸巳存稿十五卷**　(清)俞正燮撰　清光緒十年(1884)刻本　十二行二十四字白口四周雙邊　七册　存十三卷(一至十、十三至十五)

640000－1292－0000036　000019

**史記菁華錄六卷**　(清)姚祖恩撰　清光緒七年(1881)吳興姚氏扶荔山房刻本　九行二十字小字雙行同上下黑口左右雙邊　六册

640000－1292－0000037　000021

**文選六十卷**　(南朝梁)蕭統撰　(唐)李善注　**考異十卷**　(清)胡克家撰　清宣統三年(1911)上海會文堂粹記石印本　十三行二十六至二十七字小字雙行二十七至二十八字上下黑口左右雙邊　十六册

640000－1292－0000038　000022

**隸辨八卷**　(清)顧藹吉撰　清同治十二年(1873)漁古山房刻本　十二行字數不等小字雙行二十字白口四周單邊　八册

640000－1292－0000039　000031

**紀效新書十八卷首一卷**　(明)戚繼光撰　清道光十年(1830)刻本　十行二十字白口四周單邊　五册

640000－1292－0000040　000011

**九朝紀事本末九種六百六十卷**　(清)□□輯　清光緒二十九年(1903)文盛書局石印本　二十二行四十八字白口四周單邊　四十册

640000－1292－0000041　000049

**栝蒼金石志十二卷續四卷**　(清)李遇孫輯　清同治十三年(1874)浙江處州府署刻本　十行二十一字小字雙行同白口左右雙邊　五册　缺二卷(栝蒼金石志一至二)

640000－1292－0000042　000005

**康熙字典十二集三十六卷總目一卷備考一卷補遺一卷**　(清)張玉書等纂　清光緒十三年(1887)上海積山書局石印本　十六行二十四字小字雙行四十八字白口四周單邊　六册

640000－1292－0000043　000004

**説文通訓定聲十八卷附説雅一卷古今韻準一卷分部柬韻一卷**　(清)朱駿聲撰　(清)朱鏡蓉參訂　清同治九年(1870)元和朱孔彰刻本　十行十五字小字雙行三十字白口四周雙邊　十四册

640000－1292－0000044　000037

**字學舉隅不分卷**　(清)龍啟瑞撰　清同治十年(1871)刻本　行數不等字數不等小字雙行不等白口左右雙邊　一册

640000－1292－0000045　000053

**竹書紀年統箋十二卷前編一卷雜述一卷**　(南朝梁)沈約附注　(清)徐文靖統箋　清光緒三年(1877)浙江書局刻本　九行二十一字小字雙行同白口左右雙邊　四册

640000－1292－0000046　000028

**五種遺規十七卷**　(清)陳宏謀編輯　清光緒十年(1884)榮禄堂刻本　十行二十二字小字雙行同白口四周單邊　十册

640000－1292－0000047　000051

**讀史方輿紀要一百三十卷附方輿全圖總説五卷**　(清)顧祖禹著　清光緒二十二年(1896)澹雅書局刻本　九行十八字小字雙行同上下黑口左右雙邊　二十八册　存一百十四卷(紀要一至五十一、六十六至一百二十六,總説一至二)

640000－1292－0000048　000034

**積古齋鐘鼎彝器款識十卷**　(清)阮元撰　清嘉慶九年(1804)刻本　十行二十四字白口四周單邊　四册

640000－1292－0000049　000029

**字彙十二卷首一卷末一卷**　(明)梅膺祚音釋　清刻本　九行小字雙行二十四字白口四周單邊　十四册

640000－1292－0000050　000003

**[宣統]甘肅新通志一百卷首五卷**　昇允　長庚修　安維峻纂　清宣統元年(1909)刻本　十二行二十六字小字雙行同白口四周雙邊　二十册　存二十二卷(一、二十六、二十九、五十二至五十三、五十六、五十八、六十一至六

十二、六十八、七十、七十五至七十六、七十九、八十二、八十七至八十八、九十八至一百，首二至三）

640000－1292－0000051　000030
**康熙字典十二集三十六卷總目一卷檢字一卷辨似一卷等韻一卷備考一卷補遺一卷**　（清）張玉書等纂　清道光七年（1827）宏道堂刻本　八行十二字小字雙行二十四字白口四周雙邊　三十五冊　缺一卷（巳上）

640000－1292－0000052　000033
**路史前紀九卷後紀十三卷國名紀七卷發揮六卷餘論十卷**　（宋）羅泌撰　（宋）羅苹註　（明）喬可傳校　明天啟六年（1626）五桂堂刻本　十行二十字小字雙行同白口四周單邊　二十三冊

640000－1292－0000053　000024
**御批歷代通鑑輯覽一百二十卷**　（清）傅恒等編纂　清同治十三年（1874）湖南書局刻本　十一行二十二字小字雙行同白口四周雙邊　六十冊

640000－1292－0000054　000020
**吉金志存四卷**　（清）李光庭輯　清咸豐九年（1859）寶坻李氏刻本　十行二十一字白口左右雙邊　四冊

640000－1292－0000055　GB08852
**古唐詩合解古詩四卷唐詩十二卷**　（清）王堯衢注　清刻本　十行二十四字小字雙行同白口四周單邊　一冊　存四卷（古詩四卷）

640000－1292－0000056　GB08847
**王氏家譜不分卷**　（清）□□撰　清刻本　八行十六字小字雙行三十二字白口四周雙邊　一冊

640000－1292－0000057　GB08856
**四書集註十九卷**　（宋）朱熹集註　清刻本　九行十七字小字雙行同白口四周雙邊　六冊

640000－1292－0000058　GB088591－4/4
**唐詩三百首注疏六卷**　（清）孫洙編　（清）章燮註　**唐詩三百首續選三卷姓氏小傳一卷**　（清）于慶元輯　清永順堂刻本　八行二十字小字雙行二十一字白口四周雙邊　四冊

640000－1292－0000059　GB08853
**鄉兵管見三卷**　（清）李東撰　清光緒二十一年（1895）刻本　九行二十二字白口四周雙邊　一冊

640000－1292－0000060　GB08855
**詩經體注圖考大全八卷**　（清）高朝瓔定　清刻本　九行十七字小字雙行同白口四周單邊　二冊　缺二卷（一至二）

# 《寧夏回族自治區吴忠市圖書館古籍普查登記目録》
## 書名筆畫字頭索引

### 二畫



### 四畫



### 五畫



### 六畫



### 十畫



### 十一畫



### 十二畫



### 十三畫



### 十四畫



### 十五畫

# 《寧夏回族自治區吴忠市圖書館古籍普查登記目録》
## 書名筆畫索引

### 二畫



### 四畫



### 五畫



### 六畫



### 十畫



### 十一畫



### 十二畫



### 十三畫



### 十四畫



### 十五畫

# 《寧夏回族自治區固原市原州區圖書館古籍普查登記目録》

## 書名筆畫字頭索引

### 二畫



### 三畫



### 四畫



### 五畫



### 六畫



### 七畫



### 八畫

## 九畫



## 十畫



## 十一畫



## 十二畫



## 十三畫

## 十四畫



## 十五畫



## 十六畫



## 十七畫



## 十八畫



## 十九畫



## 二十畫



## 二十一畫



## 二十二畫



## 二十四畫

# 《寧夏回族自治區固原市原州區圖書館古籍普查登記目録》
## 書名筆畫索引

### 二畫



### 三畫



### 四畫



### 五畫

## 六畫



## 七畫



## 八畫



## 九畫

## 十畫



## 十一畫



## 十二畫

## 十三畫



## 十四畫



## 十五畫



## 十六畫



## 十七畫



## 十八畫

## 十九畫



## 二十畫



## 二十一畫



## 二十二畫



## 二十四畫

# 《寧夏回族自治區銀川市圖書館古籍普查登記目録》
## 書名筆畫字頭索引

### 五畫



### 九畫



### 十畫



### 十五畫



### 十七畫



### 二十畫

# 《寧夏回族自治區銀川市圖書館古籍普查登記目録》
## 書名筆畫索引

### 五畫



### 九畫



### 十畫



### 十五畫



### 十七畫



### 二十畫

# 《寧夏回族自治區石嘴山市平羅縣圖書館古籍普查登記目録》
## 書名筆畫字頭索引

### 五畫



### 六畫



### 九畫



### 十一畫



### 十二畫



### 十三畫



### 十六畫

# 《寧夏回族自治區石嘴山市平羅縣圖書館古籍普查登記目録》
## 書名筆畫索引

### 五畫



### 六畫



### 九畫



### 十一畫



### 十二畫



### 十三畫



### 十六畫

# 《寧夏回族自治區中衛市中寧縣圖書館古籍普查登記目録》
## 書名筆畫字頭索引

### 十一畫



### 十四畫

# 《寧夏回族自治區中衛市中寧縣圖書館古籍普查登記目録》書名筆畫索引

## 十一畫



## 十四畫

# 《寧夏回族自治區固原市西吉縣圖書館古籍普查登記目録》
## 書名筆畫字頭索引

### 六畫



### 八畫



### 十二畫



### 十三畫



### 十六畫



### 十七畫

# 《寧夏回族自治區固原市西吉縣圖書館古籍普查登記目録》
## 書名筆畫索引

### 六畫



### 八畫



### 十二畫



### 十三畫



### 十六畫



### 十七畫

# 《寧夏回族自治區石嘴山市圖書館古籍普查登記目録》書名筆畫字頭索引

## 二畫



## 三畫



## 四畫



## 五畫



## 八畫



## 九畫



## 十一畫



## 十二畫



## 十三畫



## 十七畫

# 《寧夏回族自治區石嘴山市圖書館古籍普查登記目録》
## 書名筆畫索引

# 《寧夏大學圖書館古籍普查登記目録》
## 書名筆畫字頭索引

### 一畫



### 二畫



### 三畫



### 四畫



### 五畫

## 六畫



## 七畫

## 八畫



## 九畫

## 十畫

## 十一畫

## 十二畫

## 十三畫



## 十四畫

## 十五畫



## 十六畫



## 十七畫

## 十八畫



## 十九畫



## 二十畫



## 二十一畫



## 二十二畫



## 二十三畫



## 二十四畫

# 《寧夏大學圖書館古籍普查登記目録》
## 書名筆畫索引

### 一畫



### 二畫

## 三畫

## 四畫

## 五畫

## 六畫

## 七畫

## 八畫

## 九畫

## 十畫

## 十一畫

## 十二畫

## 十三畫

## 十四畫

## 十五畫

## 十六畫

## 十七畫

## 十八畫



## 十九畫

## 二十畫



## 二十一畫



## 二十二畫

## 二十三畫



## 二十四畫

# 《寧夏師範學院圖書館古籍普查登記目録》書名筆畫字頭索引

## 五畫



## 八畫



## 九畫



## 十畫



## 十四畫

# 《寧夏師範學院圖書館古籍普查登記目録》
## 書名筆畫索引

### 五畫



### 八畫



### 九畫



### 十畫



### 十四畫

# 《寧夏醫科大學圖書館古籍普查登記目録》
## 書名筆畫字頭索引

### 二畫



### 三畫



### 四畫



### 五畫



### 六畫



### 七畫



### 八畫



### 九畫



### 十畫

## 十一畫



## 十二畫



## 十三畫



## 十四畫



## 十五畫



## 十六畫



## 十七畫



## 十八畫



## 十九畫



## 二十一畫



## 二十四畫

# 《寧夏醫科大學圖書館古籍普查登記目録》
## 書名筆畫索引

### 二畫



### 三畫



### 四畫



### 五畫



### 六畫



### 七畫



### 八畫



### 九畫

## 十畫



## 十一畫



## 十二畫



## 十三畫



## 十四畫

## 十五畫



## 十六畫



## 十七畫



## 十八畫



## 十九畫



## 二十一畫



## 二十四畫

# 《寧夏民族職業技術學院古籍普查登記目録》
## 書名筆畫字頭索引

### 三畫



### 五畫



### 七畫



### 八畫



### 九畫



### 十一畫



### 十二畫



### 十四畫



### 十五畫



### 十六畫



### 十九畫



### 二十二畫

# 《寧夏民族職業技術學院古籍普查登記目録》
## 書名筆畫索引

### 三畫



### 五畫



### 七畫



### 八畫



### 九畫



### 十一畫



### 十二畫



### 十四畫



### 十五畫



### 十六畫



### 十九畫



### 二十二畫

# 《中國共産黨寧夏回族自治區委員會黨校圖書館古籍普查登記目録》

## 書名筆畫字頭索引

### 二畫



### 四畫



### 五畫



### 七畫



### 八畫



### 九畫



### 十畫



### 十一畫



### 十二畫



### 十四畫

# 《中國共産黨寧夏回族自治區委員會黨校圖書館古籍普查登記目録》書名筆畫索引

## 二畫



## 四畫



## 五畫



## 七畫



## 八畫



## 九畫



## 十畫



## 十一畫



## 十二畫



## 十四畫

# 《寧夏社會科學院古籍普查登記目録》
## 書名筆畫字頭索引

### 二畫



### 三畫



### 四畫



### 五畫



### 六畫



### 七畫



### 八畫



### 九畫

## 十畫



## 十一畫



## 十二畫



## 十三畫



## 十四畫



## 十五畫



## 十六畫



## 十七畫

## 十八畫



## 十九畫



## 二十畫



## 二十一畫



## 二十二畫



## 二十四畫



## 二十五畫

# 《寧夏社會科學院古籍普查登記目録》
# 書名筆畫索引

## 二畫



## 三畫



## 四畫



## 五畫

## 六畫



## 七畫



## 八畫



## 九畫



## 十畫

## 十一畫



## 十二畫



## 十三畫



## 十四畫

## 十五畫



## 十六畫



## 十七畫



## 十八畫



## 十九畫



## 二十畫



## 二十一畫



## 二十二畫



## 二十四畫



## 二十五畫

# 《寧夏回族自治區文物考古研究所古籍普查登記目録》
## 書名筆畫字頭索引

### 五畫



### 六畫



### 七畫



### 八畫



### 九畫



### 十一畫



### 十二畫



### 十三畫



### 十四畫

# 《寧夏回族自治區文物考古研究所古籍普查登記目録》
## 書名筆畫索引

### 五畫



### 六畫



### 七畫



### 八畫



### 九畫



### 十一畫



### 十二畫



### 十三畫



### 十四畫

# 《寧夏回族自治區博物館古籍普查登記目録》
## 書名筆畫字頭索引

### 二畫



### 三畫



### 四畫



### 五畫



### 六畫



### 七畫



### 八畫



### 九畫

## 十畫



## 十一畫



## 十二畫



## 十三畫



## 十四畫



## 十五畫



## 十六畫

## 十七畫



## 十九畫



## 二十一畫



## 二十二畫



## 二十四畫

# 《寧夏回族自治區博物館古籍普查登記目録》
## 書名筆畫索引

### 二畫



### 三畫



### 四畫



### 五畫

## 六畫



## 七畫



## 八畫



## 九畫

## 十畫



## 十一畫



## 十二畫



## 十三畫

## 十四畫



## 十五畫



## 十六畫



## 十七畫



## 十九畫



## 二十一畫



## 二十二畫



## 二十四畫

# 《寧夏回族自治區石嘴山市平羅縣文物管理所古籍普查登記目録》
## 書名筆畫字頭索引

### 九畫



### 十三畫

# 《寧夏回族自治區石嘴山市平羅縣文物管理所古籍普查登記目録》書名筆畫索引

## 九畫



## 十三畫

# 《寧夏回族自治區吳忠市同心縣文物管理所古籍普查登記目録》
## 書名筆畫字頭索引

### 三畫



### 四畫



### 七畫



### 八畫



### 十畫



### 十六畫

# 《寧夏回族自治區吴忠市同心縣文物管理所古籍普查登記目録》

## 書名筆畫索引

### 三畫



### 四畫



### 七畫



### 八畫



### 十畫



### 十六畫

# 《寧夏回族自治區固原市西吉錢幣博物館古籍普查登記目録》
## 書名筆畫字頭索引

### 二畫



### 五畫



### 七畫



### 十畫



### 十三畫



### 十四畫



### 十五畫



### 十七畫

# 《寧夏回族自治區固原市西吉錢幣博物館古籍普查登記目録》書名筆畫索引

## 二畫



## 五畫



## 七畫



## 十畫



## 十三畫



## 十四畫



## 十五畫



## 十七畫

# 《寧夏回族自治區固原市隆德縣文物管理所古籍普查登記目録》

## 書名筆畫字頭索引

### 五畫



### 六畫



### 十三畫

# 《寧夏回族自治區固原市隆德縣文物管理所古籍普查登記目録》
## 書名筆畫索引

### 五畫



### 六畫



### 十三畫

# 《寧夏回族自治區固原博物館古籍普查登記目録》
## 書名筆畫字頭索引

### 二畫



### 三畫



### 四畫



### 五畫



### 六畫



### 八畫



### 九畫



### 十畫



### 十一畫



### 十二畫



### 十三畫

## 十四畫



## 十五畫



## 十六畫



## 十七畫



## 二十二畫

# 《寧夏回族自治區固原博物館古籍普查登記目録》
## 書名筆畫索引

### 二畫



### 三畫



### 四畫



### 五畫



### 六畫



### 八畫



### 九畫



### 十畫

## 十一畫



## 十二畫



## 十三畫



## 十四畫



## 十五畫



## 十六畫



## 十七畫



## 二十二畫